Collegium philosophicum Jenense
Heft 7

Herausgegeben von Erhard Lange

Sektion Marxistisch-leninistische Philosophie
der Friedrich-Schiller-Universität Jena

Philosophie und Kunst

Kultur und Ästhetik im Denken der deutschen Klassik

1987

Hermann Böhlaus Nachfolger Weimar

In Zusammenarbeit
mit der Abteilung Wissenschaftliche Publikationen
der Friedrich-Schiller Universität Jena

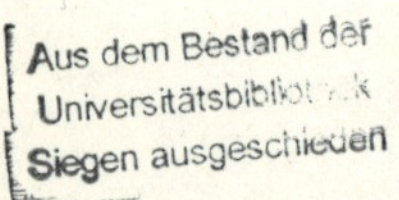

ISBN 3-7400-0011-2
ISSN 0138-4171
Erschienen bei Hermann Böhlaus Nachfolger, DDR-5300 Weimar, Meyerstraße 50a

Lizenznummer: 272 · 140/151/87
Printed in the German Democratic Republic
Gesamtherstellung: VEB Druckerei „Thomas Müntzer“, Bad Langensalza
LSV 0174
L.-Nr. 2659
Bestell-Nr. 7957651
03000

Inhalt

Vorwort

Jene große Epoche der Menschheitsgeschichte, die von der Mitte des 18. Jahrhunderts bis zur Herausbildung des Marxismus, von der großen Revolution der Franzosen im Jahre 1789 bis zur Revolution von 1848 reicht, hat Fragen gestellt, die heute noch bedeutsam sind und von ihrer Aktualität nichts eingebüßt haben: der Universalität aller Lebens- und Naturvorgänge nachzugehen, die Totalität der Beziehungen in Natur und Gesellschaft zu erforschen, die Selbstbestimmung der Völker zu fixieren, das Individuum in all seinen gesellschaftlichen Beziehungen und Bestrebungen zu analysieren. Philosophen, Schriftsteller und Künstler richteten ihren Blick auf die gesellschaftlichen Umwälzungen in England, Nordamerika und Frankreich, sie unternahmen großangelegte Versuche, das Gedankengut der Antike und der Renaissance in das fortschrittliche bürgerliche Denken einzubringen. Sie richteten ihren Blick bereits auf die persische, indische und chinesische Kultur. Die Denker der deutschen Klassik unternahmen einen universellen Versuch, den dialektischen Prozessen in Natur, Gesellschaft und Denken nachzugehen; er mündet direkt in die marxistische Philosophie. Wir gehen von einem Klassikverständnis aus, das die Einheit von philosophischer und literarischer Klassik betont, eine Einheit, die auch die Naturwissenschaften einschließt. Ihre Bindung an die materiellen Prozesse der Gesellschaft war so ausgeprägt, daß bereits der Versuch unternommen wurde, der Zersplitterung der Wissenschaften entgegenzuwirken, um die Einheit der Wissenschaften zu wahren. Die methodischen und wissenschaftstheoretischen Bemühungen Kants, Schillers, Goethes, Schellings, Hegels stehen hier stellvertretend für viele. Es waren also übergreifende Fragestellungen, die im Zentrum wissenschaftlicher und künstlerischer Aufmerksamkeit standen: Fragen der modernen Aneignungsweisen der Wirklichkeit durch Philosophie, Kunst und Wissenschaft, Fragen des Menschenbildes, der Subjektivität und Individualität, der Subjekt-Objekt-Dialektik, der Freiheits- und Verantwortungsauffassung.

Die Klassik demonstriert auf überzeugende Weise, daß ihr Streben nicht nur auf die vernünftige Veränderung des gesellschaftlichen Seins zielte, sondern zugleich auf die Veränderung und Vervollkommnung des Menschen. Ihre Auffassungen vom Menschen weisen weit in die Zukunft, ihre Bemühungen um den

Vernunftbegriff und um Realismus gewinnen heute eine Aktualität wie nie zuvor. Kunst und Ästhetik wurden zu Feldern außerordentlich produktiver Diskussion. Sie schloß Geschichts- und Traditionsverständnis, Epoche- und historisches Perspektivbewußtsein, gesellschaftlichen Utopismus und kulturell-ästhetische Verantwortung ebenso ein wie ästhetische Wertvorstellungen, Erziehungs- und Bildungsideale, künstlerisches Wirklichkeitsverständnis und Realismusgewinn. Oft kontrovers ausgetragen vermitteln diese Erörterungen zugleich einen tiefen Einblick in die gesellschaftliche Funktion der Künste, in ästhetisches Weltverhältnis, in die Wechselbeziehungen geistiger Aneignungsweisen der Wirklichkeit, in Individualität, Sensibilität und Kreativität des Kunstschaffens und deren sozial-kulturelle Bedingungen, in Nationales, Internationales und Universales in der Kulturentwicklung.
Den hier vorgelegten Beiträgen geht es nicht nur um die kritische Würdigung des reichen kulturellen und wissenschaftlichen Erbes jener Epoche, um seine Aufarbeitung und Analyse, sondern auch darum, durch sie zu einem tieferen Verständnis der heute in unserer Epoche ablaufenden Prozesse zu gelangen. Denn für die sozialistische Gesellschaft war es von jeher belangvoll, den historischen und theoretischen Ursprungsort von Fragestellungen und Problemlösungen zu untersuchen, um durch deren Analyse zu einem tieferen Verständnis der gegenwärtig zu bewältigenden gesellschaftlichen Aufgaben zu gelangen, war es von jeher belangvoll, das reiche Erbe der Klassik in theoretische und praktische Lösungen unserer Gesellschaft selbst einzubringen.
Mit dieser Publikation legen wir der Öffentlichkeit eine Auswahl von Beiträgen des VI. Jenaer Klassik-Seminars „Kultur und Kunst im Denken der deutschen Klassik“ aus dem Jahre 1985 vor. Wir empfehlen diese Sammlung von Aufsätzen dem interessierten Leser.

Jena, im November 1986 Der Herausgeber

Werner Kahle

Kultur und Kunst im Denken der deutschen Klassik

Spannt man den Bogen unserer Betrachtungen vom Verständnis der Kultur als Vergegenständlichung und Aneignung menschlicher Gattungskräfte bis zu dem der Kunst als wachsendes Selbstbewußtsein und genuin geprägtes Gedächtnis der Menschheit, so sind damit weite geistig-weltanschauliche Dimensionen umrissen.[1] Und mit dem Zeitraum von 1750 bis 1830, also etwa von Baumgartens „Aesthetica" bis zu Heines „Die romantische Schule", sind auch in Deutschland Epochenwandlungen und kulturell-künstlerische Umwälzungen großen Stils auszuschreiten, die immer erneut nach ihrer Wirkung und Bedeutung für die Nachwelt, für unsere Gegenwart zu befragen sind. Vieles, oft kaum noch Überschaubares hat dazu die internationale Forschung bereits beigebracht; vieles, oft substantiell Wesentliches, bedarf der weiteren Klärung und Vertiefung.

Auch deutsche Denker- und Dichterpersönlichkeiten mit menschheitsgeschichtlich orientiertem Gesichtskreis waren sich im Zeitalter der Französischen Revolution durchaus bewußt, daß der Gesellschafts- und Kulturfortschritt sich im universalhistorischen Prozeß einander bedingen, daß sie nicht voneinander zu trennen sind. Diese für das damalige bürgerliche geschichts- und kulturphilosophische Denken schwer errungene und damit unverzichtbare Erkenntnis, diese in humanistischer Verantwortung gewonnene Einsicht in den objektiven Zusammenhang der gesamtgesellschaftlichen und kulturellen Höherentwicklung charakterisierte Herder am Ende der sechziger Jahre eindringlich in zahlreichen Abschnitten seiner „Kritischen Wäldchen" oder im „Journal meiner Reise im Jahre 1769", wenn er dort u. a. in Präzisierung des aufklärerischen Erziehungs- und Bildungsideals die Historizität sowie den Funktions- und Bedeutungswandel verschiedener Erscheinungsweisen der geistigen Kultur hervorhob oder die Dialektik der die menschlichen Schönheitsvorstellungen in ihrer Genesis bedingenden objektiven und subjektiven Faktoren erörterte.[2] Hölderlin wußte sich trotz der tiefen Enttäuschung des Thermidor in seinem vom Ende der neunziger Jahre stammenden aufschlußreichen Prosafragment „Der Gesichtspunkt, aus dem wir das Altertum anzusehen haben" einer produktiven Erbe- und Traditionsauffassung verpflichtet, der ein ausgeprägter Sinn für die Dialektik kulturgeschichtlicher Entwicklungsabläufe zugrundelag. Scheinbar resignativ mutet zunächst seine Feststellung an: „Es scheint wirklich fast keine andere Wahl offen zu sein, erdrückt zu werden von Angenommenem, und Positivem, oder, mit gewaltsamer Anmaßung, sich gegen alles Erlernte, Gegebene, Positive, als lebendige Kraft entgegenzusetzen." Dem jedoch setzt Hölderlin antithetisch das Wirken eines im menschlichen Handeln notwendig enthaltenen Bildungstriebes entgegen. Dieser bewirke, „... daß wir alles, was vor und um uns aus jenem Triebe hervorgegangen ist, betrachten als aus dem gemeinschaftlichen ursprünglichen Grunde hervorgegangen, woraus er mit seinen Produkten überall hervorgeht, daß wir die wesentlichsten Richtungen, die er vor und um uns nahm, auch seine Verirrungen um uns her erkennen, und nun, aus demselben Grunde, den wir lebendig, und überall gleich, als den Ursprung alles Bildungstriebs annehmen, unsere eigene Richtung uns vorsetzen, die bestimmt wird, durch die vorhergegangenen reinen und unreinen Richtungen, die wir aus Einsicht nicht wiederholen, so daß wir im Urgrunde aller Werke und Taten der Menschen uns gleich und einig fühlen mit allen, sie seien so groß oder so klein, aber in der besondern Richtung, die wir nehmen." Diese „besondere Richtung" definiert Hölderlin überdies in einer Fußnote als „Handeln. Reaktion gegen positives Beleben des Toten durch reale Wechselvereinigung desselben."[3] Im ideellen Reflex eines Epochenumbruchs von welthistorischem Ausmaß werden hier, trotz seines Einmündens in neuartige Ausbeutungs- und Unrechtsverhältnisse, die Hölderlin wie viele seiner Zeitgenossen zutiefst erschreckt haben, Kontinuität und Diskontinuität des historischen Prozesses, die produktive Aufhebung kulturellen Potentials der Vergangenheit in einer Weise erfaßt, die unseren gegenwärtigen Bemühungen wesensverwandt ist. Diese von jakobinisch-republikanischen Sympathien gespeisten tiefsinnigen Einsichten Hölderlins in das Fortwirken progressiver Menschheitsleistungen gerade aufgrund der ihnen innewohnenden Widersprüchlichkeit — z. B. der von ihm idealisch stilisierten Polis-Demokratie[4] — werden dann Jahrzehnte später im Erfahrungsbereich der Pariser Julirevolution, der Feuertaufe des Proletariats als politisch selbständig handelnder Klasse, von dem nach Frankreich emigrierten Heine gedanklich weitergeführt und historisch konkretisiert, wenn er in seinem um 1830 entstandenen kleinen Aufsatz „Verschiedenartige Geschichtsauffassung" programmatisch schrieb: „Das Leben ist weder Zweck noch Mittel; das Leben ist ein Recht. Das Leben will dieses Recht geltend machen gegen den erstarrenden Tod, gegen die Vergangenheit, und dieses Geltendmachen ist die Revolution. Der elegische Indifferentismus der Historiker und Poeten soll unsere Energie nicht lähmen bei diesem Geschäfte; und die Schwärmerei der Zukunftbeglücker soll uns nicht verleiten, die Interessen der Gegenwart und das zunächst zu verfechtende Menschenrecht, das Recht zu leben, aufs Spiel zu setzen. — ‚Le pain est le droit du peuple', sagte Saint-Just, und das ist das größte Wort, das in der ganzen Revolution gesprochen worden."[5] Am Ende einer den politisch-sozialen, ökonomischen und über weite Strecken auch den kulturell-künstlerischen Fortschritt behindernden Periode europäischer Restauration mit ihren brüchigen Kompromissen zwischen spätfeudalem Beharren und kapitalistischem Machtstreben nach innen und außen stand somit die Erkenntnis des geistigen Nachkommen eines konsequenten deutschen Aufklärers wie Herder und eines heroischen Illusionärs demokratisch-jakobinischer Gesinnung und tragischen Schicksals wie Hölderlin, die Erkenntnis nämlich des deutsch-jüdischen Emigranten Heine über die tiefe Verwurzelung jeglicher materieller und geistiger Kultur in der alltäglichen Lebensweise der Volksmassen und in der Befriedigung ihrer elementaren Menschenrechte — die, wenn erforderlich, auf revolutionärem Wege einzuleiten ist.

Kein Zweifel also, daß in Deutschland zwischen 1750 und 1830 in wechselseitigem Austausch mit europäischen Geistesströmungen im Zeitalter der Französischen Revolution entstandenes Gedankengut insbesondere auch auf kulturphilosophisch-ästhetischem Gebiet für uns problemgeschichtlich von hohem Interesse ist, die theoretisch-methodologischen sowie die politisch-strategischen Probleme, die mit dem Aufbau der sozialistischen Kultur und der Entfaltung der sozialistisch-realistischen Kunst in dialektischer Vielfalt verbunden sind, besser verstehen und lösen hilft. Freilich haben wir uns hier vor unzulässigen Vereinfachungen zu hüten; die Aufhebung auch dieses spezifischen geistig-weltanschaulichen Potentials aus einer bedeutsamen Epoche der Geschichte des deutschen Volkes ist und bleibt ein außerordentlich vermittelter Vorgang, die Verantwortung vor dem Gegenstand verbietet harmonisierende Glättung. Einige der wesentlichsten theoretischen und methodologischen Vermittlungsglieder sollen daher einleitend, im Hinblick auf die gegenwärtige Forschungsdiskussion knapp akzentuiert werden, ehe wir uns den inhaltlichen Fragen einer auswählenden problemgeschichtlichen Erörterung konstitutiver Problemfelder im kulturphilosophisch-ästhetischen Denken der deutschen Klassik, selbstverständlich in ihrem organischen Bezug zu relevanten Leistungen der deutschen Aufklärung und Romantik, zuwenden.

So setzt das immer tiefere Eindringen in die Dialektik von Historizität und Aktualität bei der Untersuchung kulturgeschichtlicher Erscheinungen und Prozesse zunächst voraus, im gleichermaßen historisch-funktional, theoretisch-systematisch und kulturpolitisch-strategisch gerichteten Interesse den vielschichtigen Zusammenhang von problemgeschichtlich Aufgehobenem, antizipatorisch Unabgegoltenem und qualitativ Neuem im marxistisch-leninistischen Kultur- und Kunstverständnis in den Mittelpunkt zu stellen. Im systematisch-kategorialen Gegenstandsbereich des historischen Materialismus, der Kulturtheorie und Ästhetik weitgehend gesicherte Grunderkenntnisse bedürfen in diesem Sinne einer analogen problem- und theoriegeschichtlichen Fundierung, wie etwa die auf dem VI. Philosophiekongreß der

DDR interdisziplinär eruierte Wechselbeziehung von Frieden, Humanismus und realem Sozialismus — und zwar in theoretischer und praktischer Hinsicht.[6] Wenn die Kultur im menschheitsgeschichtlichen Entwicklungsprozeß sich vorrangig manifestiert im jeweils erreichten Grad des Schöpfertums der historischen Subjekte, insbesondere in der Entfaltung ihrer praktischen und intellektuellen Fähigkeiten, ihrer Verhaltensweisen und Wertvorstellungen; im jeweils erreichten Grad der Übereinstimmung kollektiven und individuellen menschlichen Handelns mit den objektiv-realen Gesetzmäßigkeiten in Natur und Gesellschaft sowie in den damit verbundenen Sinnvorstellungen vom Leben, in Weltanschauungen und Weltbildern; im jeweils erreichten Grad der Vervollkommnung des Menschen als biosozialem Wesen und seiner Lebensweise, seines aktiven Umweltverhältnisses sowie im jeweils erreichten Niveau der bewußten Reflexion und praktischen Beeinflussung der Umwelt und der sozialen Beziehungen in der geistigen Kultur, im geistigen Leben, im Menschenbild, im Bildungstyp einer Gesellschaft — so sind diese bereits von Marx schlüssig herausgearbeiteten Wesenszüge des Kulturellen als Vergegenständlichung und Aneignung menschlicher Gattungskräfte notwendig verbunden mit der Frage nach ihrem problemgeschichtlichen Erfassen. Dieses problemgeschichtliche Erfassen der gesetzmäßigen Wesenszüge des kulturhistorischen Entwicklungsprozesses als einem integrativen Bestandteil, als notwendiger Komponente der Gesamtgeschichte der Menschheit begleitete gewissermaßen mit wachsender Intensität jenen großartigen und qualvollen, an Höhen und Tiefen reichen Vorgang fortschreitender Kultivierung der Menschheit hin zum realen Humanismus im Sozialismus/Kommunismus. Marx hat ihn antizipierend aus diesem Blickwinkel genial beschrieben: „In fact aber, wenn die bornierte bürgerliche Form abgestreift wird, was ist der Reichtum anders, als die im universellen Austausch erzeugte Universalität der Bedürfnisse, Fähigkeiten, Genüsse, Produktivkräfte etc. der Individuen? Die volle Entwicklung der menschlichen Herrschaft über die Naturkräfte, die der sogenannten Natur sowohl, wie seiner eignen Natur? Das absolute Herausarbeiten seiner schöpferischen Anlagen, ohne andre Voraussetzung als die vorhergegangene historische Entwicklung, die diese Totalität der Entwicklung, d. h. der Entwicklung aller menschlichen Kräfte als solcher, nicht gemessen an einem vorhergegebnen Maßstab, zum Selbstzweck macht? Wo er sich nicht reproduziert in einer Bestimmtheit, sondern seine Totalität produziert? Nicht irgend etwas Gewordnes zu bleiben sucht, sondern in der absoluten Bewegung des Werdens ist?“[7]

Diese das Gesamtwerk Marx' in beeindruckender Folgerichtigkeit durchziehende komplexe Sichtweise einer kulturgeschichtlichen und -theoretischen Konzeption im übergreifenden sozialhistorischen und anthropologischen Entwicklungszusammenhang ist ein überzeugender Beweis für die Tatsache, daß eine Fülle geschichts- und kulturphilosophischen Ideengutes namentlich auch der deutschen Aufklärung, Klassik und Romantik kritisch reflektiert und angeeignet werden mußte, um die theoretische und praktische Souveränität der dialektisch-materialistischen Problemstellung erreichen zu können. Prometheischer Schöpferdrang, faustischer Titanismus, die „tätige Seite" wie die „heroische Illusion", bürgerliches Emanzipationsstreben und bürgerlicher Humanitätsanspruch flossen hier als unabgegoltenes Erbe, als der geschichtlichen Verwirklichung fähige und bedürftige Antizipation ein, sind und bleiben für uns real-humanistische Aufgabe, für uns auf andere Weise kompliziert und widerspruchsvoll, als für Lessing, Goethe, Beethoven, Hegel, C. D. Friedrich, Heine und viele andere Zeitgenossen des weltgeschichtlich bedeutsamsten bürgerlichen Epochenumbruches.

Bei aller Eigenständigkeit und Unwiederholbarkeit der historisch-konkreten Basis- und Überbaukonstellationen sowie der klassenstrukturellen Differenzierungen und Umschichtungen während der Epoche der Französischen Revolution in Deutschland stoßen wir hier auf das Phänomen einer weitreichenden Verwandtschaft zwischen diesem Zeitalter und dem unsrigen des weltweiten Überganges vom Kapitalismus zum Sozialismus. Die bürgerliche Emanzipation in der Vielfalt ihrer materiellen und ideellen Erscheinungsweisen und mit den ihr immanenten Widersprüchen hat eine geschichtlich besonders enge, gesetzmäßige Beziehung zu den nicht minder vielgestaltigen, nicht minder widersprüchlichen Prozessen menschlicher Selbstverwirklichung unter den qualitativ neuartigen Bedingungen des realen Sozialismus. Beide Stufen der Verwirklichung des menschheitsgeschichtlichen Fortschritts sind zugleich äußerst bedeutungsvolle Entwicklungsetappen, ja Kulminationspunkte historischer Subjektwerdung auf dem Wege zu seiner Totalität, zur kollektiven und individuellen Ganzheit. Dieser elementare Selbstbefreiungs- und Selbstverwirklichungsanspruch — von Marx mit zwingender Logik schließlich als „enormes Bewußtsein" des Proletariats über seine weltgeschichtliche Mission präzisiert[8] — ist in zahlreichen, bestimmenden Merkmalen bürgerlicher kulturphilosophischer und ästhetischer Theorien, Anschauungen und Reflexionen unterschiedlichsten Charakters, die in Deutschland zwischen 1750 und 1830 entstanden, auf den Begriff gebracht, ins Bild gesetzt, mit bemerkenswertem antizipatorischen Reifegrad vorgeprägt worden. Diese objektiv begründete Epochenverwandtschaft, diese Affinität ihrer fortgeschrittensten Leistungen hinsichtlich ihres Kultur- und Kunstverständnisses läßt sich nun freilich nicht auf die vereinfachende und im Kern teleologische Formel des damals Utopischen und heute von uns zu Vollstreckenden reduzieren. Erbeaneignung und Traditionsbildung ist auch hier ein zutiefst dialektischer Prozeß der Kontinuität und Diskontinuität, des Gewinns und Verlustes, der kritisch-selbstkritischen Sondierung und Auswahl angesichts einer unermeßlichen Fülle des überkommenen Quellenmaterials als Reflex auf die gesamte Dialektik des Geschichtsprozesses.

Diese von jedem flach historisierenden, faktologisch-positivistischen Anspruch auf eine vermeintliche „Vollständigkeit" weit entfernte Auswahl prototypischer problemgeschichtlicher Konstellationen, Tendenzen und Entwicklungslinien einschließlich ihrer herausragenden wirkungsgeschichtlichen Paradigmen vollzieht sich in möglichst exakter Anwendung der Grundprinzipien der marxistisch-leninistischen Theorie und Methodologie ganz und gar nicht voraussetzungslos und unbekümmert, sondern in bedachter Nutzung jenes wissenschaftlichen Instrumentariums, das eine mit wachsendem Erfolg interdisziplinär arbeitende Forschung auch auf kulturtheoretisch-kulturgeschichtlichem und ästhetisch-ästhetikgeschichtlichem Gebiet im Lauf der Jahre bereitgestellt hat. Wir deuten das hierbei für schöpferische Klassikerinterpretation, für Theorie- und Methodenentwicklung und für gegenständlich-substantiellen Erkenntnisgewinn Gesicherte durch den Hinweis auf Leistungen Kurellas, Kochs, Krauss', Girnus', Heises oder Kuczynskis u. a. an; wir erinnern uns in diesem Zusammenhang dankbar bleibender, immer wieder aufs Neue anregender Leistungen Lunatscharskis, Bachtins, Oisermans, Owsjannikows, Kagans, Lotmans, Gurjewitschs, Batkins, Lukács' u. a.; aber auch die Bemühungen von Künstlerpersönlichkeiten internationalen Formats um die Lösung problemgeschichtlicher Fragen der marxistischen Kulturtheorie und Ästhetik seien hier noch einmal genannt — bei Gorki, bei Becher, Brecht, Eisler, Arnold Zweig, der Seghers und vielen anderen. Das geistig-philosophische Potential, das uns zur Verfügung steht, ist somit ein beträchtliches. Wir wollen versuchen, es bei unseren folgenden Überlegungen zur Sache selber immer im Auge zu behalten, ohne es steril zu dogmatisieren.

Denn konsequentes Handhaben der materialistischen Dialektik heißt insbesondere auch für eine problemgeschichtlich, also historisch-funktional gerichtete Betrachtungsweise von Vergangenheitsleistungen[9], deren substantielle Eigenständigkeit als geschichtlich gewordener Phänomene mit der Dynamik gegenwärtiger, unsere Epoche bestimmender Prozesse in Beziehung zu setzen. Ein solches Beziehungsgefüge kann nun niemals eines des bloßen subjektiven Ermessens oder vorwaltender Sympathien sein, sondern muß — so, wie z. B. Lenin in seinen Tolstoi-Aufsätzen oder in den „Philosophischen Heften" exemplifiziert und nachgewiesen hat, daß auch die „tauben Blüten" in der Geschichte geistiger Wirklichkeitsaneignung „am lebendigen Baum der lebendigen, fruchtbaren, wahren, machtvollen, allgewaltigen, objektiven, absoluten menschlichen Erkenntnis" gewachsen sind — angesichts objektiver gesellschaftlicher Sachverhalte und Erfordernisse der Gegenwart herausgearbeitet werden.[10]

In Anbetracht der Kultur- und Kunstprozesse im realen Sozialismus, die ihrem Wesen nach zugleich Ausdruck und geistig-praktische Erscheinungsweise des realen Humanismus, seiner weitreichenden gesamtgesellschaftlichen Perspektiven sind, eröffnen sich unter diesem theoretisch-methodologischen und historiographischen Blickwinkel Beziehungsfelder zur Realität der Kultur und Kunst in Deutschland zwischen 1750 und 1830 sowie zur zeitgenössischen bürgerlichen philosophischen Reflexion über sie, die von elementaren Entwicklungsproblemen der Lebensweise, der Gemeinschafts- und Persönlichkeitsbildung unter unseren, von Ausbeutung in jeglicher Gestalt befreiten Bedingungen bestimmt sind. Dazu gehören als Entwicklungsprobleme eines menschheitsgeschichtlich qualitativ neuen Typs der Produktionsverhältnisse, der sozialen Struktur, der politischen Organisation, der materiellen und geistigen Kultur, wie sich diese im Sozialismus herausbilden, primär solche dialektischen Wechselbeziehungen wie die von Individuum und Gesellschaft, von Subjektivität und Kollektivität z. B. unter den Aspekten der Entfaltung der Selbstverwirklichung, der Kreativität, der Wertvorstellungen; die von gesamtgesellschaftlicher Entwicklung und Kulturprozeß, objektiver und subjektiver Kultur, nationalem und universellem Kulturverständnis; die von sozialökonomischem, wissenschaftlich-technischem und kulturellem Fortschritt z. B. unter dem Blickwinkel der Verwirklichung eines harmonischen Persönlichkeitsideals, menschlicher Totalitätsansprüche, einer Symbiose der geistigen Aneignungsweisen der Wirklichkeit in der produktiven Widersprüchlichkeit von Rationalität und Emotionalität, Erkennen und Werten, wissenschaftlichem und künstlerischem Weltgewinn, in „gelebten“ Weltanschauungen der Individuen auf der Grundlage ihrer konkreten sozialen Erfahrungen. Und dazu gehören als ideell-philosophische Reflexe solche Entwicklungsprobleme wie die Dialektik von sozialistischem Geschichts-, Epoche- und Zukunftsbewußtsein in seiner „Dreieinigkeit“ (Gorki) im Denken, Fühlen und Erleben der Menschen z. B. unter den Aspekten motivierender Erbeaneignung und Traditionsbildung, revolutionärem geschichtlichen Entwicklungsverständnisses und eines in ihm begründeten historischen Optimismus. Und dazu gehört schließlich für die Bürger des sozialistischen deutschen Staates notwendig die Einsicht, daß eine vermeintlich die DDR und die BRD — vielleicht in neokonservativ-großmachtchauvinistischem Irrglauben gar noch Österreich, die deutschsprachigen Teile der Schweiz und „deutsche Siedlungsgebiete in den Grenzen von 1937“ — umspannende „Einheit der deutschen Kulturnation“ nicht existiert und folglich auch unser kulturelles Erbe- und Traditionsverständnis wesensverschieden, von historisch höherer Qualität als das in der BRD gegenwärtig herrschende ist — womit wiederum bündnispolitische Möglichkeiten mit humanistisch-antiimperialistischen Bestrebungen auch auf diesem Gebiet nicht in Frage gestellt sind: von den Brüdern Mann bis zu Weiss, Fassbinder u. a. Vertieft man sich in Kenntnis solcher und weiterer objektiver wie subjektiver Entwicklungsbedingungen des realen Sozialismus in die — wir unterstreichen nochmals: entwicklungs- und problemgeschichtlich verwandte — Grundkonstellationen im Zeitalter des bürgerlichen Epochenumbruchs, das in der Französischen Revolution

von 1789 bis 1799 kulminierte[11], und ordnet die historisch-konkrete Situation, in der sich die bürgerlichen Kultur- und Kunstanschauungen in Deutschland etwa von 1750 bis 1830 vielgestaltig entfalteten, in diesen übergreifenden sozial- und kulturgeschichtlichen Zusammenhang ein, so ergeben sich Berührungs- und Vergleichsmomente von höchstem erbetheoretischem Interesse.
Wir stehen nunmehr vor dem Wagnis, im Rahmen der uns auferlegten thematischen Begrenzung paradigmatisch neuartige, im Sinne bürgerlicher Emanzipation prototypische Prozesse und Tendenzen aus der Fülle des kulturphilosophisch-ästhetischen Quellenmaterials hervorzuheben und in ihrem Anteil an der Idee und Realität menschheitsgeschichtlicher Selbstverwirklichung von Gattungseigenschaften zu charakterisieren. Wenn wir uns dabei gemäß dem Anliegen dieses VI. Jenaer Klassik-Seminars 1985 auf das analytisch-interpretatorische Erörtern einiger Grundlinien im kulturphilosophisch-ästhetischen Denken in Deutschland von 1750 bis 1830 beschränken, sind wir dennoch der Auffassung, damit repräsentative Bestandteile bürgerlichen Emanzipationsstrebens und kulturpolitischer Programmatik auswählend und andeutend zu erfassen. Zahlreiche einschlägige, gesicherte marxistisch-leninistische Forschungsergebnisse auch zunehmend interdisziplinären Anspruches können wir dabei als richtungsweisend und allgemein bekannt voraussetzen — wir erinnern lediglich an maßstabsetzende Publikationen der letzten Jahre etwa zur theoretischen Präzisierung zentraler Kategorien und grundlegender Gesetzmäßigkeiten des weltkulturgeschichtlichen Prozesses als Bestandteil der Menschheitsgeschichte als Ganzem[12], zur theoretisch-methodologisch vertieften Darstellung der Leistungen der Klassiker des Marxismus-Leninismus für die wissenschaftliche Fundierung der Kulturtheorie und Ästhetik[13], zur Untersuchung der geistigen Kultur des europäischen Mittelalters und der frühbürgerlichen Renaissance als ganzheitlicher kulturgeschichtlicher Phänomene[14] sowie zur klassenmäßig-ideologischen, theoretischen, rezeptions- und wirkungsgeschichtlichen Differenzierung und Spezifizierung vor allem kunsttheoretischen Quellenmaterials der deutschen und europäischen Früh-, Hoch- und Spätaufklärung, der Klassik bzw. des Klassizismus und der Romantik[15] und — nicht zuletzt — zur vergleichenden Revolutionsgeschichte.[16]
In dem Bewußtsein, bei dieser thematischen Überschau auf subtile inhaltliche Nuancierungen verzichten zu müssen — nur das Klassik-Seminar in seiner Gesamtheit vermag das zu leisten —, sei im folgenden auf einige der von uns als paradigmatisch neuartig, im Sinne bürgerlicher Emanzipation in Deutschland als prototypisch verstandene Prozesse und Tendenzen eingegangen, die u. E. die herausragende problemgeschichtliche Bedeutung kulturphilosophisch-ästhetischer Anschauungen im Zeitalter eines welthistorischen Epochenumbruches klar zutage treten lassen.
Geht man von dem in unseren Ausführungen eingangs umrissenen komplexen Verständnis des kulturgeschichtlichen Prozesses als notwendigem, inte-

grativem Bestandteil des gesellschaftlichen Fortschritts aus, so erweist sich in diesem Zusammenhang auch der Begriff der geistigen Kultur als ein weitreichender, indem er „die Gesamtheit der Ergebnisse geistiger Tätigkeit der Menschen“ umfaßt. Koch zählt dazu hinsichtlich der geistigen Kultur der sozialistischen Gesellschaft „sowohl Leistungen auf dem Gebiet der Wissenschaft, der Ideologie und Kunst, der Bildung und Erziehung, der Politik und des Rechts, der moralischen und ästhetischen Kultur, der gesellschaftlichen Psychologie als auch jene geistigen Werte, die die sozialistische Gesellschaft sich als kulturelles Erbe angeeignet und bewahrt hat.“[17] Wir gehen sicher nicht fehl, diesem komplexen Verständnis geistiger Kultur konstitutive Bedeutung — mutatis mutandis — auch für den Prozeß und das Verständnis der geistigen Kultur des deutschen Bürgertums in der Epoche der Französischen Revolution, ihrer Vorgeschichte und Nachwirkung zwischen 1750 und 1830 beizumessen. Zu fragen wäre nun, welche spezifischen Inhalte unter den spezifischen sozialhistorischen und klassenstrukturellen sowie nationalen, ja regionalen Bedingungen dieses Zeitalters in Deutschland die geistige Kultur in ihren mannigfaltigen Erscheinungsweisen für die bürgerliche Emanzipation hervorbrachte und artikulierte. Zu fragen wäre weiter, wie sich in diesem Prozeß spezifische bürgerliche Klasseninteressen sowohl in ihrer antifeudalen Hauptstoßrichtung als auch in ihrer bürgerlich-klassenfraktionellen Differenzierung manifestierten.

Der Ansatzpunkt für die Beantwortung dieser Fragen ist von der Sachlage her günstig: Indem auch im sozialökonomisch zurückgebliebenen, territorial und politisch zersplitterten Deutschland die Frühaufklärung, Impulse vor allem aus England, Frankreich und den Niederlanden aufnehmend und originär verarbeitend, die Möglichkeiten geistiger Kultur in ihrer fortschreitenden Vielfalt der Inhalte und Formen immer bewußter eroberte und im Kampf gegen Feudalität und die intellektuellen Relikte des Mittelalters nutzte, war zugleich eine breitere Basis für die kulturphilosophisch-ästhetische Diskussion als einer wichtigen Frontlinie bürgerlich-emanzipatorischen Denkens gegeben. Welche theoretisch wie ideologisch und politisch-programmatisch bestimmenden Grundlinien sind bei der Analyse dieser Diskussion und ihrer Resultate als problemgeschichtlich unverzichtbar hervorzuheben? Welche ideengeschichtlichen Entwicklungen bzw. Wandlungen sind — wir können dies leider nur andeuten — innerhalb dieser Grundlinien als affirmativer zeitgeschichtlicher Reflex oder als epochekritisches Element herauszufinden? Wie artikulieren sie in der Besonderheit unterschiedlichster geistiger Aneignungsweisen von Bachs Altersschöpfungen und Baumgartens „Aesthetica“ um 1750 bis zu Hegels „Philosophie des Rechts“ und „Philosophie der Weltgeschichte“, Goethes „Faust II“ oder Heines „Die romantische Schule“ und „Zur Geschichte der Religion und Philosophie in Deutschland“ um 1830 kulturphilosophisch-ästhetisch für das bürgerliche Emanzipationsstreben tragende

Haltungen und Anschauungen? Als konzeptionell und programmatisch beherrschend erweist sich durchgängig das Postulat des souveränen, in seinen Entscheidungen freien Individuums mit Totalitätsanspruch an sich und seine Umwelt. Sowohl in den kleinen geschichts- und moralphilosophischen Traktaten Kants in populärer Diktion dargestellt[18] als auch in seinen drei großen „Kritiken" als intellektuelle Konsequenz aus dem System des apriorischen Transzendentalismus eindeutig angelegt[19], kommt dieser aufklärerischen Grundforderung im Zeitalter bürgerlichen Epochenumbruches überragende Bedeutung zu. Das Erörtern dieses Problemfeldes ist verbunden mit dem Nachdenken über solche Triebkräfte des kulturgeschichtlichen Prozesses wie Subjektivität, Originalität, Talent und Genie als Ausdruck schöpferischer Aktivität des Menschen in den verschiedensten Sphären seines Daseins — als Ausdruck auch des Selbsthelfertums und des Selbstwertgefühls gegenüber den Mechanismen spätfeudaler Repression, des Versuchs von gelebter Weltanschauung im Sinne bürgerlicher Emanzipation und des mit ihr korrelierenden abstrakt-humanistischen Menschenbildes. Die Stürmer und Dränger[20] oder Moritz mit seinem im unmittelbaren Vorfeld der revolutionären Umwälzung in Frankreich verfaßten „Anton Reiser", den er selber als „psychologischen Roman" bezeichnete, leisteten bei der Aufhellung von Wesenszügen bürgerlicher und plebejischer Individualitäts- und Subjektivitätsansprüche eine Pionierarbeit, die dann in ähnlich ambitionierten Überlegungen Goethes bis zu seiner italienischen Reise[21], in den Dichtungen und Aufsätzen Hölderlins[22], in den Erzählungen und Briefen Kleists[23], in der Gedankenwelt Beethovens[24] sowie, unter verändertem Vorzeichen, im künstlerischen und kulturphilosophisch-ästhetischen Gedankengut insbesondere der Frühromantik[25] eine intensivierende Weiterführung erfährt. Der Lakonismus der Vorrede zu Moritz' „Anton Reiser" hat in diesem bürgerlichen Selbstgefühl seine Wurzel, sie sei als eindrucksvolles Dokument dafür vollständig zitiert: „Dieser psychologische Roman könnte auch allenfalls eine Biographie genannt werden, weil die Beobachtungen größtenteils aus dem wirklichen Leben genommen sind. — Wer den Lauf der menschlichen Dinge kennt und weiß, wie dasjenige oft im Fortgang des Lebens sehr wichtig werden kann, was anfänglich klein und unbedeutend schien, der wird sich an die anscheinende Geringfügigkeit mancher Umstände, die hier erzählt werden, nicht stoßen. Auch wird man in einem Buche, welches vorzüglich die innere Geschichte des Menschen schildern soll, keine große Mannigfaltigkeit der Charaktere erwarten: denn es soll die vorstellende Kraft nicht verteilen, sondern sie zusammendrängen und den Blick der Seele in sich selber schärfen. — Freilich ist dies nun keine so leichte Sache, daß gerade jeder Versuch darin glücken muß — aber wenigstens wird doch vorzüglich in pädagogischer Rücksicht das Bestreben nie ganz unnütz sein, die Aufmerksamkeit des Menschen mehr auf den Menschen selbst zu heften und ihm sein individuelles Dasein wichtiger

zu machen."[26] Dieser Stolz lebenserfahrener bürgerlicher Individualität, wie er uns ähnlich in Selbstaussagen z. B. Lessings, Fichtes, in Beethovens erschütterndem „Heiligenstädter Testament"[27] oder C. D. Friedrichs entgegentritt, ist verbunden mit dem Anspruch auf Selbstverwirklichung, auf Entfaltungsmöglichkeit menschlicher Fähigkeiten bis hin zum Genialen[28], der oft auch in direkte kultur- und bildungspolitische Forderungen und Programme einmündet, wie die hierauf zielenden Positionen der Berliner Aufklärung um Mendelssohn, Herders in seinen späten geschichts- und kulturphilosophischen Aufsätzen, Goethes in „Wilhelm Meisters Wanderjahre oder Die Entsagenden" oder deutscher Jakobiner wie Forster und Campe[29] in all ihrer ideologischen Differenziertheit beweisen.
Problemgeschichtlich folgenreich ist in diesem kulturphilosophisch-ästhetischen Kontext nun der Sachverhalt, daß die emanzipatorischen Problemstellungen bürgerlicher Individualität und Subjektivität weitaus überwiegend nicht verabsolutiert werden, sondern z. B. in den intensiven Weltanschauungsdebatten um die Interpretation von Spinozas Pantheismus, die Adaption des englischen Sensualismus, den Stellenwert der Kulturkritik Rousseaus oder um die weiten Vorstöße Diderots zu einem dialektisch orientierten Natur-, Gesellschafts- und Kunstverständnis eben diese Vorstellungen über bürgerliche Individualität und Subjektivität übergreifenden Bezugssystemen der Natur- und insbesondere der Volksauffassung zugeordnet sind. Das sich im künstlerischen Schaffen des Göttinger Hainbundes, des Straßburger, Wetzlarer und frühweimarischen Goethe, in Joseph Haydns Oratorium „Die Jahreszeiten" (1801), oder später im innigen Empfinden C. D. Friedrichs, Eichendorffs, Webers, Schuberts und Heines überströmend darbietende Naturgefühl hat zweifellos engste Beziehungen zu einer hoch sensibilisierten Subjektivität, zur Befreiung der Sinnlichkeit im Gegensatz zu den verspielten oder erstarrten Darstellungen des Natürlichen im höfisch mißbrauchten Rokoko und Klassizismus. Bürgerliche Geschmacksbildung schuf hier Alternativen.
Ideengeschichtlich vielfältig verflochten mit dieser spannungsreichen dialektischen Antithetik von bürgerlichem Selbstverwirklichungsanspruch und seinen Bewährungsfeldern in Natur und Kultur sind auch die wachsenden Einsichten in das geistig-kulturelle, den Geschichtsprozeß letztlich tragende Schöpfertum der Volksmassen, wie sie uns in den reifsten Leistungen des aufklärerisch-klassischen, aber auch nachrevolutionären Denkens in Deutschland in unterschiedlichster Äußerungsform entgegentreten. Vergleichbar den treffsicheren Porträts bürgerlicher Menschen, in deren Individualität Graff oder Chodowiecki zugleich die kollektive Kraft des Bürgertums als prägenden Faktor der geistigen Kultur und der Geselligkeit bildkünstlerisch zu gestalten vermochten, sind die von Lessing um 1780 in „Nathan der Weise" oder in „Die Erziehung des Menschengeschlechts" formulierten, von einem reli-

gionskritischen Ansatz her gewonnenen Toleranzprinzipien, sind der kategorische Imperativ Kants oder Fichtes demokratisches Ideal eines sittlich freien, von hoher Kultur gekennzeichneten bürgerlichen Gemeinwesens der Gleichheit und Menschenwürde, sind Herders lebenslang betriebene Studien über Geschichte und Wesen der Sprach-, Kultur- und Kunstentwicklung im Leben der Völker mit ihrer universalhistorischen Intention, sind die Volksdarstellungen in Goethes „Egmont" oder in Schillers „Tell", sind auch engagierte Sammlungen überkommenen folkloristischen Kulturgutes wie die von Arnims und Brentanos in „Des Knaben Wunderhorn" oder der „Kinder- und Hausmärchen" J. und W. Grimms aussagestarke Zeugnisse für die exemplarische Bewertung der kulturschöpferischen Rolle der Volksmassen in der Menschheitsgeschichte.[30] Dies gilt trotz der sicherlich zahlreichen klassenfraktionell-ideologisch bedingten, bisweilen auch durch einen geistesaristokratisch-elitären Hang verursachten Unterschiede und Relativierungen, die diese geschichts- und kulturphilosophische Bewertung der Volksmassen aufweist und die selten jene demokratisch-republikanische oder plebejische Konsequenzen erlangt, wie etwa bei Voß, Herder, Wezel, Jean Paul, Hölderlin, Forster und Seume.[31]

Es tritt bei unseren Überlegungen immer deutlicher zutage, daß die kulturphilosophischen und ästhetischen Ideen, Konzeptionen und Theorien, wie sie von Baumgarten bis Heine hervorgebracht und als unverzichtbare Elemente der geistigen Emanzipationsbewegung des deutschen Bürgertums in der antifeudalen Aktion ins Feld geführt werden — Mehring hielt in seiner „Lessing-Legende" diesen Schauplatz des ideologisch-weltanschaulichen Kampfes im damaligen Deutschland sogar für den wichtigsten[32] —, sich eigentlich erst in ihrem organischen Zusammenhang mit dem übergreifenden geschichts- und gesellschaftsphilosophischen Gedankengut des bürgerlichen Aufstieges dem Verständnis in der ihnen innewohnenden Zukunftsdimension erschließen. Wenn die Grundidee des menschheitsgeschichtlich universellen Fortschritts und mit ihr der Gedanke menschlicher Höherentwicklung auf dem Wege zunehmender Kultur, Bildung und Humanität sich im europäischen Renaissancedenken bis hin zur Frühaufklärung angesichts objektiv wie subjektiv begrenzter theoretisch-systematischer Verallgemeinerungsmöglichkeiten erst sporadisch und gleichsam tastend wie z. B. bei Petrarca, Pico della Mirandola, Leonardo da Vinci u. a. oder in kühnem spekulativem Höhenflug wie z. B. in den teleologischen Konstruktionen Vicos, Leibniz', ja noch Voltaires äußerten, so erlangen derartige Anschauungen im kulturphilosophisch-ästhetischen Denken in Deutschland zwischen 1750 und 1830 ein entschieden höheres Maß an Komplexität sowie an theoretischem Gewicht.[33] Dies liegt darin begründet, daß solche in der zeitgenössischen Rezeption und in der Nachwirkung einflußreiche Modelle und Programme, wie sie in Winckelmanns „Geschichte der Kunst des Altertums", in Lessings „Laokoon

oder Über die Grenzen der Malerei und Poesie" und „Hamburgische Dramaturgie", in Herders „Ideen zur Philosophie der Geschichte der Menschheit" und „Kalligone", in Goethes Aufsatz „Literarischer Sansculottismus", in Schillers Brieffolge „Über die ästhetische Erziehung des Menschen", in Hölderlins kultur- und kunstphilosophischen Prosafragmenten, aber dann auch in F. Schlegels „Über Sprache und Weisheit der Inder", Wackenroders „Herzensergießungen eines kunstliebenden Klosterbruders", Jean Pauls „Vorschule der Ästhetik", in Hegels Berliner Vorlesungen zur Ästhetik und in Heines Betrachtungen „Die romantische Schule" sowie „Zur Geschichte der Religion und Philosophie in Deutschland" in Erscheinung traten, bei allen und zum Teil gravierenden philosophisch-politischen Unterschieden in den Positionen ihrer Autoren gekennzeichnet waren durch zumindest einen gemeinsamen Wesenszug: durch die dialektische Einheit von Geschichts-, Epoche- und Zukunftsbewußtsein der in diesen Schriften artikulierten Kultur- und Kunstauffassungen.[34]
Dieser als theoretisches, methodisch-heuristisches oder epochekritisches Prinzip obwaltende Historismus führte — und dies scheint im Kontext unserer Erörterungen wesentlich — zu einer kulturgeschichtlichen Erbeauswahl und Traditionsbildung unterschiedlichster Orientierung bzw. Typologie. Wie außerordentlich differenziert, ja gegensätzlich sind bereits in der großen Überschau der eben genannten Titel Darstellung und Bewertung der griechisch-römischen Antike, des Mittelalters, der Renaissance und Aufklärung oder außereuropäischer Erscheinungen als kulturgeschichtlicher Phänomene! Bürgerliches Emanzipationsstreben läßt sich auch an dieser Problematik spezifischer Erbeaneignung und Traditionswahl in seiner weltanschaulich-ideologischen Funktionalität, in seinem einschneidenden Wandel von vor- zu nachrevolutionären Denkstrukturen aufweisen. Auf diesem Wege konnten sich gerade im sozialökonomisch eklatant zurückbleibenden Deutschland — als politischem Gesamtorganismus und ungeachtet vorübergehender, partieller ökonomischer Aufschwünge in einzelnen Territorialstaaten — im Reiche der Gedanken z. B. retrospektive kulturphilosophische und -politische Utopien formieren, die von Winckelmanns aufklärerischem Antikeideal bis zu Wackenroders oder Novalis' frühromantischer Mittelalter- und Renaissanceverklärung ganze Vergangenheitswelten dem bürgerlichen Epoche- und Zukunftsbewußtsein in seinem Aufschwung und in seiner Krise anheimgaben. Dies geschah in jedem Falle in bewußt wahrgenommener Verantwortung gegenüber dem Zeitalter, in dem man lebte — nicht als Flucht aus ihm. In dem Maße, wie sich im Gefolge des Thermidor, der Herrschaft des Directoire und der napoleonischen Diktatur der Januskopf der kapitalistischen Realität mehr und mehr enthüllte, vertieften sich auch im kulturellen Traditionsverständnis die resignativen und regressiven Momente, die von der politisch herrschenden spätfeudalistischen Restauration begierig aufgegriffen und zur Ingangsetzung

ideologischer Manipulierungsmechanismen mißbraucht wurden — oft gegen den Willen jener, die sie artikulierten.
Von zukunftsweisender Bedeutung ist in diesem problemgeschichtlichen Zusammenhang jedoch vor allem die Tatsache, daß die Repräsentanten des linken, antifeudal-demokratisch orientierten Flügels der Hoch- und Spätaufklärung sowie des Jakobinismus in Deutschland zumindest bis zur thermidorianischen Wende den antizipatorischen und emanzipatorischen Wert des Kulturellen und Ästhetischen außerordentlich klar erkannten und ihre Kultur- und Kunstauffassungen in Publikationen öffentlich zur Diskussion stellten. Neben den von eindeutiger Sympathie sowohl zum Ideengut als auch zum praktischen Vorgehen der Jakobiner in Frankreich inspirierten kulturphilosophischen und -politischen Konzeptionen, wie sie z. B. Forster in seinen „Ansichten vom Niederrhein" und Campe in seinen „Briefen aus Paris während der Französischen Revolution geschrieben" — beide 1790 veröffentlicht — vom Standpunkt des revolutionären Demokratismus formulierten und damit im Grunde zu mutigen Wortführern einer „zweiten Kultur" im Sinne Lenins unter den damaligen Bedingungen spätfeudaler Restriktion des geistigen Lebens in der dynastischen Staatenwelt des „Heiligen römischen Reiches deutscher Nation" emporwuchsen,[35] verdienen hier insbesondere auch Äußerungen führender Vertreter aufklärerisch-humanistischer Geheimgesellschaften des deutschen Bürgertums wie der Freimaurer, der Rosenkreuzer und der Illuminaten unsere Aufmerksamkeit. Der Führer des im Kurfürstentum Bayern von der feudalen Administration hart verfolgten und schließlich 1785 aufgelösten Illuminatenordens, der Ingolstädter Natur- und Kirchenrechtler Adam Weishaupt, schrieb in seinem nicht zufällig 1790 in den bürgerlichen Handelsmetropolen Frankfurt und Leipzig herausgegebenen Hauptwerk „Pythagoras oder Betrachtungen über die geheime Welt- und Regierungs-Kunst" folgendes über nach seiner Auffassung „eine wachsende Kultur und Aufklärung" grundsätzlich Bestimmende: „Aber es gibt Rechte, welche ein jeder hat, weil er ein Mensch ist, welche von keinem getrennt werden können . . . Dem Ansehn der Gesetze aufhelfen; machen, daß nicht der Mensch, sondern das Gesetz gebietet; daß man diesem, der Ordnung, seinem Zwecke gehorche, daß die heiligsten Rechte des Menschen nicht unterdrückt werden; machen, daß der Mensch mehr nach seinen innern als äußern Vorzügen geschätzt werde, daß nur allein das Verdienst zu öffentlichen Ämtern und Stellen berechtigt; daß nur einem höhern Grade von innerer Ehrwürdigkeit ein entsprechender Grad von äußerlicher Ehre zuteil wird; daß die Bewunderung und die Belohnung nicht weiter auf Torheiten oder glänzende Laster fallen; machen, daß jeder ungehindert — ohne die gegründeten Rechte eines andern zu beleidigen — seine Kräfte zu seiner Glückseligkeit entwickeln könne, daß jeder für sein Eigentum, Person und Gedanken die größtmögliche Freiheit und Sicherheit erhalte; machen, daß sich kein Mensch, keine Gewalt, kein Stand über die

Gesetze erhebe und diese zu engern Vorteilen, zu Unterdrückung anderer benutze; in solchen Fällen jedem Menschen den andern gleichstellen ... — dies alles zu machen ist ein großer, reeller und erhabener Zweck, ein seelenerhebender Gedanke, welchen nur der Despotismus, die Unwissenheit und eine kurzsichtige Leidenschaft als chimärisch oder gefährlich verschreien können. Dieser Gedanke gründet sich auf eine vernünftige Erwartung, auf ein sehr reelles Bedürfnis. Diese Bemühung ist daher nicht vergeblich. Die Zeiten, in welchen dies geschehen wird, sind das wahre goldene Alter der Welt. Eine so richtige Vorstellung darf nicht geschwächt werden; es liegt vielmehr alles daran, den Glauben lebhaft zu erwecken, daß es dereinst dazu komme; daß alles, was geschehen ist, wirklich geschieht und noch fernerhin geschehen wird unausbleiblich dazu führe."[36]

Wir haben Weishaupt so ausführlich zitiert, weil hier auch auf deutschem Boden Citoyen-Ideale prägnant umrissen sind, die von dem universellen Vernunftanspruch, von dem revolutionären Pathos der „Déclaration des droits de l'homme et du Citoyen" oder der Reden Robespierres in der französischen Nationalversammlung nicht weit entfernt sind: auch hier werden elementare Menschenrechte als Bürgerrechte deklariert, erscheint der allgemeine Geschichts- und Gesellschaftsfortschritt zugleich als Basis der Höherentwicklung menschlicher Kultur. Lessings und Mozarts, Wielands und Goethes Zugehörigkeit zum Freimaurertum war unter diesem Aspekt durchaus nicht lediglich episodisch in der Geschichte der bürgerlichen Emanzipation. Dieses Ideengut lebte nicht nur in der „Zauberflöte", sondern ebenso in der pädagogischen Provinz von „Wilhelm Meisters Wanderjahre" im künstlerischen Bild fort, gleichsam Größe und Grenzen bürgerlichen Selbstverwirklichungsstrebens als herangereifte Epochenforderung symbolisch überhöhend.[37]

Es sei hier nur angedeutet, daß die philosophische Präzisierung des bürgerlich-humanistischen Menschenbildes von Kant bis Feuerbach, die gedankliche Fundierung des bürgerlich-klassischen Erziehungsideals bei Lessing und Wieland, bei Schiller, Knigge und Wilhelm von Humboldt, das Herausarbeiten der Dialektik zwischen den Sphären der geistigen Kultur in Hegels „Phänomenologie des Geistes" bei aller ideell-ideologischen Differenziertheit der Inhalte und Intentionen doch problemgeschichtlich primär Versuche auf hohem intellektuellem Niveau waren, objektiven Erfordernissen der Epoche, dem Zeitgeist, der „Forderung des Tages" (Goethe) gerecht zu werden und dies als menschheitsgeschichtlich relevanten Kultur- und Kultivierungsprozeß zu interpretieren. Ein im Ansatz dergestalt ganzheitliches Kulturverständnis warf eine Vielfalt der theoretischen Klärung bedürftiger Probleme auf, von denen noch einige wenige, die von historischem wie aktuellem Interesse sind, hervorgehoben werden sollen.

Ein solches Problem stellt ohne Zweifel die Frage nach dem notwendigen wechselseitigen Zusammenhang der geistigen Aneignungsweisen der Wirklichkeit als konstitutivem Ausdruck der „tätigen Seite des Subjekts" (Marx) im Prozeß bürgerlicher Emanzipation dar.

Der durch die frühkapitalistische Entfaltung der gesellschaftlichen Produktions-, Distributions- und Konsumtionsprozesse, durch die ursprüngliche Akkumulation von Kapital, durch wennschon nur zaghafte Auswirkungen der Manufakturperiode und der industriellen Revolution sich auch in Deutschland seit der Mitte des 18. Jahrhunderts — allerdings mit beträchtlichen territorialen Unterschieden — realisierende, qualitativ neuartige Vergesellschaftungsgrad hatte im Bereich der geistigen Kultur weitreichende Folgeerscheinungen. Sie bestanden vor allem in einer qualitativ und quantitativ sich immer deutlicher ausprägenden arbeitsteiligen Differenzierung und Spezialisierung der geistigen Produktion sowie der sie im wesentlichen tragenden sozialen Schichten des kleinen und mittleren Bürgertums. Dieser sozialökonomisch für die Konsolidierung der kapitalistischen Produktionsweise notwendige Vorgang war — Dialektik von Gewinn und Verlust im historischen Fortschreiten der Gattung — verbunden mit einer Einbuße ganzheitlich-synthetisierender Elemente in der geistigen Aneignung der Wirklichkeit durch den Menschen, war begleitet vom Schwinden traditionell überkommener weltanschaulicher Integrationsfaktoren sowie religiöser, moralischer, rechtlicher Wertvorstellungen mit hohem kollektivem Verbindlichkeitsgrad. Gerade diese Widerspruchskonstellation innerhalb der sich ständig profilierenden geistigen Kultur und Produktivität des Bürgertums wurde von zahlreichen seiner intellektuellen Repräsentanten in Deutschland wohl besonders zugespitzt wahrgenommen und kulturphilosophisch bzw. -kritisch auf den Begriff zu bringen versucht.

Die theoretisch-systematischen Bemühungen des Begründers der Ästhetik als eigenständiger philosophischer Disziplin, Baumgartens, im Rahmen der Leibniz-Wolffschen frühaufklärerischen Denktradition sowie im Hinblick auf relative Fortschritte in den ästhetischen Anschauungen zeitgenössischer englischer, sensualistisch gerichteter Aufklärer wie Shaftesbury, Hutcheson und Burke, der Welt des Gefühls, der Empfindung und der sinnlichen Wahrnehmung neben Rationalität und Willen eine höhere Bedeutung zuzuerkennen, stehen unter diesem Blickwinkel problemgeschichtlich am Beginn jener vielgestaltigen Erörterungen zum Verhältnis verschiedener geistiger Aneignungsweisen zueinander, die bis hin zur Frühromantik und den Systemen Hegels und Feuerbachs reichen sowie bis zu den Klagen Heines über das verhängnisvolle Auseinanderfallen von „Spiritualismus" und „Sensualismus" als „Bezeichnung jener beiden verschiedenen Denkweisen, wovon die eine den Geist dadurch verherrlichen will, daß sie die Materie zu zerstören strebt, während die andere die natürlichen Rechte der Materie gegen die Usurpationen des Geistes zu vindizieren sucht."[38]

Zu diesem wesentlichen Diskussionsfeld bürgerlich-emanzipatorischer Präzisierung von Subjekteigenschaften im Sinne eines abstrakt-idealistischen Erfassens der „tätigen Seite" der Individuen (Marx) gehören so herausragende kulturphilosophische Leistungen wie z. B. Goethes naturwissenschaftliche Schriften, insbesondere „Zur Farbenlehre" oder „Zur Naturwissenschaft überhaupt, besonders zur Morphologie. Erfahrung, Betrachtung, Folgerung, durch Lebensereignisse verbunden" — welcher Ganzheitsanspruch des Weltverhältnisses liegt in diesem Titel! — und die „Tag- und Jahreshefte als Ergänzung meiner sonstigen Bekenntnisse", Schillers „Über die ästhetische Erziehung des Menschen", „Über naive und sentimentalische Dichtung" oder die „Kalliasbriefe", Fichtes verschiedene Fassungen seines „Systems der Wissenschaftslehre", Schellings „System des transzendentalen Idealismus" sowie Hegels glänzende frühe Polemik „Differenz des Fichteschen und Schellingschen Systems der Philosophie". Zu diesem Diskussionsfeld über Spezifik und möglichen wechselseitigen Zusammenhang geistiger Aneignungsweisen gehören jene Passagen des Ersten Teils der „Kritik der Urteilskraft", in denen Kant, die eigenen Systemvoraussetzungen überschreitend, die „Kultur der Gemütskräfte" in Einheit mit „Humanität" und „allgemeinem Teilnehmungsgefühl" als „die der Menschheit angemessene Geselligkeit" definiert[39]; zu ihm gehört, aus einem von Grund auf gewandelten Welt- und Epocheverhältnis geboren, jene Idee einer in ihrem Verhältnis zum Kosmos, zur Natur und Geschichte tief verinnerlichten, intuitiv ahnungsvollen Subjektivität, wie sie Novalis, Wackenroder, Tieck, F. Schlegel, Ritter, Friedrich u. a. Frühromantiker in ihren Aufsätzen, philosophischen Fragmenten und mit suggestiver Faszination in ihrer künstlerischen Wirklichkeitssicht entwarfen. Und zu diesem Diskussionsfeld gehören die gleichermaßen von spätaufklärerischem und romantischem Geist getragenen Versuche z. B. Runges und Beethovens in ihren Briefen oder Carus' in seinen interessanten Schriften über Landschaftsmalerei[40], eine ideell-weltanschauliche Synthese von Philosophischem, Wissenschaftlichem und Künstlerischem zu erhalten oder wiederherzustellen. Es war in diesem Sinne nicht beiläufig, wenn Beethoven 1809 in einem Brief an seinen Leipziger Verlag Breitkopf und Härtel schrieb: „Es gibt keine Abhandlung, die sobald zu gelehrt für mich wäre, ohne auch im mindesten Anspruch auf eigentlich Gelehrsamkeit zu machen habe ich mich doch bestrebt von Kindheit an, den Sinn der Bessern und Weisen jedes Zeitalters zu fassen, Schande für einen Künstler, der es nicht für Schuldigkeit hält, es hierin wenigstens so weit zu bringen."[41]

Problemgeschichtlich relevant ist an diesen Debatten, daß sie in ihrem optimistischen oder resignativen Tenor die verlorengegangene, zumindest in ihrer Substanz gefährdete Ganzheitlichkeit geistiger Wirklichkeitsaneignung in das Zentrum der Überlegungen stellen, trotz aller sozialhistorischen und gnoseologischen Begrenzungen die Möglichkeit der Totalität menschlicher

Gattungseigenschaften als humanistische Alternative im Auge behalten und unter diesem Vorzeichen die Frage bürgerlicher Emanzipation und Persönlichkeitskultur als integrative Bewußtseinshaltung, als synthetisierendes Methodenbewußtsein, als alle rationalen und emotionalen Potenzen des Weltverhältnisses aktivierenden Denkstil artikulieren. Angesichts des gegenwärtigen Meinungsstreites in unserem Lande um Wesen, Besonderheit und dialektischen Zusammenhang des Philosophischen, Wissenschaftlichen, Politisch-Moralischen und Künstlerischen in der geistigen Kultur des realen Sozialismus sind dies bedenkenswerte Anregungen; wir reagieren verantwortungsbewußt auf diese geschichtlich überkommenen Impulse, wenn wir die differenzierte Mannigfaltigkeit geistiger Aneignungsweisen der Wirklichkeit genetisch und aktual als innere Struktureinheit betrachten und damit einen Prozeß zu intensivieren in der Lage sind, den bürgerliche deutsche Intellektuelle zwischen 1750 und 1830 bestenfalls partiell und antizipatorisch zu beeinflussen vermochten: die Veränderung der gesellschaftlichen Praxis unter zunehmendem Einsatz aller menschlichen Gattungseigenschaften, der subjektiven Kultur aller Individuen.

Im Ensemble der kulturphilosophisch-ästhetischen Anschauungen in der Aufklärung, des Sturm und Drang, der Klassik, der Romantik sowie des sich herausbildenden kritisch-bürgerlichen Realismus — in der geistigen Kultur des Epochenumbruches stellen diese Strömungen eine von Kontinuität und Diskontinuität geprägte widersprüchliche Einheit dar — sind mit der Problematik des Verhältnisses der geistigen Aneignungsweisen zahlreiche weitere Fragen geistig-kultureller und politisch-sozialer Emanzipation des Bürgertums organisch verknüpft. Wir nennen lediglich den vor allem von Lessing und Mendelssohn eruierten Toleranzgedanken insbesondere als eine der intellektuellen Grundlagen für jene fortschreitende Naturalisierung, Humanisierung, Historisierung und Ethisierung der Religion und ihrer Geschichte, die schließlich zur weltanschaulichen Relativierung christlicher Theologie bei Schleiermacher hinführt und im konsequent anthropologischen Atheismus Feuerbachs kulminiert. Genannt seien auch die äußerst vielgestaltigen Erörterungen zu jenen Prozessen und Erscheinungen, die mit der Sensibilisierung des Menschen als Ausdruck einer hochdifferenzierten Subjektivität ursächlich zusammenhängen, historisch-genetische und systematisch-kategoriale Erörterungen etwa zu Stellenwert und Bedeutung von Phantasie und Phantastik, Symbolischem und Mythischem, Komischem und Ironischem als integralen Bestandteilen sich emanzipierender bürgerlicher Geistigkeit, Verinnerlichung und Kultiviertheit. Reich ist hier das Spektrum der eingebrachten originären Denkleistungen: Hamanns metaphorisch-alogische Rechtfertigung einer bis ins Abgründig-Irrationale sich erstreckenden Gefühlswelt in den „Sokratischen Denkwürdigkeiten", Wielands kulturkritisch feinsinnige Burlesken wie „Sokrates Mainomenos oder Die Dialogen des Diogenes von

Sinope"; F. Schlegels Gedankensplitter über romantische Ironie und Subjektivität, Schellings problematische „Deduktion eines allgemeinen Organs der Philosophie oder Hauptsätze der Philosophie der Kunst nach Grundsätzen des transzendentalen Idealismus", Hegels weltkunstgeschichtlich ambitionierte ästhetische Analysen, Jean Pauls tiefsinnig-skurrile Auslotungen des Humors in seinen Romanen und theoretischen Schriften, insbesondere in seiner nach wie vor problemgeschichtlich unterschätzten „Vorschule der Ästhetik" und — last not least E. T. A. Hoffmanns märchenhafte oder kauzige Phantastik, deren oft forcierte Lustigkeit das wunde Herz verbirgt, das am Grauen menschlicher Selbstentfremdung in preußisch-deutscher Umwelt so tief litt und schließlich zugrundeging.

Folgerichtig führten die meisten dieser Bestrebungen, die Sensibilisierung als einen der unverzichtbaren Gradmesser bürgerlicher Selbstbefreiung, eines neuen Weltgefühls auch philosophisch zu konstituieren, zu einem zentralen Thema der Kulturphilosophie und Ästhetik hin — zur Problematik der Funktion des gesellschaftlichen Kunstprozesses, der Produktion, Kommunikation und Rezeption von Kunst unter den Bedingungen eines revolutionären Epochenumbruches von weltweiter Auswirkung. Das künstlerische Bild dieses Epochenwandels und damit der bürgerlichen Emanzipation wurde dabei primär an solchen substantiellen Prozessen wie z. B. dem Realismusgewinn, der Wahrheit und Glaubwürdigkeit künstlerischer Werke der verschiedenen Arten, Gattungen und Genres sowie seiner Besonderheit als einer geistigen Aneignungsweise der Wirklichkeit untersucht und diskutiert. Daß diese Diskussionen in praxi oft kontrovers und bisweilen mit unerfreulichen Begleiterscheinungen verliefen (z. B. Goethe/Schiller mit Herder/Jean Paul oder Hölderlin), änderte nichts an ihrem prinzipiell antifeudalen Charakter sowie an ihrem vielfach bereits kapitalismuskritischen Ansatz. Jahrhundertelange Kunsterfahrungen des europäischen Bürgertums standen für die kunstgeschichtliche Sichtung und ästhetische Verallgemeinerung zu Gebote oder wurden in adäquater sprachlicher Übertragung z. B. Goethes, A. W. Schlegels und Tiecks dem deutschen Publikum erschlossen; Cervantes und Lope de Vega, Rabelais und Diderot, Shakespeare und Sterne traten mit vielen anderen Künstlerpersönlichkeiten höchsten Formats in das Blickfeld bürgerlicher Rezipienten. In Westeuropa entstandene kunsttheoretische Konzeptionen wirkten anregend und standpunktbildend; ein dialogisch-funktional gerichtetes und historisch-konkret wertorientiertes Kunstverständnis setzte sich durch.[42]

Die Mimesistheorie Aristoteles', die abstrakt historisierenden und heroisierenden Auffassungen und Praktiken des Klassizismus, die künstlerischen Methoden des antiken und frühbürgerlichen Realismus, die ästhetische Begründung des Prinzips der Naturwahrheit durch Bodmer, Breitinger, Rousseau, Diderot und andere Denker wurden streitbar eruiert und in einer Fülle ästhetischer sowie kunstkritischer Publikationen als Basis schöpferisch weiterführender Ideen genutzt. Baumgarten und Gottsched, Kant und Lessing, Wieland und Klopstock, Hamann und Klinger, Herder und Jean Paul, Goethe und Schiller, Schelling und Hegel, Hölderlin und Kleist, Wackenroder und Novalis, Beethoven und Runge, Hoffmann und Friedrich, Heine und Feuerbach haben — um lediglich einige exemplarische individuelle Leistungen zu akzentuieren — einen nachwirkenden kreativen Anteil an der Konstituierung, theoretischen und methodologischen Präzisierung und praktischen Differenzierung eines Kunstbegriffes, der als spezifischer ideeller Ausdruck bürgerlicher Emanzipation alle wesentlichen Momente des Epochenumbruchs im Zeitalter der Französischen Revolution unter den höchst widersprüchlichen sozialhistorischen Bedingungen in Deutschland auf gültige Weise reflektiert. Daß die Künste unverletzbare Eigenwürde als bildhafte Gestaltung eines geschichtlich determinierten Wirklichkeitsverhältnisses besitzen und zugleich notwendiger integraler Bestandteil der geistigen Kultur der Völker wie der Menschheit sind, daß künstlerische Wahrheit in der Vielfalt der ästhetischen Zeichensprachen das genuine Ergebnis komplex wirkender Erkenntnis- und Wertungsvorgänge ist und multivalent erlebt wird, daß der gesellschaftliche Kunstprozeß polyfunktional strukturiert ist und elementare geschichtliche Wandlungen dem morphologischen Dynamismus des Kunstfortschritts zugrundeliegen: dies alles kennzeichnet einen Erkenntniszuwachs im deutschen kunsttheoretischen Denken zwischen 1750 und 1830, dessen problemgeschichtliche Bedeutung für uns gar nicht hoch genug veranschlagt werden kann. Die übergreifenden philosophisch-weltanschaulichen Linien bürgerlichen Emanzipationsstrebens und Selbstbewußtseins, der Humanismus als universeller Vernunft- und Ganzheitsanspruch, der Geschichtsoptimismus und das Wissen um die Vervollkommnungsfähigkeit der menschlichen Gattung, antifeudale Militanz und frühe kapitalismuskritische Einsicht finden in den Kunstauffassungen dieses Zeitraumes bis hin zu den Erscheinungen von Resignation und Frustration in der nachrevolutionär-restaurativen Periode eine signifikante Awendung und Ausdeutung. Ihr antizipatorischer Gehalt ist von uns längst noch nicht im vollen Umfang erschlossen und in seiner Zukunftsdimension weitergedacht worden.

Gerade dies jedoch ist dringend erforderlich, zumal spätbürgerlich-apologetische Ideologen nichts unversucht lassen, sich mit grob demagogischem oder intellektuell verfeinertem Raster des kunstphilosophisch-ästhetischen Ideengutes der deutschen Aufklärung, Klassik und Romantik zu bemächtigen und es auf ihre Weise interpretatorisch und kulturpolitisch auszunutzen — gegen uns, denn wir sprechen hier nicht von den uns verbundenen Leistungen humanistisch-demokratisch und antiimperialistisch orientierter bürgerlicher Geistesschaffender auf diesem Gebiet. Was sich in Schopenhauers und Nietzsches subjektivistisch-irrationalistischen Deutungen klassischer deutscher

Kulturphilosophie und Ästhetik verhängnisvoll anbahnte und sich in Hauptströmungen spätbürgerlichen Denkens wie der Lebensphilosophie und Phänomenologie, dem Existentialismus, Anthropologismus und Strukturalismus im Verlaufe des 20. Jahrhunderts systeme- und schulenreich fortsetzte und einen vehement zunehmenden antimarxistisch-antikommunistischen Tenor erhielt, ist nach unserer Auffassung nicht die auf der Höhe der gegenwärtigen Epoche stehende, von echter Modernität getragene Art und Weise des Erbeverständnisses und lebensfähiger Traditionsbildung — selbst dann, wenn partiell beachtenswerte quelleneditorische und interpretatorische Einzelleistungen erbracht wurden.

Wenn gegenwärtig die neokonservative Gesellschaftsstrategie der BRD ihr antidemokratisches Wesen mit beträchtlichem instituionellen wie personellen Aufwand — wir nennen lediglich Periodika wie „Merkur. Deutsche Zeitschrift für europäisches Denken" oder „criticon" und profilierte geistige Repräsentanten der neokonservativen Reaktion wie Mohler, Rohrmoser oder Kaltenbrunner[43] — vorrangig auch in ihrem propagandistisch gezielten Rückgriff auf die Geschichts- und Kulturphilosophie der deutschen Aufklärung, Klassik und Romantik und deren militante Fehlinterpretation enthüllt, so kann es hier objektiv wie subjektiv keinerlei „Gemeinsamkeiten" mit unserem, dem sozialistischen Erbe- und Traditionsverständnis geben.

Denn die sozialistische Erbe- und Traditionsauffassung — wir versuchten es an einem spezifischen Gegenstand nachzuweisen — ist von historisch neuartiger Qualität gegenüber jedweden spätbürgerlichen Deutungsversuchen geistiger Kulturleistungen der Vergangenheit, von welchem philosophisch-politischen Standpunkt aus sie auch vorgenommen werden mögen. Grundtatsachen unserer sich immer homogener und damit zugleich differenzierter ausprägenden Lebensweise zeigen, daß die dialektisch-materialistisch fundierte Aufhebung und der aus ihr entspringende souveräne Umgang mit Erbe und Tradition dem Begriff von Modernität in der gegenwärtigen Epoche entsprechen und damit die einzige als Massenprozeß sich durchsetzende, aktiv-schöpferische Art und Weise der Vergangenheitsbewältigung verkörpern. Die dialektische Einheit von Historizität und Aktualität, so versuchten wir in unserem Überblick an einigen prototypischen Momenten kulturphilosophisch-ästhetischer Auffassungen in Deutschland zwischen 1750 und 1830 sowie ihren Wirkungen ohne jeglichen Anspruch auf Vollständigkeit anzudeuten, äußert sich in unserem materiellen und geistigen Sein bereits auf das vielfältigste.

Dies trifft zu für den umfassenden Charakter sozialistischer Kultur- und Kunstentwicklung in ihrer ständig an Bedeutung gewinnenden gesamtgesellschaftlichen Dimension und die ihr zugrundeliegende wissenschaftliche Strategie: er ist nicht zuletzt Ausdruck auch der objektiv-historischen Verwandtschaft mit bürgerlich-emanzipatorischen deutschen Kulturkonzeptionen im Zeitalter der Französischen Revolution, Ausdruck der problemgeschichtlichen Kontinuität und Diskontinuität real-humanistischer Traditionsbildung als notwendigem Element unseres Wertbewußtseins.[44]

Dies trifft zu für den Sachverhalt, daß die quantitativ zunehmende und qualitativ immer anspruchsvollere, differenziertere Rezeption und verinnerlichende Aneignung deutscher Kultur- und Kunstleistungen einschließlich ihrer philosophisch-weltanschaulichen Dimension, wie sie gerade aus dem geschichtsträchtigen Zeitraum zwischen 1750 und 1830 überliefert sind, im geistigen Leben unseres Landes zu ausgeprägten Bedürfnissen, zu Gegenständen nicht antiquarischen, sondern schöpferischen Interesses geworden sind.

Dies trifft zu auch für die fortschreitende wissenschaftliche und künstlerische Durchdringung jenes ideellen Angebotes und kaum auszuschöpfenden Quellenmaterials, das uns die bürgerliche deutsche Kultur in ihrer emanzipatorisch-antizipatorischen Aufstiegsphase hinterlassen hat und dessen problemgeschichtliche Untersuchung und Befragung selbstverständlich die Diskussionsbrisanz aktueller Spannungsfelder des geistig-kulturellen Lebens im realen Sozialismus — z. B. des Verhältnisses von Philosophie, Wissenschaft und Kunst hier und heute — unmittelbar berührt und so zu einem nicht zu unterschätzenden Agens unseres Selbstverständnisses wird.

Zu allen diesen und weiteren Problemfeldern lebendiger Erbeaneignung erweist sich der schöpferische Meinungsstreit in gemeinsamer Verantwortung um die Sache als in dieser Sache angelegt und daher notwendig. Dieser Streit als Lust des Erkennens ist freilich nur dann möglich, wenn wir einen Grundwert, eine elementare Bedingung der Menschheitskultur erfolgreich zu verteidigen in der Lage sind: den Frieden.

Anmerkungen

[1] Vgl. dazu: Autorenkollektiv unter Leitung von Hans Koch, Zur Theorie der sozialistischen Kultur, Berlin 1982, 1. Kapitel: Wesenszüge und Grundfunktion der menschlichen Kultur, S. 5ff.; *Werner Kahle*: Marx' Kulturkonzeption in „Grundrisse der Kritik der politischen Ökonomie": zugleich ein Programm des realen Humanismus. In: DZfPh 10/84, S. 899ff.; *Georg Lukács*: Die Eigenart des Ästhetischen, Berlin und Weimar 1981, Band 2, Sechzehntes Kapitel: Der Befreiungskampf der Kunst, Abschnitt I: Grundfragen und Haupteta ppen des Befreiungskampfes, S. 648ff.

[2] Vgl. dazu: *Johann Gottfried Herder*: Vom Geschmack der Nationen und Zeitalter; ders., Aus dem Tagebuch der Seereise nach Frankreich. In: J. G. Herder, Zur Philosophie der Geschichte. Eine Auswahl in zwei Bänden, hrsg. von Wolfgang Harich, Berlin 1952, Erster Band, S. 271ff. bzw. S. 281ff.

[3] *Hölderlin*: Sämtliche Werke, hrsg. von Friedrich Beißner, Leipzig 1965, S. 950f.

[4] Vgl. dazu z. B. *Hölderlin*: Hyperion, Zweiter Band, Zweites Buch, die letzten beiden Briefe Hyperions an Bellarmin. In: Hölderlin, a. a. O., S. 636ff.

[5] *Heinrich Heine*: Werke und Briefe in zehn Bänden, hrsg. von Hans Kaufmann, Band 5, Berlin 1961, S. 379.

[6] Vgl. dazu: Das Thema: Sozialismus und Frieden — Humanismus in den Kämpfen unserer Zeit. In: Einheit 12/84, S. 1074ff.; Die Philosophie des Friedens im Kampf gegen die Ideologie des Krieges, hrsg. von der Militärakademie „Friedrich Engels", Berlin 1984.

[7] *Karl Marx*: Grundrisse der Kritik der politischen Ökonomie, Berlin 1974, S. 387.

[8] Ebda., S. 366.

[9] Vgl. dazu als literaturtheoretisch-ästhetisch und terminologisch anregend: *Michail B. Chraptschenko*: Schriftsteller, Weltanschauung, Kunstfortschritt, Berlin 1975, insbesondere die Abschnitte: Die Zeit und das Leben literarischer Werke sowie: Die typologische Erforschung der Literatur, S. 212ff. Materialreich sowie methodologisch interessant auch: *Aaron J. Gurjewitsch*: Das Weltbild des mittelalterlichen Menschen, Dresden 1978; *Leonid M. Batkin*: Die historische Gesamtheit der italienischen Renaissance, Dresden 1979; *Juri M. Lotman*: Kunst als Sprache. Untersuchungen zum Zeichencharakter von Literatur und Kunst, hrsg. von Klaus Städtke, Leipzig 1981.

[10] *W. I. Lenin*: Philosophische Hefte, Berlin 1971, S. 344.

[11] Vgl. dazu: *Walter Markov*: Revolution im Zeugenstand, Frankreich 1789—1799, Band 1 (Aussagen und Analysen), Leipzig 1982.

[12] Vgl. dazu vor allem die theoretisch-methodologisch grundlegenden Darstellungen in: Autorenkollektiv unter Leitung von Hans Koch, Zur Theorie der sozialistischen Kultur, Berlin 1982, 1. und 2. Kapitel, S. 5ff.

[13] Vgl. dazu: *Hans Koch*: Marx, Engels und die Ästhetik, Berlin 1983.

[14] Vgl. dazu *A. J. Gurjewitsch*: a. a. O. sowie *L. M. Batkin*: a. a. O.

[15] Es sei aus der Fülle des Materials insbesondere verwiesen auf: *Jürgen Kuczynski/Wolfgang Heise*, Bild und Begriff. Studien über die Beziehungen zwischen Kunst und Wissenschaft, Berlin und Weimar 1975 sowie: Autorenkollektiv unter Leitung von Dieter Schlenstedt, Literarische Widerspiegelung. Geschichtliche und theoretische Dimensionen eines Problems, Berlin und Weimar 1981, insbesondere Zweites Kapitel: Das Ende einer Denkform. Zur Ablösung des Nachahmungsprinzips im 18. Jahrhundert, S. 189ff.

[16] *Walter Markov*: a. a. O.

[17] Autorenkollektiv unter Leitung von Hans Koch, Zur Theorie der sozialistischen Kultur, Berlin 1982, S. 336.

[18] Vgl. dazu: *Immanuel Kant*: Von den Träumen der Vernunft. Kleine Schriften zur Kunst, Philosophie, Geschichte und Politik, hrsg. von Steffen und Birgit Dietzsch, Leipzig und Weimar 1981.

[19] In diesem Sinne kulturphilosophisch bedeutsam z. B.: *Immanuel Kant*: Kritik der reinen Vernunft, hrsg. von Raymund Schmidt, Leipzig 1966, Vorreden und Einleitung, S. 5ff.; ders., Kritik der praktischen Vernunft, hrsg. von Karl Vorländer, Leipzig 1951, Vorrede und Einleitung, S. 3ff.; ders., Kritik der Urteilskraft, hrsg. von Raymund Schmidt, Leipzig 1968, Einleitung S. 14ff.

[20] Als theoretische und künstlerische Interpretation dazu z. B. maßstabsetzend: *Bertolt Brecht*: Einschüchterung durch die Klassizität; Über das Poetische und Artistische; beide Aufsätze in Verbindung mit seiner Bearbeitung von Jacob Michael Reinhold Lenz, Der Hofmeister. In: ders., Stücke, Band XI (Bearbeitungen), Redaktion Elisabeth Hauptmann, Berlin und Weimar 1969, S. 5ff. sowie S. 119ff.

[21] Aus der Fülle des dichterischen und philosophischen Quellenmaterials seien hier als Belege genannt: *Johann Wolfgang Goethe*: Die Leiden des jungen Werthers. In: Goethes Werke in zehn Bänden, hrsg. von Reinhard Buchwald, Dritter Band, Weimar 1962, S. 151ff; ders., Prometheus. Dramatisches Fragment. In: a. a. O., S. 361ff.; ders., Die Natur. Fragment. In: a. a. O., Vierter Band, S. 273ff.

[22] Es sei auf folgende kulturphilosophisch-ästhetisch hochbedeutsame Aufsätze bzw. -fragmente Hölderlins hingewiesen: Geschichte der schönen Künste unter den Griechen; Hermokrates an Cephalus; Aus dem Entwurf zu dem Programm der Iduna; Der Gesichtspunkt, aus dem wir das Altertum anzusehen haben; Über die Verfahrungs-

weise des poetischen Geistes; Über den Unterschied der Dichtarten; Das Werden im Vergehen; Entwurf (Das älteste Systemprogramm des deutschen Idealismus). Sämtlich in: *Hölderlin*: Sämtliche Werke, hrsg. von Friedrich Beißner, Leipzig 1965, S. 923ff.

[23] Signifikant für die Position Kleists neben seiner künstlerischen Prosa vor allem die Briefe: An Adolfine von Werdeck, Paris 28/29. 7. 1801; An Wilhelmine von Zenge, Paris 15. 8. 1801; An diess., Paris 10. 10. 1801; An Karl Freiherrn von Stein zum Altenstein, Königsberg 10. 2. 1806; An Marie von Kleist, Châlons sur Marne 8. 6. 1807; Briefe an diess. vom Sommer 1811. Sämtlich in: *Heinrich von Kleist*: Werke und Briefe, hrsg. von Siegfried Streller, Band 4, Berlin und Weimar 1984, S. 243ff.

[24] Aufschlußreich dazu neben den Briefen Beethovens z. B. *Romain Rolland*: Beethoven. Von der Eroica zur Appassionata, Berlin 1970, Erstes Kapitel: Das Jahr Achtzehnhundert. Der dreißigjährige Beethoven, S. 11ff. sowie: *Harry Goldschmidt*. Die Erscheinung Beethoven, Leipzig 1974, Abschnitt I: Beethoven und der Fortschritt, S. 11ff.

[25] Analytisch und interpretatorisch hierzu anregend z. B.: Kommentar und Nachwort von Gerda Heinrich zu *Wilhelm Heinrich Wackenroder*: Dichtung, Schriften, Briefe, Berlin 1984, S. 483ff.; *Klaus Günzel*: König der Romantik. Das Leben des Dichters Ludwig Tieck in Briefen, Selbstzeugnissen und Berichten, Berlin 1981, insbesondere Erstes bis Drittes Kapitel, S. 27ff.; *Willi Geismeier*: Die Malerei der deutschen Romantiker, Dresden 1984, insbesondere Einleitung sowie Abschnitte: Romantische Reflexionen und Theorien über Geschichte, Gesellschaft, Kunst und Natur; Die frühromantischen Maler, S. 7ff.

[26] *Karl Philipp Moritz*: Anton Reiser. Ein psychologischer Roman, Leipzig 1960, S. 7.

[27] *Ludwig van Beethoven*: Briefe. Eine Auswahl, hrsg. von Hansjürgen Schaefer, Berlin 1969, S. 25ff.

[28] Bemerkenswert hierzu neben zahlreichen Äußerungen der Stürmer und Dränger, Herders, Goethes, Hölderlins, Kleists u. a.: § 46. Schöne Kunst ist Kunst des Genies sowie § 47. Erläuterung und Bestätigung obiger Erklärung vom Genie in: *Immanuel Kant*: Kritik der Urteilskraft, hrsg. von Raymund Schmidt, Leipzig 1968, S. 199ff. Bei der Erörterung künstlerischer Subjektivität überschreitet Kant die Grenzen seines apriorischen Transzendentalismus in Richtung dialektischer Einsichten.

[29] Vgl. zu letzterem: *Georg Forster*: Ansichten vom Niederrhein von Brabant, Flandern, Holland, England und Frankreich, im April, Mai und Junius 1790, hrsg. von Gerhard Steiner, Leipzig 1979; *Joachim Heinrich Campe*: Briefe aus Paris während der Französischen Revolution geschrieben, hrsg. von Helmut König, Berlin 1961.

[30] Programmatisch hinsichtlich der kulturschöpferischen Rolle der Volksmassen aus der universalhistorischen Sicht der Aufklärung: *Johann Gottfried Herder*: Zur Philosophie der Geschichte, hrsg. von Wolfgang Harich, Berlin 1952, Zweiter Band (Ideen zur Philosophie der Geschichte der Menschheit), Kapitel: Das Gesetz des Fortschritts, S. 425ff.; aus der Sicht der Romantik: *Ludwig Achim von Arnim/Clemens Brentano*: Des Knaben Wunderhorn, Auswahl von Hermann Strobach, Berlin 1979; wesentlich auch die Darstellung der Problematik in: *N. J. Berkowski*: Die Romantik in Deutschland, Leipzig 1979, Kapitel: Wesen und Ideen der Romantik, S. 7ff.

[31] Hervorgehoben seien an konsequent demokratisch-republikanischen Äußerungen neben Forster z. B. *Johann Karl Wezel*: Kakerlak oder Geschichte eines Rosenkreuzers aus dem vorigen Jahrhundert, Berlin 1984; *Johann Gottfried Seume*: Mit dem Stempel der Wahrheit, Auswahl von Grete Ebner-Eschenhaym, Leipzig 1964; *Jean Paul*: Bemerkungen über uns närrische Menschen. Aphorismen, Auswahl von Klaus-Peter Noack, Leipzig und Weimar 1984.

[32] Vgl. dazu: *Franz Mehring*: Die Lessing-Legende, Berlin 1953, Vorrede zur zweiten Auflage, S. 13ff.

[33] Informativ hierzu z. B.: *M. F. Owsjannikow/S. W. Smirnowa*: Kurze Geschichte der Ästhetik, Berlin 1966; Autorenkollektiv unter Leitung von M. S. Kagan, Vorlesungen

zur Geschichte der Ästhetik, Band 2, Leningrad 1974, Vorlesungen 17 bis 21 (russ.).

[34] Zu diesem substantiellen Problem ist in der einschlägigen marxistisch-leninistischen Forschung aus kultur- bzw. ästhetikgeschichtlicher Sicht noch nicht zusammenhängend gearbeitet worden. Allein die aufgeführten Quellen deuten auf die erbetheoretische Relevanz bürgerlicher Traditionsauffassungen und -wandlungen zwischen 1750 und 1830 hin.

[35] *Georg Forster*: a. a. O.; *Joachim Heinrich Campe*: a. a. O.

[36] *Adam Weishaupt*: Pythagoras oder Betrachtungen über die geheime Welt- und Regierungskunst. In: Die Illuminaten. Quellen und Texte zur Aufklärungsideologie des Illuminatenordens (1776—1785), hrsg. von Jan Rachold, Berlin 1984, S. 324f.

[37] Prototypisch dafür unter vielem Ähnlichen die Formulierung Goethes: „Denken und Tun, Tun und Denken, das ist die Summe aller Weisheit, von jeher anerkannt, von jeher geübt, nicht eingesehen von einem jeden. Beides muß wie Aus- und Einatmen sich im Leben ewig fort hin und wider bewegen; wie Frage und Antwort sollte eins ohne das andere nicht stattfinden. Wer sich zum Gesetz macht, was einem jeden Neugebornen der Genius des Menschenverstandes heimlich ins Ohr flüstert, das Tun am Denken, das Denken am Tun zu prüfen, der kann nicht irren, und irrt er, so wird er sich bald auf den rechten Weg zurückfinden." In: Goethes Werke in zehn Bänden, hrsg. von Reinhard Buchwald, Weimar 1962, Achter Band: Wilhelm Meisters Wanderjahre oder Die Entsagenden, S. 274.

[38] *Heinrich Heine*: a. a. O., S. 195.

[39] *Immanuel Kant*: Kritik der Urteilskraft, hrsg. von Raymund Schmidt, Leipzig 1968, S. 265f.

[40] Vgl. dazu: *Carl Gustav Carus*: Briefe und Aufsätze über Landschaftsmalerei, hrsg. von Gertrud Heider, Leipzig und Weimar 1982.

[41] Ludwig van Beethoven, a. a. O., S. 56.

[42] Anregend dazu neben der bahnbrechenden Leistung M. M. Bachtins zur Präzisierung eines historisch-funktionalen Kunstverständnisses insbesondere: Autorenkollektiv unter Leitung von Manfred Naumann, Gesellschaft — Literatur — Lesen. Literaturrezeption in kritischer Sicht, Berlin und Weimar 1975.

[43] Vgl. dazu: Autorenkollektiv unter Leitung von Ludwig Elm, Falsche Propheten. Studien zum konservativ-antidemokratischen Denken im 19. und 20. Jahrhundert, Berlin 1984, Kapitel V: Der „neue" Konservatismus: Das Desaster von gestern als Leitbild für morgen, S. 186ff.

[44] Vgl. dazu: *Kurt Hager*: Gesetzmäßigkeiten unserer Epoche — Triebkräfte und Werte des Sozialismus, Berlin 1983, Abschnitt IV: Sozialistische Lebensweise. Hohe Bildung und Kultur. Geschichte und Gegenwart, S. 54ff; *Hans Koch*: Die Künste bei der Ausprägung der Werte des Sozialismus, in: Gesetzmäßigkeiten unserer Epoche — Triebkräfte und Werte des Sozialismus. Diskussionsreden auf der Gesellschaftswissenschaftlichen Konferenz des ZK der SED am 15. und 16. Dezember 1983 in Berlin, Berlin 1984, S. 97ff.

Erwin Pracht

Voraussetzungen der Entstehung des ästhetischen Kunst-Begriffs

1.

Im Vergleich zum Mittelalter und zur Antike erfahren mit der bürgerlichen Gesellschaft alle Glieder des Kunstprozesses eine radikale Umgestaltung. Mit dem Zerfall der großen Renaissancekommunen und dem Niedergang aristokratischen Mäzenatentums wird das Kunstprodukt mehr und mehr den Gesetzen des Marktes unterworfen. So hatten es die niederländischen Maler des 16. Jahrhunderts bereits mit einem Mittler, dem Kunsthandel, zu tun, der den Markt völlig beherrschte und in dessen Abhängigkeit die Künstler gerieten. Etwas später entsteht auch ein übergreifender Literaturmarkt, wo sich Ähnliches feststellen läßt. In vorkapitalistischen Gesellschaften wurde in der Regel für einen bestimmten individuellen oder kollektiven Auftraggeber produziert. Im Unterschied dazu ist der jetzt entstehende Kunstmarkt anonym. Der Kunstmarkt bildet ein breites Netz von vermittelnden Institutionen heraus: Kunsthandel, Verlage, Buchhandel, Lesegesellschaften und -kabinette, wenig später Leihbibliotheken, aber auch Konzertsaal, Oper, Museum usw. werden bald in diese Kommerzialisierung einbezogen bzw. entstehen überhaupt erst zu diesem Zeitpunkt. Früher war die künstlerische Produktion im wesentlichen konsum- und rezeptionsorientiert: Auftraggeber und Publikum waren bekannt. Für den Künstler entstehen jetzt grundsätzlich neue, stark veränderte Schaffensbedingungen und -anforderungen. Die Schwierigkeiten potenzieren sich: So muß ein angenommener Adressat den konkreten Rezipienten ersetzen, das Angebot übersteigt bald die Nachfrage, infolge verstärkter Professionalisierung der künstlerischen Arbeit wird der Kunstproduzent schließlich „freischaffender" Künstler. Etwas hatte im Mittelalter völlig gefehlt: Die Hervorkehrung des Künstlers als Genie, die Betonung der Einmaligkeit und Originalität seiner Arbeiten sowie die Reklamation geistigen Eigentums. Seit der Spätrenaissance wird der Wille zur Originalität zu einer Waffe im Konkurrenzkampf. „Solange die Chancen des Kunstmarktes für den Künstler im allgemeinen günstig bleiben, entwickelt sich der Wille zur Eigenart noch zu keiner Originalitätssucht — dies geschieht erst im Zeitalter des Manierismus, als die neuen Verhältnisse auf dem Kunstmarkt empfindliche Störungen mit sich bringen. Der Typus des ‚Originalgenies' aber erscheint erst im 18. Jahrhundert, als die Künstlerschaft bei dem Übergang vom Mäzenatentum zum offenen, schutzlosen Markt um ihre materielle Existenz einen härteren Kampf zu führen hat als je zuvor."[1]

Noch ein Hinweis zur historischen Bedeutung des Genie-Begriffs. Er dient zur Kennzeichnung der individuellen Künstlerpersönlichkeit, die, nur auf sich gestellt, keiner Regelpoetik verpflichtet, Werke schafft, die einmalig und unwiederholbar sind. Diese alleinige Verpflichtung zur Originalität, zur unverwechselbaren Handschrift diskreditierte zugleich jeden Gedanken an Lehr- bzw. Nachahmbarkeit von Kunst, wie er in der Regel- und Musterpoetik festgeschrieben ist. Bei allen gravierenden Unterschieden im einzelnen ist „Genie" eine Art Sammelbegriff der Frühgeschichte bürgerlicher Subjektivität und Individualität. Im damaligen Verständnis, vor allem in der „Genieperiode" der deutschen Literaturgeschichte (nicht zu verwechseln mit der Genie-Ästhetik), wurde Genie nicht allein dem Künstler zugestanden. Es bedeutete (etwa Herders „Original-Genie") aktive Teilhabe des bürgerlichen Individuums an der Herausbildung der Nation. Bezogen auf die Genie-Ästhetik ist dieser Begriff auch und nicht zuletzt Ausdruck der „exklusive(n) Konzentration des künstlerischen Talents im Einzelnen und seine(r) damit zusammenhängende(n) Unterdrückung in der großen Masse"[2] als Folge der Arbeitsteilung. Er dient somit zugleich der sozialen Abgrenzung, ist Ausdruck sozialer Absonderung des Kunstproduzenten „von der Masse der Produzenten, die vom Kapital zu Arbeitern verwandelt wurden ... Mit der Genieästhetik ... vollendet sich daher die in der Renaissance eingeleitete Emanzipation der Kunst vom Geiste des Handwerks".[3]

Bekanntlich hat ja die Besonderheit künstlerischer Arbeit, daß sie eben nicht schlechthin in die kapitalistische Produktionsweise integrierbar ist, seitdem in jenen Ästhetiken, in denen der Künstler als Genie, Schöpfer oder Demiurg im Mittelpunkt steht, nicht nur treffende Verallgemeinerungen, sondern auch die höheren Weihen eines mystifizierenden Kults erfahren — freilich auch und nicht zuletzt als Schutz- und Selbstbehauptung in einer Welt, die seine Tätigkeit als unproduktiv und anormal denunziert und ihn selbst zum Außenseiter stempelt.

Auf der einen Seite bedeutet anonymer Kunstmarkt die Befreiung des Künstlers aus jeglicher ständischen Gebundenheit — nicht nur der Zunft, auch des privaten und öffentlichen Mäzenatentums. Auf der anderen Seite ist die dergestalt erlangte Freiheit doch nur sehr begrenzt, wenn nicht gar die Illusion der Freiheit, denn der Kunstmarkt tarnt und vermittelt nur die realen Abhängigkeiten, in die der Künstler jetzt auf neue Weise geraten ist. Dennoch hat die Entstehung des Kunstmarktes eine historisch progressive Funktion. Denn mit Hilfe des Warencharakters der Kunstwerke wird neben dem Künstler zugleich auch die künstlerische Kommunikation aus feudalständischen Bindungen und Zwängen herausgelöst. So bedeutete die Kapitalisierung des

Buchmarktes, daß die Literatur ein „genuin bürgerliches Instrument nationaler Bewußtseinsbildung" (Peter Weber) zu werden vermochte. Die Warenhülle, in die jetzt das Kunstwerk „gekleidet" wird, hat eine wichtige ökonomische und sozialorganisatorische Vermittlungsfunktion zwischen Künstler und Rezipient. Bei dem hohen Vergesellschaftungsgrad ist eben eine Vermittlungssphäre notwendig geworden — als besonderer ideologischer Bereich des Überbaus, um künstlerische Produktion und Rezeption „zusammenzuschließen". Und nur über den Austausch des Kunstwerks als Ware realisiert sich das Ergebnis des Kunstschaffens in der individuellen Rezeption — als kommunikatives Austauschverhältnis. Zugleich entstehen damit die Voraussetzungen zu gesamtgesellschaftlicher Kommunikation unter den Bedingungen der sich herausbildenden bürgerlichen Nation. Der Warencharakter des Kunstwerks ist zwar Ausdruck einer bestimmten sozialhistorischen Vermittlungsform. Dennoch geht damit die Beziehung zwischen Kunstproduktion, Distribution/Austausch und Rezeption nicht schlechthin im Tauschwertprinzip auf. Der Warencharakter ist lediglich ein Moment in der komplexen Vermittlung zwischen Künstler und Rezipient und betrifft vor allem, wie Marx schreibt, den „Intervall zwischen Produktion und Konsumtion", wo die Produkte „als verkäufliche Waren in diesem Intervall zirkulieren können".[4] Diese Seite ist in Gesellschaft Literatur Lesen (1973) sehr gut herausgearbeitet, vor allem gegen linke Auffassungen, die das Kunstwerk als Ware (einschließlich des gesamten künstlerischen Schaffensprozesses) mit dem Tauschwertprinzip gleichsetzen.

2.

Dieser Vorgang ist nicht zuletzt ein Prozeß der Anonymisierung des Publikums. Im künstlerischen Schaffen erhält es einen Ersatz oder meinetwegen auch „Statthalter": den Adressaten, in und durch dessen Gestalt sich der Künstler einen bestimmten Rezipienten vorstellt bzw. annimmt. Kennzeichnend für das neue soziale Verhältnis des Künstlers ist ein Phänomen, „das man die ‚Doppelgestalt des Lesers' genannt hat. Neben den konkreten Rezipienten tritt der idealisierte, der dem Autor während der Arbeit als der eigentliche Adressat vorschwebt und von dem her die spätere Aufnahme durch das reale Publikum gewertet wird, was notwendig unbefriedigend ausfallen muß. Die Marktvermittlung dringt so verändernd bis in die Psyche des Künstlers ein".[5] Diese „Doppelgestalt" trifft auf alle Rezipienten von Kunst, ganz gleich welcher Genres, zu, sobald die Werke unter den Bedingungen der Marktvermittlung produziert werden. Es gibt stets einen „idealen" Leser, Zuschauer, Hörer, Betrachter usw., der freilich nicht unbedingt ein „idealisierter" sein muß, wie Fontius meint, und einen „realen". Von Künstlern ist dieser Vor-

gang früh beklagt worden. Er ließ sich historisch aber nicht aufhalten und ist irreversibel.
Zugleich ist dies ein Prozeß der Demokratisierung des Kunstgenusses, der alles bisher Bekannte in den Schatten stellt. Im Bereich der bildenden Kunst sind wesentliche Voraussetzungen dafür bereits in der Renaissance entstanden als die monumentale Wandmalerei vom Tafelbild abgelöst und die aristokratische Buchmalerei von der Grafik verdrängt wird. Überhaupt wird das Gemälde erst als Tafelbild unabhängig von der Architektur. Und erst als solches wird es zum mobilen Einrichtungsgegenstand der Bürgerwohnung. „Aber auch das Tafelbild ist noch die Kunst des wohlhabenden Mannes; die Kunst der kleinen Leute, des Kleinbürgers, wenn auch nicht des Bauern und Proletariers, ist der Bilddruck. Der Holzschnitt und der Kupferstich sind die ersten volkstümlichen, verhältnismäßig billigen Produkte der bildenden Kunst.“[6] Gerade der Warencharakter der Kunst, die Verkäuflichkeit des Buches, des Tafelbildes, des grafischen Blattes, der Eintritt gegen Entgelt im Konzert, in der Oper, im Museum usw. ermöglichte immer breiteren Schichten den Zugang zu Kunst — vor allem im Verlaufe des 18. Jahrhunderts. Erinnern wir uns der Tatsache, daß zum Beispiel die italienische Renaissance keine Kultur des wohlhabenden Bürgertums oder gar kleiner Kaufleute und Handwerker war, „sie war vielmehr der eifersüchtig gehütete Besitz einer unvolkstümlichen, latinisierten Bildungselite.[7] Selbst die Schriftsteller, so Arnold Hauser, waren bis zum 18. Jahrhundert nichts als das Sprachrohr ihres Publikums“. Denn sie schrieben „ihre Werke für ein festumrissenes und streng begrenztes Publikum . . .“. So war der Barockroman (der Mlle. de Scudéri, Calprenède u. a.) noch keine Angelegenheit einer literarischen Öffentlichkeit. Er war Ausdruck vorabsolutistischer Salonkultur. Im Salon fand der direkte Kontakt, die persönliche Begegnung zwischen Autor und Leser statt — als Bestandteil aristokratischer Geselligkeit und kultureller Kommunikation (Divertissement). Unter diesen Umständen konnte sich auch keine öffentliche Literaturkritik von Belang herausbilden. Es bedurfte ihrer einfach — noch — nicht.
Das änderte sich mit der Aufklärung — als sich das Bürgertum eine (klassen) eigene Nationalliteratur schuf. Mit ihr griff es höchst wirksam in den Umwandlungsprozeß vom Feudalismus zum Kapitalismus — es ist zugleich der Entstehungsprozeß der bürgerlichen Nation — ein. Die beginnende Kapitalisierung des Buchmarktes „bewirkte eine enorme Demokratisierung in der Vermittlung von Literatur und schuf damit die unabdingbare Grundlage für deren gesamtgesellschaftliche Wirkung“.[8]
Wenn hier von Literatur die Rede ist, so ist damit keineswegs nur die „schöngeistige“ oder „poetische“ Literatur (oder wie immer die Bezeichnungen lauten mögen) gemeint. Bekanntlich waren für die Aufklärung alle schriftstellerischen Äußerungen, eigentlich jedes gedruckte Wort Literatur. So war in Deutschland im 18. Jahrhundert das Angebot und die Nachfrage z. B. nach

biographischer, pseudohistorischer und Reiseliteratur beträchtlich. Ebenso rasch hatte sich ein Buchmarkt für publikumswirksame Belletristik, eine massenwirksame Unterhaltungs- und Trivialliteratur, vor allem in Gestalt des Romans, herausgebildet. Und auf keinen Fall sollte die Funktion der Publizistik, essayistisch-philosophische, politische, kunsttheoretisch-ästhetische usw. unterschätzt werden, die sie bei der Entwicklung bürgerlichen Bewußtseins hatte. Die Periodika und Journale, die beispielsweise in Deutschland seit Mitte des 18. Jahrhunderts auf den Markt kamen, „besaßen insofern gleichrangige Bedeutung mit der schöngeistigen Literatur, als sie deren Entwicklung mit literaturtheoretischen und literaturkritischen Beiträgen begleiteten und beeinflußten. Sie informierten über die neuesten Erscheinungen in allen kulturellen Schaffensbereichen und boten namentlich den literarischen Kleinformen Raum. Sie trugen dazu bei, das wissenschaftliche Potential aufklärerischen Denkens in den Naturwissenschaften, der Philosophie und der Gesellschafts- und Staatslehre zu verbreiten".[9] Übrigens entsteht die Literaturkritik als Vermittlungsorgan zwischen den Autoren und den im Vergleich zu früher doch recht heterogenen Leserschichten zu einem Zeitpunkt, „als sich durch Buchmarkt und Öffentlichkeit die literarische Kommunikation relativ verselbständigt und die Literatur als Kunst eine zentrale und anerkannt eigenständige Bedeutung im kulturellen und ideologischen Überbau erhält".[10]

Mit dieser Literatur — übrigens kennen wir den hier skizzierten Sammelbegriff erst seit der Aufklärung — schuf das Bürgertum eine Öffentlichkeit gesamtgesellschaftlicher — eben nationaler — Art, die aufgrund der bildungsmäßigen Voraussetzungen der Bevölkerung zwar immer noch relativ begrenzt war, aber dennoch jegliches bisher in der Geschichte bekannte Ausmaß überschritt. Man kann sogar, was Ausmaß und Intensität des kommunikativen Austausches betrifft, von einer neuen historischen Dimension sprechen, geschuldet den sich herausbildenden Institutionen des ideologischen Überbaus als Vermittlungseinrichtungen des Literaturmarktes. Die Entstehung dieser Öffentlichkeit war ein wichtiger, konstitutiver Schritt auf jenem Wege, der die einst interpersonelle Kommunikation schließlich durch Massenkommunikation — Tagespresse, Feuilletonroman, Pressegrafik, Fotografie usw. — ersetzte. Das war um und nach 1830 der Fall, mit der umfassenden Durchsetzung des Industriekapitalismus.

3.

Das alles spiegelt sich auch in Philosophie und Ästhetik wider. Dabei ist zu beachten, daß eigentlich bis zum Barock die ästhetische Theorie keinerlei spezielles Begriffsinstrumentarium für den Beurteilungsakt von Kunst heraus-

gebildet hat. Zudem war Urteilsfähigkeit, nicht nur künstlerische und literarische, seit der Renaissance (bis zum Rationalismus der Aufklärung) Vorrecht der Humanisten und Gelehrten. Eine entscheidende Wende erfolgte mit dem englischen Sensualismus. Vor allem John Locke billigt diese Urteisfähigkeit, indem er jegliche angeborenen Ideen verwarf, jetzt dem „common sense" und damit allen Menschen zu. Das war die Geburtsstunde der Geschmacksästhetik. Dubos überträgt das 1719 („Kritische Betrachtungen über die Poesie und Malerei") auf Kunst und Literatur. Mit Recht ist diese Schrift als eine von aufklärerischem Optimismus getragene Souveränitätserkärung des Publikums in Sachen Kunsturteil bezeichnet worden. Ansätze und Vorleistungen in dieser Richtung finden wir schon bei Shaftesbury, einem Schüler Lockes, und bei Addison. Während Descartes und Boileau die Urteilssicherheit des Publikums noch aus einer privilegierten Vernünftigkeit, nämlich des Gebildeten ableiten, können bei Dubos alle Menschen den Wert von Kunstwerken beurteilen. Subjektiver Geschmack und kritisches Urteil werden nicht mehr einseitig aus der Ratio abgeleitet, wie noch bei Descartes, sondern aus der allgemeinen Empfindungsfähigkeit (Sensibilität) des Menschen. Kunst richtet sich also nicht mehr nur an eine bestimmte, durch Bildung oder fachliches Wissen privilegierte Schicht. Aus dieser Sicht umfaßt „Publikum" potentiell alle Menschen, wobei allerdings auch zu beachten ist, daß in der Aufklärung die Rollen von Autor und Leser als prinzipiell austauschbar gelten.
Indem der Sensualismus die Verunglimpfung alles Sinnlichen als denunziatorisches Anliegen mittelalterlicher Orthodoxie und Religion entlarvte, rehabilitierte er die Sinnlichkeit und bestimmt die Sinneserkenntnis als eigenständiges und gleichberechtigtes Vermögen des Menschen gegenüber dem rationalen Denken, allerdings nicht absolut getrennt von den Verstandeskräften. Das alles sind für Dubos die Voraussetzungen und Bedingungen, um die Mündigkeit des Kunstbetrachters und Lesers als ästhetisches Subjekt zu begründen. Freilich sind gewisse Widersprüche in seiner Theorie nicht zu übersehen. „Mit der Proklamation des Empfindungsvermögens des Publikums zum wahren Souverän im Reiche der Kunst sollte nicht eine exklusive Minorität im Interesse einer breiten Bürgerklasse geistig entmachtet, sondern dem Staat eine Rückkehr zur Praxis des Kunstmonopols verlegt werden."[11] Zweifellos ist dies das eigentliche Anliegen, das der „Staatsstreich des Sensualismus" in der Ästhetik in Frankreich verfolgte, wie das Werner Krauss einmal treffend bezeichnet hat. Aber Dubos' Ausführungen bieten auch die Möglichkeit zu einer demokratischen Deutung. Und sie sind in zunehmendem Maße auch so aufgefaßt worden. Mehr und mehr wurde das festumrissene, aber eng begrenzte Publikum durch Philosophie und Ästhetik auch in der Theorie in Frage gestellt. Diese Fragen sind vor allem von der Ästhetik des englischen Sensualismus energisch vorangetrieben worden — lange vor Kant. Insgesamt hat der

englische Sensualismus für die Bestimmung der Kunst nachhaltigen Einfluß auf die europäische Aufklärung ausgeübt — bis in den Sturm und Drang und die Klassik.

Diese Begründung der Mündigkeit des Kunstbetrachters und Lesers als ästhetisches Subjekt sind zudem keine bloßen Wunschbilder oder Spekulationen von Aufklärungsphilosophen. Es sind vielmehr Verallgemeinerungen, die sich aus dem tiefgreifenden Funktionswandel der Künste selbst ergeben. Funktionswandel bedeutet ja nicht nur veränderte Produktions-, sondern auch neu entstandene Vermittlungs- und damit kommunikative Austauschbedingungen. Diese wiederum führen zu neuartigem Gebrauch der Künste. Völlig neue Rezeptionsgewohnheiten bilden sich heraus. André Malraux weist auf die Museen hin, das „British Museum" (1752) ist die erste öffentliche Einrichtung dieser Art, die historisch eine neue Vermittlungsfunktion übernahm. Die Museen haben „dem Besucher eine vollkommen neue Beziehung zum Kunstwerk aufgezwungen", schreibt Malraux.[12] Denn die Bilder und Statuen werden aus ihrer ursprünglichen Funktion herausgelöst und in einen neuen Vermittlungszusammenhang gestellt. Ja man muß sogar von einer Isolierung von anderen Funktionen sprechen, damit sie desto intensiver als Kunstwerke genossen werden können. Denken wir an das Porträt, das hier abgelöst ist vom Porträtierten, nicht mehr in der Ahnengalerie des Adels- oder Bürgerhauses hängt und eigentlich zu einer Abstraktion wird. Ähnlich der Hausaltar, der im Museum aufgestellt, völlig isoliert von seinem ursprünglichen Gebrauchszusammenhang — der Kultfunktion — betrachtet wird.

Das Museum ist bereits Ausdruck der ästhetischen Einstellung, und das bedeutet eben, daß das Werk „völlig unabhängig von der ihm ursprünglich zugedachten Sphäre betrachtet" wird.[13] Das Museum ist eine Stätte, schreibt Malraux, „an der das Kunstwerk nur noch als solches gilt".[14] Zwar erfreut sich ein Gemälde auch in der Bürgerwohnung aufgrund seines ästhetischen Stellenwerts meist besonderer Aufmerksamkeit. Aber es ist einbezogen in die Vielzahl von Einrichtungsgegenständen, die erst in ihrer Gesamtheit Stil und Atmosphäre einer Wohnung bestimmen. Es ist somit einbezogen in den alltäglichen Gebrauchszusammenhang einer menschlichen Behausung. Die konzentrierte Vertiefung in die Betrachtung des Bildes wird also die Ausnahme, nicht die Regel sein. Anders im Museum. Hier erfordern die bar jeglicher Memorial-, Kult- oder sonstigen Gebrauchsfunktionen, allein von ihrem ästhetischen Gestaltwert getragen, sich präsentierenden Bilder und Statuen eine konzentrierte Kunstbetrachtung, um sie uns zu erschließen. Gleichzeitig werden im Museum die Bilder und Statuen einander gegenübergestellt, und das zwinge, so Malraux, zur Auseinandersetzung mit ihren je unterschiedlichen individuellen Handschriften, epochalen wie nationalen Gestaltungsmodi und habe unsere Beziehung zur Kunst immer stärker intellektualisiert.

Ähnliches berichtet Heinrich Besseler beim Übergang von der „Umgangsmusik" des Collegium musicum zur „Darbietungsmusik" im Konzert und in der Oper im 18. Jahrhundert. „Dieses Publikum läßt die Musik in völliger Passivität an sich herankommen. Es erwartet von ihr, je nachdem angeregt, unterhalten oder erschüttert zu werden, und zeigt den Grad des erreichten Zustandes durch Beifallsklatschen an. Maßgebend ist dabei das Vollkommenheitsideal der Aufführung . . .".[15] Die Einheit bzw. Identität von Musiker und Hörer, die Kennzeichen der „Umgangsmusik" war, ist in der „Darbietungsmusik" aufgelöst. Entstanden ist das „eigenständige Musikwerk" (H. Besseler), das wiederum bedingt den passiven Hörer, wie das Besseler nennt, also den Zuhörer.

Das alles hat weitreichende und tiefgreifende gestalterische Folgen, die hier nicht einmal andeutungsweise behandelt werden können. Lediglich auf einen oft diskutierten Aspekt sei kurz hingewiesen. Wenn in der Musik der Aufklärung die Melodie im Mittelpunkt steht, so ist dies bereits als entscheidendes Ergebnis der Wirkungsweise bürgerlicher Musikkultur zu interpretieren — und damit des prinzipiell neuen Verhältnisses von Kunstwerk und Publikum. „Die Betonung des Primats der Melodie hängt, darüber besteht kein Zweifel, mit der neuen Forderung nach Allgemeinverständlichkeit der Tonkunst zusammen."[16] Dabei wird nicht übersehen, daß Allgemeinverständlichkeit eine historische Kategorie ist. „Wer würde es leugnen, daß beispielsweise auch die kirchliche Musik des Barocks ‚allgemeinverständlich' war; das Verständnis für die ästhetisch-weltanschaulichen Inhalte des Musikwerkes waren hier durch eine zweiseitige Verbindung sichergestellt: die Kunstmusik schöpfte reichlich aus dem Melodienschatz der Volksmusik (vgl. das Verhältnis Bachs zum protestantischen Choral wie auch zu den Melodie- und Tanzformen seiner Zeit), und außerdem hatte auch das Publikum die Möglichkeit, aktiv zu musizieren." Im Vergleich dazu stand die Aufklärung an der Schwelle einer prinzipiell neuen Situation. So beschleunigte die Kapitalisierung der Gesellschaft den Säkularisierungsprozeß — und damit zusammenhängend die Ablösung des religiösen Glaubens als weltanschaulicher Grundlage der kirchlichen Musik. Dies macht zugleich die früheren, weiten Bevölkerungskreisen zugänglichen Ausdrucksformen der Musik problematisch. „Seit der Aufklärung verwirklicht sich die Teilnahme breiterer Kreise am kulturellen Leben vor allem in den Kunstgattungen weltlichen Charakters (komische Oper, bürgerlich-volkstümliches Singspiel, Vaudeville, revolutionäres Massenlied bzw. die neuen Gattungen des sich entwickelnden bürgerlichen Konzertlebens). Jedoch ermöglicht nur das Massenlied ein aktives Musizieren; denn das Opern- und Konzertpublikum beschränkt sich immer mehr auf die bloße Rezeption, auf den Genuß von Produktion und Reproduktion. Nun ist die Allgemeinverständlichkeit nicht mehr etwas Selbstverständliches, Vorgefundenes."[17] Den Verwertungsbedingungen des Marktes unterworfen, polarisieren sich musikalische Praxis und Rezeption als zwei selbständige Bereiche, und ihr Zusammentreffen kann nur im Rahmen der kapitalistischen Warenverhältnisse vor sich gehen. Zwar befindet sich die Musikkultur der Aufklärung noch diesseits dieser universell wirkenden Marktbedingungen. Indes hatte sie schon den barocken Typ musikkultureller Öffentlichkeit abgelöst. „Deshalb wird jetzt die Allgemeinverständlichkeit des Musikwerks überhaupt zum ästhetischen Problem, doch hält sich noch die Überzeugung, daß dieses Problem sowohl theoretisch wie auch praktisch gelöst werden kann.“[18] Ähnlich in der Literatur. Hier kommt dies vor allem (wenngleich nicht nur) in dem als Dichotomisierung — Aufspaltung in eine „hohe“ und „niedere“ Literatur — bezeichneten Prozeß zum Ausdruck. Zwar ist „Allgemeinverständlichkeit“ kein absolutes Wertkriterium — weder von Kunst im allgemeinen noch von Realismus im besonderen. Doch wird mit der Entstehung einer Vermittlungssphäre — als eigenständiger Bereich des ideologischen Überbaus — diese „Zugänglichkeit“ und damit aktuelle Wirksamkeit und Volksverbundenheit von Kunst gleichermaßen zum Problem der künstlerischen Praxis wie der Ästhetik als Kunsttheorie.

4.

Historisch ist dieser Vorgang noch viel komplizierter als von uns hier geschildert werden konnte. Zunächst fanden die Künstler in den Renaissancekommunen eine soziale Heimat und neue humanistische Wirkungsmöglichkeiten. Zugleich vollzieht sich die Ablösung kommunalen und privaten Mäzenatentums in den einzelnen Ländern und Künsten sehr unterschiedlich. Ebenso ist der Weg des Bürgers als Auftraggeber vom Stifter über den Sammler zum anonymen Käufer auf dem Kunstmarkt historisch langwierig und kompliziert. Generell kann man aber wohl sagen, daß um 1770 sich in West- und Mitteleuropa die Künste als eigenständiger ideologischer Bereich des Überbaus etabliert haben bzw. etablieren. Dabei muß selbstverständlich der unterschiedliche Ausbildungsgrad in Rechnung gestellt werden. Dieser wiederum ist vor allem von der Ungleichmäßigkeit des Umwälzungsprozesses vom Feudalismus zum Kapitalismus in den einzelnen Ländern bestimmt. In Holland und England vollzog sich die Herausbildung des anonymen Kunst- und Literaturmarkts im wesentlichen unter nachrevolutionären Bedingungen, in Frankreich auf dem Wege zur bürgerlichen Revolution. In Deutschland dagegen bildete sich eine literarische Öffentlichkeit heraus, die kein politisches Korrelat besaß.[19] Das waren die Bedingungen, unter denen sich die Weimarer Klassik herausbildete: Eine Literatur vor der Entstehung bzw. dem Bestehen einer politischen Öffentlichkeit.

Dieses Fehlen einer politischen Öffentlichkeit impliziert eine Vielzahl von Schwierigkeiten, mit denen die Entstehung einer literarischen Öffentlichkeit in Deutschland in der Aufklärung zu ringen hatte. „ ‚Der Mensch ward zum

Tun und nicht zum Vernünfteln geschaffen' – das ist schon des jungen Lessing Überzeugung. Aber das ihm einzig mögliche gesellschaftliche Tun war das Vernünfteln in Gedanke und Wort. Und diese Praxis bezog sich auf eine Öffentlichkeit, die als Aktionsraum des Wortes und Vehikel der Erkenntnis erst zu bilden war, die als Raum selbständiger Ideologiebildung und des Emanzipationskampfes erst gewonnen sein wollte. Lessing, der Schriftsteller, ist dabei, die Schranken der pazifiziert-abgeschlossenen gelehrten Welt niederzureißen: Die bürgerliche Öffentlichkeit, deren Grundlage der Markt war, entstand erst zaghaft. Sie unterlag noch inhaltlich-ideologisch den Zwängen, die der Herrschaftsmechanismus der deutschen Absolutismen und Reichsstädt übte. Und Lessing hatte zugleich mit der Bewegungslosigkeit, der Dumpfheit, der Angst vor dem Ungewohnten, mit der inneren Untertänigkeit derer zu rechnen, die sein Wort erreichen wollte. Angesichts der versteinert scheinenden deutschen Zustände war die Rebellion gegen sie, sofern sie allgemeiner sich artikulierte, Sache einer zersplitterten, gelehrt gebildeten, ökonomisch unselbständigen Avantgarde. Die siebziger Jahre sind eine Phase der Zuspitzung dieser Rebellion, ihrer Radikalisierung und Verbreiterung."[20]
Letzteres kommt am deutlichsten im Sturm und Drang zum Ausdruck. Mit Beginn der siebziger Jahre vertieften sich die Widersprüche zwischen bürgerlicher Emanzipation und feudalabsolutistischer Herrschaftsstruktur der Gesellschaft in der Mehrzahl der europäischen Staaten. Von spürbarem Einfluß war hierbei die sich rasch entwickelnde industrielle Revolution in England sowie die Wirkung des nordamerikanischen Unabhängigkeitskampfes auf Europa, vor allem Frankreich. In Deutschland entwickelten sich zwar kapitalistische Wirtschaftsformen, die jedoch durch das Feudalsystem stark behindert wurden. Die Verfestigung von Adelsprivilegien und Leibeigenschaft hielten vor allem die Landwirtschaft in einer solchen Rückständigkeit, die immer wieder Erschütterungen im gesamten Wirtschafts- und Sozialgefüge auslöste. Diese nicht zu übersehende Krisenhaftigkeit des Feudalsystems, sein fortschreitender Verfall in ganz Europa, wurde als Um- und Aufbruchsituation gedeutet. Das erzeugte vor allem unter der jungen Intelligenz „das Gefühl, vor einer Epochenwende zu stehen".[21]
Hinzu kam, daß Erwartungen, die z. B. Lessing, Winckelmann, Wieland, Klopstock in den sogenannten aufgeklärten Absolutismus gesetzt hatten, also Reformmöglichkeiten innerhalb des Feudalsystems, sich nicht erfüllten und zusehends als Illusionen enthüllten. In Verarbeitung dieser Enttäuschungen wie der Erfahrungen vor allem der englischen und französischen Aufklärung, reifte jetzt die Einsicht heran, daß allein das Bürgertum „die Nation im eigentlichen Sinne repräsentierte und zum Anwalt der in Elend und Unwissenheit lebenden Volksmassen berufen sei".[22] Aus diesem Grunde orientierte der Sturm und Drang auf das Volk und versuchte im literarischen Werk den Leiden und Sehnsüchten auch der unteren Volksschichten poetischen Ausdruck

zu verleihen. Freilich gelang dies nicht auf Anhieb. Ein konkreter Schritt sind die Literaturprogramme de siebziger Jahre, in denen das „gemeine Volk" auch als Adressat und Gegenstand literarischer Gestaltung auftaucht — beispielsweise beim jungen Herder.
Herders Forderung nach einem Gesamtbild der Wirklichkeit wurde mit dem Hinweis auf Shakespeare, seine alle sozialen Schichten umfassenden Darstellungen, untermauert. Shakespeare wird auch als Gewährsmann gegen die aristotelische Poetik bemüht, um in der ästhetischen Wertung die Trennung von tragisch und komisch, erhaben und niedrig zu überwinden. Und damit die Zuordnung bestimmter Gegenstände, sozialer Schichten und Stände zu bestimmten Gattungen und Genres. Dabei beruft man sich auch auf Lessing, der am konsequentesten mit der Ständeklausel gebrochen hatte. Shakespeare wird aber nicht nur gegen die klassizistische Regelpoetik ins Feld geführt. Dem Sturm und Drang imponierte die selbstbewußte Art, mit der das englische Bürgertum die feudalen Fesseln abgestreift hatte. In Shakespeares Darstellung einer bereits weitgehend verbürgerlichten Gesellschaft, die von mittelalterlicher Barbarei befreit, jedoch noch nicht von kapitalistischer Entfremdung beherrscht wird, fanden sie ihre Emanzipationsansprüche ins Bild gesetzt. Als aktuelle Ergänzung diente der englische — sentimentale wie realistische — Roman des 18. Jahrhunderts, also Richardson, Goldsmith, Sterne wie Fielding gleichermaßen. Eine ähnliche Funktion erfüllte die Berufung auf die Antike — vor allem auf Homer und die Blütezeit der Polis. Die als volksverbunden, demokratisch und heidnisch aufgefaßte Kunst und Mythologie erhielt in der Interpretation des Sturm und Drang eine zusätzliche antireligiöse Stoßrichtung. Es dürfte nicht Zufall sein, wenn der aufsässig-trotzige Prometheus, der den Menschen Feuer und Licht brachte, der Selbsthelfer und Rebell des olympischen Götterhimmels zum Symbol, zur Leitfigur dieser Schriftstellergeneration wurde.
Die Literatur des Sturm und Drang gibt eine positive Bewertung der Kraft und Rolle des Volkes und richtet sich an das Volk — so unterschiedlich und undifferenziert dieser Begriff von den einzelnen Autoren auch immer gefaßt sein mag. Die angestrebte Breitenwirkung bedeutete demokratische Ausweitung des Literatur-Begriffs. Das wiederum implizierte weitgehenden Verzicht auf Bildungsvoraussetzungen beim Rezipienten wie sie noch von der Aufklärung postuliert oder doch stillschweigend vorausgesetzt wurden. Wenngleich als Weiterführung aufklärerischer Positionen begriffen, wird die gesellschaftliche Funktion der Literatur jetzt weit radikaler bestimmt. Sie zielte nicht nur auf Verbreitung von humanistischen Toleranz- und bürgerlichen Tugendidealen, auf Erziehung und Selbsterziehung, sondern auf eingreifende Wirkung. Indiz dafür sind nicht nur die verbalen Bekenntnisse in der Theorie. Die vielen Selbsthelferfiguren und ihr rebellisches Aufbegehren gegen Unrecht, Armut und Unterdrückung sind der literaturpraktische Beweis. Damit hängt

auch zusammen, daß jetzt Probleme der unmittelbaren Gegenwart direkt (also ohne historische oder sonstige Verfremdung) thematisiert werden — wie z. B. bei Lenz, aber auch beim „Werther" oder den „Räubern" war für den Leser der zeitgenössische Bezug ohne Schwierigkeiten auszumachen.

Herders Vorstoß zu geschichtsphilosophischem Denken schließt den Fortschrittsgedanken ein und führte zu vertieftem Geschichtsverständnis. Allerdings: „Nicht der Perfektibilitäts- und Fortschrittsgedanke sind originell, sondern deren dialektische Durchführung ... So hat Herder dem Fortschrittsgedanken seine Linearität genommen — um so mehr, als Humanität primär Verhalten, nicht intellektuelle Macht allein ist, sondern die Totalität menschlicher Kräfte und Beziehungen betrifft. Fortschritt, erkennt Herder, schließt notwendig Umwälzung, Revolution, gewaltsame Umbrüche ein ...".[23] Nicht nur die Völker werden als in der Geschichte stehend und wirkend betrachtet, sondern auch der einzelne Mensch. Herder faßte das Individuum gleichermaßen als Produkt wie als Wirkungspotenz des Geschichtsprozesses. Bedeutsam für die literarische Gestaltung von Individuum und Geschichte war, daß er — unter ausdrücklicher Abgrenzung von der antiken Tragödie — „Weltbegebenheit" und „Menschenschicksal" in eine unlösliche Beziehung setzte. Jetzt wird der „Eigenwert" zurückliegender Geschichtsepochen entdeckt. Geschichte wird hinterfragt auf ihre Bedeutung für die Gegenwart: Geschichtskenntnisse vertiefen und befördern das Erkennen der Gegenwart. Die Ursachen für Rückschrittlichkeit und Misere der Gegenwart werden in der Geschichte der eigenen Nation gesucht. Das Geschichtsdrama entsteht („Götz", „Egmont"), die bloß historische Kostümierung wird zum Anachronismus.

Zweifellos stellt der Sturm und Drang einen höheren Reifegrad in der Herausbildung bürgerlichen Nationalbewußtseins dar als die Aufklärung. In ihren besten Werken erreichte diese Literatur ein breites nationales Publikum. Und über die nationalen Grenzen hinaus erwarb sie europäische Bedeutung. Wenn festgestellt wird, daß ihre Spitzenleistungen „der ganzen Nation rezipierbar waren, weil sie auf den gesellschaftlichen Erfahrungen breitester sozialer Schichten basierten"[24], so ist doch auch richtig, daß die zeitgenössische Dramatik der Stürmer und Dränger „nur von einem kleinen, dem fortschrittlichsten Teil des Publikums verstanden" wurde.[24a] Bekanntlich wurde „Egmont" am Vorabend der Französischen Revolution zu einem Höhepunkt progressiver Literaturentwicklung in Deutschland. „Die Aufnahmefähigkeit seines deutschen Publikums war damit jedoch überfordert."[25] Dieser begrenzte Verständnishorizont, mit dem die Stürmer und Dränger unentwegt haderten, ist aber nur die eine Seite. Die tiefliegende Ursache für ihr Nichtankommen, ihre Enttäuschung über das Publikum, ihre letztendliche Wirkungslosigkeit, da ihre eigentlichen Intentionen nicht verstanden wurden, liegen in der Literaturprogrammatik selbst. Im Kern zielt sie auf die Herstellung der Hand-

lungsfähigkeit und -bereitschaft des bürgerlichen Individuums. Bei aller Unterschiedlichkeit der Genie-Auffassungen geht es um die Fähigkeit und Verpflichtung des Menschen, sich seiner Vernunft zu bedienen, zu seinem eigenen und der Menschheit Nutzen. Und das bedeutet, alle Kraft und Fähigkeit zu verantwortlichem Handeln zu entwickeln.
Herders Erziehung der Jugend zu „Original-Genies“ meint, sie zu aktiven Teilhabern an der Entwicklung der Nation heranzubilden — durch den Gebrauch aller Sinne. Der untrennbaren Einheit von Empfinden und Denken wird das Tun zugeordnet — als letzthinnige Zielstellung menschlichen Vernunftsgebrauchs. In Lenz' „Über Götz von Berlichingen“ liegt das Hauptaugenmerk auf dem Nachweis, daß „handeln, handeln die Seele der Welt sei, nicht genießen, nicht empfindeln, nicht spitzfündeln . . .“.[26] Da aber am Ende des Sturm und Drang (von 1770 bis 1786/88), in Erwartung der Epochenwende, Geist und Tat weiter als zwei Jahrzehnte zuvor auseinanderklafften, mußte die Enttäuschung groß sein. Das ganze Literaturkonzept war im Bewußtsein der Notwendigkeit und im Glauben an Veränderungsmöglichkeiten auf raschen Wandel, auf „Aktionismus“, um es gegenwärtig-salopp und pauschal auszudrücken, ausgerichtet. Die Epochenwende kam, aber nicht bzw. noch nicht in Deutschland. Ein Literaturprogramm, das vor allem auf unmittelbare Wirkung orientiert war, mußte versagen, konnte nicht funktionieren, wo der dafür erforderliche Aktionsraum politisch nicht zustande kam. Die Korrektur erfolgte im Kunstkonzept der Klassik.

5.

Soziales, politisches wie künstlerisches Anliegen des Sturm und Drang stehen im internationalen Kontext der europäischen Aufklärungsbewegung und findet in dieser wesentliche Argumente und Motivierungen vorgegeben. Martin Fontius hat herausgearbeitet, daß „die Nützlichkeitstheorie der französischen Aufklärer einen revolutionären Charakter“ besaß, da sie den Adel als dem auschließlich zum Genießen privilegierten Stand als soziales Fossil der Nutzlosigkeit zu entlarven ermöglichte.[27] In Anwendung der physiokratischen Nützlichkeitstheorie auf die Kunst erfuhr auch deren erzieherischer Aspekt eine Radikalisierung. „Soziale Wirkung und ideologischer Gehalt, nicht der ästhetische Wert sind für Mercier die Kriterien seines Urteils . . . Im Rückblick auf den spezifischen Literaturcharakter der französischen Aufklärung prägte im Jahr 1800 Madame de Staël das seither viel gebrauchte Wort von der ‚Literatur als Waffe‘: ‚. . . Sie ist nicht mehr bloß eine Kunst, sondern ein Mittel, sie wird eine Waffe für den menschlichen Geist, den zu belehren und zu vergnügen sie sich bis dahin begnügt hatte‘.“[28]
Wenn auch nicht immer mit der gleichen Radikalität formuliert, gingen die Wirkungsabsichten, die die Stürmer und Dränger der Literatur abver-

langten, in die gleiche Richtung. Während in Frankreich sich mit der literarischen Öffentlichkeit synchron die entsprechende politische herausbildete und der bürgerliche Emanzipationsprozeß in der Französischen Revolution Gipfelpunkt und Vollendung erfuhr, kam in Deutschland eine politische Öffentlichkeit als Grundbedingung revolutionärer Umwälzung nicht zustande. Die Vergeblichkeit der literarischen Bemühungen traten hier immer offener zutage. Spätestens seit Mitte der achtziger Jahre erwiesen sich die Erwartungen und Hoffnungen der Stürmer und Dränger auf eine baldige, grundlegende gesellschaftliche Erneuerung als illusionär. Aufgrund der Unreife der Verhältnisse war in Deutschland an eine politische Revolution „von unten" in absehbarer Zeit nicht zu denken. Dazu fehlte die wichtigste Voraussetzung, nämlich die politische Formierung der Dritten Standes zur Klasse. Die spätere Tragödie der Mainzer Republik bestätigte das gleichsam nachträglich und lieferte den Beweis, „daß die progressiven Kräfte in Deutschland nicht ausreichten, um eine bürgerlich-revolutionäre Position in einem Teilstaat zu behaupten, und schon gar nicht, um sie auf andere deutsche Teilstaaten auszudehnen".[29] Goethes Italienreise (1786) war das Eingeständnis, daß er die Hoffnung auf eine grundsätzliche, tiefergreifende Reformwilligkeit „von oben" endgültig aufgegeben hatte. „Diese Situation brachte für die bürgerliche deutsche Intelligenz Jahre krisenhafter Unsicherheit und Zersplitterung, die erst etwa 1794 zu Ende gingen. Dann erst konnten die Erfahrungen der deutschen Entwicklung seit 1770, des amerikanischen Unabhängigkeitskrieges, der Französischen Revolution sowie ihrer unmittelbaren Nachwirkungen bilanziert und produktiv verarbeitet werden, so daß sich auch der Rahmen für ein neues Kunst- und Literaturprogramm abstecken ließ."[30]

Den Weg aus der Krise, den sich die einzelnen Schriftsteller auf unterschiedliche und meist sehr widersprüchliche Weise bahnten, führte zu einer tiefgreifenden Umschichtung und Neuformierung der literarischen Kräfte. Auf Einzelheiten muß hier verzichtet werden. Festzuhalten ist, daß eine Reihe demokratischer Schriftsteller, Publizisten, Intellektueller nach wie vor eine revolutionäre Gesellschaftsveränderung für aktuell hielt. Unter den gegebenen historischen Umständen mußten sie jedoch unvermeidlich tragisch scheitern. Der eklatante Widerspruch zwischen weltgeschichtlicher Entwicklung und der eigenen nationalen Zurückgebliebenheit verlangte gebieterisch die Verabschiedung der illusionären Erwartungen und Selbsttäuschungen, unter denen der Sturm und Drang angetreten war. Ja, die Desillusionierung war Voraussetzung des Zugangs zu den äußerst komplizierten national- wie weltgeschichtlichen Entwicklungsbedingungen und deren geistige Bewältigung. Zwar verzichteten jene, die an der Hervorbringung der klassischen Literatur beteiligt waren, auf die Nahperspektive einer revolutionären Gesellschaftsveränderung. Aber an der bürgerlichen Emanzipation als Fernziel wurde entschieden festgehalten. Die Art, sie zu erreichen, mußte den historischen Bedingungen angepaßt werden. So sahen Goethe und Schiller ihr langfristiges Ziel darin, „das deutsche Bürgertum durch eingreifende Bewußtseinsveränderungen zu der ihm zugedachten Mission zu befähigen: den Anbruch einer Epoche höherer Kultur in Kunst und Leben beschleunigen zu helfen".[31] In diesem Prozeß bürgerlicher Emanzipation wurde der Kunst ein außerordentlich hoher Stellenwert zugesprochen, was freilich, gleichsam als Kehrseite, auch Überforderungen ihres tatsächlichen Leistungsvermögens zur Folge hatte.

Aber diese Überforderungen waren anderer Art als die aus dem auf aktuelle Umwälzung zielenden Literaturprogramm der Stürmer und Dränger resultierenden.

Goethes und Schillers ausdrücklicher Verzicht auf revolutionäre Umwälzung der Gesellschaft bedeutet zugleich Verzicht auf unmittelbares politisches Engagement. Das führte aber weder zu verklärender Anpassung an die „platte", noch zur Flucht in die „überschwengliche" Misere — wenngleich sie dieser Gefahr permanent ausgesetzt waren. Ihr Anliegen, das ja kein politisch revolutionäres, sondern ein reformerisches Ziel verfolgte, war letztlich die Verteidigung der Poesie in einer ihr feindlichen Welt. Verteidigung der Poesie besagte allererst ihre volle Nutzung als Potenz der Humanisierung des Menschen im Sinne des bürgerlichen Individuums — und damit der Freisetzung, der Herausbildung seines Denkens, Fühlens und Wollens als Grundbedingung aktiver Wirklichkeitsbeziehung. Anders ausgedrückt: Entwickelt wird eine poetische Konzeption „des Menschen als Akteur seiner Geschichte, als aktives Subjekt, als produktiver Gestalter der Natur wie des eigenen gesellschaftlichen Miteinander".[32]

Das Nichtvorhandensein des politischen Aktionsraumes bedeutet somit nicht schlechthin Verzicht auf dieses Anliegen, wohl aber die Besinnung auf die der Kunst und Literatur „ureigensten" ästhetischen Möglichkeiten. Sie waren im bisherigen „Handgemenge" aktueller, tagespolitischer und operativer Zielstellungen nicht oder doch recht unzulänglich genutzt worden.

Zweifellos war der integrative Literatur-Begriff der französischen Aufklärung ein Fortschritt gewesen: Jedes gedruckte Wort wurde als Möglichkeit betrachtet, im Sinne der Ideologie der Aufklärung wirksam zu werden — unbeschadet der literarischen Form. Das erwies sich für die völlig andersgearteten deutschen Bedingungen aber als zu pauschal. Zumal auch politische Publizistik oder auf revolutionäre Gesellschaftsveränderung zielende Literatur nach der Französischen Revolution von der feudalstaatlichen Reaktion brutal unterdrückt wurde. So zeigt sich als Folge verstärkter Repression bereits in den ersten vier Sammlungen von Herders Humanitätsbriefen (1793/94) deutlich die Enthaltsamkeit im Aufgreifen direkt politischer wie zeitgeschichtlicher Themen. Gleichzeitig werden hier Umrisse eines neuen methodischen Prinzips sichtbar — die anstehenden Probleme unter Absehen von ihrer gegenwärtigen politischen, sozialen und nationalen Ausprägung in einen allgemeinen Zusammenhang zu stellen und als Menschheitsfragen zu behandeln.

In der Erarbeitung der ästhetischen Position der Klassik kommt der erneuten und vertieften Rezeption von Weltliteratur und -kunst ein zentraler Stellenwert zu — als Aneignung geschichtlicher Menschheitserfahrung. „Dies führt in Überwindung des Europazentrismus zu einem universalen, Orient und Okzident umfassenden geschichtlichen weltliterarischen Horizont, von dem aus die Spezifik der Gegenwart schärfere Konturen erhält. Literaturpolitisch wird dies im goetheschen Konzept der Weltliteratur — mit unterschiedlich nuancierenden Bedeutungsfeld — produktiv."[33] Diese vertiefte und erweiterte Aufnahme von Weltliteratur und -kunst ist Ausdruck einer enormen Ausweitung des Wissens in jener Entwicklungsetappe. Zusammen mit der gewandelten Einstellung zur zeitgenössischen Kunst und Literatur bildete dies die Grundlage der letztlichen Überwindung des Klassizismus und der Verabschiedung der normativen Kunstästhetik.

Im Kontext dieser bewußten Aneignung von Weltliteratur und -kunst wurden in der Orientierung auf einen poetischen bzw. ästhetischen Literatur- und Kunst-Begriff neue, bisher nicht gesehene oder übersehene oder bewußt vernachlässigte Möglichkeiten entdeckt, die einer Literatur gerecht zu werden vermögen, die auf „Langzeitwirkung" bedacht sein muß, da ihren Rezipienten der politische Aktionsraum noch lange Zeit fehlt. Aber erst das Scheitern der vorwiegend instrumental ausgerichteten Literaturprogrammatik des Sturm und Drang, deren soziale Wirkungslosigkeit ja alle Beteiligten schmerzlich erfahren hatten, führte zu diesem Umdenken und zur Besinnung auf die nicht ausgeschöpften ästhetischen Möglichkeiten.

Die Schönheit wurde zum ästhetischen Schlüsselbegriff des klassischen Kunstkonzepts. Schiller versprach in der öffentlichen Ankündigung der Horen danach zu streben, „die Schönheit zur Vermittlerin der Wahrheit zu machen und durch die Wahrheit der Schönheit ein dauerndes Fundament und eine höhere Würde zu geben". Da „sich alle Beziehungen auf den jetzigen Weltlauf und auf die nächsten Erwartungen der Menschheit verbietet", setzt er gegen „das beschränkte Interesse der Gegenwart", das die Menschen einengt und unterjocht, das „rein Menschliche". Das will er in Freiheit setzen und „die politisch geteilte Welt unter der Fahne der Wahrheit und Schönheit" wieder vereinigen.[34] Auch Goethe entwickelt ein an der Antike orientiertes Menschenbild, das er als Ausdruck des „rein Menschlichen" verstand, worunter er das von historischer Zufälligkeit entkleidete Wesen der menschlichen Gattung faßte, nicht zu verwechseln mit dem „allgemein Menschlichen". Beide, Schiller wie Goethe, erstreben einen harmonisch entwickelten Menschen, der alle seine Kräfte und Fähigkeiten zu entfalten vermag. Das ist ein Mensch, der sich aus religiöser Bevormundung und feudalständischer Unterdrückung befreit, zugleich aber gegen Depravationen der Entfremdung ankämpfen muß. Das ist der entscheidende Gehalt des Schönheitsideals der Klassik, der auch als eine wesentliche Seite der Antikerezeption sichtbar wird.

Für Schiller wird Schönheit zum Ideal des harmonischen Daseins des Menschen, der hier seine Autonomie, seine wahre Selbstbestimmung und somit volle Entfaltung seines natürlichen Wesens erfährt. Kants Unterscheidung zwischen „reiner" (pulchritudo vaga) und „anhängender" (pulchritudo adhaerens), d. h. gegenständlich bedingter Schönheit könne zwar „den großen Nutzen haben", das „Logische von dem Ästhetischen zu scheiden, aber eigentlich scheint sie mir doch den Begriff der Schönheit völlig zu verfehlen", heißt es im ersten der sog. Kallias-Briefe (an Körner, 25. Januar 1793). Ihm war zu eng, wenn Kant sagt, das Schöne lasse uns die Einheit unserer Erkenntniskräfte erfahren. Dergestalt aufgefaßt war das Schöne doch wieder nur an den Verstand und die Einbildungskraft herangebracht, also lediglich an den theoretischen, nicht aber an den ganzen Menschen. Der geistig-sittliche Mensch und der sinnliche verblieben auf diese Weise im unvermittelten Nebeneinander. Sinnlichkeit ist für Schiller mehr als nur Einbildungskraft. Zwar lasse das Sittliche den Menschen im Kampf ums Dasein unvollendet; das Ästhetische indes vollende ihn. Schönheit ist „Freiheit in der Erscheinung" und „verknüpft zwei Zustände miteinander, die einander entgegengesetzt sind": Leben und Gestalt. Das Leben muß Gestalt, die Gestalt muß Leben sein (und werden); der Stofftrieb und der Formtrieb müssen sich im Spieltrieb zur Einheit fügen, womit der Begriff der inneren Form eine (lebens)philosophische Bestimmung erfährt. Zwar ist in dieser Konzeption jegliche Fremdbestimmung und Widersprüchlichkeit aufgehoben, wie sie Kants Dualismus von Vernunft und Sinnlichkeit darstellt. Allerdings vermochte Schiller den von Kant festgestellten tatsächlichen Gegensatz von Sittlichkeit und Sinnlichkeit eben auch nur in der „Erscheinung" aufzuheben und nicht realiter zu überwinden.

Oft wird für die Herausbildung des autonomieästhetischen Literaturprogramms die Marktvermittlung als Hauptursache angegeben. Das ist nicht differenziert genug, denn auch für die Aufklärung, vor allem den Sturm und Drang, trifft dies im wesentlichen schon zu. Neben der Diskrepanz zwischen literarischer und politischer Öffentlichkeit, auf die wir bereits hingewiesen haben, müssen aus dem Bündel von Ursachen an dieser Stelle zwei besonders hervorgehoben werden. Einmal ist dies der Geltungsverlust des traditionellen religiösen Weltbildes als universeller Deutungsmodus aller Seinsfragen, der mit der Aufklärung feststellbar ist. Dieser Geltungsverlust hatte sich als langwieriger Vorgang auf dem sozialen Hintergrund der Herauslösung des bürgerlichen Individuums aus den festen Bindungen der Feudalgesellschaft vollzogen. Charakteristische Folgen sind Sinnverlust und Identitätssuche.

Dieses Defizit an Sinnorientierung, dem Verlust an „Sinntotalität", d. h. für den einzelnen ist im gegenwärtig vorherrschenden Weltbild keine Auskunft mehr über das Ganze erfahrbar (und seiner eigenen Stellung in diesem), führt jetzt, in der Spätaufklärung und dem Übergang zur Klassik zu intensiven Bemühungen dies zu kompensieren. Jetzt verweist dieses Defizit auf weltanschaulicher Ebene bereits — den neuen sozialökonomischen Gegebenheiten entsprechend — auf einen äußerst komplexen Verursacher in der Wirklichkeit, der historisch völlig neue Erfahrungswerte signalisiert und zugleich Bedürfnisse evoziert. Die Erfahrung der Entfremdung, wie die Auswirkungen der beginnenden industriekapitalistischen Verwertung später formelhaft benannt werden sollten, werden als Hauptursache registriert. „Die herrschende Idee des Nützlichen", heißt es bei Karl Philipp Moritz (1786)[35], „hat nach und nach das Edle und Schöne verdrängt — man betrachtet selbst die große erhabne Natur nur noch mit kameralistischen Augen, und findet ihren Anblick nur interessant, insofern man den Ertrag ihrer Produkte überrechnet". In der herrschenden Idee des Nützlichen erblickt Moritz das widernatürliche Gegenteil von „freier Selbsttätigkeit". Selbsttätigkeit entspreche der „Natur" des Individuums. „Die Selbsttätigkeit der Menschen anzufeuern, ist daher die erste Grundregel einer guten bürgerlichen Einrichtung".[36] Als beispielhaft — geradezu als Modell — für „freie Selbsttätigkeit" betrachtet er die künstlerische Tätigkeit. Wenig später heißt es bei Schiller: „Der Nutzen ist das große Idol der Zeit, dem alle Kräfte fronen und alle Talente huldigen sollen".[37] In der zunehmenden Arbeitsteilung sieht Schiller eine wachsende „Parzellierung" des Menschen und seiner Fähigkeiten und begreift sie als Verstümmelung. Denn unter diesen Bedingungen kann er kein „ganzer" Mensch mehr sein und bleiben. „Ewig nur an ein einzelnes kleines Bruchstück des Ganzen gefesselt, bildet sich der Mensch selbst nur als Bruchstück aus ...".[38] Dagegen setzt Schiller die ästhetische Erziehung, mit deren Hilfe der Mensch sein Bedürfnis nach ganzheitlichen Erfahrungs- und Erlebnismöglichkeiten zu befriedigen vermag. „Bei der Vereinzelung und getrennten Wirksamkeit unserer Geisteskräfte, die der erweiterte Kreis des Wissens und die Absonderung der Berufsgeschäfte notwendig macht, ist es die Dichtkunst beinahe allein, welche die getrennten Kräfte der Seele wieder in Vereinigung bringt ..., welche gleichsam den ganzen Menschen in uns wieder herstellt."[39] Diese Forderung ist gleichermaßen Überforderung der Kunst — zugleich Kompensation für etwas im Leben nicht mehr Vorhandenes. Freilich mit der Überzeugung jedes Utopieanspruchs auf Verwirklichbarkeit in der Menschheitsgeschichte.

Bei Goethe geschieht dies mit besonderer Betonung von Produktivität (historische Erfahrung einbegriffen) und Genuß, was sich auch und nicht zuletzt gegen den parasitären Hedonismus des Adels richtet. „Der Mensch erfährt und genießt nichts, ohne sogleich produktiv zu werden. Dies ist die innerste

Eigenschaft der menschlichen Natur. Ja man kann ohne Übertreibung sagen, es sei die menschliche Natur selbst."[40] Für ihn ist der Mensch ein denkendes und empfindendes, „handelndes und wirkendes" Wesen, das sich produktiv mit der Welt auseinandersetzt.[40a] „Er ist ein Ganzes, eine Einheit vielfacher, innig verbundener Kräfte, und zu diesem Ganzen des Menschen muß das Kunstwerk reden ..."[41]. Das von Goethe jetzt angestrebte Menschenbild beinhaltet zugleich die Zurücknahme bzw. Korrektur seiner überzogenen, auf Totalität zielenden und darum auch nicht verwirklichbaren Individualitätsansprüche der Sturm-und-Drang-Zeit.

6.

Dieses umfassende humanistische Menschenbild, das gleichermaßen Präzisierung wie Weiterentwicklung vorrevolutionärer Grundpositionen in nachrevolutionärer Zeit bedeutete, erforderte andere Mittel und Verfahren der künstlerischen Umsetzung. Um dieses Ziel zu erreichen, mußte letztlich eine neue künstlerische Gestaltungsweise geschaffen werden. Während die Ästhetik des Sturm und Drang unter wirkungspsychologischem Vorzeichen stand, erfolgt jetzt eine radikale werkästhetische Ausrichtung. Wenn Brecht diesen Vorgang nach der Lektüre des „Briefwechsels zwischen Goethe und Schiller" in seinem Arbeitsjournal (2. 1. 1948) kurz und sarkastisch als „‚hochgesinnte' verschwörung gegen das publikum" kommentiert, wird zwar ein Aspekt der Neuorientierung hervorgehoben. Aber er wird der historischen Bedeutung der Herausbildung der künstlerischen Methode der Klassik nicht gerecht. Wie alle epochalen Umbrüche ist auch dieser Neubeginn gekennzeichnet durch Kontinuität wie Diskontinuität, gehen Gewinn und Verlust Hand in Hand. Die Frage ist eben nur, ob der Verlust durch den Gewinn aufgewogen bzw. übertroffen wurde. Letzteres muß eindeutig bejaht werden.
In einem Brief vom 27. Februar 1794 teilt Friedrich Schlegel seinem Bruder August Wilhelm mit, „daß Göthe, der erste einer ganz neuen Kunst-Periode, einen Anfang gemacht hat ..." — und er hebt dessen Bemühen um das Objektive und das Schöne hervor. Tatsächlich ist jetzt das Bestreben unverkennbar, die Wirklichkeits- und Kunstauffassung auf das feste Fundament von Erkenntnis und Wahrheit zu stellen. Davon zeugt die eingehende Suche nach Gesetzlichkeiten der welthistorischen Umwälzungen wie der künstlerischen Aneignung. Goethes Schrift „Einfache Nachahmung der Natur, Manier, Stil" (1789) ist ein erstes und wichtiges Dokument dieser Bemühungen. Die Unzulänglichkeiten der objektivistischen („einfache Nachahmung") wie der subjektivistischen („Manier") Verzerrung einer wahrheitsgetreuen Darstellung des wirklichen Lebens sieht Goethe im „Stil" überwunden. Er basiere „auf den tiefsten Grundfesten der Erkenntnis, auf dem Wesen der Dinge".[42] „Stil" sei der höchste Grad, wohin Kunst gelangen

könne; „der Grad, wo sie sich den höchsten menschlichen Bemühungen gleichstellen darf".[43] Von hier aus hat „Stil" — in der Doppelung und untrennbaren Einheit von künstlerischer Methode und Kunstwerk — im Sinne des Realismus der bürgerlichen Klassik eine schwergewichtige ethische Bedeutung erlangt.

„Die Stil-Konzeption stellt die ästhetisch-theoretische Konsequenz einer weltanschaulichen und poetischen Neuorientierung dar, deren Verwirklichung, in einem widerspruchsvollen Prozeß sich vollziehend, das literarische Schaffen Goethes bis zu den Alterswerken mit bestimmte."[44] Dieser Vorgang kann hier nicht nachvollzogen werden — weder als Theoriebildung in Gestalt der Konzeption poetischer Literatur bzw. schöner Kunst noch als Kunstpraxis. Wie wir uns ohnehin der Tatsache bewußt sein müssen, daß die theoretische Position, d. h. die Erarbeitung eines ästhetischen Kunstkonzepts „mit dem Realismus der klassischen Literatur seit der Mitte der neunziger Jahre keineswegs deckungsgleich ist".[45] Jedenfalls markiert der Schritt von der „Manier" zum „Stil", den Goethe an der Schwelle der neunziger Jahre vollzieht, den Weg vom Sturm und Drang zur Klassik. Er bedeutet Kritik und Absage an Werke — auch eigene, in denen sich nur oder vorwiegend die eigene Subjektivität des Künstlers spiegele und verewige. Aus der Sicht der klassischen Ästhetik war es dem Genie des Sturm und Drang vor allem um das Ansprechen der eigenen Subjektivität und Originalität gegangen — ohne hinreichende Objektivität. In dem Streben nach strikter Objektivität der Darstellung bei polemischer Distanzierung von der sklavischen Bindung an die unmittelbar gegebene Wirklichkeit (als platte Nachahmung) sowie von der subjektiven Willkür ungezügelter Phantastik wird zugleich eine wichtige Akzentverlagerung in der Funktionszumessung der Kunst vorgenommen: Zurückgenommen wird die Überschätzung der erzieherisch-bildenden Potenz von Kunst, d. h. ihrer direkt normbildenden und verhaltensausrichtenden Funktion sowie operativen Wirkungsabsicht.

Der Sturm und Drang hatte das bloße Originalitätspostulat des Genies dem normativen Nachahmungsklassizismus einfach entgegengesetzt. Die Klassik verwirft beides, den Nachahmungsklassizismus wie den Geniekult. Freilich sind im Grundbestand klassischer Poetik die Prinzipien der Subjektivität, Individualität und Originalität des künstlerischen Schaffens — jetzt aber auf objektiver Grundlage und stärker historisiert — im Hegelschen Sinne durchaus „aufgehoben". Es ist gewiß kein Zufall, wenn Hegel, der als Vollender und Gipfelpunkt klassischer Ästhetik gilt, großen Wert auf die „Identität der Subjektivität" (hier nennt er Phantasie, Talent bzw. Genie, Begeisterung) und „der wahren Objektivität der Darstellung"[46] legt. Der methodische Ausgangspunkt der Erklärung liegt nicht im Subjekt („Das schlechte Gemälde ist das, wo der Künstler sich selbst zeigt"), sondern im Werk selbst. Diese auf Objektivität gerichtete künstlerische Gestaltung faßt er im Begriff der

Originalität zusammen, die für ihn letztlich als Vehikel der Darstellung eines objektiv bedeutsamen Gehalts gilt.[47]
Die fast durchgängig zu beobachtende polemische Frontstellung gegenüber Aufklärung und Sturm und Drang sollte uns nicht vergessen lassen, was hier an Vorleistungen erbracht worden war, die die Kunstphilosophie der Klassik erst ermöglichte. Zur wichtigsten Errungenschaft gehört das Geschichtsdenken. „Vom historischen Denken stammte die Kraft, mit der im Sturm und Drang gegen die normative Ästhetik der Aufklärung Krieg geführt wurde; der Feldherr hieß Johann Gottfried Herder."[48] Bekanntlich dominierten in Europa seit der Renaissance normative klassizistische Kunstlehren. Zunächst waren die antiken Autoren als absolute Autorität gesetzt, der man blind zu folgen hatte (wie z. B. bei Julius Scaliger). Die Enge und Strenge des darauffolgenden Rationalismus des französischen Klassizismus wurde in der nächsten Etappe zwar „aufgelockert durch die mildere Herrschaft des Geschmacks"[49] — aber auch die auf dem englischen Sensualismus basierende Geschmacksästhetik war und blieb normativer Klassizismus. Die Leistung Winckelmanns weist darüber hinaus und bleibt doch gleichzeitig klassizistischer Norm und Wirkungsästhetik der Aufklärung verhaftet. Seine genetische Betrachtungsweise, seine Hinwendung zum einzelnen Kunstwerk führte weg von der zeitenthobenen Norm. Seine Vorstellung vom „griechischen Himmel" weist „voraus auf eine historische Betrachtungsweise . . .".[50] Zwar meist in Termini der Biologie gekleidet, hat Winckelmann die Vorstellung „von der Entwicklung der Kunst als einem Weg des Wachstums vom Samen über die Blüte zum Verfall in seiner Erstlingsschrift entworfen und in der später entstandenen großen Geschichte der Kunst des Altertums ausgebaut, ohne indessen die Folgerung zu ziehen, die sich aus der immanenten Logik dieser Entwicklungsvorstellung ergibt: nämlich der Verzicht auf das Nachahmungsprinzip".[51] Seine ursprungshistorische und entwicklungsgeschichtliche Vorstellung des „griechischen Himmels" geriet in Widerspruch zum normativen „guten Geschmack" als obersten Kunstrichter, wodurch die antiken Kunstwerke (er begreift und deutet sie vor allem als Naturnachahmung), die er als vorbildlich für zeitgenössische Künstler betrachtete, doch wieder zu ahistorischen „Mustern" der alten Regelästhetik erstarrten. Winckelmanns Leistung ist auf der Scheidelinie von normativer und historischer Ästhetik angesiedelt. Sie ist beiden verpflichtet. Anders formuliert: Der Kunsthistoriker Winckelmann blieb normativer Ästhetiker. Von hier aus sind die „Abstriche" am Historiker zu machen, insofern ihn die normative Ästhetik unentwegt hinderte, im eigentlichen Sinne Historiker zu sein.
Von Winckelmann übernimmt Herder die These von der Naturgrundlage der Kunst, „spannt aber darüber eine geschichtsphilosophische Konzeption, während für Winckelmann Natur erst in Ansätzen aus ihrer Geschichtsjenseitigkeit in den historischen Wandel entlassen wurde . . ."[52]. Indem er —

Kant folgend — der Natur eine eigene Geschichtsdimension zuspricht, Natur als Geschichte faßt, tritt der Widerspruch zwischen historischem Verständnis und unhistorischem Nachahmungsprinzip in Winckelmanns Klassizismus noch deutlicher zutage. Die zeitlose Vorbildlichkeit, die Winckelmann in griechischer Kunst gesehen hatte, wird für Herders Geschichtsdenken zur unwiederbringlichen Vergangenheit. Eine solche Kunst war für ihn nicht wiederholbar. In Herders historischer Sicht wird sie zum verlorenen Paradies. Immer wieder fällt in seinen Bemerkungen „das Wort ‚Paradies' und läßt die antike Kunstwelt in eine Ferne rücken, die mit dem Nachahmungspostulat des Klassizismus sich nicht mehr vereinbaren läßt".[53] Wenngleich er nicht aufhört, die Schönheit antiker Werke zu preisen, kann sein historischer Sinn in ihr keine für die Gegenwart fortzeugende Potenz erblicken. Gerade das „historische Verständnis für die Antike, das Winckelmann schuf und das schon in dem eigenen Werk den inneren Widerspruch seines Klassizismus einsehen ließ", schlägt bei Herder „vollends um in ein Verständnis für die Moderne, ein Verständnis, das zugleich den Bruch mit dem Nachahmungspostulat bedeutet".[54]

Herder als Anwalt des Gefühls und Geniekults wehrt sich vehement gegen die Vorgaben an Regeln und Mustern in den rationalistischen Ästhetiken und Poetiken z. B. eines Gottsched und anderer. Dennoch lehnt er „Regeln" des Kunstschaffens nicht schlechthin ab. Für ihn ist die Regel mit dem Kunstwerk gegeben, jedoch nicht außerhalb dieses theoretisch formulierbar. Sie ist werkimmanent; ihr Gesetzgeber der Künstler, das Genie. Letztlich teilt er die Auffassung Kants. Auch bei ihm steht Genie gegen Regelzwang, was aber nicht absolute Freiheit des Genies von jeder Regel besagt. Schöne Kunst ist für ihn Kunst des Genies — und seine erste Eigenschaft Originalität. Aber „da es auch originalen Unsinn geben kann", brauche das Genie doch auch wieder Regeln. Jedoch „kann die schöne Kunst sich selbst nicht die Regel ausdenken, nach der sie ihr Produkt zustande bringen soll". Vielmehr „muß die Natur im Subjekte (und durch die Bestimmung der Vermögen desselben) der Kunst die Regel geben" (KdU § 46). Da auch Herder die Natur der Kunst die Regel geben läßt, was wiederum nur Folge der Auffassung der Kunst als Werk des Genies ist, gibt er doch nur eine Scheinantwort. Durch diesen Verbleib im Rahmen des Aufklärungsdenkens versperrt er sich den Zugang zu dem durchaus realen Problem, inwiefern ästhetischer und künstlerischer Gestaltung — auch und nicht zuletzt im einzelnen Kunstwerk — objektiv determinierte Gesetze zugrunde liegen. In Goethes Bemühungen um diese Fragen müssen wir den wohl wesentlichsten Schritt über die Aufklärung hinaus erblicken.

Durch die Betonung des Individuellen, Einmaligen und Originalen der Äußerungsweise des Genies im Kunstwerk erschüttert Herder zwar die Grundfesten der Wirkungsästhetik, „der gute Geschmack, die communis opinio, kann

hinfort nicht mehr als Kriterium auftreten. Dennoch bleibt Herder der Aufklärung verhaftet, indem er das Kunstwerk wohl aus dem Koordinatensystem der Regeln, nicht aber aus seiner sensuellen Aufnahme durch den Menschen herauslöst".[55]
Die psychischen Reaktionen, ob ein Werk zu rühren vermag oder nicht, blieben für Herder „Wertmaßstab" eines Kunstwerks.
Interessant ist, daß Herder zur Rechtfertigung Shakespeares sich nicht so sehr auf dessen Werke beruft, als vielmehr auf die gesellschaftlichen Zustände, denen sie entwachsen und auf die Wirkung, die sie auf die Sinne des Publikums auszuüben vermögen, nämlich Illusion und Rührung. Diesen Widerspruch auszutragen gelingt Herder nicht. Entscheidende Grundlage bleibt bei ihm die Psychologie.
Mit Karl Philipp Moritz erfolgt der Bruch mit den wirkungsästhetischen Prämissen der Aufklärung. Freilich bleibt diese Absage an die Wirkungsästhetik bei ihm noch mit Widersprüchen behaftet. Überhaupt müssen wir uns der Tatsache bewußt sein, daß mit Moritz der Einfluß der wirkungsästhetischen Betrachtungsweise nicht schlagartig nachließ bzw. überwunden war. Sie konnte nicht nur auf eine lange Ahnenreihe berühmter Namen als Vorkämpfer und Verfechter verweisen, an deren Spitze „Stammvater" Aristoteles stand. Wenn ihre Vorherrschaft seit der Antike über Jahrhunderte ungebrochen blieb — in Deutschland bis weit in die 1790er Jahre hinein, so hatte dies einen einfachen Grund: Sie war, von ganz wenigen Ausnahmen und Außenseitern abgesehen, konkurrenzlos geblieben. Häufig wird Kants „Kritik der Urteilskraft" als Gipfelpunkt dieser wirkungsbezogenen Orientierung bezeichnet. Das ist in gewisser Weise richtig — und deshalb nur die halbe Wahrheit. Denn diese Schrift ist ein Reifepunkt dieser Konzeption und gleichzeitig ein wichtiger theoriegeschichtlicher Schritt zu deren Überwindung. „Was in früheren Zeiten selbstverständlich war, das Gefühl, die Wahrnehmung, als Wesensbestimmung der Kunst, wird bei Kant thematisch. Die überlieferte psychologisch-sensualistische Methode wird erschüttert in der philosophischen Befragung ihrer Grundlagen, also in dem, was bei Kant Kritik heißt." Zweifellos wird damit ein wichtiger Schritt getan zu einer Ästhetik, „die nicht mehr die Wirkung des Kunstwerks auf den Menschen, nicht mehr dessen Empfindungen zum Ausgangspunkt nimmt, sondern sich fähig erklärt, die Kunst aus sich selber zu begreifen; der erste Schritt also zu einer objektiven Philosophie der Kunst".[56] Präzisierend ist darauf zu verweisen, daß nicht Kant, sondern vor ihm eben Moritz diesen ersten Schritt getan hat. Dennoch wird Kant völlig zurecht als „Schrittmacher" der Kunstphilosophie des deutschen Idealismus in Anspruch genommen. Diese wiederum hat — von Moritz bis Hegel — einen äußerst widersprüchlichen Entwicklungsweg zurückzulegen — über Friedrich Schlegel, die Homburger Fragmente Hölderlins, Schelling, Solger und andere. Bekanntlich blieben selbst Goethe und Schiller in ihren

gattungspoetischen Überlegungen (siehe Briefwechsel) im Wesentlichen der auf Aristoteles zurückgehenden wirkungsästhetischen Betrachtungsweise verpflichtet. Erst in Hegels Ästhetik, die eine Art Bilanz des kunstphilosophischen Denkens seit Moritz darstellt, ist die Absage an die Wirkungsästhetik mit letzter Konsequenz vollzogen.
Auf Einzelheiten dieses widersprüchlichen Prozesses kann hier nicht eingegangen werden. Jedenfalls vollzieht Moritz mit der Abkehr von der Wirkung von Kunst auf die Sinne des Rezipienten, die Gefühle, die sie hervorruft, jene Wende, mitunter auch als „Kehrtwende“ in der Orientierung der Kunstästhetik bezeichnet, mit der die Klassik eingeleitet wird: Es ist die Hinwendung zum Kunstwerk und die Begründung der Ästhetik als Kunstphilosophie oder genauer, wie es bei Hegel heißt, „Philosophie der schönen Künste“.

Anmerkungen

[1] *Arnold Hauser*: Sozialgeschichte der Kunst und Literatur, München 1953, Bd. 1, S. 350.
[2] *Karl Marx/Friedrich Engels*: Werke, Berlin 1959, Bd. 3, S. 378/379.
[3] *Martin Fontius*: Produktivkraftentfaltung und Autonomie der Kunst. Zur Ablösung ständischer Voraussetzungen in der Literaturtheorie. In: Literatur im Epochenumbruch, Berlin und Weimar 1977, S. 426.
[4] MEW, Bd. 26, 1, S. 385.
[5] Martin Fontius: a. a. O., S. 508.
[6] Arnold Hauser: a. a. O., S. 279.
[7] Ders.: ebenda, S. 329.
[8] Geschichte der deutschen Literatur von 1789 bis 1830. Hans-Dietrich Dahnke und Thomas Höhle in Zusammenarbeit mit Hans-Georg Werner, Berlin 1978, Bd. 7, S. 77.
[9] Geschichte der deutschen Literatur vom Ausgang des 17. Jahrhunderts bis 1789. Werner Rieck in Zusammenarbeit mit Paul Günter Krohn. Zweiter Teil, Hans-Heinrich Reuter in Zusammenarbeit mit Regine Otto, Berlin 1979, Bd. 6, S. 261.
[10] *Klaus Städtke*: Ästhetisches Denken in Rußland, Berlin und Weimar 1978, S. 18.
[11] *Martin Fontius*: a. a. O., S. 422.
[12] *André Malraux*: Psychologie der Kunst. Das imaginäre Museum, Hamburg 1957, S. 7.
[13] *Ernesto Grassi*: Die Theorie des Schönen in der Antike, Köln 1962, S. 80.
[14] *André Malraux*: a. a. O., S. 10.
[15] *Heinrich Besseler*: Grundfragen des musikalischen Hörens. In: Aufsätze zur Musikästhetik und Musikgeschichte, Leipzig 1978, S. 31.
[16] *Dénes Zoltai*: Ethos und Affekt, Berlin/Budapest 1970, S. 186.
[17] Ders.: ebenda, S. 186/187.
[18] Ders. ebenda, S. 187.
[19] MEW, Bd. 3, S. 178.
[20] *Wolfgang Heise*: Realistik und Utopie, Berlin 1982, S. 60.
[21] Geschichte der deutschen Literatur vom Ausgang des 17. Jahrhunderts bis 1789, Bd. 6, S. 440.
[22] Ebenda, S. 440.
[23] *Wolfgang Heise*: a. a. O., S. 79.
[24] Geschichte der deutschen Literatur von 1789 bis 1830, Bd. 7, S. 127.
[24a] Geschichte der deutschen Literatur vom Ausgang des 17. Jahrhunderts bis 1789, Bd. 6, S. 465.
[25] Ebenda, S. 725.
[26] *M. J. R. Lenz*: Werke, Berlin und Weimar 1972, S. 351.
[27] *Martin Fontius*: a. a. O., S. 449.
[28] Ders.: ebenda, S. 450/451.

[29] Geschichte der deutschen Literatur von 1789 bis 1830, Bd. 7, S. 138.

[30] *Wolfgang Stellmacher*: Zur Entwicklung der Kunstauffassung Goethes. In: Weimarer Beiträge, Heft 6, 1969, S. 1230.

[31] Geschichte der deutschen Literatur von 1789 bis 1830, Bd. 7, S. 158.

[32] *Wolfgang Heise*: a. a. O., S. 23.

[33] Ders.: ebenda, S. 26/27.

[34] *Friedrich Schiller*: Die Horen (Öffentliche Ankündigung). In: Gesammelte Werke in acht Bänden. Herausgegeben und eingeleitet von Alexander Abusch, Bd. 7, Berlin 1955, S. 469/470.

[35] *Karl Philipp Moritz*: Das Edelste in der Natur. In: Werke in zwei Bänden, Berlin und Weimar 1981, Bd. 1, S. 226.

[36] Ders.: Das menschliche Elend. In: ebenda, S. 235.

[37] *Friedrich Schiller*: Über die ästhetische Erziehung des Menschen in einer Reihe von Briefen. In: a. a. O., Bd. 8, S. 401.

[38] Ders.: ebenda, S. 413.

[39] Ders.: Über Bürgers Gedichte, Bd. 7, S. 448.

[40] *Goethe*: Über den sogenannten Dilettantismus oder die praktische Liebhaberei in den Künsten. In: *Goethe*, Berliner Ausgabe, Berlin und Weimar 1973, Bd. 19, S. 339.

[40a] Ders.: Diderots Versuch über die Malerei 1789—99. In: *Goethes* Sämtliche Werke. Jubiläums-Ausgabe in 40 Bänden, Stuttgart und Berlin o. J., Bd. 33, S. 206.

[41] Ders.: Der Sammler und die Seinigen 1789—99. In: ebenda, S. 175.

[42] Ders.: Einfache Nachahmung der Natur, Manier, Stil. In: Ebenda, Bd. 33, S. 57.

[43] Ders.: ebenda, S. 56.

[44] Geschichte der deutschen Literatur von 1789 bis 1830, Bd. 7, S. 109.

[45] Ebenda, S. 126.

[46] *Georg Wilhelm Friedrich Hegel*: Ästhetik, Berlin 1955, S. 299.

[47] Siehe ders.: ebenda, S. 302.

[48] *Peter Szondi*: Poetik und Geschichtsphilosophie I, Frankfurt am Main 1974, S. 16.

[49] Ders.: ebenda, S. 23.

[50] Ders.: ebenda, S. 24.

[51] Ders.: ebenda, S. 41/42.

[52] Ders.: ebenda, S. 50.

[53] Ders.: ebenda, S. 50.

[54] Ders.: ebenda, S. 67/68.

[55] Ders.: ebenda, S. 49.

[56] Ders.: ebenda, S. 284/285.

Erwin Bartsch

Alexander Gottlieb Baumgartens Begründung einer philosophischen Ästhetik

Die Bedeutung der Magisterarbeit von Baumgarten aus dem Jahre 1735 für die Ästhetik

Im September 1735 reichte Alexander Gottlieb Baumgarten seine Magisterarbeit mit dem Titel „Meditationes Philosophicae de Nonnullis ad Poema Pertinentibus“ (Philosophische Betrachtungen über einige Bedingungen des Gedichts) an der Universität in Halle ein.
Es sind also 250 Jahre her, daß Baumgarten seine erste akademische Schrift einer wissenschaftlichen Öffentlichkeit bekanntmachte. Diese, vom Umfang her kleine Arbeit, hatte für das philosophisch-ästhetische Denken der nachfolgenden Jahre entscheidende Bedeutung. Zum erstenmal verwendet Baumgarten in seiner Magisterarbeit den Terminus Ästhetik zur Bezeichnung einer neuen philosophischen Disziplin.
Diese Schrift ist die erste bedeutende ästhetische Publikation in Deutschland. Bereits in dieser Magisterarbeit finden sich die grundlegenden ästhetischen Begriffsbestimmungen; sie ist das theoretische Fundament, das in der später veröffentlichten „Aesthetica“ von Baumgarten ihren Ausbau erfährt. Baumgarten änderte in der „Aesthetica“ seine Grundprinzipien, wie er sie in seiner Magisterarbeit dargelegt hat, nicht mehr wesentlich; er baute aber den Ansatz seiner Magisterarbeit in funktionaler Systematik aus, indem er die logische Struktur der Erkenntnis schärfer faßte.
Die Magisterarbeit ist für die Kenntnis der Genesis und Entwicklung der Ästhetik Baumgartens von großem Interesse. Eine hohe Wertschätzung erfuhr die Magisterarbeit Baumgartens durch Herder, der schreibt, daß „sich seine ‚Philosophischen Betrachtungen über einige Stücke, die zum Poem gehören‘“, als eine kleine akademische Schrift erweist, „in der ich aber den ganzen Grundriß zu einer Metapoetik finde, und die ich für mich selbst als jene Kuhhaut betrachten darf, aus der eine ganze Königsstadt der Dido, eine wahre philosophische Poetik umzirkt werden könnte“.[1]
Baumgartens Hinwendung zu ästhetischen Fragestellungen ergibt sich sowohl aus dem zunehmenden Interesse an einer philosophischen Erfassung des Wesens der Kunst in der ersten Hälfte des 18. Jahrhunderts als auch aus dem gesamten Entwicklungsweg Baumgartens selbst. Bereits in den jüngsten Jahren seines Lebens prägte sich bei Baumgarten eine starke Neigung zur Dichtkunst aus — diese Neigung hat auch seine spätere philosophische

Tätigkeit dauernd und nachhaltig beeinflußt. 1727 kam Baumgarten von Berlin nach Halle, wo er die Schule des Waisenhauses besuchte. 1730 begann er seine Studien an der Universität Halle. Trotz strengsten Verbots befaßte sich Baumgarten intensiv mit der Wolffschen Philosophie.

Auf Anraten seines Bruders Siegfried Jakob Baumgarten, der an der Schule des Waisenhauses als Lehrer tätig war, erteilte er dort Unterricht in lateinischer Dichtkunst und Logik. Bei dieser Gelegenheit entstand in ihm, wie er in der Magisterarbeit berichtete, der Vorsatz, das Wesen der Dichtkunst philosophisch zu ergründen. Die ersten Ergebnisse dieser Untersuchungen legte Baumgarten dann in seiner Magisterarbeit nieder. 1750 erschien der erste Band der „Aesthetica" und 1758 der zweite Band.

In dem Aufsatz „Von Baumgartens Denkart in seinen Schriften" charakterisiert Herder die Situation, in der sich Baumgarten befand, als er sich an die Grundlegung einer neuen philosophischen Wissenschaft wagte: „Ein Wolfischer Philosoph und ein Christgauischer Poet[2] in einer Person: freilich in der damaligen Zeit eine seltene, eine abenteuerliche Erscheinung: damals, als man nichts einander so zuwider glaubte, als Geschmack und philosophisches Nachdenken: damals, als man über alles, was man kannte und nicht kannte, philosophierte; nur nicht über Schönheit und über das Gefühl derselben. Damals also entstand der Philosoph, der es sich zuerst in Sinn nahm, beides zu vereinigen, was schon in der Bildung seiner Denkart vereint lag, und also versuchte, ob sich nicht die Wolfische Philosophie auch über die Dichtkunst ausbreiten ließe."[3]

Es muß auch davon ausgegangen werden, daß Baumgarten die Anregungen Wolffs aufgenommen hat hinsichtlich der Notwendigkeit einer allgemeinen Theorie der Kunst, einer philosophischen Wissenschaft von der Kunst. Wolff hatte auch daran gedacht, sich dieser Aufgabe zu unterziehen, aber „zur Zeit", wie er sagt, mit der Ausarbeitung einer Wissenschaft von der Kunst nicht beginnen könne. Den Grund erfahren wir von Wolff selbst, wenn er schreibt: „In meinen Versuchen, die ich bisher in drei Teilen beschrieben, habe ich nicht allein auf die Erkenntnis der Natur, sondern auch der Kunst gesehen. Und vielleicht gebe ich auch, wenn ich mit Erklärung der Natur zustande bin, Proben von Erklärung der Kunst."[4]

Was Wolff nicht weiter- und auszuführen vermochte, wurde von seinem Schüler Baumgarten realisiert. Wesentlicher Ausgangspunkt Baumgartens war der Nachweis, daß Philosophie und Kunst nicht, wie oft behauptet, entgegengesetzt sind, sondern eng miteinander verbunden. Baumgarten ging davon aus, daß Weltaneignung durch eine einseitige Orientierung auf rationale Erkenntnis begrenzt bleiben müsse — daß die Absolutsetzung der rationalen Erkenntnisform zu einem Verlust bei der Aneignung der Welt führen muß. Eine solche begrenzte Erkentnisweise erfaßt nach Baumgarten nur abstrakte Einzelaspekte des Wirklichen. Aus dem Ungenügen an einer bloß durch die

Logik beherrschten Wirklichkeitserfahrung heraus fordert Baumgarten eine Wissenschaft, die dem Empfindungsvermögen als selbständiger Quelle der Erfahrung Rechnung trägt. Diese Wissenschaft, die vor allem eine Lehre von der Sinnlichkeit zu entwickeln habe und damit als philosophische Disziplin gleichberechtigt neben der Logik stehen solle, wird schon in der Magisterarbeit von 1735 als „Ästhetik“ bezeichnet.

Diese neue philosophische Wissenschaft wird durch die Natur der Menschen begründet, durch die Spezifik seiner Anlagen, sich eben die Welt nicht nur denkend, im Begriff, sondern auch empfindend anzueignen. Baumgarten hebt die Rolle der Sinnlichkeit als Erkenntnis hervor. Bereits in der Magisterarbeit geht er auf das Problem einer selbständigen Erkenntnisfunktion der Sinnlichkeit ein. Baumgarten entwickelt eine Theorie der sinnlichen Vorstellungen, die sowohl terminologisch als auch konzeptionell von der Leibniz-Wolffschen Philosophie ausgeht.

Baumgarten betonte in seinen verschiedenen Schriften immer klarer die Selbständigkeit der sinnlichen Erkenntnis. Die Auffassung von der Selbständigkeit der sinnlichen Erkenntnis setzt sich bei Baumgarten Schritt für Schritt durch. In den „Meditationes Philosophicae de Nonnullis ad Poema Pertinentibus“ von 1735 betonte Baumgarten in Anlehnung an Wolff noch die Einheit der Erkenntnis. Er spricht hier noch von den Teilen des einen Erkenntnisprozesses.

In der „Metaphysica“ von 1739 sind die beiden Erkenntnisvermögen bereits deutlicher getrennt. In der „Aesthetica“ von 1750/58 löst sich Baumgarten von der bei Leibniz und Wolff geläufigen vertikalen Abstufung der Erkenntniskräfte und behandelt die sinnliche Erkenntnis als eine selbständige und unabhängige von der rationalen Erkenntnis ernst zu nehmende Möglichkeit des Erkennens. Baumgarten übersieht dabei nicht, daß beide Erkenntnismöglichkeiten aufeinander angewiesen sind. Es geht ihm vor allem darum, die Dominanz des rationalistischen Erkenntnisideals zu brechen.

Baumgarten sieht die sinnlichen Vorstellungen im unteren Teil des Erkenntnisvermögens enthalten. In diesem unteren Teil des Erkenntnisvermögens sind die verworrenen Vorstellungen angesiedelt, die Baumgarten als die sensitiven Vorstellungen bezeichnet. Gegenüber den verworrenen Vorstellungen gibt es im oberen Erkenntnisvermögen deutliche Vorstellungen, die dadurch charakterisiert sind, daß sie es ermöglichen, die einzelnen Merkmale einer Vorstellung gesondert aufzuzählen, wodurch die Vorstellungen deutlich werden. Von verworrenen Vorstellungen ist dann zu sprechen, wenn es sich um solche Vorstellungen handelt, deren einzelne Bestandteile so ineinanderfließen, daß sie zu einem Gesamteindruck verschmelzen.

Die Fähigkeit, etwas deutlich zu erkennen, ist das obere Erkenntnisvermögen, die Fähigkeit, etwas undeutlich, also verworren zu erkennen, ist das niedere Erkenntnisvermögen. Baumgartens Interesse konzentriert sich auf die Frage nach der Art jener Vorstellungen, die beim künstlerischen Schaffen und beim Genuß des Kunstwerkes in Betracht kommen. Baumgarten hebt hervor, daß der Dichter nicht jene Deutlichkeit erstrebt, welche dem Wissenschaftler als Ziel vorschwebt. Für das poetische (künstlerische) Denken bleiben die verworrenen Vorstellungen, und diese bezeichnet Baumgarten als sensitiv. Mit sensitiv will Baumgarten sagen, daß sich diese Vorstellungen nicht an den Verstand, sondern an die übrigen Erkenntniskräfte des Menschen wenden wie Wahrnehmung, Gefühl etc. Sensitiv bedeutet für Baumgarten „nicht deutlich" und wird für alle Vorstellungen des niederen Erkenntnisvermögens gebraucht.

Für die weitere Differenzierung der Vorstellungen spielt der Begriff der Klarheit eine entscheidende Rolle. Baumgarten unterscheidet die Klarheit einer Vorstellung in zweierlei Hinsicht: Die Klarheit einer Vorstellung kann einmal in der Weise zunehmen, insoweit die einzelnen Merkmale klarer und deutlicher hervortreten, oder es kann zum anderen die Zahl der Merkmale zunehmen. Im ersteren Falle seien die Vorstellungen intensiv klarer, im zweiten Falle heißen sie extensiv klarer. Die extensiv klaren Vorstellungen sind nach Baumgarten die für die Kunst wesentlichen. Durch die Fülle der einzelnen Merkmale kommt das Ganze stärker zum Bewußtsein.

In den beiden Arten der Klarheit scheiden sich endgültig Wissenschaft und Kunst. Während die Wissenschaft nach immer größerer Tiefe der Erkenntnis, nach begrifflicher Deutlichkeit strebt, bedarf die Dichtkunst in ihren Vorstellungen möglichst hoher Lebhaftigkeit, Stärke, Anschaulichkeit und Glanz. Für Baumgarten sind das Ideal der poetischen Vorstellungen solche, die möglichst inhaltsreich sind, die möglichst viele Bestimmungen haben; denn dadurch erhalten die Vorstellungen größere extensive Klarheit. Baumgarten betont den wichtigen Gedanken, daß Dichtung alles, was sie darstellt, konkret, greifbar und lebendig gestalten muß. Je bestimmter, je gehaltvoller, je individueller die Vorstellungen sind, desto poetischer können sie sein. Deshalb soll der Dichter auch nicht Gattungsbegriffe in sein Werk einbringen.

In der Aufzählung der Arten der sinnlichen Vorstellungen hebt Baumgarten insbesondere folgende hervor:

Wahrnehmungen und Empfindungen sowie Affekte.

Einbildungen, als Vorstellungen, die von der Einbildungskraft erzeugt werden und

Erdichtungen, die dadurch entstehen, daß man Einbildungen in ihre einzelnen Bestandteile zerlegt und aus diesen wieder neue Vorstellungen zusammensetzt.

Großen Spielraum gibt Baumgarten der Phantasie des Künstlers. Er befreit die Kunst von der Fessel, sklavisch die Wirklichkeit nachahmen zu müssen.

Die verschiedenen Arten der sensitiven Vorstellungen bilden gleichsam den Werkstoff für das dichterische Schaffen.

Einen besonderen Stellenwert in der Baumgartschen Philosophie hat der Begriff des „analogen rationis". Baumgarten faßt sämtliche unteren Erkenntnisvermögen zu einem Gesamtvermögen zusammen — dem analogen rationis. Durch diese Zusammenfassung wird erst das untere Erkenntnisvermögen eine Einheit. Darauf beruht im wesentlichen die Ästhetik Baumgartens. Das analogen rationis stellt eine Verknüpfung zwischen den Dingen her, soweit sie durch die Sinne erkennbar sind. Das analogon rationis bezeichnet diejenigen Fähigkeiten, die für das konkretisierende, das komplexe Denken konstitutiv sind. Das analogon rationis wird nach Baumgarten durch folgende Fähigkeiten gebildet:

— der sensitive Witz; als ein niederes Vermögen, die Ähnlichkeit der Dinge zu erkennen;
— der sensitive Scharfsinn; als ein niederes Vermögen, die Verschiedenheit der Dinge zu erkennen;
— das sensitive Gedächtnis;
— die Dichtungskraft;
— die Erwartung ähnlicher Fälle;
— das sensitive Beurteilungsvermögen;
— das sensitive Bezeichnungsvermögen.

Diese Fähigkeiten sind für das „vernunftähnliche Erkennen" unabdingbar. Erst bei Baumgarten finden wir die vollständige Ausgestaltung der Lehre vom analogon rationis und seine besondere Bedeutung für den Menschen. Da es die Kunst nicht mit deutlicher Erkenntnis zu tun habe, sondern mit sensitiven Vorstellungen, kann es für Baumgarten auch nicht die Vernunft sein, die in der Kunst entscheidet, sondern ein analogon rationis.

Von Bedeutung sind auch die in der Magisterarbeit von Baumgarten vorgetragenen Gedanken einer Lehre von der Dichtkunst. Die Dichtkunst gehört bei Baumgarten zum zweiten Teil der Ästhetik, der vom vollkommenen Vortrag sensitiver Vorstellungen handelt. Da das Ausdrucksmittel dieses Vortrags das Wort ist, definiert Baumgarten das Gedicht als eine vollkommene sensitive Rede („Oratio sensitiva perfecta est Poema".[5] Diese Definition des Gedichts durch Baumgarten erfaßt nach Herder das ganze Wesen der Poesie. Gedicht (Poema) stand bei Baumgarten für das Kunstschaffen schlechthin. Herder meint, daß „unter allen Erklärungen von der Poesie, die das Wesen derselben in einem Begriff fassen wollen: die Baumgartensche mir die am meisten Philosophische dünke".[6] Diese Definition erscheint Herder deshalb die für seine Zeit philosophischste, weil sie

1. das Wesen der Poesie aus der Natur des menschlichen Geistes entwickeln läßt;

2. mit diesen wenigen Worten das meiste angedeutet wird, das bis auf den Grund der Dichtkunst sehen läßt;
3. die beste Aussicht über die ganze Philosophie des Schönen gewährt.[7]

Bei der Bestimmung des Poetischen hebt Baumgarten drei Momente hervor:
- Ein Moment der Bestimmung des Poetischen ist die Beziehung auf das Gefühl — der Dichter sollte stets auf das Gefühl wirken.
- Ein zweites Moment ist darin zu sehen, daß die poetischen Vorstellungen zu den confusen Vorstellungen gehören. Confus ist im Baumgartenschen Sinne zu verstehen als ein Zusammenfließen, ein Sichaufeinanderbeziehen der Vorstellungen — die somit inhaltsreich sein müssen.
- Ein drittes Moment besteht in der Forderung nach Klarheit, womit auf die Empfindungsstärke eines Eindrucks hingewiesen wird.

Baumgarten fordert vom Dichter, daß er der Anschauung ein bestimmtes individuelles Gebilde geben muß. Er muß das einzelne für die Art setzen. Poesie ist für Baumgarten Empfindungs-Ausdruck. Poesie bringt Bilder, weil sie mehr will als bloß das Wirkliche nachahmen, wiedergeben. Der Dichter gleicht dem Schöpfer, das Gedicht gleicht der Welt. Baumgarten hebt in der Magisterarbeit hervor, daß „von einem Gedicht" ganz analog dasselbe gelten muß, „was die Philosophen von der Welt erkannt haben".[8]

Den Baumgartenschen Gedanken aufgreifend schreibt Herder: „Es bleibt dabei: der Grundsatz allein: Ahme die Natur nach! führet mich meistens auf tote Betrachtungen; der Grundsatz aber: Spüre der sinnlichen Vollkommenheit nach! versammelt gleichsam die Strahlen der ganzen Natur in meine Seele, und ist nichts als die Anwendung jenes Orakels: O Mensch! lerne dich selbst kennen."[9] Baumgarten hebt den wichtigen Gedanken hervor, daß der Dichter eine Welt für sich schaffe, einen neuen Zusammenhang der Dinge, der seine eigene Gesetzlichkeit hat. Der Dichter ist der schöpferische Mensch. Baumgarten ist bereits in seiner Magisterarbeit bemüht, das Wesen der Kunst zu erfassen und ihr die gebührende Stellung in der Gesamtheit des geistigen Lebens zu geben.

Baumgarten unterscheidet sich bereits in seiner Magisterarbeit von anderen Denkern seiner Zeit darin, daß er die Kunst nicht zur Magd der Wissenschaft erniedrigt.

Am Schluß seiner Magisterarbeit stellt Baumgarten fest, daß es an der Zeit sei, eine Wissenschaft zu entwickeln, die die Aufgabe hat, das untere Erkenntnisvermögen zu leiten oder eine Wissenschaft vom sensitiven Erkennen. Baumgarten gab dieser für notwendig erachteten und von ihm in den Grundlagen entwickelten Wissenschaft den Namen Ästhetik.

Sulzer erfaßt das Hauptverdienst Baumgartens, wenn er schreibt, daß Baumgarten der erste gewesen ist, „der es gewagt hat, die ganze Philosophie der schönen Künste, welcher er den Namen Ästhetik gegeben hat, aus philosophischen Grundsätzen vorzutragen."[10] Diese vor 250 Jahren vom jungen Baumgarten verfaßte akademische Schrift, als erste bedeutsame ästhetische Publikation in Deutschland, hatte in ihrer Zeit und in den nachfolgenden Jahren nachhaltige Wirkungen erzielt, was sich nicht zuletzt in den vielfältigen Äußerungen von Philosophen und Dichtern nachweisen läßt. Aber auch für ein heutiges Verständnis der Herausbildung des ästhetischen Denkens im 18. Jahrhundert und der Fundierung der philosophischen Ästhetik im 19. und 20. Jahrhundert ist die Kenntnis der Baumgartenschen Ästhetik eine wesentliche Voraussetzung.

Anmerkungen

[1] *Herder, J. G.*: Von Baumgartens Denkart in seinen Schriften. In: Herders Sämtliche Werke, hrg. Suphan, Berlin 1899, Bd. 32, S. 184.

[2] Christgau war Lehrer am Berliner Gymnasium, das A. G. Baumgarten in jungen Jahren besuchte und dessen Liebe zur Dichtkunst durch diesen Lehrer besonders ausgeprägt wurde.

[3] *Herder*: a. a. O., S. 184.

[4] *Wolff, Ch.*: Allerhand nützliche Versuche, dadurch zu genauer Erkenntnis der Natur und Kunst der Weg gebähnet wird. Teil 3, Halle 1722, Vorrede.

[5] G. A. Baumgartens Meditationes Philosophicae de Nonnullis ad Poema Pertinentibus. In: *Albert Riemann*: Die Ästhetik Alexander Gottlieb Baumgartens, Halle (Saale) 1928, S. 106.

[6] *Herder*: a. a. O., S. 184.

[7] Vgl. ebenda, S. 185.

[8] G. A. Baumgartens Meditationes ...: a. a. O., S. 130.

[9] Herder: a. a. O., S. 188.

[10] *Sulzer*: Allgemeine Theorie der schönen Künste, Leipzig 1774, Bd. I, Artikel: Ästhetik.

Michael Böhm

Hamann und die Folgen

Aspekte zur lebensphilosophischen Deutung von Johann Georg Hamann in der bürgerlichen Literaturgeschichtsschreibung

Nachdem der preußische Staat unter der Herrschaft seines Monarchen, Friedrich II., durch die Verfolgung seiner Eroberungspolitik und die Militarisierung des gesamten gesellschaftlichen Lebens dem aufgeklärten Zeitalter demonstriert hatte, daß die Regierungsmethode des sogenannten „aufgeklärten Absolutismus" in der Praxis eine Illusion bleiben mußte, kam es innerhalb der deutschen Aufklärung — beschleunigt durch den weiteren Krisenverlauf des feudalabsolutistischen Systems — verstärkt zu ideologischen Emanzipationsbestrebungen. Daß dieser Prozeß trotz einer relativen Angleichung durch die eingeschlagene antifeudale Stoßrichtung in seinem Verlauf durchaus differenziert als „der vorletzte Schritt zur Selbsterkenntnis und Selbstbefreiung der Menschheit, der aber der vorletzte darum auch noch einseitig im Widerspruch steckenblieb"[1], charakterisiert war und dabei wesentliche Impulse seiner Entwicklung aus einer vielschichtig geführten Auseinandersetzung und Polemik in den eigenen Reihen erfuhr, wird an der Autorschaft von Johann Georg Hamann ablesbar und nachvollziehbar.
Hamann selbst hat kein systematisches philosophisches Werk und keine im traditionellen Sinn zusammenhängende philosophische Theorie hinterlassen. Vielmehr finden sich seine philosophischen Anschauungen verstreut in seinen Schriften und in dem umfangreichen und ausgedehnten Briefwechsel. Dieser Umstand erschwert zum einen eine Analyse und Wertung dieses Gedankengutes hinsichtlich der Darstellungsmethode und seines Verallgemeinerungsgrades. Erschwerend als ein weiterer Faktor für eine Interpretation kommt hinzu, daß Hamann nach eigenem Zeugnis „elliptisch wie ein Griech, und allegorisch wie ein Morgenländer" schreibt, und die in seinen Schriften enthaltenen Anspielungen, zeitgenössischen und biblischen Bezugnahmen, Zitate antiker Autoren und biblischen Centos in vielen Fällen einer erklärenden Anmerkung bedürfen.
Johann Georg Hamanns Philosophie ist nicht voraussetzungslos entstanden. Sie entstand vielmehr im Prozeß der direkten Auseinandersetzung mit der Philosophie der europäischen Aufklärung. Im philosophischen Meinungsstreit mit den Auffassungen besonders von David Hume, Baruch Spinoza, Immanuel Kant, Johann Gottfried Herder, Friedrich Heinrich Jacobi und den Popular-

philosophen Moses Mendelssohn und Friedrich Nicolai empfing Hamann wichtige Impulse für eigene philosophische Anschauungen.
Aus der Überzeugung von der christlichen Offenbarung und der Kondeszendenz Gottes heraus entwickelte Hamann im Rahmen seiner kritischen Auseinandersetzung mit dem Mißbrauch der Vernunft einzelner, der Möglichkeit nach zum Dogma führender Tendenzen der Aufklärung und ihres dabei einseitig auf Verstand und Vernunft orientierten Menschenbildes als ideelle Alternative eine streitbare Glaubensauffassung. Dabei anerkennt Hamann zwar eine außerhalb vom Subjekt existierende Wirklichkeit, von derem Wesen und der Natur der Dinge sein eigener Skeptizismus geprägt ist[2], jedoch kann trotz dieser im Ansatz vorhandenen Auffassung von einer materiellen Determiniertheit der sinnlichen Erkenntnis für Hamann die außer uns liegende Existenz der Dinge nicht bewiesen — sie muß geglaubt werden:
„Unser eigen Daseyn und die Existentz aller Dinge ausser uns muß geglaubt und kann auf keine andere Art ausgemacht werden." Dieses in den „Sokratischen Denkwürdigkeiten" von 1759 enthaltene und auf der Grundlage eines rational zu nennenden Glaubens formulierte erkenntnistheoretische Credo — die direkte Bezugnahme auf David Hume ist an dieser Stelle offenkundig —, dieser auf dem Glauben beruhende Wahrheitsgedanke bekommt bei Hamann neben dem Moment der Relativierung des Wahrheitsgehaltes der Erkenntnis hin zur Wahrscheinlichkeit, neben dem Moment des Glaubens als Erkenntnisgrundlage, in der emotionale und rationale Elemente vorhanden sind, entscheidende religiös geprägte Züge. Hamanns religiöser Glaube, beruhend auf dem Offenbarungsgedanken, erweist sich bei näherer Analyse als irrational. Für die lebensphilosophisch orientierte Germanistik, für die im Grunde alle nichttheoretischen, also praktisch-geistigen Aneignungsweisen des Menschen irrationale Formen der Erkenntnis darstellen, sollte gerade diese Seite von Hamanns Glaubensauffassung zur eigenen Rechtfertigung dienen und in einseitiger Verabsolutierung ein dunkles Kapitel Geschichte der deutschen Germanistik mitschreiben helfen.
Diese erkenntnistheoretische Zurücknahme einer entscheidenen Position seines sonst auf die Wirklichkeit und ihre Widersprüchlichkeit gerichteten Denkens verwehrte Hamann in ihrer weltanschaulichen Konsequenz vor allem tiefere Einsichten über die Erscheinungen hinaus in das Wesen gesellschaftlicher Zusammenhänge und den dialektischen Verlauf der Geschichte.
Auch die in der Geschichte der Philosophie seit Descartes von Hamann bemerkte Kluft zwischen der Armut der Begriffe gegenüber dem Reichtum des Konkreten versucht er zu überwinden, indem er das Kind mit dem Bade ausschüttet: Indem Hamann das rationale begriffliche Denken der Vernunftphilosophie, dessen subjektive Dialektik und in seiner idealistischen Form entwickelte „tätige Seite" unbewußt von ihm reflektiert werden, indem er dieses Denken in der Armut seiner begrifflichen, abstrahierenden, abstrakten

und systematisierenden Existenzform ablehnt, bemerkt er nicht, daß er sich damit zugleich selbst den Zugang zur Erkenntnis des Reichtums des Sinnlichen und Konkreten versperrt. Der Zugang zur Erkenntnis der Wirklichkeit kann daher nur noch über den Umweg und Irrweg des Glaubens erfolgen.

Diese nur angedeutete Vielschichtigkeit und Widersprüchlichkeit Hamannschen Gedankengutes bildete für die bürgerliche Forschung den Ansatzpunkt, den Zugang zu Hamann durch unterschiedliche Kompromisse zu ermöglichen und ihn hermeneutisch, typologisch und theologisch vom Irrationalisten bis hin zum Verkünder des „Deutschen Zeitalters" in Verkehrung seiner tatsächlichen historischen Leistung zu vereinnahmen.

Historisch betrachtet bildete sich mit dem Eintritt des Kapitalismus in sein imperialistisches Stadium und der damit einsetzenden allgemeinen Krise des Kapitalismus als weltanschaulich-philosophische Reaktion eine durch Irrationalismus und Agnostizismus gekennzeichnete lebensphilosophische Tendenz innerhalb der spätbürgerlichen Philosophie heraus. Auf dem Gebiet der Literaturwissenschaft und Germanistik wurde mit der geistesgeschichtlichen Wende um 1910 und der damit verbundenen Abkehr vom literaturwissenschaftlichen Positivismus eine durch die Lebensphilosophie bedingte irrationalistische Geschichtsauffassung zur Grundlage aller Literaturgeschichtsschreibung gemacht. Damit im engen Zusammenhang wurden bevorzugt irrationalistische Tendenzen und Erscheinungen in der deutschen Romantik und deren Vorläufer im 18. Jahrhundert zum Gegenstand der Forschung erhoben.[3] Die gegen den Positivismus und dessen einseitigen Philologismus gerichtete Geistesgeschichte in der Germanistik errichtete Hamann und sich selbst mit Rudolf Ungers zweibändiger Monographie „Hamann und die Aufklärung" mit dem Untertitel „Studien zur Vorgeschichte des romantischen Geistes im 18. Jahrhundert"[4] ein als Quellenmaterial für die bürgerliche Hamann-Forschung bis in die Gegenwart benutztes und maßgebliches Denkmal. Entsprechend seiner geistesgeschichtlich-idealistischen Konzeption (Übergang „vom Buche zum Menschen" und „Literatur als Ausdruck inneren, seelischen Lebens") behandelt Unger Hamanns Werk als literarischen Ausdruck der Persönlichkeit Hamanns unter Bevorzugung psychologischer und ästhetischer Untersuchungsmethoden und -gegenstände. Mit Unger beginnend erhalten die auf dem Glauben beruhenden philosophischen und ästhetischen Anschauungen des „Magus des Nordens" eine ins Irrationalistische verweisende Bedeutung. Hamann wird von Unger durchgängig als Irrationalist interpretiert.[5] Einseitig hervorgehoben wird Hamanns angeblicher „Zug zum Naturhaften, Einfachen, Urwüchsigen . . . zum irrational Elementaren". Hamann selbst wird als „Elementarmensch", gesteigert als „anachronistischer Elementarmensch" bis hin zum „genialen Elementarmenschen" charakterisiert. Seine Ästhetik (bei Unger „ästhetischer Realismus und Naturalismus") vermag demzufolge auch „in Kunst und Kunsttheorie als erfrischendes und

verjüngendes Stahlbad zu wirken", wenn auch sein „eigensinniges Beharren auf dem Irrational-Formlosen ihm Erkenntnis und Verständnis der bildenden Kunst und der lebendigen Natur" verschließt.
Aus dieser Individualität, die a priori als „naturgemäß irrational und formlos wie alles Elementare, Anfänglich, Urtümliche, wie das Kind, der Naturmensch und die Urzeit" verstanden wird, schlußfolgert Unger willkürlich bei Hamann einen „Haß des Elementarmenschen" gegen jegliche Kultur und Kunst auf rationalistischer Grundlage.
Trotzdem sich Rudolf Unger selbst gegen die auf der Stammeshypothese beruhende und dem Blut-und-Boden-Mythos den Weg bereitende Literaturgeschichtskonzeption etwa eines Josef Nadler kritisch verhielt (vgl. dazu: Unger, Rudolf, Die Vorbereitung der Romantik in der ostpreußischen Literatur des 18. Jahrhunderts. Betrachtungen zur stammeskundlichen Literaturgeschichte.), trotz dieser kritischen Distanz also, kann Unger dennoch der Vorwurf nicht erspart werden, mit seiner lebensphilosophisch orientierten Literaturgeschichtskonzeption die Hamann-Interpretation des 20. Jahrhunderts entscheidend in ihrer weitgehend irrationalistischen Deutungsvariante angeregt, beeinflußt und zugleich „die prinzipielle Vereinbarkeit mit den aus dem Positivismus herausgewachsenen biologistischen, sozialdarwinistischen Geschichtskonzeptionen der Volkskundler und Rasseideologen"[6] objektiv hergestellt zu haben. Das Beispiel Rudolf Unger veranschaulicht aber auch, daß die geistesgeschichtliche Deutungsvariante, für die Hamann aufgrund ihrer weltanschaulich-philosophischen Grundtendenz als Forschungsobjekt geradezu prädestiniert erschien, in ihrem Gehalt und in ihren Aussagen hinter den von klassischem bürgerlichem Humanismus und fortschrittlichem Denken geprägten Positionen Goethes und Hegels in Bezug auf deren Einschätzung zu Hamann erheblich zurückblieb.
Eine für die Literaturgeschichtsschreibung und insbesondere für die Hamann-Forschung verhängnisvolle Entwicklung setzte mit der im Positivismus von Wilhelm Scherer bereits potentiell angelegten, von Erich Schmidt in seiner Wiener Antrittsvorlesung programmatisch verkündeten biologistischen und stammeskundlichen Richtung ein. Als Erkenntnisobjekt spielte die Literatur im Rahmen dieser geistesgeschichtlichen Variante nur noch eine zweitrangige Rolle — Geschichte und Stamm fungierten von nun an als Hauptuntersuchungsgegenstand der Literaturgeschichte: „Ob es schön war, recht und gut, das sind Nebentöne, die nicht zur Musik gehören . . . Wer die schöneren Augen hatte und die besseren Verse konnte, das ist für die Geschichte eine interessante Gleichgültigkeit . . . . Nur Geschichte, nur das was war und wurde."
So Josef Nadler, der Herausgeber der historisch-kritischen Hamann-Ausgabe von 1949. Damit kam die in ihrer stammesgeschichtlichen Orientierung fortgeführte und akademisch gemachte Literaturgeschichtsschreibung der ideologischen Vorbereitung einer die Klassengegensätze aufhebenden „Volksge-

meinschaft" sehr entgegen. Bezeichnend dafür ist ebenfalls die von Nadler bereits 1918 entwickelte Romantik-Theorie, in der u. a. die bekannten Kernsätze zu finden sind: „Romantik ist die Krönung des ostdeutschen Siedelwerkes, als das gemischte Blut langsam zur Ruhe gekommen war, die Verdeutschung der Seele nach der Verdeutschung der Erde und des Blutes. Romantik heißt deutsch sein wollen durch eine freie Tat des Willens, einen zwingenden Folgeschluß des Verstandes, eine Weihebestimmung des Gemütes nach dem Zwange des Bodens und des Blutes . . . Deutsch wurde der Osten erst in der Romantik."[7]

Inhalt und stilistische Besonderheiten der Hamannschen Schriften schienen geradezu für eine stammeskundliche Orientierung und Ableitung von Literatur überhaupt aus „deutschem Boden" und zum Mißbrauch einer dem Denken und der Vernunft feindlich gegenüberstehenden und für seine Ideologie eine echt „deutsche" Tradition des Irrationalen suchende Reaktion geeignet zu sein. Die von Josef Nadler gewiesene Richtung der Literaturhistoriographie feierte in der Folgezeit gerade in Bezug auf die Vereinnahmung und Verfälschung der Person, Werke und der Wirkung von Hamann im Interesse einer deutschnationalen Bewegung wahrhafte Triumphe des Nationalismus und Irrationalismus.

Heinz Kindermann eröffnete diesen Reigen 1928, um Hamann als Vorläufer und Wegbereiter der „Deutschen Bewegung" in Anspruch zu nehmen.[8] Auch hier wird als das eigentliche Ziel und die Entfaltungsmöglichkeiten deutschen Wesens die Romantik angesehen. Mit dem Wirken Hamanns, der alles „mit dem beseelenden Feuer einer irrationalen Weltanschauung zu durchdringen und zur Totalität der seelischen Einheit zu zwingen vermochte", wäre nach Kindermann der „Lebensraum des Irrationalen in voller Breite eröffnet".

Nach der Machtergreifung des Faschismus und der Durchdringung und Beherrschung aller Bereiche des gesellschaftlichen Lebens mit faschistischer Ideologie häuften sich die Bemühungen, Hamanns Werk mit einem immer wieder explizite unterstrichenen Verweis auf die deutsche Tradition des Irrationalen in der Philosophie für die Gegenwart zu aktualisieren. Die verhängnisvolle geistesgeschichtliche Variante der Hamann-Deutung erhält nun ihre unausbleiblichen letzten Konsequenzen: Hamann wird in sozialdarwinistischer Weise als Vorbild eines „Lebenskämpfers" im Kampf ums Dasein mißbraucht.

Das durch die faschistische Ideologie propagierte „Weltalter des Deutschen" und sein Träger, der „weiße, nordisch bestimmte Mensch", so Wolfgang Metzger in „Johann Georg Hamann. Ein Verkündiger des deutsche Zeitalters" (Frankfurt/Main 1944), sei letztlich das Ziel von Hamanns Dichten und Denken gewesen. Dieses „Weltalter des Deutschen" soll nun durch Hamann historisch legitimiert werden. Es ist kaum vorstellbar, zu welcher absurden Bezugnahme Hamanns Genieauffassung in diesem Zusammenhang herhalten muß: Nicht die literarischen Experimente der Originalgenies von 1780, sondern die Taten der deutschen Generäle von 1870 wären der Prüfstein für Hamanns Lehre gewesen.[9] Unter diesen „Denk"-Voraussetzungen ist es dann auch nicht mehr verwunderlich, daß Hamann sogar als Vorläufer von Alfred Rosenberg diskreditiert wurde.[10]

Ganz in dieser Tradition der lebensphilosophischen Denunzierung des rationalen Denkens stehend, gibt es auch in der Gegenwart Tendenzen, Hamann im Sinne von Ernst Jünger einseitig als „Mann des Alten Bundes", als Gegner der Aufklärung, erkenntnis- und fortschrittspessimistisch zu deuten. Als neue Komponente und gewissermaßen aktueller Bezug werden in dem exemplarisch dafür stehenden Machwerk „Hamann" (Stuttgart 1973) von Gerhard Nebel — nomen es omen — offener Antikommunismus und die Verteufelung der Ergebnisse des wissenschaftlich-technischen Fortschritts ins Spiel gebracht. Faschismus und Kommunismus werden als totalitäre Systeme mit einer Ideologie der „Einengung auf die Realität" gleichgestellt: „Blutbäder, Torturen, Einkerkerungen, Katastrophen in Kommunismus und Faschismus — nur Freud hat sich bisher als harmlos herausgestellt . . ." Nach derartigen politischen Diffamierungen kann es nicht ausbleiben, daß ein philosophisches System wie der Marxismus mit einer Ideologie, zu der „ontologische Dürftigkeit" und geistige Enge gehören sollen, unvermögend sei, das Wesen der Kunst zu erfassen, sondern daß es vielmehr die Gestalten der Vergangenheit als Material für sein dogmatisches System mißbrauche. Die geistige Verwandtschaft dieser Schlußfolgerungen mit den biologistischen und vom Blut-und-Boden-Mythos gespeisten Hamann-Deutungen ist offenkundig: Beiden kommt es nicht mehr auf die wissenschaftliche Aufarbeitung und Interpretation des Hamannschen Werkes an, sondern Hamann dient lediglich als Vorwand, Ideologie aus einer willkürlich und künstlich hergestellten Traditionslinie heraus zu begründen, abzuleiten und zu verbreiten und damit im Zusammenhang das rationale Denken zu verunglimpfen.

Als ein weiterer Bestandteil der lebensphilosophisch orientierten spätbürgerlichen Philosophie ist die Hermeneutik sowohl als Theorie als auch als Methode in Erscheinung getreten, indem sie Hamann zum bevorzugten Objekt ihrer Untersuchungen gemacht hat. Schon Wilhelm Dilthey, der Stammvater der modernen literatur- und kunstgeschichtlichen Hermeneutik, machte 1858 in einem Aufsatz auf Hamann und die von diesem entwickelte Religiosität aufmerksam. Das Interesse, das die moderne Hermeneutik Hamann entgegenbringt, resultiert einerseits aus den hermeneutischen Intentionen Hamanns auf dem Gebiet der protestantischen Exegese, andererseits aber auch aus den inhaltlichen und stilistischen Besonderheiten der Hamannschen Texte, die ein „Verstehen" und „Auslegen" im Sinne der Hermeneutik herauszufordern scheinen: Hamann wurde im Prozeß der hermeneutischen Theorieentwicklung im 20. Jahrhundert gleichsam zum Probierstein der hermeneutischen Methode.

Man ist sich einig, daß die Kernfragen der gegenwärtigen Hamann-Forschung im Bereich der Theologie und der Hermeneutik liegen. Zitat dazu aus dem Ausstellungsführer der 1980 an der Freien Universität Berlin anläßlich des 250. Geburtstages von Hamann stattgefundenen Ausstellung: „Die Motive der gegenwärtigen Aktualität Hamanns liegen vor allem im universalen Problem der Hermeneutik . . . In der Philosophie drängt der hermeneutische Ansatz die Sprach- wie die Geschichtsphilosophie weiter, hin zu einer Verflechtung von beiden: die Geschichtlichkeit des Denkens ist am elementarsten gegeben in seiner Sprachlichkeit."[11]

Bei aller Fragwürdigkeit der Hermeneutik in Bezug auf den wissenschaftlichen Wahrheitsgehalt ihrer Aussagen und Ergebnisse, auf die aus Zeitgründen nicht näher eingegangen werden kann, gebührt ihr dennoch das Verdienst, das einseitig irrationalistisch geprägte Hamann-Bild der geistesgeschichtlichen Germanistik und ihrer Ausläufer behutsam korrigiert zu haben.

Anhand der drei durch ihre lebensphilosophische Grundlage geeinten Hamann-Deutungsvarianten — der geistesgeschichtlichen, der stammeskundlich orientierten und der hermeneutischen —, die in ihrer Gesamtheit als ein spezifischer Ausdruck einer sich verschärfenden ideologischen und geistigen Krise der ihnen zugehörigen Gesellschaft gewertet werden können, konnte die Hilflosigkeit und Unfähigkeit der spätbürgerlichen Philosophie und ihrer Ideologen demonstriert werden, aus dem philosophischen Erbe ihrer eigenen Klasse — der bürgerlichen also — positive Werte als Orientierungshilfe für das Verständnis und die Aufarbeitung aktueller und historischer Probleme abzuleiten.

Vor dem Hintergrund dieser durch konservative und zum Teil reaktionäre Tendenzen und Aspekte gekennzeichneten Interpretations- und Rezeptionsgeschichte Hamanns betrachtet und daneben bedingt durch die Eigenheiten des auch für uns nicht leicht zugänglichen Inhalts und Stils seiner Schriften mag es zu erklären sein, daß die Beschäftigung mit Johann Georg Hamann innerhalb der marxistisch-leninistischen Literatur- und Philosophiegeschichte bisher zu den Ausnahmen zählte und nicht über sehr allgemein gehaltene und undifferenzierende pauschale Aussagen hinausgekommen ist. Es bleibt auch jetzt als eine noch ausstehende aktuelle Aufgabe, die ideengeschichtliche Wirkung, die von Hamann über Herder und mit dessen Zusammentreffen mit Goethe seit der Straßburger Zeit auf die Ästhetik, Sprachphilosophie und den Humanitätsgedanken der klassischen deutschen Literatur ausstrahlt, detailliert herauszuarbeiten und zu untersuchen, wie dieses Ideengut für den literarischen Fortschritt im Prozeß der ideologischen Emanzipation des Bürgertums umbewertet und nutzbar gemacht wurde. Daneben existieren zahlreiche Wirkungsbeziehungen in philosophiegeschichtlicher Hinsicht — exemplarisch sei verwiesen auf die Philosophie Schellings und Kierkegaards — die Gegenstand spezieller Untersuchungen sein könnten.

Wenn wir 1988, ein Jahr vor dem 200. Jahrestag des Sturmes auf die Bastille, in unserer Republik uns auch über das humanistische und patriotische Erbe der fortschrittlichsten Kräfte im Deutschland von 1813 verständigen, so sollten wir uns gleichzeitig erinnern, daß am 21. Juni 1788, dann also vor 200 Jahren, Johann Georg Hamann, ein maßgeblicher und wortgewaltiger Mitstreiter der deutschen Aufklärung, der wie viele seiner Zeitgenossen jedoch im Widerspruch seiner Zeit befangen blieb, gestorben ist.

Dieser Anlaß kann uns Aufforderung sein, einen zu Unrecht vergessenen streitbaren Philosophen auf uns gemäße Art und Weise in Erinnerung zu bringen. Hamann selbst war sich der Verantwortung, für künftige Generationen zu schreiben, durchaus bewußt:

„Nicht der Beyfall des gegenwärtigen Jahrhunderts, das wir sehen, sondern des künftigen, das uns unsichtbar ist, soll uns begeistern ... Wie unser Buch für alle Klaßen der Jugend geschrieben seyn soll, so wollen wir solche Autors zu werden suchen, daß uns unsere Urenkel nicht für kindische Schriftsteller aus den Händen werfen sollen."[12]

Anmerkungen

1 *Engels, Friedrich*: Die Lage Englands (1844). In: MEW Bd. 1, Berlin 1957. S. 550.

2 Vgl.: An Friedrich Heinrich Jacobi vom 7. Dezember 1787. In: Johann Georg Hamann's Briefwechsel mit Friedrich Heinrich Jacobi. Hrsg. von C. H. Gildemeister, Gotha 1868, S. 590.

3 Vgl.: *Rosenberg, Rainer*: Zehn Kapitel zur Geschichte der Germanistik, Berlin 1981, S. 183f.

4 *Unger, Rudolf*: Hamann und die Aufklärung. Studien zur Vorgeschichte des romantischen Geistes im 18. Jahrhundert, Tübingen 1963, 2 Bde. (Fotomechanischer Nachdruck der 2. unveränderten Auflage Halle 1925).

5 *Unger, Rudolf*: Hamann und die Aufklärung, a. a. O., Bd. 1. S. 115.

6 *Rosenberg, Rainer*: Zehn Kapitel zur Geschichte der Germanistik, a. a. O., S. 188.

7 *Nadler, Josef*: Literaturgeschichte der deutschen Stämme und Landschaften. III. Band. Hochblüte der Altstämme bis 1805 und der Neustämme bis 1800, Regensburg 1918, S. 12.

8 *Kindermann, Heinz*: Durchbruch der Seele. Literaturhistorische Studie über die Anfänge der „Deutschen Bewegung" vom Pietismus zur Romantik, Danzig 1928.

9 *Metzger, Wolfgang*: Johann Georg Hamann. Ein Verkündiger des deutschen Zeitalters, Frankfurt/Main 1944, S. 79.

10 Vgl.: *Gründer, Karlfried*: Die Hamann-Forschung. Geschichte der Deutungen, Gütersloh 1956, S. 77.
Gründer gibt als Quelle dieser Behauptung an: *Salzer, E. C.*: La metafisica come ispiratrice dell interna filosofia dello Hamann, Milano 1942, S. 151.

11 Johann Georg Hamann. Ausstellung der Universitätsbibliothek und des Instituts für Philosophie der Freien Universität vom 10. Juli bis 28. August 1980, UB der FU Berlin 1980, S. 11.

12 An Immanuel Kant (Ende Dezember 1759) (Beilage). In: *Johann Georg Hamann*. Briefwechsel. Erster Band 1751–1759. Hrsg. von Walther Ziesemer und Arthur Henkel, Wiesbaden 1955, S. 452.

Jürgen Stahl

Ästhetik und Kunst in der Transzendentalphilosophie Johann Gottlieb Fichtes

„In dem, was man Philosophie der Kunst nennt,
fehlt gewöhnlich eins von beiden:
entweder die Philosophie oder die Kunst."

„Freilich wird alles,
was man von der Kunst erfahren hat,
erst durch Philosophie zum Wissen."

Friedrich Schlegel

Unternimmt man es, die Äußerungen Fichtes zu ästhetischen Fragen zu analysieren, so fällt als erstes auf, daß sie — ganz im Gegensatz zur sonst so strengen Darstellungsweise des Philosophen — keine geschlossene, systematische Gestalt aufweisen. So finden wir neben einigen wenigen eigenen dichterischen Versuchen Fichtes[1] äußerst anspruchsvolle und schnell an den unterschiedlichen weltanschaulichen, theoretisch-philosophischen und ästhetischen Auffassungen der für die Mitarbeit angezielten Personen zerschellende Projekte zur Gründung literarisch-theoretischer Zeitschriften,[2] mit denen er die literarisch-ästhetische und philosophische Szene mit zu beherrschen hoffte. Ebenso war der persönliche oder briefliche Umgang Fichtes mit den führenden Köpfen seiner Zeit (zumal in Jena/Weimar!) selbstverständlich; kannte er deren künstlerische und theoretische Arbeiten. Seine — wenn eben auch nur gelegentlichen — Äußerungen zu ästhetischen Fragen beweisen, wie sehr der Philosoph einerseits dem Zeitdenken verpflichtet und andererseits mit seinen Mitteln in die Diskussion um Wege und Ziele, Formen und Mittel der Emanzipation des Bürgertums in Deutschland einzugreifen bestrebt war. Zugleich genügt schon ein oberflächlicher Blick in die künstlerischen Arbeiten und Aussagen theoretisch-philosophischer Natur eines Goethe, Schiller, Novalis, Hölderlin oder F. Schlegel, um festzustellen, daß sie keineswegs unberührt blieben von Fichtes „Wissenschaftslehre", dem Höhepunkt philosophischen Denkens bis zu jenem Zeitpunkt.

Dennoch bleibt zu fragen, ob man bei diesen mehr sporadischen Äußerungen Fichtes zur Thematik von einer eigenständigen „Ästhetik" im System der Wissenschaftslehre sprechen kann. Oder muß man — wie Pott meint[3] — in Friedrich Schillers „Über die ästhetische Erziehung des Menschen in einer Reihe von Briefen" die durch Fichte nicht geschriebene Ästhetik erblicken? Das hieße, vor allem die Wirkung der philosophischen Theoreme Fichtes in den Vordergrund rücken.

Immerhin: Hegel maß den wenigen zu jener Zeit der Öffentlichkeit verfügbaren Äußerungen Fichtes zur Ästhetik eine solche Bedeutung bei, daß er sie gesondert behandelte, auch wenn er sie als „Anhängsel" der Moral charakterisierte.[4]

Untersucht man die Fichteschen Äußerungen zur Ästhetik näher, so zeigt sich, daß sie sich nicht allein in Aussagen zum Schönen oder zur Funktion des Künstlers und der Kunst erschöpfen. Vielmehr sind sie eingebettet in eine Reihe damals aktueller, durch Fichte aufgenommener und im Gedankengebäude der Wissenschaftslehre mittels der synthetischen Methode spezifisch assimilierter Problemstellungen. Hatten die fortschrittlichsten Denker des deutschen Bürgertums in jenen Jahren eine keineswegs auf die Kunstentwicklung eingeschränkte Kulturauffassung entwickelt, sondern diese partiell mit der Produktionstätigkeit der Menschen verknüpft und umfassend in die Gesellschaftsentwicklung einzubinden versucht — erinnert sei nur an Schillers Jenaer „Antrittsrede" —, so nahm Fichte diesen Gedanken auf und bemühte sich ihn in eigentümlicher Weise in seinem philosophischen System zu begründen. Dazu führte er alle menschlichen Äußerungsweisen auf die produktive Einbildungskraft als dem grundlegenden, tätig-freien menschlichen Vermögen, das den Einheitsgrund sowohl der praktischen wie der theoretischen Vernunft bildet, zurück.

Davon ausgehend, verstand er die Gesellschaft als einen Organismus, in dem die Kräfte des Menschen, der Gesellschaft eine Kraft bilden, die nur in ihrer Anwendung auf die verschiedenen Gegenstände unterschieden werden.[5] Das menschliche Wesen besteht nach Fichte darin, sich selbst zu bestimmen. Daher sei es sein Streben, die Dinge außer sich mit seinem Wesen in Übereinstimmung zu bringen. Doch diese Modifikation nach „notwendigen Begriffen" ist nicht allein durch den bloßen Willen möglich, „sondern es bedarf dazu einer gewissen Geschicklichkeit, die durch Übung erworben und erhöht wird." Und die „Erwerbung dieser Geschicklichkeit ... heißt Kultur ..."[6] Unter Kultur subsumierte Fichte alle Errungenschaften der Menschheit, deren praktische und theoretische Akkumulation Voraussetzung und Bedingung, „höchstes Mittel" ist und damit selbst zum Ziel wird, um das Nicht-Ich (sprich: vor allem die überlebte feudale Gesellschaft) gemäß den Bestimmungen des reinen Ich zu ändern, in der unendlichen Vervollkommnung der menschlichen Kultur voranzukommen. Mit der Tätigkeit des Menschen realisiert sich fortschreitend die Kultivierung der Natur. Eine neue Welt, die sich grundlegend von der natürlichen unterscheidet, wird dabei als Ergebnis hervorgebracht. Doch nicht der Trennung der beiden Seinsbereiche wird damit das Wort geredet. Die Kultur wird als Mittler zwischen der Sinnenwelt und der übersinnlichen Welt der Freiheit verstanden.[7] Fichte — die Marx'sche Auffassung der Dialektik von Gesellschaftlichem und Natürlichem antizipierend — bestimmte den Menschen als nicht einfach von der Natur abhängend, sondern als aktiv umgestaltend. Er unterwirft sich die Natur gemäß seinen Bedürfnissen und bezieht sie dadurch zunehmend in den gesellschaftlichen Organismus ein. Der mit der menschlichen Tätigkeit sich ausbreitende Seinsbereich der Kultur ist gegenüber der Natur nicht nur selbständig, sondern das Höhere.[8]

Unter Hinweis auf Kant bestimmte der Philosoph die Gesellschaft als eine „Wechselwirkung nach Begriffen".[9] Darin liegt zum einen, daß die Menschen ihrem Wesen gemäß mit Freiheit aufeinander einwirken und zum anderen, daß diese Einwirkung sich nach besonderen Gesetzen vollzieht.[10] Durch die der Wissenschaft obliegende Aufdeckung der dem Handeln der Menschen zugrunde liegenden Gesetze und der darauf aufbauenden moralischen Erziehung der Menschen gilt es, die Anarchie des historischen Prozesses aufzuheben. Erst dadurch — so Fichte — werde die freie Entfaltung aller Anlagen aller Menschen möglich.[11] Es ist im Sinne dieser idealistisch-humanistischen Ideen nur konsequent und hat einen realen Gehalt, wenn der Denker in der Einleitung zu seinem „Handelsstaat", die Schwierigkeit der bewußten Beherrschung der Dialektik von Freiheit und Notwendigkeit hervorhebend, Kunst und Wissenschaft gleichsetzte und auf die Staatspolitik als der bestimmenden Determinante der Vergrößerung der Handlungsfreiheit ausdehnte.[12]

Heute, um rund 200 Jahre geschichtlicher Erfahrung reicher, wissen wir um das Illusionäre wie auch um die geschichtliche Notwendigkeit der mit der Errichtung bürgerlicher Verhältnisse verbundenen gesellschaftspolitischen Ideen. Wir wissen aber ebenso um die in der marxistischen Weltanschauung aufgehobene revolutionäre Sprengkraft jenes dialektischen und demokratisch-humanistischen Ansatzes, wonach der Mensch für die Gesellschaft bestimmt ist und demzufolge die Bestimmung der Gesellschaftlichkeit zu vervollkommnen hat.[13] Das aber können die Menschen nach Fichte nur, wenn sie als Momente der gesellschaftlichen Totalität nicht subordiniert, sondern koordiniert sind, mit und in Freiheit auf der Basis der erkannten Notwendigkeit handeln können.

Die durch den Denker vollzogene Einbindung und Ausrichtung aller Glieder der Gesellschaft — und so auch der Kunst[14] — auf diesseitige, die Gesellschaft voranbringende Belange, schließt die Kultur im umfassenden Sinne ein. Er akzentuiert den Gedanken der zunehmenden stärkeren Einwirkung der Menschen aufeinander als gegenläufiges, den Fortschritt verbürgendes Moment gegenüber der Zerrissenheit und Vereinzelung des Individuums. Diese Einwirkung ist Bedingung eines immer höheren Grades ihrer Freiheit. Sie ist aber nicht nur in ihrer aktuellen Dimension gefaßt, sondern begreift das geschichtliche Werk aller früheren Generationen als notwendige Vorleistung, die sich die Menschheit immer wieder neu anzueignen hat, um mit ihrem Tun auf neuer Stufe in die Zukunft wirken zu können.

Wenn also die Momente der Gesellschaft keine selbständige Existenz, ihre Aufgabe nicht in bloßer Selbstbefriedigung haben, sondern sie mit ihrem Wirken, theoretisch wie praktisch, zur Vervollkommnung des Geschlechts, zur Entwicklung der bürgerlichen Gesellschaft beitragen, so sind auch Wissenschaft und Kunst kein gesellschaftlicher Luxus oder esoterische Nischen des Rückzugs aus der Gesellschaft. Vielmehr sind sie integrale Momente der Entfaltung der menschlichen Kultur, notwendige Entwicklungsbedingungen der allseitigen Verwirklichung menschlicher Potenzen. In dieser Erkenntnis besteht der Ertrag der besonders in jener Zeit des gesellschaftlichen Umbruchs um die Rolle und Neuorientierung der Kunst und der Wissenschaft geführten Diskussion, ungeachtet idealistischer Verkleidung und der Hypostasierung der Rolle der Wissenschaft bei Fichte oder der Kunst durch Schiller.

Zugleich wird deutlich, daß die Originalität der Fichteschen Kulturauffassung nicht im Aussprechen einzigartiger, völlig neuer Ideen besteht. Vieles ist Zeitgeist. Und bereits in Schillers Jenaer „Antrittsrede" findet man eine Reihe dieser Gedanken explizit ausgesprochen. Das Originäre Fichtes besteht vielmehr in der theoretischen Begründung dieser Ideen durch die auf der Basis der antithetischen Methode vollzogenen Einbindung in sein philosophisches System. Gerade in der Bestimmung der Rolle der Kunst, ihrer Spezifik gegenüber dem Erkenntnis- und dem praktischen Trieb wird der Ertrag der freilich im Persönlichen nicht immer erquicklichen Diskussion mit Schiller um Fichtes Horen-Beitrag deutlich.[15]

Denn die Inkonsequenzen gegenüber dem methodischen (quantitativen) Schema der Wissenschaftslehre, die Hegel auf Grund der darin ausgesprochenen Auffassung, der sich selbst vermittelnden Ganzheit als „merkwürdig", d. h. des Merkens würdig befand, rühren gerade von daher. Die dabei zutage tretende objektiv-idealistische Tendenz und die über die quantitative dialektische Methode hinausgehende Verfahrensweise hob Hegel mit folgenden Worten hervor: „Die Anerkennung der ästhetischen Vereinigung des Producirens und des Produkts ist etwas ganz Anderes als das Setzen des absoluten Sollens und Strebens, und des unendlichen Progresses".[16]

Insofern Fichte das ästhetische Vermögen als eine Vereinigung der Intelligenz und der Natur auffaßte, konnte er die Spezifik der Kunst im Anschluß an Kant dahingehend bestimmen, daß sie ganzheitlich auf das Subjekt, auf „Herz und Verstand" wirke. Ihre Kraft schöpft sie daraus, daß der Künstler subjektiv überformt im Kunstwerk die dem Wirken der Menschen zugrunde liegenden (transzendentalen) Gesetze zur Erscheinung bringt. Auf diese Weise erhebt die Kunst „den transscendentalen Gesichtspunkt zu dem gemeinen."[17] Diese „Inkonsequenzen" werden gleichfalls deutlich in seiner Schönheitsauffassung, wonach Schönheit „anzusehen (ist) als Äußerung der innern Fülle und Kraft des Körpers selbst, der sie hat."[18]

Das Objekt besitzt damit an sich selbst Strukturen, die durch die Freiheit des Subjekts über den ästhetischen Sinn des Künstlers vermittelt geformt werden.[19] Schönheit ist somit nicht eine platte, naive Darstellung empirisch vorgefundener Gegenstände oder Beziehungen. Schönheit muß statt dessen ihren Ausdruck finden in einem strukturierten, „Leben" und „Aufstreben", Entwicklung verkörpernden Kunstwerk, das dadurch selbst eine organische Totalität vorstellt. Und eben diesen Aspekt der organischen Ganzheit sah Fichte in den Werken Goethes als Verwirklichung der höchsten, sprich: bürgerlichen Kulturstufe der Menschheit gegeben,[20] die ihr theoretisch-begriffliches Pendant in der Wissenschaftslehre Fichtes finden.

Wenn Fichte „kräftige Fülle", „Leben und Aufstreben" im Sittengesetz gegeben sah, so bedeutet dies, daß er im Organismus der Gesellschaft in dessen Fortschritt den Bezugspunkt sah, durch den sich Kunst, Schönheit verwirklicht. Indessen ist Fichte keineswegs so zu verstehen, als wären der Kunst bezüglich des gesellschaftlichen Auftrages irgendwelche Vorschriften zu machen; denn man könne keinem Künstler die ästhetische Bildung des Menschengeschlechts zur Pflicht machen. Aber — so weiter die Auffassung des Philosophen — man kann im Namen der Sittenlehre jedem verbieten, diese aufzuhalten durch Verbreitung von Geschmacklosigkeit. „Geschmack nemlich kann jeder haben ..." und durch Geschmacklosigkeit „läßt man die Menschen nicht etwa in der Gleichgültigkeit, in der sie die künftige Bildung erwarten, sondern man verbildet sie."[21] Das mit diesem Gedanken angesprochene Problem ist nicht nur angesichts reaktionäre Interessen verfolgender imperialistischer Kulturpolitik höchst aktuell. Damit ist vielmehr auch eine Aufgabe angesprochen, die im Prozeß der Kulturentwicklung der entwickelten sozialistischen Gesellschaft ständig neu auf höherer Stufe zu bewältigen ist.

Daß bei Fichte, einem der „intellektuellen Heroen" der Moral die Kunst letztlich der Sittlichkeit untergeordnet wurde, ist nur konsequent. Die Auffassung von einem „Urschönen" als der erhabensten Idee, frei von allem Einfluß der Sinnlichkeit, „der völlig dargestellten sittlichen Vollkommenheit, oder der Gottheit"[22] ist dafür genauso beredtes Zeugnis wie die im Unterschied zu Schiller gegebene Bestimmung der ästhetischen Erziehung als Vorstufe, Hinführung zur sittlichen Freiheit.[23] Der Künstler nimmt nach Fichtes Auffassung mit seiner Rolle in der Gesellschaft demzufolge auch eine Zwischenstellung ein. Seine Pflicht besteht darin, „die sinnliche Natur des Menschen, der moralischen näher zu bringen."[24] Doch bedeutet diese Dominanz, die der

Philosoph der moralischen Wirksamkeit der Kunst zusprach, keineswegs, daß er nicht auch andere Funktionen sah.[25] Seinem Gegenstand entsprechend, hatte er seine Erörterungen auf diesen Problemkreis ausdrücklich konzentriert.[26] Gemäß seinem philosophischen Gesamtverständnis sprach er der Kunst vielmehr einen mehrdimensionalen Charakter zu, wobei er ihre Spezifik im Anschluß an Kant und Schiller in ihrer Zweckfreiheit sah und sich gegen vordergründige, pragmatische Funktionalisierungen der Kunst wandte.[27] Denn ebenso wie der theoretischen und praktischen Vernunft liegt dem ästhetischen Trieb die produktive Einbildungskraft als das unbewußt agierende Produktionsvermögen des absoluten Ich zugrunde. Produktive Einbildungskraft steht synonym für das im künstlerischen wie wissenschaftlichen Leben gleichermaßen notwendige Vermögen der schöpferischen Phantasie oder auch Intuition.[28] Mit ihr erfaßte Kant und noch mehr Fichte den inneren Widerspruch des Erkennens wie auch der künstlerischen Tätigkeit. Nach der Seite der Erkenntnis besteht dieser Widerspruch darin, „daß das Erkennen von der sinnlichen Anschauung zum Begriff, vom Einzelnen und Besonderen zum Allgemeinen, für das Subjekt zunächst bewußtlos verläuft, . . ., daß aber dieser unbewußte Vorgang auf einer bestimmten Stufe abgebrochen, d. h., daß durch einen dialektischen Sprung die sinnliche Anschauung zum Begriff synthetisiert, in eine Bewußtseinstatsache umgesetzt wird."[29] Analog dazu ist der Widerspruch hinsichtlich der künstlerischen Tätigkeit dahingehend zu bestimmen, daß die Formierung der künstlerischen Idee, ausgehend von der sinnlichen Anschauung bis zur Gestaltung des Allgemeinen im besonderen künstlerischen Werk sich gleichfalls für den Künstler unbewußt vollzieht und dieser Vorgang ebenfalls durch einen dialektischen Sprung zur künstlerischen Gesamtidee synthetisiert und darin bewußt wird. Und wie aus dieser inneren Dialektik auf der Seite des Erkennens die spezifische Fähigkeit erwächst, „durch Begriffe ‚a priori' aktiv auch neue Vorstellungen . . . auf höherer Stufe zu erzeugen,"[30] so erwächst aus ihr auf der Ebene der künstlerischen Produktion die Möglichkeit, aus in der Geschichte herausgearbeiteten, scheinbar apriorischen künstlerischen Formen neue künstlerische Ideen zu gewinnen.
P. Gaidenko verweist darauf, daß die „Betrachtung der Tätigkeit des Ich vom Standpunkt der Dialektik von Bewußtem und Unbewußtem . . . ein Verdienst der Wissenschaftslehre" ist.[31] Mit ihr gab Fichte Problemstellungen vor, die insbesondere durch die Romantiker aufgenommen und weitergeführt wurden.
Entgegen dem landläufigen Urteil über den subjektiven Idealismus sprach sich Fichte im Rahmen seines erkenntnistheoretischen Ansatzes — im Einklang mit den bedeutenden Künstlerpersönlichkeiten jener Epoche — gegen Subjektivismus in der Kunst aus; denn „den Stoff des Objekts kann das Ich, weder theoretisch, noch ästhetisch sich selbst geben."[32] Das Streben hat einen Stoff, den unableitbaren empirischen Inhalt des Nicht-Ich zum Objekt. Das Subjekt formt, setzt ihn gemäß seinen Gesetzen.

Während jedoch die Formen der theoretischen Aneignung mit den philosophischen Kategorien bestimmt sind und nach Fichte in der wissenschaftlichen Arbeit bewußt zu handhabende methodische Prinzipien darstellen, ist es Spezifik der künstlerischen Produktion, daß deren Form nicht logisch expliziert werden, sondern unbewußt, aus der spezifischen Sichtweise des individuellen Subjekts entspringen. Dabei wurde der letzte Aspekt entsprechend dem subjektiv-idealistischen Ausgangspunkt durch Fichte überzogen, treten apriorische und damit verbundene ahistorische Züge hervor, sind sie doch „gleich einer durch absolute Selbstthätigkeit, zufolge einer gewissen Norm des Strebungsvermögens" hervorgebracht.[33]

Ganz in diesem Sinne akzentuierte Fichte an anderer Stelle den Gedanken der Freiheit des Subjekts, das aber, „um mit andern in Wechselwirkung treten zu können, eine Erscheinung, die seine geistige Idee ausdrückt . . . außer sich hervorbringen" muß.[34]

Fichte argumentierte hier nicht allein gegen einen in sich selbst Befriedigung findenden leeren Geniekult, der verächtlich den Rezipienten gegenüberstehend meint, ganz ohne Kommunikation mit der Mitwelt auszukommen. In dieser Äußerung ist ebenso der Gedanke ausgesprochen, daß die real erscheinende Welt (wenn auch vom Ich entfremdete) Entäußerung des produktiven, umgestalteten Wirkens des Subjekts, die Manifestation seiner intellektuellen Potenzen ist. Während nach dem Fichteschen System der Selbstwerdungsprozeß des Ich in einer geistigen Totalität, in der Hervorbringung von Vorstellungen, von Begriffen resultiert, wurde hier durch den Philosophen im Hinblick auf die künstlerische Tätigkeit ausgesprochen, daß als Resultat dieses Prozesses ein sinnlich-konkret erfaßbares Kunstwerk entsteht, das die künstlerische Idee repräsentiert.

An diesem, aus den Diskussionen innerhalb der philosophischen und literarischen deutschen bürgerlichen Klassik gewonnen Gedanken knüpfte Schelling an, erhob ihn gewissermaßen zum Kernpunkt seines philosophischen Ansatzes und vollzog damit einen Paradigmawechsel innerhalb der klassischen deutschen Philosophie. Die Tendenz zur Historisierung des Transzendentalsubjekts wurde dadurch vertieft, daß „die Idee des Sich-selbst-Produzierens des menschlichen Subjekts, sein Werden in gegenständlicher Tätigkeit (die freilich nur als künstlerische ausgewiesen wird)"[35] gefaßt wurde.

Doch waren es wohl weniger diese speziellen Äußerungen zum künstlerischen Schaffensprozeß und zur Funktion der Kunst, mit denen Fichte auf die Künstler und Schriftsteller jener Zeit wirkte. Ausgenommen seine Ausführungen im § 31 der Sittenlehre von 1797 und der kleinen Schrift „Ueber Geist und Buchstab" (1800) ist die Mehrheit seiner diesbezüglichen Äußerungen erst aus dem Nachlaß erschlossen worden oder erreichte im Briefwechsel nur einen begrenzten Kreis. Dagegen war es die Philosophie Fichtes, seine Wissenschaftslehre, die einen außerordentlich großen Eindruck bei den Künstlern jener Epoche hinterließ. Es ist die auf der Basis der antithetischen Methode vollzogene Synthese der fortschrittlichen Ideen jener Zeit in der Fichteschen Philosophie mit der ihr inhärenten, bürgerlich-demokratische Verhältnisse anzielende gesellschaftlichen Neuorientierung, die jene Wirkung hinterließ. Ihr direkter und vermittelter Einfluß resultierte eben aus den weltanschaulich-politischen Konsequenzen der Wissenschaftslehre und der daraus entspringenden spezifischen Funktionalisierung der Kunst. Die Fichtesche Philosophie entsprach damit ideologischen Bedürfnissen der ebenfalls vorrangig kleinbürgerlichen Schichten entstammenden neuen Künstlergeneration unter den konkreten geschichtlichen Bedingungen in Deutschland unmittelbar nach der Großen Französischen Revolution. Und ebenso mußte der erkenntnistheoretische Ansatz der Wissenschaftslehre Fichtes mit der Hervorhebung der Rolle des Subjekts das Interesse der Künstler beanspruchen (wenn auch vielfach mißdeutet — erinnert sei nur an Goethes Witzeleien im Briefwechsel mit Schiller um Fichtes Ich und Nicht-Ich).

Eben deshalb erfährt in Hegels „Ästhetik" die Fichtesche Philosophie als eine der theoretischen Quellen der Ironiekonzeption der Jenaer Romantik trotz einer kritischen Behandlung durch den Vollender der klassischen deutschen bürgerlichen Philosophie vermittelt eine Würdigung und Anerkennung. Das wird deutlich an der Einordnung dieser Konzeption in den historischen Gang der wissenschaftlichen Explikation des Wesens der Kunst. Der romantische Ironiebegriff und die darin spezifisch vollzogene Aufnahme der Fichteschen Ich-Lehre wurde durch Hegel trotz ihrer Verkehrtheit als ein notwendiges Moment in der Geschichte der Herausbildung des theoretischen Begriffs der Ästhetik verstanden.[36]

Welches sind nun die philosophischen Leistungen, die — mit Hegel gesprochen — dem „Bedürfniss" jener Epoche entspringend und entsprechend in der Fichteschen Philosophie auf den Begriff gebracht wurden und dadurch eine solche Wirkung im geistigen Leben hinterließen, daß diese Philosophie nicht nur als Voraussetzung und Bedingung der weiteren philosophischen Entwicklung, sondern ebenso der Entfaltung der deutschen Literatur in ihrer klassischen Periode und der deutschen Romantik verstanden werden muß? Hier sind vor allem jene Momente zu nennen, durch die sich diese Philosophie als erste Vertreterin des dialektischen Idealismus ausweist. Dazu gehören:

— die Vertiefung der Kantschen Organismusauffassung, indem das theoretische Verständnis der Wechselbeziehung der Gegensätze im übergreifenden Ganzen der Totalität des absoluten Ich durch Fichte begründet wurde;
— die Herausarbeitung der schöpferischen Rolle des Subjekts im Erkennen und Gestalten der Wirklichkeit; dabei manifestierte sich mit der Bestimmung der produktiven Einbildungskraft eine objektiv-idealistische Ten-

denz, die mit der Entfaltung des dem Wissen — als dem Subjektgebundenen — Entgegengesetzten namentlich in der Schellingschen Philosophie hervortreten mußte;
- die latente Historisierung des Transzendentalsubjekts durch den Versuch, die Wissenschaftslehre als eine Einheit von historischen und logischen Momenten, als eine Geschichte im Hinblick auf das menschliche Erkennen und das damit verbundene Handeln, als eine Entwicklungstheorie des menschlichen Geistes vorzustellen;
- die in Gestalt der synthetischen Methode erfolgte Erhebung des dialektischen Widerspruchs zum universellen methodischen Prinzip, das, bewußt gehandhabt, das Wesen, das innere Gesetz einer Erscheinung enthüllt;
- und nicht zuletzt die aus dem weltanschaulichen Anliegen Fichtes begründeten und gespeisten humanistischen, kleinbürgerlich-demokratischen politischen Auffassungen des Philosophen.[37]

Die ästhetische Wendung dieser Gedanken blieb aber nicht allein Fichte überlassen. Die „Großen" der Kunst jener Epoche beteiligten sich aktiv und eigenständig. So manifestierte sich die Idee der dialektisch strukturierten Ganzheit nicht allein in den literarischen Arbeiten eines Goethe und Schiller, sondern ebenso in deren theoretischem Schaffen.[38] Gleichermaßen wurde die widersprüchliche Organisation der Momente des Kunstprodukts durch das künstlerische Subjekt im Ironie-Begriff der Jenaer Romantik in eine ästhetisch-kategoriale Ebene transformiert. Demgemäß sprach F. Schlegel solchen Werken einen „klassischen" Charakter zu, die als lebendig, dialektisch-widersprüchlich organisierte Totalität erscheinen.[39] Damit wurde für die künstlerische Produktion eine Konsequenz aus der realen, sich mit der entwickelten bürgerlichen Produktionsweise verbindenden gesellschaftlichen Organisation der Individuen gezogen,[40] die Fichte auf subjektiv-idealistische Weise in der Wissenschaftslehre auf den Begriff zu bringen versucht hatte.

Fichte selbst begründete philosophisch mittels der dialektischen Ganzheitsauffassung die Gemeinsamkeit von Wissenschaft und Kunst gegen die Ideologie der feudalabsolutistischen Herrschaft in Deutschland.[41] Danach sind das Bewußtsein und ein Kunstwerk insofern analog organisiert, als sie einen zweckgerichteten Systemcharakter besitzen. Während jedoch jedem Kunstprodukt die Idee seiner systematischen Organisation vorhergehe, liege dem Bewußtsein einzig die absolute Tathandlung voraus.[42] Weil aber jeglichem Streben und damit jeglicher Weise der Tätigkeit des Ich durch das Wirken der produktiven Einbildungskraft prinzipiell die gleichen Formen zugrunde gelegt sind, muß die Kunst und jedes Kunstwerk[43] ebenso wie das Bewußtsein eine organische Totalität, eine widersprüchliche Einheit unterschiedlicher Momente bilden. Insofern Wissenschaft und Kunst als spezifische Realisierungsformen der Tätigkeit des absoluten Ichs erscheinen, sind beide gleichermaßen gegenseitige Bedingung für die Entwicklung eines jeden Bereiches. Und da Kunst und Wissenschaft dem einheitlichen Tun des absoluten Subjekts entspringen, das nur in der Reflexion unterschieden werden kann, so müssen sie als Totalität die anderen, gegensätzlichen Realisierungsformen latent enthalten.

Daraus entspringen zum einen — modern gesprochen — der polyfunktionale Charakter der Kunst und zum anderen, daß z. B. auch Ergebnisse der theoretisch-begrifflichen Tätigeit, wissenschaftliche Theorien „Schönheit" offenbaren. Bezüglich diesem Aspekt — in hochentwickelten wissenschaftlichen Theorien als ein Kriterium für deren Aufbau und Reichweite längst anerkannt — schrieb Fichte: „Vom Schönen für den innern Sinn, insofern er das Ich, als theoretisches Vermögen; aber bloß ästhetisch in der Zeit anschaut. — Oder ist das leztere vielleicht ein ganz neuer Zweig, der bisher noch gar nicht entdekt worden; der den Uebergang vom Schönen zum Erhabnen liefert ..."[44] In diesem Zitat wird zugleich deutlich, daß Fichte entsprechend seinem Anliegen versuchte, den Übergang zwischen den Kategorien — wenn auch vielfach in gekünstelter Weise — zu fassen. Den Gedanken der logischen Ableitung der Begriffe als Aufhebung ihres (unbewußten) Werdens konkretisierte Fichte bezüglich der ästhetischen Kategorien, als er entsprechend seinem Prinzip der Wechselbestimmung erörterte, daß nichts bloß häßlich oder bloß schön sein könne. Denn: „Nichts ist häßlich, was nicht auf irgend einer Stufe der ästhetischen Kultur schön wäre. Wer noch gar keine Stufe bestiegen hat, dem ist nichts weder schön noch häßlich."[45] Das ist ausgeschlossen, so des Philosophen Hypothese, weil „unser ästhetisches Gefühl an den bloßen Naturformen so früh, u. so ganz ohne alles unser Bewußtseyn geübt" wird.[46] Auf diese Weise akzentuierte Fichte die Relativität ästhetischer Kategorien und deren Geschichtlichkeit.

Der Entwicklungsgedanke, der durch Kant und Fichte eine wesentlich vertiefte Fundierung gegenüber dem linearen Fortschrittsdenken der Aufklärung erfahren hatte, schlug sich somit nicht etwa allein in der Analyse philosophischer Kategorien in der theoretischen Wissenschaftslehre nieder. Er mußte ebenso in der weiteren wissenschaftlichen wie literarisch-künstlerischen Produktion jener Zeit verifiziert werden, indem die Resultate der philosophischen Erkenntnis eben in der Kunst und Wissenschaft, aber auch in der Politik ihre Realisierung zu erfahren hatten.

Bezüglich der Ästhetik fanden diese Tendenzen bei Fichte ihren konzentriertesten Ausdruck in dessen Zirkular „Jahrbücher der Kunst und Wissenschaft" (1800).[47] Die dort entwickelte Konzeption für ein solches Zeitschriftenprojekt war die Ausweitung des Gedankens, daß die theoretische Philosophie eine pragmatische Geschichte des menschlichen Geistes sei, auf die Gesamtheit der theoretischen (die Naturwissenschaft und Naturphilosophie einschließend)[48] und künstlerischen Aneignungsweisen der Natur durch den Menschen: „Der eigentliche Zweck dieser Zeitschrift ist der, den Gang des menschlichen

Geistes, sein Fortrücken, Zurückgehen oder im Kreise treiben, Schritt vor Schritt mit Kritik zu begleiten, und das klare Bewußtseyn desjenigen hervorzubringen, was in diesem Gebiete nicht allemal mit klarem Bewußtseyn der Handelnden geschieht."[49]

Indem aber ganz der Fichteschen Manier entsprechend damit allein die logische Seite der Entwicklung erfaßt worden, letztlich historisch unvermittelte Abstrakta zur Darstellung gekommen wären, stieß dieses Projekt auf die Kritik und Ablehnung z. B. Goethes, A. v. Humboldts und Schleiermachers.[50] Und dennoch war damit ein Programm ausgesprochen, womit der Gedanke der Einheit von Logischem und Historischem auf die Literatur- und Kunstgeschichte sowie auf die Wissenschaftsgeschichte ausgeweitet und er dadurch eine universelle Ausführung erfahren sollte. Es war dies ein Anliegen, das jener Zeit, dem Entwicklungsstand der zeitgenössischen Wissenschaft und Kunst entsprach und zugleich darüber hinaus wies; aber ebenso war es in dieser Form unrealisierbar wegen seiner auf der subjektiv-idealistischen erkenntnistheoretischen Ausgangsposition der Fichteschen Philosophie basierenden Einseitigkeit, auch wenn es auf die praktische Wirksamkeit in der Wissenschaft, Kunst und Politik insistierte.

Wenn Fichte weiter ausführte, daß diese Zeitschrift „daher sowohl überhaupt den Grad des wissenschaftlichen und Kunst-Geistes im Allgemeinen für jeden bestimmten Zeitpunkt anzugeben, als auch in jeder besondern Wissenschaft oder Kunst den auszeichnenden Charakter der Zeit, die herrschende Gesinnung derer, die ein Fach bearbeiten, und den Standpunkt, in welchem dasselbe steht, zu bezeichnen" und sie daher „keineswegs alle Zeiterscheinungen in jedem Fache aufzuzählen, und zu kritisieren hat, sondern nur diejenigen, welche auf irgend eine Weise den herrschenden Geist documentiren,"[51] so wird auch hier deutlich, daß der Philosoph die Kunstentwicklung keineswegs als autonomen Prozeß, sondern als eingebunden in den „Charakter der Zeit" verstand. Gleichermaßen ist dies der Versuch, Ideologiekritik und Ideologiegeschichte in ihrer Einheit zu konzipieren, der Versuch, durch eine (historisch-) logische Darstellung der wesentlichen Ausbildungsstufen von Kunst und Wissenschaft in ihrer Zeit diese theoretisch zu erklären. Fichte verstand eine dadurch vorzustellende „pragmatische Zeitgeschichte des menschlichen Geistes"[52] jedoch nicht als Selbstzweck. Sie hat einen „praktischen Nutzen" zu erfüllen: „Indem sie zeigt, wo jedesmal die Wissenschaft oder die Kunst stehe, giebt sie zugleich an, wohin sie von da an fortrücken müsse, und durch welche Mittel."[53] Treten Wissenschaft und Kunst an, sich auf die Aufgaben ihrer Zeit zu erheben, zu deren Lösung mit ihren Mitteln beizutragen, so bedürfen beide als integralem Moment der Entwicklung des theoretisch-begrifflichen Bewußtseins ihrer Geschichte. Eine solche wissenschaftliche Historiographie vermittelt den historischen Maßstab für die zu lösenden Aufgaben und soll die inneren Gesetze der Kunst- und Wissenschaftsentwicklung als Bedingung für deren weitere Ausbildung und erfolgreiches Wirken freilegen.[54]

Die durch Fichte ausgesprochenen Gedanken traten durch die objektive Entwicklung der bürgerlichen Gesellschaft und ihrer Literatur, Kunst und Wissenschaft bedingt schnell ins Leben: F. Schlegels Vorlesungen zur Literatur- und Universalgeschichte stehen dafür ebenso wie Hegels „Phänomenologie des Geistes“ und die „Vorlesungen über die Geschichte der Philosophie“ oder die Werke der französischen politischen Geschichtsschreibung der Restaurationsperiode.

Die wohl unmittelbarste und folgenreichste Aufnahme in der Kunst fanden Fichtesche Theoreme durch die Jenaer Romantiker. Entscheidend dafür war aber weniger der persönliche Umgang miteinander in Jena, als vielmehr die durch den frühromanitschen Kreis und Fichte gleichermaßen geteilten weltanschaulichen Grundpositionen. Beide waren auf demselben historischen Hintergrund erwachsen und besaßen wesentliche Berührungspunkte. So vertraten die Frühromantiker gleichfalls kleinbürgerliche Klassenkräfte und begrüßten ausdrücklich die Große Französische Revolution und bürgerlich-demokratische Veränderungen in Deutschland. Sie waren Schüler Goethes und Schillers, Kants und Fichtes; von ihnen erhielten sie ihr weltanschauliches, literarisches und philosophisches Rüstzeug. Und dennoch begann die literarische Bewegung der deutschen Frühromantik mit dem Aufbegehren gegen ihre Lehrer.[55] Auf philosophischer Ebene äußerte sich das derart, daß sie sich von der auch durch Fichte postulierten Kluft zwischen Mensch und Natur abgrenzten und die Freiheit des Willens unter Einbeziehung der Natur und der Verteidigung der Intuition zu verwirklichen suchten. Die wesentlichen methodischen Gesichtspunkte, hinsichtlich derer die Transzendentalphilosophie aufgenommen wurde, waren die produktive Einbildungskraft und die dialektische Verfahrensweise von These, Antithese und Synthese. Mit der durch Kant aufgedeckten und durch Fichte vertieften Herausarbeitung der Rolle der produktiven Einbildungskraft und dem damit verbundenen Vermögen der intellektuellen Intuition bei Fichte, war ihnen ein Mittel gegeben, um besonders auch die ästhetische Produktion des Künstlers theoretisch zu begreifen. Wenn die Frühromantiker gleich Fichte entsprechend den Erfahrungen der revolutionären Ereignisse jenseits des Rheins das schöpferische Moment des Individuums betonten, so setzten sie sich von ihrem philosophischen Lehrer erheblich ab. Denn wie sie das Produktionsvermögen des absoluten Subjekts individualisiert auffaßten, begriffen sie auch die Praxis des Subjekts nur als künstlerische Produktivität. Alle anderen Formen sinnlich-gegenständlicher Tätigkeit schieden aus, und die unbequemen Seiten der gesellschaftlichen Realität wurden poetisiert. Mit der durch Fichte herausgearbeiteten synthetischen Methode waren sie aber auf neue Weise in die Lage versetzt worden, die widersprüchliche Entwicklung der bürgerlichen Gesellschaft auch auf der literarischen Ebene zu analysieren und darzustellen und damit die Dialektik aus dem bloß negativen Schein herauszuführen. Freilich waren die neuen Entwicklungstendenzen der sich durchsetzenden bürgerlichen Gesellschaft bereits in verschiedenen künstlerischen Arbeiten auf widersprüchliche, ja, fast paradoxe Weise durch einzelne Künstler ins Bewußtsein gerufen worden; erinnert sei nur an Diderots „Jacques der Fatalist und sein Herr". Doch mit den Ergebnissen der Kantschen und Fichteschen Transzendentalphilosophie gerüstet, konnten diese Probleme methodisch geschärft nunmehr in der Poesie- und Ironiekonzeption ästhetisch gewendet zu einer neuen weltanschaulichen und methodischen Grundlage und Bedingung des künstlerischen Schaffensprozesses werden. Die auf diese Weise besonders auch durch die Fichtesche Philosophie erfahrenen Anregungen sind in den theoretischen und künstlerischen Arbeiten der Jenaer Romantik nicht zu übersehen. Die Aufnahme und Fortbildung der im transzendentalen Subjekt angelegten historischen Tendenz und das dadurch vollzogene teilweise Hinübergleiten zum objektiven Idealismus bildet eine herausragende Tendenz. Auf den der frühromantischen Bewegung nahestehenden A. Hülsen und F. Schlegel sei in diesem Zusammenhang beispielhaft hingewiesen.[56] Aber ebensowenig bleiben die Unterschiede verborgen, erfolgte doch die Rezeption der Wissenschaftslehre weder in einem vorbehaltlosen Konsensus mit dieser Philosophie stehend, noch läßt sich die frühromantische Weltanschauung allein aus der Fichteschen Philosophie begreifen. Das gilt umgekehrt gleichermaßen für Fichtes partielle Annäherung an den sich auflösenden Jenaer Kreis um 1800/01, die ihren Ausdruck vor allem in der Fassung der Wissenschaftslehre von 1801 erhielt, wo sich objektiv-idealistische Tendenzen gepaart mit pantheistisch-neuplatonisch gefärbten Momenten verstärkten. Bezeichnend für das gegenseitige Verhältnis ist vielmehr die teilweise Übernahme und die eigenständige Verarbeitung der anderen Position.[57] Und mit der fortschreitenden Entwicklung der bürgerlichen Gesellschaft und der philosophischen Reflexion wurde die romantische Weltanschauung philosophisch viel nachhaltiger geprägt vom Denken eines Mannes, der um die Jahrhundertwende Fichtes Intentionen aufnehmend und fortführend über diesen hinausgegangen war: Friedrich Wilhelm Joseph Schelling.[58]

Wenn Fichtes Philosophie somit eine wesentliche theoretische Quelle der frühromantischen Bewegung darstellt, so ist es keineswegs gerechtfertigt, ihn zu dem Philosophen der Romantik zu erheben.[59] Da die Romantiker ihrerseits Konsequenzen aus der Wissenschaftslehre zogen, die Fichte keineswegs intendiert hatte, grenzte er sich seit 1801 zunehmend von den Romantikern theoretisch ab, nämlich je mehr sich Züge bei diesen offenbarten, die den progressiven Bestrebungen des deutschen Bürgertums zuwiderliefen. Während das revolutionäre Pathos der Romantiker zunehmend in Resignation umschlug, sie einem Kompromiß zwischen Adel und Bourgeoisie zustimmten

und den transzendental-philosophischen Ansatz subjektivistisch auflösten, hielt Fichte dagegen an den bürgerlich-demokratischen Intentionen seiner Ideen, an seinem philosophischen Konzept des aktiven, tätigen, die Geschichte progressiv verändernden Subjekts auch unter veränderten historischen Bedingungen nach 1800 fest.
Resümiert man die Fichteschen Auffassungen zu Problemen der Kulturentwicklung und Ästhetik, so ist zum einen die eigenständige Bedeutung dieser Aussagen, die partiell den Fichteschen erkenntnistheoretischen Ansatz sprengen, im System der Wissenschaftslehre hervorzuheben. Das zeigt sich besonders in der Wirkung dieser Ideen, in deren literarisch-ästhetischer Wendung durch die verschiedenen Denker jener Epoche. Dabei ist die Wirkungsgeschichte nicht etwa auf die Jenaer Frühromantik und die Weimarer Klassik zu beschränken. Sie geht weit über diese unmittelbare Aufnahme hinaus und mündet, vermittelt auch über die junghegelianische Geschichtsphilosophie und Kunstauffassung, in den weltanschaulich-theoretischen Voraussetzungen des Vormärz.[60] In dieser Weise gehört die Fichtesche Transzendentalphilosophie zum Bedingungsfeld für die Ausbildung der klassischen deutschen Literatur wie auch der Jenaer Frühromantik; gleichzeitig sind aber ebenso diese Literaturbewegungen zum Quellen- und Bedingungsgefüge der Ausbildung und Entwicklung des Fichteschen philosophischen Ansatzes zu rechnen. Die durch den Philosophen aus der Epochenwandlung und dem Zeitdenken aufgenommenen Probleme wurden in seinem philosophischen System in eigentümlicher, dem Ansatz nach dialektischer Weise ausgeformt, womit er auf die weitere philosophische, ästhetische und politische Diskussion anregend zurückwirkte.
In diesem Sinne beansprucht die Erkenntnis, daß eine reiche, hochentwickelte Philosophie und Kunst sich in der entfalteten gesellschaftlichen Totalität gegenseitig bedingen und dadurch befruchtend aufeinander wirken, mehr als nur unser historisches Interesse, gilt es doch diese Erkenntnis auf neuem gesellschaftlichen Boden unter neuen historischen, sozialistischen Entwicklungsbedingungen bewußt in der sozialistischen Bildungs- und Kulturpolitik umzusetzen.
Zum anderen scheint es kein Zufall, kein subjektives Versäumnis zu sein, wenn Fichte keine umfassende Ästhetik ausführte; denn diese, den Vermittlungsaspekt zwischen den Gegensätzen weitaus stärker beachtenden dialektischen Tendenzen, die in unmittelbarer Diskussion und Erfahrung mit dem historischen Prozeß und dessen schöpferischer Bewältigung durch das künstlerische Subjekt erarbeitet wurden, hätten den Systemansatz notwendig gesprengt. Den Beweis dafür lieferte Schelling, der, indem er die Kunst zum Organon der Philosophie erhob, das die Natur nicht aus-, sondern einschließt, den entscheidenden Schritt zur weiteren Entfaltung der dialektischen, objektiv-idealistischen Tendenz, als der unmittelbaren Voraussetzung des Umschlags zum dialektischen Materialismus, tat.

Anmerkungen

[1] Vgl.: *J. G. Fichte*: Ideen zu einem Schauspiele. Der Schweizerbund. In: J. G. Fichte — Gesamtausgabe der Bayrischen Akademie der Wissenschaften. Hrsg. v. R. Lauth u. H. Jacob, Stuttgart—Bad Cannstatt 1962ff. (Im folgenden abgekürzt mit „Ak.-Ausg.") Bd. II/1. S. 135ff.; *J. G. Fichte*: Anmerkungen zu den Oden Klopstocks. In: ebenda, S. 239ff.; *J. G. Fichte*: Alkäos Rythmen. In: ebenda, S. 249ff.; *J. G. Fichte*: Das Thal der Liebenden. Eine Novelle. In: ebenda, S. 263ff.; weiterhin verfaßte er in späteren Jahren Spottgedichte auf Reinhold, Nicolai, Kettner und Biester — vgl.: Ak.-Ausg. Bd. II/6. S. 11ff. sowie einen weiteren Entwurf: *J. G. Fichte*: Die Insekten. Ein Lustspiel, nach Aristophanes. In: ebenda, S. 31ff.

[2] Vgl.: *J. G. Fichte*: Plan zu einer Zeitschrift über Litteratur und Wahl der Lektüre (1790). In: Ak.-Ausg. Bd. II/1. S. 259ff.; hier muß man auch die seit Mai 1796 mit Niethammer verantwortete Herausgabe des „Philosophische(n) Journal(s) einer Gesellschaft Teutscher Gelehrten" nennen (Jena/Leipzig 1797ff.); *J. G. Fichte*: Plan, und Ankündigung einer metakritischen Zeitschrift über die deutsche Litteratur. In: Ak.-Ausg. Bd. II/5. S. 197ff.; *J. G. Fichte*: Jahrbücher der Kunst und Wissenschaft (1800). In: Ak.-Ausg. Bd. I/6. S. 417ff.

[3] Vgl.: *H.-G. Pott*: Die schöne Freiheit. Eine Interpretation zu Schillers Schrift „Über die ästhetische Erziehung des Menschen in einer Reihe von Briefen", München 1980, S. 7. Einer solchen These würde ich deshalb nicht zustimmen, weil sie die Eigenständigkeit beider Denker auch in ihrer gegenseitigen Rezeption verdecken würde.

[4] Vgl. *G. W. F. Hegel*: Differenz des Fichteschen und Schellingschen Systems der Philosophie. In: G. W. F. Hegel: Sämtliche Werke. Bd. 1, Stuttgart 1958, S. 118.

[5] Vgl.: *J. G. Fichte*: Einige Vorlesungen über die Bestimmung des Gelehrten. In: Ak.-Ausg. Bd. I/3. S. 30.

[6] Ebenda, S. 31, 41.

[7] Vgl.: *M. J. Siemek*: Fichtes Wissenschaftslehre und die Kantische Transzendentalphilosophie. In: Der transzendentale Gedanke. Die gegenwärtige Darstellung der Philosophie Fichtes. Hrg. v. K. Hammacher, Hamburg 1981, S. 527; M. Fukuyoshi verweist auch darauf, daß sich bei Fichte Kultur und Eigentum im „Hinblick auf die in ihnen realisierte Beziehung von Mensch und Natur sowie der Menschen untereinander" nicht unterscheiden. „Aber es ist deutlich", — so Fukuyoshi weiter — „daß Fichte der Kultur gegenüber dem Eigentum den höheren Wert beimißt, insofern er der Kultur als den höchsten Wert des Menschen, der die Verwirklichung der Freiheit als Ziel anstrebt, bestimmte." (*M. Fukuyoshi*: Der Begriff des Wissens und der Anspruch der Freiheit und der Vernunft in der Philosophie Fichtes. In: DZfPh, 30. Jg. (1982) H. 8, S. 1003).

[8] Vgl.: Autorenkollektiv: Geschichte der Dialektik. Die klassische deutsche Philosophie, Berlin 1980, S. 135. P. Gaidenko verweist dort auch auf die damit verbundene Modifizierung, Umkehrung des Kausalprinzips, indem die Beziehung „Ursache — Wirkung" die Gestalt „Zweck — Mittel" erhält.

[9] *J. G. Fichte*: Einige Vorlesungen über die Bestimmung des Gelehrten, a. a. O., S. 37.

[10] Vgl.: ebenda, S. 38.

[11] Vgl.: ebenda, S. 44.

[12] Vgl.: *J. G. Fichte*: Der geschloßne Handelsstaat. In J. G. Fichte: Ausgewählte Werke. Hrsg. v. F. Medicus, Bd. III, Darmstadt 1962, S. 428; dazu auch: *H. Ley*: Zum Geschichtsverständnis Kants und Fichtes. In: Philosophie und Geschichte. Beiträge zur Geschichtsphilosophie der deutschen Klassik. Hrsg. v. E. Lange, Weimar 1983, S. 88.

[13] Vgl.: *J. G. Fichte*: Einige Vorlesungen über die Bestimmung des Gelehrten, a. a. O., S. 39.

[14] Vgl.: *J. G. Fichte*: Collegium über die Moral (1796). In: Ak.-Ausg. Bd. IV/1, S. 125.

[15] Vgl. hierzu: *H.-G. Pott*: Die schöne Freiheit . . ., a. a. O., als die wohl gründlichste Arbeit, die den Zusammenhang des Schillerschen und Fichteschen Denkens analysiert. Im Gegensatz zu zahlreichen, vor allem

älteren Arbeiten, wird hier versucht, die theoretisch-philosophischen Gemeinsamkeiten und Unterschiede beider Denker nicht allein an punktuellen Aussagen festzumachen, wie etwa bei R. Haym, B. Mugdan, M. Wundt oder E. Lichtenstein und E. Winkelmann (vgl.: *R. Haym*: Die romantische Schule. Ein Beitrag zur Geschichte des deutschen Geistes, Berlin 1870, S. 214ff.; *B. Mugdan*: Die theoretischen Grundlagen der Schillerschen Philosophie. In: Kant-Studien. Erg.-Heft. Nr. 19, Berlin 1910, S. 84—86.; *M. Wundt*: Fichte-Forschungen, Stuttgart 1929, S. 81—87, 93ff.; *E. Lichtenstein*: Schillers „Briefe über die ästhetische Erziehung" zwischen Kant und Fichte. In: Archiv für Geschichte der Philosophie und Soziologie, Bd. 32, (Berlin 1930); *E. Winkelmann*: Schiller und Fichte. In: Zeitschrift für Geschichte der Erziehung und des Unterrichts, 24 Jg. (1934) H. 4, S. 177—248), sondern vom methodischen Ansatz ausgehend den jeweiligen konzeptionellen Gehalt beider Denker zu fassen und das beiderseitige Nehmen und Geben verdeutlicht. In diesem Sinne ist auch noch immer interessant und lesenswert: *X. Leon*: Schiller et Fichte: In: Études sur Schiller. Publieés pour le centenaire de la mort du poéte par la Société pour l'Étude des Langues et des Littératures modernes et la Société d'Histoire moderne, Paris 1905, S. 41—93.

[16] *G. W. F. Hegel*: Differenz des Fichteschen und Schellingschen Systems der Philosophie, a. a. O., S. 119.

[17] *J. G. Fichte*: Das System der Sittenlehre nach den Principien der Wissenschaftslehre. In: Ak.-Ausg. Bd. I/5, S. 307.; vgl.: Wissenschaftslehre nach den Vorlesungen von Hr. Pr. Fichte. (Wissenschaftslehre „nova methodo"). In: Ak.-Ausg. Bd. IV/2, S. 256/266.

[18] *J. G. Fichte*: Das System der Sittenlehre . . ., a. a. O., S. 308.

[19] Freilich wird diese Aussage durch andere Äußerungen wieder eingeschränkt, insbesondere wenn Fichte die Rolle des Subjekts hypostasiert. Vgl.: *J. G. Fichte*: Practische Philosophie (1794). In: Ak.-Ausg. Bd. II/3, S. 207.; *J. G. Fichte*: Ueber Geist und Buchstab in der Philosophie. In einer Reihe von Briefen (1800). In: Ak.-Ausg. Bd. I/6, S. 338. Beachtenswert bei der letzten Angabe ist die Fichtesche Einsicht, daß die Voraussetzung für die Möglichkeit der Entwicklung der Totalität der Künste in der unwiederholbaren und deshalb notwendig voll zu entfaltenden Individualität des Menschen liegt. Vgl. zu diesem Gedanken auch: *K. Marx*: Ökonomisch-philosophische Manuskripte. In: K. Marx/F. Engels: Werke. Erg.-Bd. 1. Teil, S. 539.

[20] Vgl.: *J. G. Fichte*: Ueber Geist und Buchstab in der Philosophie. In einer Reihe von Briefen, a. a. O., S. 358. Goethes „Iphigenie", welche durch die deutschen bürgerlichen Ideologen geradezu als Verkörperung der klassischen, von Platon überlieferten humanistischen Werte in ihrer Einheit von Schönheit, Wahrem und Gutem, ergänzt durch das bürgerliche Axiom der Nützlichkeit gefeiert wurde, erfuhr auch durch Fichte eine außerordentliche Wertschätzung, der dieses Werk den Meisterstücken der griechischen Kunst zur Seite stellte. (Vgl.: *J. G. Fichte*: Plan zu einer Zeitschrift über Litteratur und Wahl der Lektüre, a. a. O., S. 259).

[21] *J. G. Fichte*: Das System der Sittenlehre . . ., a. a. O., S. 308/09.

[22] *J. G. Fichte*: Ueber den Unterschied des Geistes, u. des Buchstabens in der Philosophie (1794). In: Ak.-Ausg. Bd. II/3, S. 319.

[23] Vgl.: *J. G. Fichte*: Ueber Geist und Buchstab in der Philosophie. In einer Reihe von Briefen, a. a. O., S. 348.

[24] *J. G. Fichte*: Collegium über die Moral, a. a. O., S. 148.

[25] Vgl.: *J. G. Fichte*: Das System der Sittenlehre . . ., a. a. O., S. 308.

[26] Vgl.: ebenda. Aber das heißt für Fichte keinesfalls in aufklärerische Positionen zurückfallen, wo der Kunst die Aufgabe zugesprochen wurde, eine sich gegen die Moral der Höfe richtende neue, bürgerlich-sittliche Kultur hervorzubringen. Zugleich steht aber Fichte unzweifelhaft in der Tradition dieses weltanschaulich-politischen Anliegens.

[27] Vgl.: *J. G. Fichte*: Ueber Geist und Buchstab in der Philosophie. In einer Reihe von Briefen, a. a. O., S. 341, 342, 345.; *J. G. Fichte*: Practische Philosophie, a. a. O., S. 219; *J. G. Fichte*: Zu Platners „Philosophischen Aphorismen". Vorlesungen über Logik und Metaphysik. (1794—1812). In: Ak.-Ausg. Bd. II/4, S. 59.

[28] Fichte schrieb dazu in einer Anmerkung zu seiner Schrift „Ueber den Begriff der Wissenschaftslehre": „Es erhellet daraus, daß der Philosoph der dunklen Gefühle des Richtigen oder des Genie in keinem geringern Grade bedürfe, als etwa der Dichter oder der Künstler; nur in einer andern Art. Der letztere bedarf des Schönheitsjener des Wahrheitssinnes, dergleichen es allerdings giebt." (*J. G. Fichte*: Ueber den Begriff der Wissenschaftslehre oder der sogenannten Philosophie, als Einladungsschrift zu seinen Vorlesungen über diese Wissenschaft (1794). In: Ak.-Ausg. Bd. I/2, S. 143 Anm.).

[29] *G. Biedermann*: Der Ursprung der dialektischen Logik in der „Kritik der reinen Vernunft" von Immanuel Kant. Zum Prinzip der philosophischen Methode bei Fichte, Hegel und Marx. In: DZfPh. H. 10/1983 (31. Jg.), S. 1188f.

[30] ebenda, S. 1189.

[31] Autorenkollektiv: Geschichte der Dialektik. Die klassische deutsche Philosophie, a. a. O., S. 118.

[32] *J. G. Fichte*: Practische Philosophie, a. a. O., S. 207. Daß Fichte die Einheit von Form, geistigem Inhalt und Material als eine notwendige Bedingung großer Kunstwerke erachtete, belegt auch folgende Textstelle: „Jene beiden Zustände, der der ersten ursprünglichen Begeisterung, und der der Darstellung derselben in körperlicher Hülle, sind in der Seele des Künstlers nicht immer verschieden, obwohl sie durch den genauen Forscher sorgfältig unterschieden werden müssen. Es giebt Künstler, die ihre Begeisterung auffassen und festhalten, unter den Materialien um sich herum suchen, und das geschickteste für den Ausdruck wählen; die unter der Arbeit sorgfältig über sich wachen; die zuerst den Geist fassen, und dann den Erdklos suchen, dem sie die lebendige Seele einhauchen. Es giebt andere, in denen der Geist zugleich mit der körperlichen Hülle geboren wird, und aus deren Seele zugleich das ganze volle Leben sich losreisst. (...) Von beiden Arten hat unsre Nation Meister." (*J. G. Fichte*: Ueber Geist und Buchstab in der Philosophie. In einer Reihe von Briefen, a. a. O., S. 358/359).

[33] *J. G. Fichte*: Practische Philosophie, a. a. O., S. 207.

[34] *J. G. Fichte*: Ueber den Unterschied des Geistes, u. des Buchstabens in der Philosophie, a. a. O., S. 319.

[35] *S. Dietzsch*: Nachwort: Das Kunstwerk als Werkzeug. Schellings Aufhebung des Systems des transzendentalen Idealismus. In: F. W. J. Schelling: System des transzendentalen Idealismus, Leipzig 1979, S. 368.

[36] Vgl.: *G. W. F. Hegel*: Ästhetik, Bd. 1, Berlin/Weimar 1979, S. 71/72.

[37] Vgl.: *T. I. Oiserman*: Dialektischer Materialismus und Geschichte der Philosophie. Philosophische Studien, Berlin 1982, S. 134.

[38] Aus den vielen Äußerungen zu diesem Problemkreis sei nur verwiesen auf: *F. Schiller*: Ueber die ästhetische Erziehung des Menschen in einer Reihe von Briefen. In: Schillers Werke. Nationalausgabe, Bd. 20, Weimar 1962, S. 379; *J. W. Goethe*: Der Sammler und die Seinigen. In: Propyläen. Eine periodische Schrift, hrsg. v. J. W. Goethe. In: Goethe. Berliner Ausgabe, Bd. 19, Berlin/Weimar 1973, S. 242; *J. W. Goethe*: Winckelmann und sein Jahrhundert. In Briefen und Aufsätzen hrsg. v. Goethe. In: Goethe, Berliner Ausgabe, Bd. 19, a. a. O., S. 487.

[39] Vgl.: *F. Schlegel*: Fragmente Nr. 247 und Nr. 116. In: F. Schlegel: Werke in zwei Bänden. Bd. 1, Berlin/Weimar 1980, S. 222 bzw. S. 204f.; in gleicher Weise bestimmte auch Fichte das Kriterium für den neuen, bürgerlichen Geist von Werken jener Epoche, wenn er bezüglich „alter" und „neuer" Philosophie die Grenze dahingehend bestimmte, daß jene „nur Stoff, u. Kunstproduct-Maschinen" kannte, sich also nicht auf den Standpunkt der organischen Totalität erheben konnte (vgl.: *J. G. Fichte*: Zu Platners „Philosophischen Aphorismen". Vorlesungen über Logik und Metaphysik,

a. a. O., S. 284), so gilt dieses Kriterium aus der durch Fichte bestimmten Analogiebeziehung zwischen theoretischem und ästhetischem Bewußtsein auch für die „neuen“ künstlerischen Werke jener Epoche. In diesem Sinne lobte er das im Gegensatz zum mechanischen Künstler ihm vordringlich bei Goethe sich manifestierende Genie, wodurch das Ganze auf organische, sprich: dialektische und, so Fichte ausdrücklich, humanistische Weise im Kunstwerk durch den Dichter zur Erscheinung gebracht wurde. (Vgl.: *J. G. Fichte*: Ueber Geist und Buchstab in der Philosophie . . ., a. a. O., S. 357); vgl. zu den diesbezüglichen Äußerungen F. Schlegels weiterhin: *K. F. Gille*: „Wilhelm Meister“ im Urteil seiner Zeitgenossen. Ein Beitrag zur Wirkungsgeschichte Goethes, Assen 1971, S. 106; *M. Fontius*: Nachwort. In: D. Diderot: Jacques der Fatalist und sein Herr, Berlin 1979, S. 282; Autorenkollektiv: Geschichte der deutschen Literatur, Bd. VII, Berlin 1978, S. 389.

[40] Vgl.: *G. Stiehler*: Der Idealismus von Kant bis Hegel, Berlin 1970, S. 7ff.

[41] Auch aus diesem weltanschaulich-politischen Grund erfolgte m. E. die Analogisierung von theoretischem Bewußtsein und Kunstwerk im „Sonnenklaren Bericht“. Vgl.: *J. G. Fichte*: Sonnenklarer Bericht an das größere Publikum, über das eigentliche Wesen der neuesten Philosophie. In: J. G. Fichte: Ausgewählte Werke, Bd. III, a. a. O., S. 580ff.; vgl. dazu weiterhin: *H. Freier*: Die Rückkehr der Götter, Stuttgart 1976, S. 48—50.

[42] Vgl.: *J. G. Fichte*: Grundlagen des Naturrechts nach Principien der Wissenschaftslehre. In: Ak.-Ausg. Bd. I/3, S. 378; *J. G. Fichte*: Zu Platners „Philosophischen Aphorismen“. Vorlesungen über Logik und Metaphysik, a. a. O., S. 137, 284; *J. G. Fichte*: Vorlesungen über Logik und Metaphysik. (1797/98). In: Ak.-Ausg. Bd. IV/1, S. 406.

[43] Vgl.: *J. G. Fichte*: Practische Philosophie, a. a. O., S. 211/212, 220.

[44] ebenda, S. 211.

[45] ebenda, S. 210.

[46] ebenda.

[47] Vgl.: *J. G. Fichte*: Jahrbücher der Kunst und Wissenschaft, a. a. O.; dort auch S. 419ff. das Vorwort der Herausgeber zur Entstehungsgeschichte.

[48] Vgl.: Brief Nr. 548. Fichte an F. W. J. Schelling. 2. Aug. 1800. In: Ak.-Ausg. Bd. III/4, S. 278.

[49] *J. G. Fichte*: Jahrbücher der Kunst und Wissenschaft, a. a. O., S. 425.

[50] Vgl.: ebenda, Vorwort der Herausgeber und die dort zitierten Briefe Goethes und A. W. Schlegels sowie Schellings S. 421ff.

[51] ebenda, S. 425.

[52] ebenda.

[53] ebenda.

[54] Als Kriterium, Maßstab für die Beurteilung der historischen Entwicklungslinien der Wissenschaft und Kunst bestimmte Fichte die jeweils ausgebildetste Stufe der Entwicklung. (Vgl.: ebenda, S. 425/426) Er nahm damit einen Gesichtspunkt auf, der in Hegels „Phänomenologie“ zum methodologischen Grundprinzip wurde und in Marx’ Gleichnis der Mensch-Affen-Anatomie seine präzise entwicklungstheoretische Bestimmung auf materialistischer Grundlage fand. (Vgl.: *K. Marx*: Grundrisse der Kritik der Politischen Ökonomie, Berlin 1974, S. 26).

[55] Vgl.: *N. J. Berkowski*: Die Romantik in Deutschland, Leipzig 1979, S. 48; weitere Arbeiten zur differenzierten Aufhellung der theoretischen Beziehungen zwischen Fichte und dem frühromantischen Kreis aus der jüngsten Zeit sind: Autorenkollektiv: Geschichte der deutschen Literatur. Bd. VII, a. a. O., S. 396ff.; *H. Brandt*: Klassisches Erbe und bürgerliche Revolution — Anmerkungen zu Philosophie und Geschichte im Denken Heines. In: Philosophie und Geschichte. Beiträge zur Geschichtsphilosophie der deutschen Klassik. Hrsg. v. E. Lange, a. a. O., S. 280/281; *B. Lypp*: Ästhetischer Absolutismus und politische Vernunft. Zum Widerstreit von Reflexion und Sittlichkeit im deutschen Idealismus, Frankfurt a. Main 1972, S. 27ff; *S. Summerer*: Wirkliche Sittlichkeit und ästhetische Illusion. Die Fichterezeption in den Fragmenten und Aufzeichnungen Friedrich Schlegels und Hardenbergs,

Bonn 1974, S. 44ff.; *R. W. Hannah*: The Fichtean dynamic of Novalis' poetics, Bern/Frankfurt a. Main/Las Vegas 1981.

[56] Vgl.: *A. Hülsen*: Über die natürliche Gleichheit der Menschen. In: Athenaeum. Hrsg. v. G. Heinrich, Leipzig 1978; *A. Hülsen*: Prüfung der von der Akademie der Wissenschaften zu Berlin aufgestellten Preisfrage: Was hat die Metaphysik seit Leibnitz und Wolf für Progressen gemacht?, Altona 1796. Dazu von marxistischer Seite; *M. Buhr*: Zur Entwicklung des Denkens über Geschichte in der klassischen bürgerlichen Philosophie. In: Philosophie und Geschichte. Beiträge zur Geschichtsphilosophie der deutschen Klassik. Hrsg. v. E. Lange, a. a. O., S. 49; *K. Freyer*: Historische Vernunft und dialektischer Idealismus. Grundpositionen der Philosophie des jungen Hegel in Jena, Diss. A, Jena 1984, S. 24ff.

[57] Zur keineswegs einheitlichen oder unkritischen und verschiedene Phasen durchlaufenden Fichte-Rezeption der Romantiker vgl. u. a.: *Novalis*: Philosophische Studien. In: Novalis. Gesammelte Werke, Bd. 2, Herrliber/Zürich 1945, S. 75ff.; *F. Schlegel*: (Rezension der vier ersten Bände von F. I. Niethammers Philosophischem Journal. 1797) In: Kritische Friedrich-Schlegel-Ausgabe, Bd. VIII: Studien zur Philosophie und Theologie, München/Paderborn/Wien/Zürich 1975; *F. Schlegel*: Transzendentalphilosophie (Jena 1800—1801). In: ebenda, Bd. XII, a. a. O., 1964; *F. Hölderlin*: Urtheil und Seyn. In: Hölderlin. Sämtliche Werke. Hrsg. v. F. Beissner, Bd. IV. Stuttgart 1961, S. 216/217; *F. Hölderlin*: Über den Unterschied der Dichtarten. In: ebenda, bes. S. 268/269.

[58] Zur gleichfalls widersprüchlichen Beziehung zwischen den Romantikern und Schelling vgl. u. a. *A. Gulyga*: Schelling als Verfasser der „Nachtwachen" des Bonaventura. In: DZfPh. H. 11/1984 (32. Jg.), S. 1030.

[59] Vgl.: *N. J. Berkowski*: Die Romantik in Deutschland, a. a. O., S. 46.

[60] Vgl. *G. Mieth*: Friedrich Hölderlin. Dichter der bürgerlich-demokratischen Revolution, Berlin 1978, S. 180—182.

Milan Sobotka

Die Wandlungen in der Kunstphilosophie Schellings

In den Jahren von 1800 bis 1803 stand die ästhetische Problematik im Zentrum des philosophischen Interesses Schellings. Als Beleg dafür kann uns der letzte Hauptabschnitt des „Systems des transzendentalen Idealismus" dienen, genannt Deduktion eines allgemeinen Organs der Philosophie, wie auch die Vorlesungen zur Philosophie der Kunst aus den Jahren 1802 bis 1803, an deren Entwurf Schelling seit dem Jahre 1801 arbeitete. Dieser Entwurf wurde aufbewahrt und in die „Sämtlichen Werke" Schellings aufgenommen.

Die große Bedeutung von Schellings ästhetischen Konzeptionen ist dadurch bedingt, daß sich in ihnen der Übergang von der philosophischen Ästhetik zur Philosophie der Kunst vollzog. Kant gebührt das Verdienst, das Gebiet des Ästhetischen systematisch bearbeitet zu haben. Er begründete die moderne ästhetische Untersuchung in seiner „Kritik der Urteilskraft", und zwar dadurch, daß er die ästhetische Einstellung als eine der drei Hauptbeziehungen des Menschen zur Welt (insgesamt sind es die theoretische, die praktische und die ästhetische Beziehung) bestimmte und zu analysieren versuchte. Diese Einstellung ist auf dem Gefühl gegründet, das ein Bindeglied zwischen Erkennen und Begehren bildet. Dieses Gefühl ist vom Gefühl des sinnlich Angenehmen oder Unangenehmen unterschieden, es ist ein Gefühl des „interessenlosen Wohlgefallens",[1] worin wir weder unser Erkenntnisbedürfnis, noch unseren Erhaltungsbetrieb, auch nicht unser moralisches Pflichtgefühl befriedigen. In diesem Gefühl — das will Kant mit dem Ausdruck „Interessenlosigkeit" ausdrücken — erlischt unsere sinnliche Bedürftigkeit der Welt, ebenso unser Bedürfnis, uns selbst — praktisch oder moralisch — in ihr zu bewähren. Es handelt sich um einen eigentümlichen Zustand des Vergnügens, der aus der „Belebung der Erkenntniskräfte",[2] d. h. der Einbildungskraft und des Verstandes hervorgeht, die von den ästhetisch wahrgenommenen Gegenständen in ein „freies Spiel"[3] versetzt wurden. Im Verhältnis zum wahrgenommenen Gegenstand geht es um einen Zustand der „Gunst"[4], der Übereinstimmung unserer Erkenntniskräfte und des Gegenstandes, der uns in eine günstige Stimmung bringt. Nach Kants Meinung, schreiben wir in den Geschmacksurteilen den Gegenständen nicht ihre objektiv nachweisbaren

Eigenschaften zu, sondern unser Wohlgefallen. Das ist ein Motiv, das zur Revision der herkömmlichen ästhetischen Anschauungen wesentlich beitrug. Vom Standpunkt des endlichen Subjekts analysiert Kant weitere wichtige ästhetische Phänomene, z. B. die Allgemeinheit des Geschmacksurteils; im Geschmacksurteil ist eine apriorisch begründete Wertung enthalten, die eine ideale Norm für dieses Urteil darstellt[5] — ein Punkt allerdings, worin Kant dogmatisch nach dem Muster seiner theoretischen Philosophie verfährt; weiterhin untersucht er den Unterschied des Schönen und Erhabenen, eine Fragestellung, die von Schiller und Schelling aufgegriffen und weitergeführt wurde. Einige von seinen ästhetischen Kategorien sind sowohl stets aktuell, wie der Unterschied zwischen der „freien" und der „anknüpfenden" Schönheit, es ist der Unterschied zwischen der von dem Zweck des Gegenstandes bedingten und der von ihm unbedingten, also „freien Schönheit"; im zweiten Fall ist das Geschmacksurteil „rein". Für die moderne Kunst ist dies bedeutsam geworden.

Kants geistreiche Paradoxien, die er bei der Beschreibung des ästhetischen Schaffens und des ästhetischen Genusses aufstellte und mit denen er das Unsagbare anzudeuten scheint, beeinflußten die Entwicklung der dialektischen Konzeptionen in der Kunstphilosophie und in der Philosophie überhaupt. Schon der zentrale Terminus „interesseloses Wohlgefallen" ist ein Beispiel eines solchen Paradoxons, denn es handelt sich darum, daß wir dem Gegenstande, den wir „schön" nennen, nicht seine objektive Eigenschaft, sondern unser eigenes Gefühl prädizieren; ein weiteres Paradoxon besteht darin, daß der Gegenstand, der gefällt, eine Art von Zweckmäßigkeit besitzt, die nichts zu tun hat mit seiner objektiv ausweisbaren Zweckmäßigkeit, sondern mit seiner Anpassung an unsere „Erkenntniskräfte", die er in eine günstige Stimmung bringt. Das letzte Paradoxon betrifft die Allgemeinheit des Geschmacksurteils, das nicht auf einem Begriff gegründet ist, also ohne einen objektiven Erkenntniszusammenhang besteht.

Wenn wir Schellings Kunstphilosophie nehmen, so haben wir es mit ästhetischen Kategorien zu tun, die von Kant stammen — nur ist ihr Inhalt ein anderer. Schellings Bedeutung ist weder darin zu suchen, wie er den Umkreis der ästhetischen Phänomene umgrenzt, noch darin, welche Kategorien er fixiert — in diesen beiden Momenten ist er sehr von Kant abhängig —, sondern in dem neuen Sinn, den er den übernommenen Kategorien verleiht. Diese Metamorphose verlief infolge seines von Kant weitgehend unterschiedenen philosophischen Standpunkts — der Philosophie des Absoluten.

Die wichtigsten Resultate der Zeitperiode, in der sich Schelling mit der ästhetischen Problematik befaßte, finden wir in zwei seiner Werke, im „System des transzendentalen Idealismus" und in der „Philosophie der Kunst". Das erste stammt aus der Anfangszeit der Identitätsphilosophie, es bildet vielmehr den Übergang zu ihr; das zweite aus deren Endphase. Außer diesen beiden

Schriften befaßte sich Schelling mit der Ästhetik noch in dem im Jahre 1804 verfaßten „System der gesamten Philosophie und der der Naturphilosophie insbesondere" und in der Festrede „Über das Verhältnis der bildenden Künste zur Natur" aus dem Jahre 1807.[6] Im engen Zusammenhang mit der kunstphilosophischen Problematik steht auch „Bruno", diese Arbeit stammt aus dem Jahre 1802.

Alle kunstphilosophischen Abhandlungen Schellings sind dadurch gekennzeichnet, daß sie eigentlich einen Teil der Philosophie Schellings darstellen. Im Unterschied von der „Philosophie überhaupt", die sich mit dem Ganzen befaßt, reflektiert die Kunstphilosophie nur einen Teil des Ganzen, allerdings so, daß hier das Ganze ebenfalls zum Vorschein kommt. So ist in der Philosophie der Kunst das ganze Universum dargestellt, allerdings vom Standpunkt der Kunst als der zweithöchsten „Potenz"; die „höchste Potenz" ist die Wahrheit.

Eine noch höhere Dignität wird der Kunst im „System des transzendentalen Idealismus" zugesprochen. Die philosophische Interpretation der Kunst besitzt hier eine Schlüsselstellung, da sie über das Gedeihen oder das Mißlingen der ganzen philosophischen Konstruktion entscheiden soll. Nie zuvor und nie danach war der Philosophie der Kunst eine solche Stellung gegönnt. Dazu ist noch zu ergänzen, daß Schelling darüber hinaus die ästhetischen Konzeptionen seiner Zeit durch seine Naturphilosophie beeinflußte. Sein zentraler Gedanke während des ganzen klassischen Zeitabschnitts, in den auch die Naturphilosophie fällt, ist der des Parallelismus zwischen dem menschlichen Geist und der Natur, bzw. der Verwandtschaft beider. In der „Darstellung meines Systems" spricht Schelling davon, daß die absolute Identität sich in der Erscheinungswelt in zwei entgegengesetzte Prinzipien spaltet, in das reale und das ideale, das objektive und das subjektive, das realisierende Prinzip und das Erkenntnisprinzip, nur daß in der menschlichen Welt das ideale, jedoch in der Natur das reale überwiegt.[7] Darin liegt auch der Schlüssel zum Verständnis des Parallelismusgedankens im „System des transzendentalen Idealismus". Das ideale Prinzip äußert sich in der Natur dahingehend, daß sie die durch ihren mechanischen Bau unerklärliche Bedeutungen enthält,[8] sogar die Spuren der Freiheit sind in ihr zu finden. Das reale Prinzip äußert sich wieder in der menschlichen Subjektivität durch ihren Trieb zum freien äußeren Handeln sowie in der Gesetzlichkeit der Geschichte. Das Bestreben, diesen Objektivitätstrieb in der menschlichen Natur aufzuweisen, ist Schelling zum entscheidenden Impuls für seinen Entwurf der Philosophie der Geschichte in demselben Werk geworden.[9] Die Gesetzlichkeit der Geschichte ist eine Äußerung dieses Objektivierungstriebes, der in der menschlichen Subjektivität gegründet ist.

In dem Gedanken des Parallelismus wird die Versöhnung zwischen dem Menschen und der Natur ausgedrückt, und zwar an Stelle des imperativen Verhältnisses des Menschen zur Natur, das bei Fichte anzutreffen ist. Auch bei Hegel begegnen wir eher dem imperativen Verhältnis des Menschen zur Natur. Das hängt einerseits mit seiner Auffassung des Menschen als gehemmte Begierde zusammen,[10] andererseits mit der Auffassung der Natur als einer von sich abfallenden Idee. Von den Philosophen der deutschen Klassik war es also Schelling vorbehalten, ein möglichst ausgewogenes Verhältnis zwischen dem Menschen und der Natur zu fixieren. Die Natur ist hier nicht nur ein Mittel für den Menschen, sie ist eher zum Selbstzweck geworden, aus deren Ähnlichkeit zu uns wir uns freuen. In der schönen Literatur liegt ein ähnliches Schema des Parallelismus den „Lehrlingen von Sais" von Novalis zugrunde. „Einem gelang es — er hob den Schleier der Göttin zu Sais — aber was sah er? — er sah — Wunder des Wunders, sich selbst".[11]

In der dem „System des transzendentalen Idealismus" in mancher Hinsicht ähnlichen „Darstellung meines Systems" aus dem Jahre 1801 können wir lesen: „Die Kraft, die sich in der Masse der Natur ergießt, ist dem Wesen nach dieselbe mit der, welche sich in der geistigen Welt darstellt, nur daß sie dort mit dem Übergewicht des Reellen, wie hier mit dem des Ideellen, zu kämpfen hat ..."[12] Diese Identität, die hinter zwei verschiedenen Erscheinungsformen mit dem Übergewicht des einen oder des zweiten Bestandteiles besteht, ist aber weder in der Natur, noch in der menschlichen Geschichte eindeutig zu beweisen. Zwar zeugt von ihr, wie die Intelligibilität der Natur, so auch das Schicksal in der Geschichte,[13] welches ebenfalls für einen Ausdruck der Durchdringung der bewußten mit der bewußtlosen Tätigkeit gehalten werden kann. Man könnte aber das Schicksal aus der wechselseitigen Durchkreuzung der absichtlichen Tätigkeiten verschiedener Individuen erklären, und unsere Reflexion über die Intelligibilität der Natur würde ein „Experiment der Gegenprobe"[14] erfordern. So bleibt dem Kunstwerk vorbehalten, ein „Dokument" und ein „Organon"[15] der Philosophie zu sein. „Wenn aus dem organischen Produkt die bewußtlose (blinde) Tätigkeit als bewußte reflektiert wird, so wird umgekehrt aus dem Produkt, von welchem hier die Rede ist [von dem Kunstwerk — M. S.], die bewußte Tätigkeit als bewußtlose (objektive) reflektiert werden, oder, wenn das organische Produkt mir die bewußtlose Tätigkeit als bestimmt durch die bewußte reflektiert, so wird umgekehrt das Produkt, welches hier abgeleitet wird, die bewußte Tätigkeit als bestimmt durch die bewußtlose reflektieren."[16]

Es folgt nunmehr die Erklärung einiger ästhetischer Phänomene. Das Kunstwerk befriedigt uns, weil uns aus ihm nicht nur unsere bewußte, sondern auch bewußtlose Tätigkeit „widerstrahlt", deren Grund im Absoluten, in dem „unveränderlich Identischen" liegt. Da das bewußte Leben auf einer Trennung mit dem Absoluten gegründet wird, so fühlen wir uns mit dieser Widerspiegelung der bewußten und der bewußtlosen Tätigkeit sowie deren beider Harmonie beglückt. Es handelt sich hier um eine „Selbstanschauung", wie sich

Schelling ausdrückt, nicht aber um eine Selbstanschauung von uns selbst als bewußte und freie Personen, sondern um eine Selbstanschauung des Absoluten, dessen Bestandteil der Mensch bleibt, trotz seiner „Trennung". Der bewußtlose Bestandteil in der Tätigkeit des Künstlers erweist sich bedeutender als der bewußte. Damit ist der romantische Kult des unbewußten Lebens, der Nacht und des Traums zwar nicht begründet, wohl aber philosophisch reflektiert.[17]

Auf weiteren Seiten dieses nicht umfangreichen Abschnitts werden noch andere Überlegungen angestellt, die in diesen Zusammenhang gehören. Es ist vor allem der Begriff der Gunst: „Sie [die Intelligenz — M. S.] wird sich durch jene Vereinigung [der bewußten und der bewußtlosen Tätigkeit M. S.] selbst überrascht und beglückt fühlen, d. h. sie gleichsam als freiwillige Gunst einer höheren Natur ansehen, die das Unmögliche durch sie möglich macht.[18] Die Gunst sowie die Befriedigung sind Ausdrücke, mit denen auch Kant das ästhetische Erlebnis beschreibt, allerdings ohne die Beziehung zum Absoluten. Dagegen vermissen wir bei Kant selbstverständlich den Ausdruck Selbstanschauung, ebenso die Konzeption der Begegnung mit der bewußtlosen Kraft, die in der Natur wirkt.

Neben der These von der Einheit der bewußten und der bewußtlosen Tätigkeit ist für die Theorie der Kunst im „System des transzendentalen Idealismus" noch eine andere These charakteristisch, nämlich die von der Verwandtschaft der intellektuellen mit der ästhetischen Anschauung. Die ästhetische Anschauung ist die profane, eine jedem zugängliche Anschauung des Absoluten, während die intellektuelle Anschauung, die die Natur als transzendentale Vergangenheit des Ich konstruiert,[19] nur auf Wenige beschränkt bleibt.[20] Erwägen wir, daß die Konzeption der intellektuellen Anschauung in diesem Sinn gegen die rechtmäßige Forderung der allgemeinen Mitteilbarkeit verstößt — wie Hegel Schelling in der „Phänomenologie des Geistes" vorwirft[21] —, so ist erst in dem ästhetischen Genuß der Standpunkt der Parallelität als jedem zugänglich erreicht.

In der „Philosophie der Kunst" wird die Konzeption der Kunst als Wahrheit eindeutig in den Vordergrund gerückt. Die Verwandtschaft von Wahrheit und Schönheit wurde schon im „Bruno" proklamiert, jetzt wird der Zusammenhang noch dadurch unterstrichen, daß die Philosophie der Kunst als Bestandteil der „Philosophie überhaupt" aufgefaßt wird. „Philosophie der Kunst" hat denselben Gegenstand wie die allgemeine Philosophie, und zwar in einer der höchsten Potenzen.[22] Während Schelling in den naturphilosophischen Schriften und in der „Darstellung meines Systems" methodologisch am Vorbild der Naturwissenschaften orientiert war, nur daß er deren Erklärungen dynamisierte (jede Potenz erklärt sich ihm als ein vorübergehendes Gleichgewicht von zwei entgegengesetzten Kräften, die sich wieder metamorphisieren und einen neuen Antagonismus bilden)[23]. Freilich verbindet er diese

Erklärungsweise zugleich mit einer teleologischen Konzeption —, hält er sich doch schon im „Bruno" an das Schema der Begriffe als ewige „Urbilder", als „ewige Typen". Alles Geschehen geht — das ist eine wichtige Veränderung — vom Gott als der Idee der Ideen, d. h. von einem geistigen Zentrum aus. Es ist nötig zu betonen, daß dieses neue Konzept einen breiteren Raum für die Deutung der Kunst als das frühere öffnet, und zwar ungeachtet seines Idealismus. Die Konzeption der „ewigen" Begriffe, die sich vor allem auf die organischen Wesen bezieht, drückt das Wunderbare des natürlichen Lebens aus, dem — Schellings Ansicht nach — der ästhetische Zugang adäquater ist als der naturwissenschaftlich erklärende. Es ensteht die Konzeption des Sinnlichen als des sinnlichen Ausdrucks des ideellen Inhalts, die Konzeption des Scheins, der nicht bloßer Schein ist, sondern hinter sich selbst weist. Das Sinnliche, das in der Natur als ein Schein ihrer verborgenen Geistigkeit interpretiert wird, wird in der Kunst zur sinnlichen Darstellung, zum sinnlichen Symbol des Geistigen, d. h. der Weltauffassung bzw. der Weltdeutung des Künstlers aufgefaßt. Der Vorzug des Kunstwerks vor dem Naturprodukt besteht in ästhetischer Hinsicht darin, daß die Kunst reiner das zum Vorschein bringt, was in der Natur nur „getrübt" und unvollkommen ausgedrückt wird.[24]
In der „Philosophie der Kunst" ist diese Konzeption noch konsequenter durchgeführt. Im Unterschied zu „Bruno" treffen wir hier nicht die „Begriffe" als Urbilder an, sondern die „Ideen" als Urbilder. Der Ausdruck „Idee" hat einen breiteren Inhalt als der Ausdruck „Begriff" im „Bruno". Die Idee wird als das Allgemeine in der Besonderung definiert, sie ist ein Universum in einer besonderen Form, „z. B. die besondere Form Mensch ist im Absoluten nicht als besondere, sondern das eine und ungeteilte Universum in der Form des Menschen."[25] Die These von der Idee als dem Allgemeinen in der Besonderung besagt: die allgemeinen Bedeutungen spiegeln immer in gewisser Hinsicht das ganze Universum, das ganze Universum wird in ihnen ausgedrückt. Zugleich spricht die „Idee" die Immanenz der Ideen und ihre immanente Wirkung aus.
Nach Schelling sind also die Ideen nicht von der Realität abgesondert. Im Gegenteil, sie sind das, was sie dadurch hervorbringt, daß sie in sie hinabsteigen. Sie können freilich nicht bis zu den Individuen hinabsteigen — das Individuum ist nämlich nicht ein Universum, es ist Individuum gerade dadurch, daß es sich vom Ganzen getrennt hat.
Nun gibt es drei Gattungen von Ideen. Die allgemeinsten sind die Ideen der Wahrheit, der Schönheit und der Güte — die allgemeinsten Bedingungen von allem was besteht, sei es geistig oder sinnlich. Da die griechischen Götter sichtbare Ideen sind, haben wir in ihnen Beispiele von weiteren Ideen. So ist in Minerva die Weisheit, Kraft, Verderbnis und Erneuerung symbolisiert, in Juno die Majestät, in Jupiter die absolute Macht, im Chaos die ursprüngliche Identität des Idealen und des Realen, der Materie und des Begriffs.

Erst an dritter Stelle folgt das, was Schelling im „Bruno“ die „ewigen Begriffe“ nennt, z. B. die Idee des Menschen. In der Erklärung der „Idee“ sagt Schelling: „Schönheit ist da gesetzt, wo das Besondere (Reale) seinem Begriff so angemessen ist, daß dieser selbst, als Unendliches, eintritt in das Endliche und in concreto angeschaut wird. Hierdurch wird das Reale, in dem er (der Begriff) erscheint, dem Urbild, der Idee wahrhaft ähnlich und gleich, wo eben dieses Allgemeine und Besondere in absoluter Identität ist. Das Rationale wird als Rationales zugleich ein Erscheinendes, Sinnliches.“[26]
Zur ästhetischen Auffassung der Wirklichkeit in der „Philosophie der Kunst“ gehört, daß die Wirklichkeit als Produkt des beständigen Schaffens, besser gesagt des Affirmierens der Idee des Absoluten aufgefaßt wird. Der Gott oder das Absolute[27] affirmiert sich in einem Prozeß, dessen Ergebnis auf der einen Seite die Natur (als Affirmiertsein, passives Produkt) und auf der anderen das Wissen, Handeln und die Kunst (das Affirmierende, aktives Produkt) bilden.[28] Das Absolute kann dabei nicht als persönliches Wesen aufgefaßt werden — es gebührt ihm die Freiheit sowie die Unfreiheit, die Bewußtheit sowie die Unbewußtheit mit der Begründung, daß diese einseitigen Attribute sich in ihm aufheben.[29] Es wird dabei betont, daß jedes von diesen Produkten der Affirmation des Absoluten wieder ein Abdruck des ganzen Alls ist.[30]
Der Stoff der Kunst. In dem weiteren Abschnitt, benannt „Konstruktion des Stoffs der Kunst“, vertritt Schelling seine bekannte These, daß die Mythologie den Stoff der Kunst bildet. Damit ist keineswegs gemeint, daß die Kunst religiös sein sollte. Mit dieser These ist nur soviel gesagt, daß die Kunst die Ideen veranschaulicht. Es waren den Griechen gegönnt, die Ideen als Götter anzuschauen. Die Mythologie ist Schellings Ansicht nach mit der ursprünglichen Poesie identisch, sie ist also ein Produkt des künstlerischen Schaffens. Die griechische Mythologie gewann die religiöse Funktion erst später, sie war für sie sekundär. Erst im Christentum kehrte sich das Verhältnis der Funktionen der Poesie und der Religion um, d. h., die Bedeutung der religiösen überragte die poetische Funktion der Mythologie. Die Mythologie als Poesie geht aber, der Zeit und des Ursprungs nach, der religiösen Funktion voraus.[31]
Nun spaltet sich die Mythologie in zwei „Äste“, in die griechische „realistische“ Mythologie, in welcher das Unendliche in das Endliche „eingebildet“ ist, und in die christliche Mythologie, in der umgekehrt das Endliche in das Unendliche „eingenommen“ ist. Die antike Mythologie hat die Natur zu ihrem Gegenstand, die christliche das moralische Handeln und die Geschichte. Die Einbildung des Unendlichen in das Endliche ist in den griechischen Göttern, die Einnahme des Endlichen in das Unendliche wird im Christus, dem „letzten Gott“, symbolisch ausgedrückt. Durch seine Opfer vollzieht er an sich selbst eine Überwindung des Endlichen. Die christliche Mythologie äußert sich überhaupt vorwiegend in Handlungen. Die erste symbolische Handlung ist die Taufe, in der der Geist in sichtbarer Gestalt herunterkam — ein Symbol

der Geistigkeit der Wirklichkeit —, die zweite ist der Tod des Christus, d. h. die Selbstüberwindung des Endlichen. Das Paradox dieser Gestalt, welche eine mythologische, nicht eine historische Bedeutung hat, besteht darin, daß er mehr Gott als antike Götter ist (im Unterschied zu ihnen ist in ihm das Unendliche mit dem Endlichen nicht verschmolzen) und zugleich übertrifft er sie in seinem Menschtum. Er ist nämlich des Leidens fähig, während die Götter nicht leiden — auch das Leid des Prometheus ist nicht Leiden im eigentlichen Sinn, sondern ein Aufruhr.

Obwohl es scheint, daß das Christentum als Mythologie der sittlichen und der geschichtlichen Welt höher steht als die antike Mythologie der Natur, ist die griechische Mythologie in ästhetischer Hinsicht vollkommener. Schelling stellt nämlich das Symbol, das in der Durchdringung des Unendlichen mit dem Endlichen besteht, höher als die Allegorie, der sich die christlichen Handlungen nähern. Das höchste christliche Symbol — den leidenden Christus — hält er nicht für ästhetisch vollendet, da er Schillers negatives Urteil über die Darstellung des bloßen Leidens mitteilt.[32] Darum bevorzugt die „wahre Malerei" den Christus als Kind vor dem leidenden Christus.[33]

Als Synonym zu „christlich" benutzt Schelling den Ausdruck „modern". „Modern" ist Schelling die Welt der Individuen, die Gesellschaft, in der die Vereinzelung der Individuen vorherrscht, während das Individuum in der Antike sich mit der Gattung identifizierte. Das hat zur Folge, daß die „moderne" Welt die Welt der menschlichen Universalität ist, während das Altertum nicht imstande war, zur menschlichen Universalität zu gelangen. Die These von der Entdeckung der menschlichen Individualität im Christentum ermöglicht uns zu begreifen, daß Schelling neuzeitliche moralische Konflikte der „christlichen" Epoche der Mythologie subsumieren konnte. Mit der ausgereiften Individualität des neuzeitlichen Menschen hängt die schwierige Aufgabe des modernen Künstlers zusammen, der in seinem Werk die menschliche Universalität, als Bedingung der Wahrheit, mit der Originalität, als Ausdruck seiner Individualität, vereinigen muß. Er muß dabei aus „seiner Zeit", aus seinem „Weltgeist" schöpfen, was eine universale Bedeutung besitzt. Schelling betont, daß der monderne Künstler „aus seiner Begrenzung selbst eine Mythologie",[34] einen „abgeschlossenen Kreis der Poesie schaffen" muß, in dem „die Welt" und „das Gemüt" zu einem „Ganzen" vereinigt wird.[35] Als Beispiele nennt er Dante, Shakespeare, Cervantes, das damals bestehende Fragment von Goethes „Faust". Goethe hat im „Faust" die innerste, reinste Essenz „unseres Zeitalters"[36] ausgesprochen.

Wiederholt deutet Schelling an, daß die antike Mythologie einerseits und die christliche andererseits „nur ein Teil des größeren Ganzen sei",[37] das der Weltgeist vorbereitet. Die „christliche" Mythologie wird so „in das größere Ganze . . . eintreten können".[38] Dieses Ganze kann „man wohl ahnen, aber nicht aussprechen".[39] Schelling hält dabei seine Naturphilosophie für eine Andeutung der Richtung, in der die neuzeitliche Mythologie ergänzt werden kann. Man kann allerdings nicht den fertigen Stoff der „höheren Physik", wie er seine Naturphilosophie nennt, dazu gebrauchen, denn in diesem Fall wäre es unmöglich, der neuen Mythologie „ein unabhängiges poetisches Leben zu geben."[40]

Die Form der Kunst. Nachdem Schelling den Stoff der Kunst deduziert, oder — wie er sagt — konstruiert hat —, geht er zur Frage der Form der Kunst über. Von den Bestimmungen, mit denen er sich hier auseinandersetzt, sind die des Genies und die Begründung der Kunstgattungen am wichtigsten. Seine Theorie der Kunstgattungen übetrifft die Kantsche, da sie nicht in einer bloßen Aufzählung der Künste sich erschöpft, sondern um eine philosophische Theorie zur Fixierung der Unterschiede unter den Künsten bemüht ist. Diese Theorie gipfelt in der Behauptung vom Vorrang der sprachlichen Künste vor den bildenden. Dies weist auf Ähnlichkeiten seiner Ansichten mit der romantischen Theorie der Poesie als universeller Kunst hin.[41]

Was die Theorie des Genies betrifft, so müssen wir zuerst den Unterschied zu der betreffenden Theorie aus dem „System des transzendentalen Idealismus" verdeutlichen. Nach der Bestimmung des „Systems des transzendentalen Idealismus" ist es das Genie, durch das sich das Absolute offenbart. „Es ist gleichsam, als ob in den seltenen Menschen, welche vor andern Künstler sind im höchsten Sinne des Worts, jenes unveränderlich Identische, auf welches alles Dasein aufgetragen ist, seine Hülle. . . . abgelegt habe . . .".[42] Schon hier ist gesagt, daß die Bestimmung des Genies und der künstlerischen Tätigkeit mit der Bestimmung des Menschen identisch ist, allerdings mit der Bestimmung des Tiefsten im Menschen, der „Wurzel seines ganzen Daseins".[43]

In der späteren „Philosophie der Kunst" erhält die Konzeption des Genies in Beziehung zum Menschen eine noch wichtigere Stellung. Schelling identifizierte das Genie mit dem Begriff des Menschen. Der Mensch, allerdings nicht jeder Mensch, sondern der Mensch überhaupt, „der ewige Begriff des Menschen", ist das, „wodurch das Kunstwerk hervorgebracht wird".[44] Worauf bezieht sich dieses Gleichnis des Künstlers mit dem Menschen überhaupt?

Wir wissen, daß nachdem „System des transzendentalen Idealismus" der Künstler ähnlich wie die Natur produziert, nur im entgegengesetzten Verhältnis. Der Künstler schafft bewußt, aber in seinen Produkten ist auch das enthalten, was er unbewußt produziert. In der „Philosophie der Kunst" ist das Motiv der Nachahmung der absoluten Produktivität eines der grundlegenden. Der Künstler ahmt in seinen Produkten das Affirmieren Gottes in der Welt nach. Hinzu kommt das Motiv der Gunst: „Jeder Künstler kann daher nur so viel produzieren, als mit dem ewigen Begriff seines eigenen Wesens in Gott verbunden ist. Je mehr nun in diesem für sich schon das Universum angeschaut wird, je organischer er ist, je mehr er die Endlichkeit der Unendlichkeit verknüpft, desto produktiver".[45] Nach Gerda Heinrich, die die frühromantische Zeitschrift „Athenäum" erneut herausgab, korrigiert damit Schelling das Athenäum-Fragment „Die romantische Poesie", in dem es heißt, daß „die Willkür des Dichters kein Gesetz über sich leide".[46] Die wichtigste der Bestimmungen des Künstlers und zugleich des Menschen besteht aber darin, daß in jedem Menschen ein Kunsttrieb vorhanden ist, der aber nur in wenigen so stark ist, daß sie zu künstlerischer Produktion unüberwindlich getrieben werden. Das ist der Sinn der These, die besagt, daß der Mensch das ist, „wodurch das Kunstwerk hervorgebracht wird". Deshalb kann Schelling auf die damals aktuelle Frage über den individuellen oder kollektiven Ursprung der griechischen Mythologie antworten, daß sie Produkt der menschlichen Gattung als eines Individuums ist.[47]

Dies fordert zum Vergleich mit der bekannten These Hegels über das Bedürfnis auf, die Kunst zu produzieren. Nach Hegel ist dieses Bedürfnis in dem menschlichen Bestreben gegründet, sich selbst vermittels der praktischen Tätigkeit in der äußeren Welt zu verdoppeln. „Der Mensch tut dies, um als freies Subjekt auch der Außenwelt ihre spröde Fremdheit zu nehmen und in der Gestalt der Dinge nur eine äußere Realität seiner selbst zu genießen. Schon der erste Trieb des Kindes trägt diese praktische Veränderung der Außendinge in sich: Der Knabe wirft Steine in den Strom und bewundert nun die Kreise, die im Wasser sich ziehen, als ein Werk, worin er die Anschauung des Seinigen gewinnt."[48]

In diesen Analysen tritt die Ähnlichkeit der ästhetischen Produktion mit dem menschlichen Bestreben auf, die äußere Realität umzuwandeln und ihr den menschlichen „Fußtapfen"[49] einzudrücken. Von hier führt der Weg zur Theorie der „Vergegenständlichung" in den „Ökonomisch-philosophischen Manuskripten" von Karl Marx, der in derselben Bedeutung von dem „Sich-Verdoppeln" des Menschen spricht.[50]

Von hier wird begreiflich, daß Kunst bei Hegel vor allem das sinnliche Scheinen des menschlichen Gehalts bedeutet, und zwar der „Tiefen des Bewußtseins"[51] sowie der menschlichen Aktivität. Bei Schelling kann man solche Erwägungen nicht finden, wie sie z. B. in der Hegelschen Analyse der holländischen Kunst enthalten sind: „Diese Bürgerlichkeit und Unternehmungslust im Kleinen wie im Großen, im eigenen Lande wie ins weite Meer hinaus, dieser sorgfältige und zugleich sinnliche, nette Wohlstand, die Freiheit und Übermütigkeit in dem Selbstgefühl, daß sie dies alles ihrer eigenen Tätigkeit verdanken, ist es, was den allgemeinen Inhalt ihrer Bilder ausmacht."[52]

Ein anderer Unterschied besteht in dem verschiedenen Verhältnis, das die Kunst zur Philosophie bei Hegel und bei Schelling einnimmt. Bei Schelling steht die Kunst zur Philosophie eher im Verhältnis der Parallelität, wenn sie auch in der „Philosophie der Kunst" von ihrer privilegierten Stelle im „System des transzendentalen Idealismus" herabsinkt. Die Kunst steht für Schelling, dem lange Zeit die der ästhetischen Anschauung verwandte intellektuelle Anschauung als Methode der Philosophie diente, der Philosophie näher als bei Hegel, der vornehmlich die dialektische Methode der begrifflichen Erkenntnis entwickelte.,

Anmerkungen

[1] Immanuel Kant: Kritik der Urteilskraft. Hrsg. von Karl Vorländer Leipzig 1924, S. 41.
[2] Ebenda, S. 57
[3] Ebenda, S. 56.
[4] Ebenda, S. 47.
[5] Karl Vorländer: Einleitung des Herausgebers. In: Immanuel Kant, Kritik der Urteilskraft, S. XIX.
[6] Mit der ästhetischen Bedeutung des „System der gesamten Philosophie und der Naturphilosophie insbesondere“ befaßt sich Werner Kahle in dem Artikel „Zur Kunstauffassung Schellings im Spannungsfeld der Entwicklung des ästhetischen Denkens seiner Zeit.“ In: Wissenschaftliche Zeitschrift der Friedrich-Schiller-Universität Jena. Gesellschafts- und sprachwissenschaftliche Reihe, Jahrgang 25 (1976), S. 113ff.
[7] F. W. J. Schelling: Darstellung meines Systems. In: Sämtliche Werke, Bd. 4, 1859, S. 127.
[8] F. W. J. Schelling: System des transzendentalen Idealismus. In: F. W. J. Schelling, Frühschriften, Berlin 1971, Bd. 2, S. 526.
[9] Ebenda, S. 785.
[10] G. W. F. Hegel: Phänomenologie des Geistes. Hrsg. von J. Hoffmeister, Leipzig 1949, S. 149.
[11] Novalis: Dichtungen, Hrsg. von Fr. Paul, Leipzig, o. J., S. 96.
[12] F. W. J. Schelling: Darstellung meines Systems. A. a. O., S. 128.
[13] F. W. J. Schelling: System des transzendentalen Idealismus A. a. O., S. 814.
[14] Immanuel Kant: Kritik der reinen Vernunft, Bd. XX. Hrsg. von der Königlich Preußischen Akademie der Wissenschaften, Berlin 1904, S. 13.
[15] F. W. J. Schelling: System des transzendentalen Idealismus. A. a. O., S. 811.
[16] Ebenda, S. 811.
[17] Ebenda, S. 814.
[18] Ebenda, S. 814.
[19] Ebenda, S. 686.
[20] Ebenda, S. 556.
[21] G. W. F. Hegel: Phänomenologie des Geistes, A. a. O., S. 16.
[22] F. W. J. Schelling: Philosophie der Kunst. In: F. W. J. Schelling, Frühschriften, Berlin 1981, S. 855.
[23] F. W. J. Schelling: Darstellung meines Systems. A. a. O., S. 160
[24] F. W. J. Schelling: System des transzendentalen Idealismus. In: Sämtliche Werke, Bd. 3, 1858, S. 626. — Auf diese Stelle im Handexemplar Schellings macht W. Biemel, Kants Begründung der Ästhetik und ihre Bedeutung für die Philosophie der Kunst, 1959, S. 156 aufmerksam.
[25] F. W. J. Schelling: Philosophie der Kunst. A. a. O., S. 882.
[26] Ebenda, S. 876.
[27] Ebenda, S. 867.
[28] Ebenda, S. 872.
[29] Ebenda, S. 871.
[30] Ebenda, S. 872.
[31] Ebenda, S. 949.
[32] Friedrich-Schiller: Über das Pathetische. In: Fr. Schiller, Über Kunst und Wirklichkeit, Hrsg. von C. Träger, Leipzig 1975, S. 160.
[33] F. W. J. Schelling: Philosophie der Kunst. A. a. O., S. 927.
[34] Ebenda, S. 939.
[35] Ebenda, S. 938.
[36] Ebenda, S. 941.
[37] Ebenda, S. 937.
[38] Ebenda, S. 937.

[39] Ebenda, S. 937.

[40] Ebenda, S. 941.

[41] Zum Problem der ästhetischen Anschauungen Schellings zur Romantik vgl.: W. Zimmerli: Schellings „Deduktion eines allgegemeinen Organs der Philosophie" als Bindeglied zwischen romantischer Kunstauffassung und der Neubegründung der Dialektik in Hegels Philosophie. In: Romantik in Deutschland, Stuttgart 1978, S. 406.

[42] F. W. J. Schelling: System des transzendentalen Idealismus. A. a. O., S. 815.

[43] F. W. J. Schelling: Philosophie der Kunst. A. a. O., S. 953.

[44] Ebenda, S. 953.

[45] Ebenda, S. 954.

[46] G. Heinrich: Vorwort zu: Athenäum, Leipzig 1978, S. 29. — Das betreffende Zitat befindet sich in dieser Ausgabe auf der S. 87.

[47] F. W. J. Schelling, Philosophie der Kunst. A. a. O., S. 908, 911.

[48] G. W. F. Hegel: Ästhetik. Hrsg. von F. Bassenge. Berlin 1955, S. 75.

[49] Ausdruck J. G. Fichtes. In: Über den Gelehrten, Berlin 1956, S. 69.

[50] Karl Marx: Ökonomisch-philosophische Manuskripte. Gesamtausgabe, Bd. 2, Berlin 1982, S. 370.

[51] G. W. F. Hegel: Ästhetik. A. a. O., S. 82.

[52] Ebenda, S. 194.

Klaus Vieweg

Altorientalische Welt und symbolische Kunstform im Spiegel von Hegels Weltgeschichtsphilosophie und Ästhetik

Die Aktualität der Beschäftigung mit der altorientalischen Gesellschaft und ihrer Kunst dürfte unbestreitbar sein, die ungebrochene Wirkung altasiatischen Kulturgutes in den Ländern Asiens sowie der Einfluß in anderen geistig-kulturellen Strömungen zeigen die politische Bedeutung einer weiteren philosophischen Bearbeitung dieses Gegenstandes.
Ungeachtet des vorwiegend zur Antike gerichteten Blickes etablierte sich in der klassischen deutschen Philosophie und Kunst schon altorientalisches Kulturgut als Spurenelement. Goethes „West-östlicher Divan" oder Schillers Lobpreisung des indischen Epos „Sakuntala" seien erwähnt. In späteren Formen bürgerlicher geistiger Kultur gewann der Rückgriff auf überlieferte Variationen asiatischer Religion, Philosophie und Kunst entscheidend an Gewicht. Schopenhauers Hinwendung zur indischen Philosophie, Nietzsches Aufnahme der Zarathustra-Figur oder Hermann Hesses Verarbeitung des Indien-Themas seien stellvertretend genannt, ohne auf die Ursache dieser ‚Morgenlandfahrt' hier eingehen zu können (Sturz des ‚Anspruchs der Vernunft', These vom ‚Untergang des Abendlandes', Probleme der christlichen Religion).
Ein Mitglied des ‚Bundes der Morgenlandfahrer', seine Sicht des Orients soll im Zentrum der Betrachtung stehen: Hegels philosophisch tieflotendes Morgenlandverständnis im Vergleich der „Vorlesungen über die Philosophie der Geschichte" und der „Vorlesungen über die Ästhetik." (Dabei sind unbedingt die damals relativ beschränkt vorliegenden einzelwissenschaftlichen Erkenntnisse in Rechnung zu stellen).
Das Verhältnis von Weltgeschichte und Ästhetik im Hegelschen System verdient in verschiedener Hinsicht Beachtung. Die Hegelsche Systemkonstruktion, welche in der „Enzyklopädie" umfassend ausgearbeitet vorliegt, zeigt die unmittelbare Nebeneinanderbefindlichkeit von Weltgeschichte und Ästhetik, beide stehen am Übergang vom objektiven zum absoluten Geist. Die Weltgeschichte bildet die Endstation auf dem Wege des objektiven Geistes, den End- und Kulminationspunkt der Staats- und Rechtsphilosophie. Eduard Gans brachte dies prägnant auf den Begriff: „Von der Höhe des Staates aus sieht man die einzelnen Staaten als ebenso viele Flüsse sich in das Weltmeer

der Geschichte stürzen . . .".[1] Die Einordnung der Manifestation des Geistes in der Geschichte fixiert Hegel in disparater Weise, einerseits betont er die ausgezeichnete Rolle der Selbstdarstellung der Vernunft in der Weltgeschichte: „Der Geist aber ist auf dem Theater, auf dem wir ihn betrachten, in der Weltgeschichte, in seiner konkretesten Wirklichkeit."[2] Der Beweis der Vernunft ist die Abhandlung der Weltgeschichte. Andererseits schließt diese idealistische Position ihre Relativierung in sich: „Vielmehr aber liegt der eigentliche Beweis in der Erkenntnis der Vernunft selbst."[3]
Die erste Stufe dieses Selbst-Erkennens des Geistes, seines Werdens als absoluter Geist stellt die Kunst dar, sie repräsentiert die erste und zugleich niedrigste Form des Für-sich-Seins des Geistes. Diese unterste Ebene zeigt jedoch noch eine spezielle Einheit von Vernunft und Natur, der Geist ist noch mit seiner Gegensätzlichkeit ‚behaftet'. Diese ‚Ineinsbildung von Vernunft und Natur' im Kunstwerk und ihre Fassung als Absolutes hatte Hegel als Leistung von Schiller und Schelling besonders gewürdigt. Er nimmt diese Tendenz zur ‚Ästhetisierung' der Philosophie als Erscheinen der Idee auf, und zugleich bricht er diese, indem er diese Einheit von Geist und Welt, von Vernunft und Natur als niedere Stufe des Absoluten einordnet. Das letztendliche In-sich-selbst-Zurückkehren des Geistes erfolgt in der Philosophie, die Vernunft selbst auf dieser Stufe schafft die Einheit von Vernunft und Natur, im Unterschied zu Goethe, bei dem die Natur als die einheitsproduzierende Macht fungiert.
Die Schönheit als „Erscheinen der Idee" besteht nicht in interessenlosem Wohlgefallen oder ausschließlich fiktiv-utopischen Gegenentwürfen zur Wirklichkeit, sie besitzt wirkliche Substanz, wirklichen geschichtlichen Inhalt. Der Zusammenhang von Kunst und geschichtlichem Prozeß wird von Hegel stets thematisiert und entfaltet, der Inhalt der Kunst korrespondiert in spezifischer Weise mit der historischen Wirklichkeit, er wird in Bezug zum jeweiligen Entwicklungsstadium des Weltgeistes (orientalische, antike und germanische Welt) entwickelt. Hegel beleuchtet die Wechselwirkung verschiedener gesellschaftlicher Faktoren, er fixiert den gesellschaftlich-politischen Hintergrund, insbesondere die Staatsform und die konkreten Subjekte (Despotie, Polis, Rittertum, Gemeinde etc.), wobei ökonomische Zusammenhänge ebenfalls aufgezeigt werden (Eigentumsverhältnisse in Indien oder Ägypten, Sklaverei etc.). Bezüglich letzterem finden sich die Naturbedingungen menschlicher Existenz als inhaltlich bedeutungsvoll, Sonne, Flüsse (Indus, Nil), der ‚ionische Himmel' etc. Last not least wird die Ideologie als inhaltsfestlegender Faktor formuliert (Naturreligion, Mythologie, Weltreligionen, Philosophien).
Die Hegelsche Philosophie der Geschichte betreffend sprach Engels von der ‚Großartigkeit der Grundanschauung', von einer ‚epochemachenden Auffassung der Geschichte' als ‚direkte theoretische Voraussetzung der neuen materialistischen Anschauung'. Er betonte weiter, daß, wie in der „Phänomenologie" oder der „Geschichte der Philosophie", auch in Hegels „Ästhe-

tik“ diese großartige Auffassung der Geschichte durchgeht und überall der Stoff historisch, in bestimmten, wenn auch abstrakt verdrehten Zusammenhang mit der Geschichte gebracht werde.[4]
Wie die Idee überhaupt, hebt Hegel hervor, ist die Idee des Schönen „gleichfalls eine Totalität von wesentlichen Unterschieden, welche als solche hervortreten und sich verwirklichen müssen“. Die konkreten Formen der Kunst nimmt er „als die Entwicklung dessen, was im Begriff des Ideals liegt und durch die Kunst zur Existenz gelangt“.[5] Dem Stufengang der Idee des Schönen entspricht der Stufengang der Formen der Kunst als verwirklichende Entfaltung des Schönen. Ohne totale Kongruenz zu konstatieren, korrespondieren die drei Hauptformen der Kunst — symbolische, klassische und romantische — mit den drei Hauptstadien der Weltgeschichte — orientalische, antike und germanische Welt (Dominanz der jeweiligen Form). Bei der Betrachtung des inhaltlichen Zusammenhangs könnte die Aufnahme und geschichtsphilosophische Verarbeitung der Schillerschen Folge Naturreich—Schönheitsreich—Freiheitsreich vermutet werden. Das Kriterium der Weltgeschichtsstruktur besteht in der Entfaltung der Idee der Freiheit, der ‚Zug der Weltgeschichte‘ durchfährt die Stationen Orient, wo Einer frei ist (Staatsform: Despotie) — Antike, wo Einige frei sind (Demokratie und Aristokratie) — germanische Welt, wo Alle frei sind (Monarchie).
Die Wesensunterschiede sind am Subjekt festgemacht, analoges geschieht in der „Ästhetik“, z. B. bezüglich der Kenntlichmachung des Unterschiedes von orientalischer Kunst mit symbolischer Form und antiker Kunst mit klassischer Kunstform.

Altorientalische Geschichte und unbewußte Symbolik

Einige Wesenszüge der ersten Wegstrecke und der entsprechenden künstlerischen Form — der unbewußten Symbolik — wären zu erhellen. Den ersten Akt des Dramas der Weltgeschichte charakterisiert Hegel in durchaus poetischer Weise als ‚Sehend-Werden eines Blinden‘ als ‚Morgendämmerung mit werdendem Licht‘, als ‚aufflammende Sonne‘.[6] Dem Menschen verschwimmen alle Konturen von seinem Auge, er gerät in eine „vollendete Bewunderung“ des Seienden, somit hat er absolute aber wesentlich kontemplaplative Seinsgewißheit. Hegel kennzeichnet dies als ‚unendliches Vergessen seiner selbst in dieser reinen Klarheit‘.[7] Diese ‚Selbstvergessenheit‘ und ‚Seinsgewißheit‘ stellt laut Marx und Engels das erste Kardinalsverhältnis von ‚Bewußtsein‘ (als Reduktion des Menschen) und ‚Gegenstand‘ (Reduktion der Welt) in Hegels „Phänomenologie“ dar, das ‚Verhältnis des Bewußtseins zum Gegenstand als der Wahrheit oder zur Wahrheit als bloßem Gegenstand'.[8] Es werden als Beispiele sinnliches Bewußtsein, Naturreligion, ionische Philosophie und Katholizismus genannt. Das Niederknien vor dem Sein, vor der Natur als ‚persischem Licht', als Wasser des Thales oder vor dem katholischen Gott als Ausdruck christlichen ‚Supranaturalismus' und die damit gegebene Reduktion des Selbst implizieren Kontemplation, tatloses Beschauen, vollendete Bewunderung der Natur und somit weitgehend fehlendes Selbstbewußtsein. Das Verhältnis der Individuen zu den ‚substantiellen Gestaltungen' (der politischen Ordnung) besteht in Glauben, Zutrauen und Gehorsam in totaler Form, subjektive Freiheit fehlt im wesentlichen, die Subjekte erscheinen als bloße ‚Akzidenzien der Substanz', welche selbst als ein Subjekt auftritt. „Aller Reichtum der Phantasie und Natur ist dieser Substanz angeeignet, in welcher die subjektive Freiheit wesentlich versenkt ist . . .".[9] Z. B. repräsentiert die indische Dorfgemeinde als ‚feste Grundlage des orientalischen Despotismus' solche Verhältnisse, die „den menschlichen Geist auf den denkbar engsten Gesichtskreis beschränkten, ihn zum gefügigen Werkzeug des Aberglaubens, zum unterwürfigen Sklaven traditioneller Regeln machten und ihn jeglicher Größe und geschichtlicher Energien beraubten".[10] Das einzelne Individuum war nicht in der Lage, in gewichtigem Maße frei zum Gemeinwesen sich zu verhalten, obschon im weiteren sich Potentiale zur Verselbständigung von Individuen entfalteten (neben dem Despoten z. B. Territorialherrscher, Priester, Beamte, Militärs, Handwerker, Händler).

Geschichte wird von Hegel als Frei-Werden des Geistes begriffen, zugleich die Entfaltung der Kunstformen als Frei-Werden des Menschen und seines Geistes umrissen. Hierin offenbart sich die antinomische Bestimmung des Subjekts der Geschichte, einerseits der Mensch und andererseits der Weltgeist. Bezüglich der symbolischen Kunstform befindet sich die Idee auf der Suche nach ihrer adäquaten Gestaltung (die historisch erste Hauptform). Kunst als ‚konkretes Ineinander von Bedeutung und Gestalt' zeigt in ihrer symbolischen Form eine unvollkommene Identifikation von innerer Bedeutung und äußerer Gestalt, eine ‚wechselseitige Äußerlichkeit', ein ‚nur abstraktes Zusammenstimmen von Inhalt und Form'. Dies wird aber keineswegs nur aus dem Geist konstruiert, sondern aus konkreten geschichtlichen Zuständen, aus politischen, religiösen und auch ökonomischen Faktoren abgeleitet. Die Formen des ursprünglichen Symbols gehen „aus der religiösen Weltanschauung ganzer Völker hervor, weshalb wir auch das Geschichtliche in dieser Beziehung in Erinnerung bringen wollen".[11]

Die Erläuterung des Übergangs von der symbolischen zur klassischen Kunstform basiert auf der These vom Wechsel vom einen Freien zu einigen Freien, damit also auf dem weiteren ‚Frei-Werden' der einzelnen Individuen. Das Symbol als „eine für die Anschauung unmittelbar vorhandene oder gegebene äußerliche Existenz, welche jedoch nicht so, wie sie unmittelbar vorliegt,

ihrer selbst wegen genommen, sondern in einem weiteren und allgemeineren Sinne verstanden werden soll",[12] durchläuft selbst bei der ‚Suche der vollendeten Einheit' von Bedeutung und Gestalt eine Stufenfolge.
Am Beispiel der ersten Stufe, der unbewußten Symbolik, werden einige Aspekte der Beziehung von Kunst und Geschichte besonders augenfällig. Auf den Zusammenhang einer ursprünglichen ‚Selbstvergessenheit' und ‚Seinsvergessenheit' wurde schon aufmerksam gemacht. Für den Menschen gilt laut Hegel: „Nichts ist für ihn, weil er sich selber noch von den Gegenständen und deren unmittelbarer einzelner Existenz nicht geschieden und losgelöst hat."[13] Der Mensch stehe zur Natur im Verhältnis der Verehrung, Anbetung oder Bewunderung. In diesem Kontext konstatiert Hegel den engsten Zusammenhang von Religion und Anfang der Kunst, der Mensch ahne ein Absolutes in den Erscheinungen der Natur, ein Höheres erscheine ihm in der Form von Naturgegenständen. Zur spezifischen Reflexion des Mensch-Natur-Verhältnisses in der Naturreligion werden einige Bemerkungen notwendig, zumal Hegel dieses Verhältnis in Form der unmittelbaren Einheit von Bedeutung und Gestalt als erstes Moment der unbewußten Symbolik aber zugleich als ‚Vorkunst' begreift. Marx und Engels verwiesen darauf, daß Naturvergötterung und Stamm- oder Herdenbewußtsein untrennbar verschmolzen waren. Das ursprüngliche Bewußtsein ist Bewußtsein des bornierten Stammeszusammenhanges vom „sich bewußt werdenden Individuum; es ist zu gleicher Zeit Bewußtsein der Natur, die dem Menschen anfangs als eine durchaus fremde, allmächtige und unangreifbare Macht gegenübertritt, zu der sich die Menschen rein tierisch verhalten, von der sie sich imponieren lassen ..."[14] (Hervorheb. K. V.) Zugleich verhält sich das Individuum noch naiv zur unmittelbar umgebenden Natur als etwas Eigenem, als etwas Nicht-Fremdem. Die Natur erscheint als der „durch den Stamm vermittelte, objektive, als unorganische Natur vorgefundene Leib der Subjektivität."[15] Da die Bedingungen vorgefunden und nicht selbst geschaffen sind, erscheinen sie als natürliche und zugleich göttliche. Als prototypisch hierfür behandelt Hegel die altpersische Religion des Zarathustra, die in der Absolutsetzung des Lichtes gipfelt. Infolge der unmittelbaren Einheit von Bedeutung und Gestalt findet sich noch keine ‚produzierte Äußerlichkeit', keine eigentliche Kunst vor, sondern nur die Voraussetzung künstlerischer Aneignung in Form der Religion. „Die erste näher gestaltende Dolmetscherin aber der religiösen Vorstellungen ist allein die Kunst ..."[16]
Als Aufhebung der ersten Einheit von Bedeutung und Gestalt wird die phantastische Symbolik der indischen Kunst fixiert. In der Zusammenschau der Vorlesungen über die Geschichte und die Ästhetik wird das Ineinanderverzahntsein von bestimmendem geistigen Prinzip — Naturbedingungen — Ackerbaugemeinde — Staatsorganisation — Kastenwesen sowie Religion und Kunst offenkundig. In der Charakteristik des grundlegenden ideellen

Prinzips als ‚träumender Geist' kann treffend der Zwischenzustand von ‚geistloser Versenkung in die Natur' und einer ‚von der Natur befreiter Geistigkeit'[17] festgehalten werden. Der Nicht-Existenz der freien Subjektivität der Individuen, ihres freien Für-sich-Seins steht der eine Freie in Verbindung mit Stadt und Staat als Autonomiepotential gegenüber.

Es finden sich demnach zwei Sphären vor, welche von Hegel aufgezeigt, aber in ihrem Wesen nicht vollständig erkannt werden: Erstens die indische Dorfgemeinde als ‚feste Grundlage des orientalischen Despotismus' (Marx), welche beruht „einerseits auf Gemeineigentum an den Produktionsbedingungen, andrerseits darauf, daß das einzelne Individuum sich von der Nabelschnur des Stammes oder des Gemeinwesens noch ebensowenig losgerissen hat wie das Bienenindividuum vom Bienenstock".[18] Hegel sprach von ‚entwürdigendster Knechtschaft des Geistes'[19], Marx vom ‚jeglicher Größe und geschichtlicher Energie beraubten menschlichen Geist'[20].

Die Stagnation dieser Gemeinwesen indizierte Hegel im Zusammenhang mit dem Kastenwesen als ‚Versteinerung', ‚Erstarrung' und ‚Festigkeit'[21]. Marx verwies auf die trotz gesellschaftlicher Teilung der Arbeit existente Selbstgenügsamkeit und einfache Reproduktion der Dorfgemeinde, welche den ‚Schlüssel zum Geheimnis der Unveränderlichkeit asiatischer Gesellschaften'[22] liefere.

Nach Hegel dominierte die natürliche, räumliche Bestimmung, dies spiegelte sich in der Vergöttlichung alles Natürlichen. Die Negativität als Zeit findet sich zwar in Kala als Vernichter personifiziert vor, aber die Substanz des Göttlichen selbst bleibt unveränderlich. Trotz Gestaltwechsel und Formveränderung bleibt die ‚ewige Wiederkehr des Gleichen' das zentrale Element, eine tendenziell pessimistische Einsicht in die von innen heraus unveränderliche Ordnung.

Die zweite Sphäre oder Ebene, die Despotie als Staatsorganisation, stellt einen verselbständigten Gesamtzusammenhang dar, sie erwächst u. a. aus der Notwendigkeit der Realisierung von übergreifenden Produktionsbedingungen. Hegel betonte den Zusammenhang von Hochland und Talebenen (Flußtäler des Indus und Ganges) mit der Wasserversorgung des Ackerbaus, Marx schrieb: „Eine der materiellen Grundlagen der Staatsmacht über die zusammenhanglosen kleinen Produktionsorganismen Indiens war die Reglung der Wasserzufuhr."[23] Ein Beispiel dafür, daß die Notwendigkeit einer gesellschaftlichen Kontrolle und Aneignung einer Naturkraft die ‚entscheidenste Rolle in der Geschichte' spielen kann. Die ‚höhere Einheit' als Staat und Stadt kommt zu einer relativen Eigenständigkeit, ohne die Unterordnung unter das Land als ökonomischem Fundament aufheben zu können. „Die Struktur der ökonomischen Grundelemente der Gesellschaft bleibt von den Stürmen der politischen Wolkenregion unberührt."[24]

Die Tendenzen der phantastischen Deifizierung der Natur und des beschränk-

ten Frei-Werdens des Geistes manifestieren sich in Religion und Kunst. Einerseits entfällt und verschwindet im Brahman alle Gegenständlichkeit, alle Natürlichkeit, es ist kein Objekt für Anschauung und Denken; andererseits treten einzelne Naturgegenstände als Götter auf, dies äußerte sich im ‚negativen Frei-Werden' des Geistes und in der ‚tierisch rohen Naturanbetung' (Marx), im Natur- und Tierkult.
In der künstlerischen Form der phantastischen Symbolik erwächst zunächst die Differenz von Bedeutung und Gestalt, von Geist und Natur, von Absolutem und Dasein; der Kampf und die phantastische Wiederherstellung der Einheit von Mensch und Natur. Hegel spricht vom ‚Taumel', vom ‚unruhigen Hin- und -Herschweifen' von sinnlichen Erscheinungen als ‚abstrakte, unbegeistete' zu allgemeinsten Bedeutungen als äußerste Abstraktionen, vom ‚rastlosen Überspringen von einem Extrem ins andere'[25]. Die Lösung als vollkommene Einheit zeigt die Gestalten in phantastischen, superlativischen Verzerrungen und Travestierungen.
Die Hauptursachen sieht Hegel in der fehlenden Historizität und Rationalität des Denkens, die alten Inder hatten keine historische Auffassung der Personen und Begebenheiten (Herrschaft des ‚Raumes' über die ‚Zeit') und keine ‚prosaische Besonnenheit', um ‚das Geschehene für sich in seiner wirklichen Gestalt, seinen empirischen Vermittlungen, Gründen, Zwecken und Ursachen aufzunehmen und zu verstehen'; sie kommen deshalb zu einer ‚durcheinandergemischten Verwirrung des Endlichen und Absoluten'[26], zu Kühnheit und Phantastik. Aus der ‚Übersinnlichkeit' von Brahman, sich darstellend als Aufgabe allen Inhalts und aller selbstbewußten Subjektivität — welche zugleich aber die Fähigkeit der inneren Versenkung, der Meditation, positiv entwickelt — erfolgt der Sprung in die Vergötzung der Natur, der Brahmane als Priester ist selbst Brahman. In der Kunst kam es zur Übersteigerung der Gestalt hinsichtlich Raum, Zeit oder Vielfalt, in den epischen Gedichten steht Wirkliches, Menschliches neben visionär Dämonisiertem und mystischer Idolatrie; der dargestellten menschlichen Gestalt fehlt weitgehend die Individualität und die Selbstbestimmung. Hegel betont, daß „Begebenheiten und Taten statt die Realität und das sich verwirklichende Dasein des Subjekts zu sein, ihren Inhalt und ihre Bedeutung anderswoher erhalten".[27]
Die dritte Stufe der unbewußten Symbolik stellt die eigentliche Symbolik dar, die in der ägyptischen Kunst realisiert war. Den Zusammenhang von Gesellschaft und Kunst andeutend, spricht Hegel vom ägyptischen Volk als ackerbauendem und bauendem Volk, die Religion wird aus den wirklichen Verhältnissen erklärt. „Die Grundanschauung dessen, was den Ägyptern als das Wesen gilt, ruht auf der natürlich beschlossenen Welt, in der sie leben und näher auf dem geschlossenen physischen Naturkreis, welchen der Nil mit der Sonne bestimmt ... Die partikularisierte Naturanschauung gibt das Prinzip für die Religion, ... Der Nil und die Sonne sind die als menschlich

vorgestellten Gottheiten und der natürliche Verlauf und die göttliche Geschichte ist dasselbige."[28]
Die Unabdingbarkeit umfangreichen produktiven Zusammenwirkens von Individuen bei der Bewässerung und insbesondere der Errichtung von Befestigungen und Dämmen forcierte die Entstehung größerer gesellschaftlicher Zusammenschlüsse. Die Führenden dieser Prozesse gewannen die entscheidende Stellung, es entstand zentralisiertes Staatseigentum. Die Pharaonen repräsentierten als Gott-Könige die Deifizierung der Einheit des Gemeinwesens und zugleich die Vergöttlichung der gemeinschaftlichen Produktionsvoraussetzungen als Naturbedingungen. Im alten Reich standen die Pharaonen-Pyramiden und die Sonnenheiligtümer nebeneinander für die Einheit des Gemeinwesens und zugleich für die Natur. Eine zweite Gruppe von Individuen gewann durch das Wissen von Zusammenhang Sonne — Nil ihre wichtige Machtstellung — die Priester. „Die Notwendigkeit", die Perioden der Nilbewegung zu berechnen, schuf die ägyptische Astronomie und mit ihr die Herrschaft der Priesterkaste als Leiterin der Agrikultur."[29] In Ägypten, dem Land des Symbols, begann sich in der Kunst die Bedeutung für sich frei zu machen von der unmittelbar sinnlichen Gestalt. Diese künstlerlichen Formen stellen zwar noch nicht die dem Geist adäquaten dar, aber sie weisen ‚aus sich heraus auf anderes hin', erscheinen somit als Aufgabe und Rätsel.
Bezüglich der abstraktesten Formen stellt Hegel die unmittelbare Bedingtheit von der historischen Wirklichkeit, von den Notwendigkeiten der ägyptischen Agrikultur her. Die Zahl erreicht symbolischen Gehalt, die Zahlen sieben und zwölf spielen in der ägyptischen Architektur eine herausragende Rolle — ‚sieben' symbolisiert die Planetenzahl und ‚zwölf' die Anzahl der Monde und die Anzahl der Fuße, um welche das Wasser des Nils, um fruchtbar zu wirken, steigen muß.[30] Ähnliches trifft auf die Raumdarstellung des Labyrinthes zu, welche als Symbol für den Planetenlauf gilt. Hier wird der Zusammenhang von ökonomischer Grundlage — Wissenschaft — Religion und Kunst augenscheinlich herausgestellt, wiederum ein Punkt, wo Hegel innerhalb der Spekulation eine treffende Darstellung wirklicher Zusammenhänge gibt.
Der Beginn des ‚Herausringens des Innern aus dem Natürlichen' als Ausdruck realer Individualisierungstendenzen, der weiteren Verselbständigungsmöglichkeiten von Individuen innerhalb der Gemeinschaften ruht letztlich auf den ökonomischen Veränderungen im ägyptischen Reich. Als Stichworte seien hier nur kurz die beginnende Aufspaltung des zentralistischen Staatseigentums und die damit verbundene Stärkung der Macht der Fürsten und Priester (des Tempels), die Entstehung bäuerlichen Kleineigentums, die Entfaltung von Handwerk und Handel und die äußeren kulturellen Einflüsse genannt (Entwicklung ‚historischer Kommunikation'). Allerdings kam es nicht zur Heraus-

bildung klassischer Privateigentumsverhältnisse als gesellschaftlich dominanter Produktionsverhältnisse.
Einige Aspekte der Reflexion dieser Prozesse im Rahmen der Kunst formuliert Hegel in prägnanter Weise. Das Autonom-Werden von Einzelnen tendiert zu einer bestimmten Formulierung des tätigen Prinzips, zur geistigen Spiegelung des bedeutungsvoller gewordenen individuellen Tätigseins. Die Negativität, die Zeit, gewinnt das Format des Absoluten, wird Moment des Absoluten selbst. Tod und Wiedererstehung finden im Adonisdienst (Phönizien, Syrien) und im Symbol des Vogels Phönix ihre Darstellung. Die Auffassungen von der Unsterblichkeit der Individualseele und die perennierende Aufbewahrung von Toten zeigt die steigende Bedeutsamkeit des individuellen Menschen an, die Selbstvergessenheit wurde weiter destruiert. Die Pyramiden „sind ungeheure Kristalle, welche ein Inneres in sich bergen und es als eine durch die Kunst produzierte Außengestalt so umschließen, daß sich ergibt, sie seien für diese der bloßen Natürlichkeit abgeschiedne Innere und nur in Beziehung auf dasselbe da“.[31] Der vollständigen Symbolik werden die Göttergestalten Isis und Osiris zugeordnet. „Sonne und Nil, ihr Schwachwerden und Erstarken sind die Naturmächte des ägyptischen Bodens, welche der Ägypter sich in der menschlich gestalteten Geschichte der Isis und des Osiris symbolisch veranschaulicht.“[32] Dabei symbolisiert Osiris nicht nur die Naturmächte sondern ebenfalls das Menschliche in Form der Begründerrolle für Ackerbau, Teilung der Arbeit und Eigentum, für Gesetz und geistige Tätigkeiten.
Weitere Anzeichen des Freiwerdens individueller Subjektivität stellen die stark individualisierten Porträts, die Darstellungen von produktiven Tätigkeiten, die großen Tempelbauten (Luxor) und die ausdrucksvollen Großplastiken dar (z. B. der Felsentempel Ramses II. in Abu Simbel). Die menschlichen Großplastiken bringen neben dem individuell Menschlichen aber auch den Mangel des Freiwerdens zur Anschauung, die Figuren wirken teilweise noch unlebendig, starr oder versteinert und sind der Sonne entgegengestellt, um von dieser Leben zu empfangen. Menschliches ist teilweise noch mit Tierischem verquickt, Tierkult und Tiermasken zeigen dies, aber die gravierendste Form findet sich in der Sphinx, welche Hegel als ‚Symbol des Symbolischen selber‘ kennzeichnet. „Aus der dumpfen Stärke und Kraft des Tierischen will der menschliche Geist sich hervordrängen, ohne zur vollendeten Darstellung seiner eigenen Freiheit und bewegten Gestalt zu kommen . . .“[33] Nicht der menschliche Geist allein, sondern der Mensch mit seinem Denken und Handeln ist derjenige, der sich aus der Unterwerfung unter das Natürliche enthebt. Die Lösung des Sphinxrätsels durch Ödipus war: der Mensch. Die gleiche Antwort formulierte Engels für die Lösung des Sphinxrätsels Geschichte. Kunst — dies wurde an einigen Beispielen versucht zu erhellen — repräsentiert einen mehr oder minder klaren Spiegel der jeweilig historischen Form der

Identität von Mensch und Natur. Sie offenbart als geistig-gegenständliches Modell von Wirklichkeit die geschichtliche Bedingtheit der Auffassungen vom Menschen selbst und ebenso des Verständnisses von Natur. Die Darstellungsweisen der Gewichtigkeit menschlichen Handelns oder z. B. von Raum und Zeit zeigen die Bedingtheit vom gesellschaftlichen Basisprozeß deutlich auf, frühe Kulturen liefern aufgrund der relativ einfachen gesellschaftlichen Strukturiertheit ein anschauliches Exempel. Hegels „Ästhetik" und seine „Philosophie der Geschichte" enthalten wesentliche Ansätze zu einem vertieften philosophischen Verständnis damaliger und insbesondere heutiger Prozesse in der geistigen Kultur Asiens. In der schöngeistigen Literatur liegt mit Tschingis Aitmatows Roman „Der Tag zieht den Jahrhundertweg" ein interessanter Diskussionsanstoß zum Problem des Verhältnisses von europäischer und asiatischer Kultur vor.

Anmerkungen

[1] *E. Gans*: Vorrede zu G. W. F. Hegel „Grundlinien der Philosophie des Rechts oder Naturrecht und Staatswissenschaft im Grundrisse", Berlin 1981, S. 5.

[2] *G. W. F. Hegel*: Die Vernunft in der Geschichte. Hrsg. v. G. Lasson, Leipzig 1930, S. 5.

[3] Ebenda, S. 30.

[4] Vgl.: *F. Engels*, Karl Marx: Zur Kritik der Politischen Ökonomie. In: K. Marx/F. Engels, Werke, Bd. 13, Berlin 1961, S. 474.

[5] *G. W. F. Hegel*: Vorlesungen über die Ästhetik. In: G. W. F. Hegel: Werke in zwanzig Bänden, Frankfurt a. M. 1969ff., Bd. 13 (im Folg.: Ästhetik I), S. 389.

[6] Vgl.: *G. W. F. Hegel*: Vorlesungen über die Philosophie der Geschichte. In: G. W. F. Hegel: Werke in zwanzig Bänden, Frankfurt a. M. 1969ff., Bd. 12, S. 133—134.

[7] Ebenda.

[8] Vgl.: *K. Marx/F. Engels*: Die Deutsche Ideologie. In: K. Marx/F. Engels: Werke, Bd. 3, Berlin 1978, S. 137—138.

[9] *G. W. F. Hegel*: Vorlesungen über die Philosophie der Geschichte, a. a. O., S. 136.

[10] *K. Marx*: Die britische Herrschaft in Indien. In: K. Marx/F. Engels, Werke, Bd. 9, Berlin 1960, S. 132.

[11] *G. W. F. Hegel*: Ästhetik I, a. a. O., S. 414.

[12] Ebenda, S. 394.

[13] Ebenda, S. 408.

[14] *K. Marx/F. Engels*: Die Deutsche Ideologie, a. a. O., S. 31.

[15] *K. Marx*: Grundrisse der Kritik der Politischen Ökonomie, Berlin 1974, S. 376.

[16] *G. W. F. Hegel*: Ästhetik I, a. a. O., S. 410.

[17] Vgl.: ebenda, S. 417.

[18] *K. Marx*: Das Kapital. In: K. Marx/F. Engels: Werke, Bd. 23, Berlin 1980, S. 354.

[19] Vgl.: *G. W. F. Hegel*: Vorlesungen über die Philosophie der Geschichte, a. a. O., S. 177.

[20] Vgl.: *K. Marx*: Die britische Herrschaft in Indien, a. a. O., S. 132.

[21] Vgl.: *G. W. F. Hegel*: Vorlesungen über die Philosophie der Geschichte, a. a. O., S. 177.

[22] Vgl. K. Marx: Das Kapital, a. a. O., S. 379.

[23] Ebenda, S. 537.

[24] Ebenda, S. 379.

[25] Vgl.: *G. W. F. Hegel*: Ästhetik I, a. a. O., S. 431.

[26] Vgl.: ebenda, S. 432.

[27] Vgl.: ebenda, S. 440.

[28] *G. W. F. Hegel*, Vorlesungen über die Philosophie der Geschichte, a. a. O., S. 256—257.

[29] *K. Marx*: Das Kapital, a. a. O., S. 537.

[30] Vgl.: *G. W. F. Hegel*: Ästhetik I, a. a. O., S. 455.

[31] Ebenda, S. 459f.

[32] Ebenda, S. 463.

[33] Ebenda, S. 465.

Georg Biedermann

Zum Begriff der Menschlichkeit bei Johannes R. Becher, Gottfried Keller und Ludwig Feuerbach

Die nachfolgenden Überlegungen haben nicht das Ziel, die große Frage der Gegenwart — Menschlichkeit und Frieden — aus allgemeinen Betrachtungen über ästhetische und ethische Kategorien zu entwickeln. Auch handelt es sich nicht darum, dieses Problem im Rahmen irgendwelcher Entwicklungstendenzen oder bestimmter Zusammenhänge in der Kunst und im künstlerischen Schaffen zu untersuchen, worum es hier geht, ist, diesen Begriff am Beispiel einer Dichterpersönlichkeit, an ihrer Weltanschauung, ihrem politischen Engagement, ihrem Naturell zu demonstrieren — eine Verfahrungsweise, die im wesentlichen von einer doppelten Erwägung ausgeht: erstens von der Tatsache, daß hinter allen sozialen Prozessen, hinter den großen und kleinen gesellschaftlichen Auseinandersetzungen lebendige Menschen mit ihren Zwecken und Wünschen, ihren Vorzügen und Mängeln stehen, so daß der Gegenstand des Themas in der Tragweite seiner ideologischen, politischen und auch psychologischen Resonanz nur aus der Sicht der handelnden Individuen adäquat erfaßt werden kann; zweitens von dem Umstand, daß die Künstler wie auch die Philosophen — von den Politikern und Staatsmännern aus Gründen der Spezifik des Objektes hier abgesehen — Kulminationspunkte des sozialen Geschehens sind, Repräsentanten der Gemeinschaft, in deren Werken sich direkt oder indirekt die Hauptprobleme der Wirklichkeit spiegeln. Die eigentümlich-gesellschaftliche Funktion der Künstler hat schon der junge Ludwig Feuerbach in seiner kleinen Abhandlung „Der Schriftsteller und der Mensch" näher bestimmt, wenn er dort die Dichter und Philosophen — freilich ein wenig zugespitzt — als „Gattungs-Normalindividuen" definiert, als „Einzelwesen, die jedes ein großes Gemeinwesen sind, Zentralpunkte der Menschheit, souveräne Mächte, in die der Menschengeist alle seine Kraft, Fülle und Realität zusammendrängt."[1]

Diese originelle Charakteristik trifft voll und ganz auch auf Johannes R. Becher zu, der bis in die fünfziger Jahre hinein noch unser Zeitgenosse war, der im Hinblick aber auf den rasch dahinfließenden Lebensstrom zugleich auch schon Vermächtnis, Erbe ist. Dieses Erbe uns Heutigen zu erschließen, es dem weiteren Aufbau der entwickelten sozialistischen Gesellschaft nutzbar zu machen, heißt in seinen Schriften jene die Zeit überdauernden Ergebnisse aufzusuchen, die aktuell sind und dringende Aufgaben der Gegenwart, so oder anders, lösen helfen. Es war kein anderer als Becher selbst, der in seinem Aufsatz „Vom Neuen in der Literatur" auf die Eigenart der Erbeaneignung hingewiesen und von den Künstlern gefordert hat, aus den Werken der Vorfahren zunächst und vor allem das herauszuarbeiten, was, „in der oder jener Variation, schon vor Jahrhunderten die Menschheit beschäftigte", weil allein die „tiefe und allumfassende Gestaltung der Menschheitsprobleme" zugleich „die Kraft" in sich birgt, auf zeitnahe Fragen, eine zeitnahe, wenn auch oft nur mittelbare Antwort zu finden, zum anderen auch das tatsächlich „Neue im Vergangenen" aufzuspüren, es schöpferisch zu formen und zu „einem neuen Leben" zu erwecken.[2]

Wie kaum ein anderer hat der tief in der Tradition der großen Dichter und Philosophen, namentlich der deutschen Klassik, stehende Schriftsteller sich bemüht, das ästhetische Erbe der Vergangenheit für die Gegenwart fruchtbar zu machen: Friedrich Hölderlin, Johann Wolfgang von Goethe, Gottfried Keller waren die Vorbilder, von denen er lernte, die er zitierte, deren Ideen er weiterbildete, indem er ihr Grundanliegen als das Grundanliegen seiner Zeit erkannte. Neben diesen Autoritäten erhielt der Dichter nicht wenig Anregungen für seine politische Poesie auch aus ungenannten Quellen. Hierher gehört vor allem das von dem Feuerbach-Schüler Gottfried Keller in seinen ästhetischen Schriften vermittelte humanistische Menschenbild, das tief in dem anthropologischen Prinzip seines philosophischen Lehrers wurzelte — ein Prinzip, das Lenin einmal „eine ungenaue, schwache Umschreibung des Materialismus" genannt hat.[3] „Erinnern Sie sich an die Bücher Gottfried Kellers", lenkte Becher in einem seiner Artikel das Augenmerk der jungen Schriftsteller auf diesen hervorragenden demokratischen Dichter des 19. Jahrhunderts, „immer wieder verkörpert sich [dort] in volkstümlichen Gestalten vorbildliches Menschlichsein — das unbeirrbare Gefühl für das, was Gut und Böse ist", aber auch das, was für uns den „größten Wert" hat: „gesundes Fühlen und rechtliches Denken".[4]

Die Idee vom Menschlichsein, vom gerechten Denken und Fühlen, mit einem Wort den Begriff vom „anständigen Menschen"[5] — der auch im Sozialismus, wie die Erfahrung zeigt, in seinen alltäglichen Umgangsformen — der Höflichkeit, der Hilfsbereitschaft, der Liebenswürdigkeit, der menschlichen Achtung — nicht von selbst entsteht, sondern bewußt herangebildet werden muß — diesen Begriff entwickelte Becher in Übereinstimmung mit der schon oben aufgeworfenen Frage nach dem Neuen, wie und wo das Neue zu suchen sei. Und er fand das Neue, zusammen mit anderen Kampf- und Weggenossen, gerade da, wo sie es, wie er besonders im Rückblick auf den Großen Vaterländischen Krieg schrieb, „nicht krampfhaft suchten, sondern als wir, ohne daß wir uns in diesem Augenblick bewußt gewesen waren, daß wir Schriftsteller, Künstler sind, nichts als Menschen und ‚nur' Menschen waren — denn in diesem ‚Nichts-als-Mensch-Sein‘ und in diesem ‚Nur-Mensch-Sein‘ hat sich uns die Zeit in ihrer ganzen Menschlichkeit und Unmenschlichkeit offenbart, in der besonderen, einmaligen, in ihrer entsetzlichen und in ihrer herrlichen Neuheit.“[6]

Was sagte doch einmal Ludwig Feuerbach von sich und vom Menschsein in einer Entgegnung an Max Stirner alias Kaspar Schmidt — ein Satz, der hier stellvertretend für viele andere gleichlautende oder ähnliche Formulierungen stehen möge? Feuerbach „ist mit Gedanken, was er der Tat nach, im Geiste, was er im Fleische, im Wesen, was er in den Sinnen ist — Mensch“[7] — und in seinen „Grundsätzen der Philosophie der Zukunft“: „Nur das Menschliche ist das Wahre und Wirkliche, denn das Menschliche nur ist das Vernünftige, der Mensch das Maß der Vernunft.“[8]

Die Analogie der Ansichten vom Menschlichsein bei den beiden Denkern ist augenscheinlich, obschon Feuerbach mit seinem Menschenbild nur den Menschen an sich erfaßte und nicht auch das konkrete, in Klassen, Gruppen, Gemeinschaften integrierte Individuum, — aber gerade weil er von den Besonderheiten abstrahierte, weil er im Menschen das aufsuchte, was den Menschen sittlich zum Menschen macht — Herzlichkeit, Willensstärke, Toleranz, Achtung des Menschen vor dem Menschen — vermochte er einen Wesenszug des realen Humanismus zu profilieren, der einerseits eine ganze Generation von Schriftstellern und Künstlern des 19. Jahrhundert weltanschaulich erzogen oder wenigstens in einer bestimmten Weise beeinflußt hat: Gottfried Keller, Georg Herwegh, Nikolaus Lenau, Georg Weerth, Ludwig Anzengruber, die Schule der russischen revolutionären Demokraten und viele andere mehr, — der andererseits aber auch in den schwierigsten Situationen menschlicher Existenz sich bewährte und — über Klassenschranken, Konfessionen, Vorurteile hinweg — das wahre Menschentum im Menschen behauptete.

Vom Standpunkt dieser Erfahrungen hat Becher nur konsequent gedacht, wenn er das Nur-Menschliche in der Rangfolge der sittlichen Werte so hoch stellte, daß er nach den Jahren der faschistischen Barbarei bereit war, schon in demjenigen einen „Revolutionär“ anzuerkennen, „der sich bemüht, ein möglichst anständiger und vorbildlicher menschlicher Mensch zu sein“.[9] Das schrieb und forderte der Dichter vor nahezu dreieinhalb Jahrzehnten. Wie viel mehr aber muß diese Kategorie eines Revolutionärs unter den gegenwärtigen Bedingungen der ins Riesenhafte angewachsenen Gefahr eines Nuklearkrieges apostrophiert werden, wo das erste und wichtigste Gesetz des Handelns die Bereitschaft ist, sich persönlich dem Kampf um die Erhaltung des Friedens zu verpflichten und das höchste Gut zu verteidigen, das der Mensch besitzt — sein Dasein und mit dem Dasein die Menschheit in ihm.

Damit sind wir beim Kerngehalt des Begriffs vom Menschsein, bei der Kardinalfrage aller Humanität, bei der Bestimmung des Friedens angekommen,

vor der die großen und kleinen individuellen Bedürfnisse nichtig werden, und selbst gesellschaftliche Interessen, Theorien und Weltanschauungen, zurücktreten, wenn es um die Entscheidung Krieg oder Frieden geht. Diese große, alles umspannende Frage der Gegenwart charakterisierte ein Teilnehmer an der internationalen wissenschaftlichen Karl-Marx-Konferenz im April 1983 in bezug auf die Priorität oder Nichtpriorität der Ideen vor dem Hintergrund eines drohenden Kernwaffenkrieges so: „Um sich zu Ideen bekennen zu können, um sie verteidigen zu können, muß man zuerst einmal überleben, existieren, und der Atomkrieg gefährdet das Weiterleben des gesamten Menschengeschlechts. An diesem Kreuzweg stehen wir. Das ist die entscheidende Frage, die sich heute mit aller Schärfe Revolutionären, Reformisten, Marxisten und Nicht-Marxisten, Christen, Liberalen, ja der ganzen Menschheit stellt."[10]
Ganz in diesem Sinne hat auch Johannes R. Becher sein Leben lang gewirkt. Dieser große Dichter, der ohne Wenn und Aber mit seiner Klasse und mit der Tradition des Verderbens in Deutschland gebrochen hat, gehörte zu jenem Typus des Sozialisten, des Patrioten, des Internationalisten, der niemals müde wurde, den Frieden mit seiner Poesie, mit seinen Reden und Aufsätzen in die Herzen der Menschen zu pflanzen. Er wußte, daß, solange es Imperialismus und mit dem Imperialismus Krieg und Kriegsgefahr in der Welt gibt, es nicht genügt, bei allgemeinen Bekenntnissen zum Frieden stehen zu bleiben, für den Frieden muß vielmehr etwas getan, muß um ihn gekämpft, muß sein Begriff den Menschen nahegebracht werden. „Friedensarbeit", schrieb der Künstler, „wirkliche, reelle Arbeit für den Frieden ist in vielen Fällen ein Geduldsspiel. Auch diejenigen, die da meinen, aus einem Krieg sei irgendein Profit für Deutschland herauszuschlagen, dürfen nicht abgeschrieben werden",[11] man muß mit ihnen reden, muß ihnen klar machen, daß es zur Koexistenz von Staaten mit unterschiedlicher sozialer Ordnung keine andere Alternative als den Frieden gibt. Denn: „Was kommt am Ende/Dabei heraus,/ Wenn Menschen nicht/Mit Menschen sprechen?/Sie schießen/Aufeinander/ ..."[12]
Was hat Johannes R. Becher mit der breiten Plattform derer, mit denen — bis in die Kreise der Bourgeoisie hinein — über den Frieden gesprochen werden muß, anderes getan, als auf ein Bündnis der Vernunft und der gemeinsamen Verantwortung aller Menschen guten Willens, ohne Unterschied ihrer Herkunft, ihrer gesellschaftlichen Stellung, ihres Glaubens, zur Erhaltung des Friedens orientiert? Die Koalition der Vernunft ist also, was ihr Wesen betrifft, keineswegs eine Entdeckung unserer Tage, sie wurde von Becher schon 1950 und auch zu jeder anderen Zeit, in seinem literarischen Werk als die Strategie der Friedenspolitik der Kommunistischen und Arbeiterparteien leidenschaftlich verkündet. In der Tat. Damals wie heute arbeitet die sozialistische Staatengemeinschaft, insbesondere auch die DDR, entschlos-

sen an einer positiven Lösung dieses uralten Menschheitsproblems. Dem dient auch, um aus der Fülle der Maßnahmen nur ein Beispiel herauszugreifen, die erst kürzlich in dem gemeinsamen Aufruf des ZK der SED und der führenden Vertretungskörperschaften unseres Landes erhobene Forderung nach Fortsetzung des konstruktiven Dialogs zwischen den führenden Politikern der Staaten mit unterschiedlicher Gesellschaftsordnung,[13] weil nur auf diesem Wege die explosiv angespannte internationale Lage allmählich abgebaut und die drohende Gefahr einer nuklearen Katastrophe aus der Welt verbannt werden kann.

Durch die beispiellose Aktivität der Partei- und Staatsführung unserer Republik an der Seite der Sowjetunion und der anderen sozialistischen Staaten im Kampf um die Bewahrung des Friedens, nicht weniger aber auch durch das hohe Ansehen, das die DDR ob ihrer klugen und zutiefst menschlichen Politik im Ausland genießt, wird Tag für Tag in der politischen Praxis bestätigt, was Johannes R. Becher in seinem Hymnus an den sozialistischen Staat oder anders gewendet in jener Botschaft ausgedrückt hat, die in Wahrheit das Hohe Lied auf die Humanität und den Menschen ist:

„Ein Staat, gestaltend sich zu einer Macht,
Die Frieden will und Frieden kann erzwingen —
Ein Staat, auf aller Wohlergehen bedacht
Und Raum für jeden, Großes zu vollbringen —
. . .
Ein Staat, der so geliebt ist und geehrt,
Ist unser Staat, und dieser Staat sind Wir:
Ein Reich des Menschen und ein Menschen-
Staat.“[14]

Anmerkungen

[1] *Ludwig Feuerbach*: Der Schriftsteller und der Mensch. Eine Reihe humoristisch-philosophischer Aphorismen. In: Ludwig Feuerbach: Gesammelte Werke. Hg. von W. Schuffenhauer, Berlin 1967ff., Bd. 1, S. 574.

[2] *Johannes R. Becher*: Vom Neuen in der Literatur. In: Johannes R. Becher: Auswahl in sechs Bänden, Berlin 1952, Bd. 5, S. 443.

[3] *W. I. Lenin*: Konspekt zu Feuerbachs „Vorlesungen über das Wesen der Religion". Werke, Bd. 38, Berlin 1964, S. 61.

[4] *Johannes R. Becher*: Das Ideal, a. a. O., Bd. 5, S. 227.

[5] Ebenda, S. 225.

[6] *Johannes R. Becher*: Vom Neuen in der Literatur, a. a. O., S. 444f.

[7] *Ludwig Feuerbach*: Gesammelte Werke, a. a. O., Bd. 9, S. 441.

[8] Ebenda, S. 333.

[9] *Johannes R. Becher*: Vom wahrhaft Revolutionären, a. a. O., Bd. 5, S. 230.

[10] Santiago Alvares (Mitglied des ZK der KP Spaniens) auf der internationalen wissenschaftlichen Karl-Marx-Konferenz: In: Karl Marx und unsere Zeit — der Kampf um Frieden und sozialen Fortschritt, Dresden 1983, S. 629f.

[11] *Johannes R. Becher*: Die deutsche Verantwortung für den Frieden, a. a. O., Bd. 5, S. 393.

[12] *Johannes R. Becher*: Ende, a. a. O., Bd. 2, S. 257

[13] Vgl.: Aufruf zum 40. Jahrestag des Sieges über den Hitlerfaschismus und der Befreiung des deutschen Volkes. In: „Neues Deutschland", 40. Jg. Nr. 9 vom 11. Januar 1985, S. 1.

[14] *Johannes R. Becher*: Der Staat, a. a. O., Bd. 2, S. 187.

Jens-F. Dwars

„Ästhetische Anthropologie — anthropologische Ästhetik"

Anmerkungen zu einer Feuerbachianischen Kunsttheorie

Wir sind es gewohnt, den anthropologischen Materialismus — nicht zuletzt infolge der berühmten Engelsschen Feuerbachskizze — als „Ausgang der klassischen deutschen Philosophie" zu betrachten. Es sei darum gestattet, an dieser Stelle die Frage aufzuwerfen, inwieweit die Feuerbachsche „Reformation der Philosophie" sich für den Wandel des ästhetischen Denkens im Auflösungsprozeß der deutschen Klassik als tragfähig erwies.
Wenn auch Feuerbach selbst die Konsequenzen seiner Auflösung des idealistischen Systems für die bisherige Behandlung der Ästhetik überging, so liegen uns doch in den Arbeiten seiner „Schüler" repräsentative Ansätze eines „ästhetischen Feuerbachianismus" (J. Jahn)[1] vor, die im folgenden analysiert werden sollen.

Die Apologie der Wirklichkeit

N. G. Tschernyschewskis Dissertation aus dem Jahre 1853[2] stellt den wohl weithin bekanntesten Versuch dar, „die Ideen Feuerbachs auf die Beantwortung der Grundfragen der Ästhetik anzuwenden".[3]
Ganz im Sinne des anthropologischen Materialismus geht er von der Wirklichkeit des Menschen als der Bedürfnishaftigkeit seiner sinnlich-gegenständlichen Natur aus, um „Quelle und Zweck" der Kunst zu erschließen.[4] Wenn jedoch „die Zeit des Idealismus"[5] an die Stelle der „wahren Bedürfnisse des Menschen" nur „phantastische Träume" setzt, denen gegenüber die Wirklichkeit „leer und nichtssagend"[6] erscheint, so führt dies zur Verkehrung aller Wertmaßstäbe.
Einer gekünstelten Lebensweise[7], die „das ideale Leben überhaupt über das reale" stellt[8], entspricht das Bestreben der idealistischen Ästhetik, die Vollkommenheit erheischende Kunst der Mangelhaftigkeit des nur endlichen Daseins entgegenzusetzen. Hatte Feuerbach mit dem Nachweis der Subjekt-Prädikat-Verkehrung in Hegels System den fühlend-tätigen Menschen in den Mittelpunkt der neuen Weltanschauung gerückt, so drängt Tschernyschewski auf die „Achtung vor dem wirklichen Leben"[9] als Grundbedingung künstle-

rischen Schaffens. Gerade weil „die Einbildungskraft ... ihre Luftschlösser dann (baut), wenn in Wirklichkeit ... nicht einmal eine erträgliche Hütte vorhanden ist“, vermag sie nicht ein „ärmliches Leben in der Wirklichkeit“ aufzuheben.[10] Das Ende der Leibeigenschaft und des Elends der Bauern können nur lebendige Kräfte dieser Welt, kann nur das Volk erkämpfen. Dieser revolutionär-demokratische Standpunkt bewegt Tschernyschewski, im Leben selbst nach dem Schönen, Guten und Wahren zu suchen.

Indem ihn jedoch die „Apologie der Wirklichkeit gegenüber der Phantasie“[11] so weit treibt, diese schlechthin als schön[12] und wahr[13] zu feiern, begibt er sich in die Gefahr einer positivistisch anmutenden Sanktionierung des Bestehenden[14], die für die Auffassung der Kunst vernichtende Auswirkungen hat: Der Künstler gibt fortan lediglich ein „Surrogat“[15] der Wirklichkeit, das immer hinter dem Original zurückbleibt, einen „plumpen“ Ersatz[16] „in Ermangelung eines Besseren“.[17]

„Die erste Bedingung der Kunst, die ausnahmslos allen ihren Werken zukommt, ist also die Nachbildung der Natur und des Lebens.“[18] Die allerdings beschränkt sich nicht aufs bloße Kopieren: Nachbilden heißt nicht „Nachahmen“ — die künstlerische Reproduktion der Wirklichkeit zielt darauf ab, ihr Wesen zu erfassen und zur lebendigen Darstellung des den Menschen Interessierenden zu bringen.[19]

Ja, dem Künstler, dessen Beruf es ist, ein „Lehrbuch des Lebens“ zu schreiben[20], wird die Fähigkeit abverlangt, „ein Urteil über die Erscheinung zu fällen“[21], und dennoch bleibt die Wirklichkeit schöner, erhabener und tragischer. Wenn zuletzt das Erhabene zur einfachen Quantität reduziert[22] und das Tragische gar seiner Notwendigkeit beraubt wird[23], dann löst sich letztlich doch die Aktivität des formgebenden Subjekts, wie es die klassische idealistische Ästhetik von Kant über Schiller bis zu Hegel ausgearbeitet hat, in der Apologie der übermächtigen Wirklichkeit auf.

G. Lukács hat den Widerspruch zwischen dem Drängen auf revolutionär-demokratische Veränderung der Wirklichkeit und ihrer faktischen Rehabilitierung gegenüber den idealistischen Kunstbestrebungen[24], vor allem aber Tschernyschewskis Scheitern am ästhetischen Formproblem, auf die Schranken der Feuerbachschen Anthropologie zurückgeführt.[25]

Wir wollen dieses Urteil hinterfragen, indem wir uns eines weiteren, von Lukács nicht beachteten Versuchs einer „anthropologischen Ästhetik“ (W. Bolin) zuwenden.[26]

Gegen die spekulative Ästhetik

In der Auflösung des „inneren Widerspruchs der bisherigen sogenannten spekulativen Philosophie“ — einer methodischen Entwicklung von Natur und Mensch im Gegensatz zur systematischen Form des absoluten

Geistes – erblickt der dreiundzwanzigjährige Hermann Hettner „die große, epochemachende Tat Ludwig Feuerbachs". Solcherart begriffliche Überwindung jeglicher Transzendenz „in Leben und Wissenschaft zu verwirklichen", ist die „Aufgabe der kommenden Geschichte".[27]
Hettner selbst offeriert im Jahr darauf einen Entwurf zur Durchführung dieses umfassenden Programms auf dem Gebiet der Ästhetik. Auch hier verfällt die Spekulation in den Widerspruch von System und Methode: „die manieristische Idealität"[28], jene Erhebung der „idealen" Kunst über die „beschränkte" Natur, steht in bewußtlosem Gegensatz zum tieferen Prinzip des Geistes als „Selbstbewußtsein der Natur".[29]
Während aber die sich von den „Mängeln" der Natur affektiert absetzende Kunst gerade deshalb an der Dingwelt haften bleibt und es nie weiter als zu deren potenzierender „Nachahmung" bringt[30], gelangt zur „freien Selbstgestaltung des künstlerischen Inhalts", wer „den menschlichen Geist selbst und sein Bedürfnis, sich in seinem ganzen Wesen auszudrücken, zum Ausgangspunkt" erklärt.[31]
Von der Analyse des tätigen Subjekts aus erschließt sich das Wesen des Ästhetischen: den Bruch zwischen der Allgemeinheit des begrifflichen Denkens und der sinnlichen Mannigfaltigkeit der lebendigen Existenz zu vermitteln[32], bedarf es der Kunst als „einer wesentlichen und notwendigen Ergänzung des wissenschaftlichen Denkens".[33] Denn der „individuell-sinnliche Inhalt" des Bewußtseins findet nur in der „sinnlich-anschaulichen Denk- und Sprachweise" der Kunst seinen adäquaten Ausdruck.[34]
Aus einer quasi nachahmenden „Verbesserung" der Natur erhebt sich die Kunst zur Vereinigung aller menschlichen Vermögen, die den „Genuß meines ganzen Wesens, das sinnlich und geistig zugleich ist"[35], gewährt.
Mit der Ableitung der mannigfaltigen künstlerischen Ausdrucksformen aus der „Physiologie der Phantasie" und ihrer Verwirklichung im historischen Wandel der Darstellungsmittel entwirft Hettner die Grundprinzipien einer „anthropologischen Ästhetik"[36], die in der Vereinigung von „anthropologischer Genesis der Kunst" und ihrer „Formlehre" mit der geschichtlichen Entwicklung ihres die Form, einer jeweiligen Kulturstufe entsprechend, erzeugenden Inhalts die Trennung von philosophischer und empirischer Betrachtung aufhebt und sie zur „einigen, organischen Kunstwissenschaft" verbindet.[37]
Wir sehen also, daß gerade Hettners Ausgang vom „ganzen Menschen" der Feuerbachschen Anthropologie es ihm ermöglicht, der spekulativen Ästhetik, die „die Natur überwinden zu können" vermeint, eine Konzeption entgegenzusetzen, nach der die Kunst der Wirklichkeit „an Frische und Lebensfülle" überall zurücksteht und dennoch der höchste Ausdruck menschlicher Subjektivität ist[38] – eine Theorie, die imstande ist, die Eigenständigkeit des künstlerischen Aneignungsprozesses zu erklären und dessen Formprobleme bis in die Detailfragen verständnisvoll zu verfolgen.

So vermochte es Hettner gerade an dem Punkt, da Tschernyschewski mit der idealistischen Auffassung der Tragödie in Verkennung ihrer literarischen Form diese selbst verwarf[39], das „Naturgesetz der dramatischen Poesie“ zu formulieren, wonach „im Drama immer ein Kampf zweier Gegensätze vorhanden sein müsse“, der „mit innerster Notwendigkeit“ zu seiner Lösung drängt.[40]
Das hindert ihn aber nicht daran, die modernen Schicksalstragödien als „abgeschmackteste Mißgeburten“ zu verurteilen: Gerade durch die Verklärung des Zufalls als einer „rohen Naturmacht“ zur unabänderlichen Herrschaft über das leidende Subjekt wird ja das „Grundgesetz der tragischen Dichtung“ negiert.[41] Deshalb ist die „Tragödie der Verhältnisse“ auch die unterentwickeltste Form des bürgerlichen Trauerspiels. Erst in der lebendigen Darstellung der notwendigen Gegensätze, die die Menschheit auf dem Wege ihrer Selbsterzeugung austrägt, im tragischen Vorleben „der Gesetze ihrer Entwicklung“[42], reift das Drama über die „Tragödie der menschlichen Leidenschaften“ zu der „der Ideen“.[43]
Eine solch differenzierte Betrachtungsweise läßt Hettner auch den Wandel der „Proletariatstragödien“ erkennen: in einer „Zeit des offenen Kampfes“ wird „die Tragik Herkules den Helden . . ., nicht Herkules den Dulder (darstellen). Das Alte ringt mit dem Neuen; es kämpfen zwei entgegengesetzte Weltanschauungen. Dieser prinzipielle Kampf aber ist dann die höchste Form der Tragödie“.[44]
War also Tschernyschewski keinesfalls „der einzige, der entschieden Stellung nahm gegen die dekadent bourgeoise, fortschrittsfeindliche . . . Auffassung des Tragischen“ und hatte Hettners methodischer Ausgang von Feuerbachschen Prinzipien nirgendwo „die Vernachlässigung der ästhetischen Form zur Folge“, so dürfte Lukács' generelles Verdikt gegen den Anthropologismus in der Ästhetik problematisch erscheinen.[45]
Spätestens jetzt stellt sich die grundsätzliche Frage nach dem philosophiegeschichtlichen Ort des anthropologischen Materialismus.

Das anthropologische Prinzip

Erst nach einem Jahrzehnt intensiver Studien zur Philosophie, Religion und Naturwissenschaft gewannen Feuerbachs anfängliche „Zweifel“ am Hegelschen System die Gestalt einer begrifflich fundierten Kritik der Subjekt-Prädikat-Verkehrung in der idealistischen Philosophie: Infolge eines „unvermittelten Bruches mit der sinnlichen Anschauung“[46] ist „die ‚Logik‘ . . . das Denken im Elemente des Denkens oder der sich selbst denkende Gedanke — der Gedanke als prädikatloses Subjekt oder der Gedanke, der zugleich Subjekt, zugleich das Prädikat von sich ist. (. . .) Hegel hat die Objekte nur gedacht als Prädikate des sich selbst denkenden Gedankens“.[47] Indem die

„Methode der reformatorischen Kritik“[48] das „wahre Verhältnis vom Denken zum Sein“ wiederherstellt, wonach „das Sein ... Subjekt, das Denken Prädikat“ ist[49], bekennt sich Feuerbach eindeutig zum Materialismus.
Eine solche Umkehrung des idealistischen Systems aber will als kritische Aufhebung der philosophischen Denktradition seit Descartes verstanden sein, als ein Herausschälen ihres produktiven Prinzips: In der entfremdeten Form des autonomen Intellekts hat die spekulative Philosophie den Anthropos in seiner Totalität gefaßt. Hier liegt der archimedische Punkt einer neuen humanistischen Weltanschauung verborgen — der ganze sinnlich-geistige Mensch wird als der Gipfel der Natur erkannt, in dem sie zum Bewußtsein ihrer Selbstentwicklung gelangt. Als „die Gattung der mannigfaltigen Tierarten“ ist der Mensch ein „universales Wesen“[50], dessen Sinnlichkeit sich in der „Einheit des Menschen mit dem Menschen“[51] zur Vernunft entfaltet.
Von der Einsicht in das gesellschaftliche Wesen des Menschen aus wird Religion im dialektischen Konzept der „Menschwerdung der Menschheit“[52] als Vergegenständlichung der entfremdeten Gemeinschaft beschrieben, die in der geschichtlichen Entwicklung ihre reale Auflösung durch eine Erhebung des unvermittelten Individuums zum frei tätigen Gattungswesen findet.[53]
Wenn also Lukács, im Gefolge Plechanows[54], in Feuerbach nur den „bloßen Erneuerer des alten Materialismus“[55] sieht, so verdeckt er zwei wesentliche Momente der materialistischen Anthropologie, die sie als Erbin der klassischen deutschen Philosophie auszeichnet und eine Neufassung des Ästhetischen legitimieren: Im Gegensatz zum vorwiegend mathematisch-physikalisch ausgerichteten Materialismus des 17./18. Jahrhunderts, der den Menschen als eines von vielen Naturwesen in ein mechanisches Agglomerat von Seinspartikeln auflöst, begreift Feuerbach das Werden der Natur zum Menschen unter Rückgriff auf phantheistisches Denken von Bruno bis Goethe als einen irreversiblen Prozeß qualitativer Höherentwicklung.[56] Und indem er die universelle Sinnlichkeit als Merkmal menschlicher Sozialität versteht, erhalten die materialistischen Fragen von nun an eine immanent historische Tendenz.[57]
Feuerbachs Betonung der emotionalen Seite des „ganzen Menschen“ unter Berufung auf die Antike, in der „die theoretische Anschauung ... ursprünglich die ästhetische, die Ästhetik die prima philosophia“ war[58], legt die Bezeichnung „ästhetische Anthropologie“ für seine neue Weltanschauung nahe. Inwieweit sie als Grundlage einer „anthropologischen Ästhetik“ tragfähig ist, soll im weiteren geprüft werden.

Anthropologische Ästhetik

In der Kunst, die „die Wahrheit des Sinnlichen“ darstellt[59], sah Feuerbach den „augenfälligen Beweis“ für die Wahrheit seines anthropologischen Prin-

zips, wonach „der absolute Geist der sogenannte endliche, subjektive Geist ist“.[60] Auf dem Feld des Ästhetischen tritt uns der ganze sinnlich-geistige Mensch als individueller Repräsentant der Gattung in der Vergegenständlichung seiner Universalität entgegen. Von diesem Ausgangspunkt einer anthropologischen Ästhetik, die „die Bedürfnisse des Menschen zur Quelle und zum Zweck der Kunst“ erklärt[61], leitet Tschernyschewski die notwendige Ausdehnung ihres Inhalts vom Schönen auf „das Allgemeininteressante im Leben“, auf alles, was den Menschen „einfach als Menschen interessiert“, ab.[62]
Als universale Aneignung vergegenständlichter Humanität setzt Kunst die Anerkenntnis menschlicher Wirklichkeit — die Positivität ihrer natürlichen Bedingtheit — voraus. Damit steht sie in unversöhnlichem Gegensatz zur theologisch fixierten Selbstentfremdung des Menschen in seiner Religion: „Der christliche Monotheismus hat kein Prinzip der künstlerischen ... Bildung in sich.“[63] Denn wo der Mensch sein Wesen aus sich heraus in den göttlichen Antipoden einer sündhaften Natur verlegt, da kann auch die Kunst nur in entfremdeter Form gedeihen: statt in der Erhebung des gemeinschaftlich tätigen Individuums zum Repräsentanten der Gattung das Ideal freier Menschlichkeit zu gestalten, wird sie zur Darstellung einer Inkarnation des übersinnlichen Wesens im vereinzelten Idol erniedrigt.
„Die Kunst fängt gerade da an, wo die Religion aufhört“.[64] In diesem Sinne ist sie das Erscheinen des Zusichgekommenseins des Menschen im Prozeß seiner geschichtlichen Selbsterzeugung, die erst dann in ihrem Wesen verstanden werden kann, wenn die vorhergehende Periode der Entfremdung begrifflich gefaßt ist — die Voraussetzung der neuen Ästhetik ist die anthropologische Einsicht in die Dialektik der Geschichte.[65]
Doch die Negation der entfremdeten Kulturwelt des Christentums beschränkt sich nicht auf romantische Rückkehr zur heilen Natur. Ihre Forderung wirklicher Menschlichkeit zielt auf die Schaffung der gesellschaftlichen Grundlagen des universalen Menschen und seiner künstlerischen Vergegenständlichung.
Wie Feuerbach seine Auflösung der Theologie in die Anthropologie im Sinne eines bürgerlichen Emanzipationsprogrammes zur Verwandlung der Monarchie in die Republik versteht[66], so begreift Richard Wagner das „Kunstwerk der Zukunft“ als die große Feier einer freien Gemeinschaft brüderlich vereinter Individuen.[67] In der Kunst der Griechen war dieser „Ausdruck des tiefsten und edelsten Volksbewußtseins“[68] noch beschränkt durch seinen nationalen Charakter, der alle Nichtgriechen ausschloß und sie zu Sklaven erniedrigte. Die Kunst der Zukunft kann deshalb keine „thörige Restauration eines Scheingriechenthums“[69] bewirken. Auf daß „wir Alle zu schönen, starken Menschen werden, denen die Welt gehört als ein ewig unversiegbarer Quell höchsten künstlerischen Genusses“[70], hat „der Kampf des Menschen gegen die bestehende Gesellschaft begonnen“.[71] Die revolutionäre Kunst der Gegenwart

muß im Kampf mit der Lohnsklaverei Gott gewordener Industrie Partei ergreifen, indem sie der „socialen Bewegung ein schönes und hohes Ziel ... (weist), das Ziel edler Menschlichkeit“.[72]

Fassen wir einige Grundsätze der „anthropologischen Ästhetik“ zusammen: Als eine Form des gesellschaftlichen Bewußtseins ist die Kunst — gleich der Wissenschaft — Widerspiegelung der Wirklichkeit, d. h. ihre Produkte gehören nicht derselben „Seinssphäre“ an und können deshalb auch in kein Konkurrenzverhältnis zu ihr treten.[73] Ihr Spezifikum ist die sinnlich-anschauliche Darstellungsweise, in der sich der ganze Mensch in der Totalität seiner Vermögen als ein Gleichnis der Gattung vergegenständlicht.[74] Der Inhalt der Kunst ist Genuß menschlicher Gemeinschaft in ihrer Bedingtheit durch Natur und Geschichte — ihre Form reiche Individualität. Deshalb hat sie die Aufhebung der religiösen und sozialen Entfremdung zu ihrer Voraussetzung: die bürgerliche Revolution und ihre anthropologische Ideologie erscheint am „Wendepunkt der Weltgeschichte“[75] als „Quelle einer neuen Poesie und Kunst, die an Energie, Tiefe und Feuer alle bisherige übertreffen wird“.[76]
Die somit praktisch widerlegte These vom „Ende der Kunst“ findet ebenso ihre theoretische Erklärung in der Aufhebung einer idealistischen Hierarchie der Geistesformen, wie Vischers Schematismus der Subjekt-Objekt-Identität durch den anthropologischen Vergegenständlichungsansatz der neuen Ästhetik überwunden wird.[77]

Vom anthropologischen zum historischen Materialismus

Nun hat aber Plechanow gerade das „Fehlen einer dialektischen Auffassungsweise“ dafür verantwortlich gemacht, daß Tschernyschewski „den wahren Zusammenhang zwischen Objekt und Subjekt“ nicht aufzudecken vermochte.[78]
Und tatsächlich stoßen wir hier auf die wirklichen Grenzen des anthropologischen Prinzips: die vermeintliche Selbständigkeit der Geistesformen in ihre natürliche Bedingheit durch die menschlichen Bedürfnisse auflösend, können die ästhetischen wie alle anderen Beziehungen der realen Menschen zu ihrer Umwelt nicht historisch-materialistisch gefaßt werden.
Mit Feuerbach deduzieren auch dessen „Schüler“ die Subjekt-Objekt-Vermittlung aus einem normativ gesetzten Menschenbegriff. Tschernyschewskis „gesunder Mensch“ hat jegliche Transzendenz überwunden — allerdings um den Preis der nicht weniger illusionären Verlegung seiner gesellschaftlichen Emanzipation in die Anschauung der Natur, die ihn von „anormalen“

Wünschen befreit.[79] Der materialistische Ausgangspunkt vom Primat der Natur schlägt um in idealistische Betrachtung der Geschichte als einfache Zunahme von Bildung, die in politischer und religiöser Aufklärung gipfelt.[80]
Bei näherer Betrachtung zeigt sich jedoch, wie in der Form des historischen Idealismus eine Tendenz heranreift, die den engen Aufklärungsrahmen sprengt: „Indem Feuerbach das gesellschaftliche Verhältnis ‚des Menschen zum Menschen' ebenso zum Grundprinzip der Theorie macht"[81], ermöglicht er es zugleich, Geschichte als Konstituierung von Gesellschaftlichkeit im Prozeß immer umfassenderer Naturaneignung zu begreifen.
Mit der Bemerkung, „daß der Mensch die Natur überhaupt mit den Augen des Besitzers betrachtet", daß ein Wald erst dann gefalle, wenn er „unter der Hand des Menschen" seine Gestalt erfahren hat, weist Tschernyschewskis anthropologische Ästhetik über sich hinaus auf jene dialektische Auffassung, die erst der historische Materialismus begründet.[82]
Bei Wagner endlich wird die Erlösung der Kunst als freie menschliche Selbstgestaltung aus dem erniedrigenden Joch bourgeoiser Unterhaltungsindustrie an das Heraustreten des Menschen aus dem automatisierten Produktionsprozeß selbst gebunden: „Hat die brüderliche Menschheit ein für alle Mal diese Sorge (der physischen Lebenserhaltung — Autor) von sich abgeworfen und sie ... der Maschine zugewiesen, diesem künstlerischen Sklaven des freien, schöpferischen Menschen, dem er bis jetzt diente wie der Fetischanbeter dem von seinen eigenen Händen verfertigten Götzen, so wird all sein befreiter Thätigkeitstrieb sich nur noch als künstlerischer Trieb kundgeben."[83]
Wer fühlt sich bei diesen Worten nicht an das Marxsche Diktum erinnert, wonach die „menschliche Kraftentwicklung, die sich als Selbstzweck gilt, (in einem) Reich der Freiheit (beginnt), das aber nur auf jenem Reich der Notwendigkeit als seiner Basis aufblühen kann".[84]

Wenn jedoch L. Pfau die Kunst als Mittel anpreist, „um der Arbeit das Reich des Geistes zu erschließen", indem sie die Gesetze der Marktwirtschaft aufhebt, ohne dabei die Produktionsverhältnisse anzutasten, dann offenbart sich die Anthropologie letztlich doch als eine bürgerliche Illusion, die ihren eigenen Klassenstandpunkt nicht durchschaut.[85]
Außerstande, einen praktischen Weg zur Verwirklichung der „großen Menschheitsrevolution" (Wagner) zu weisen, verhallt ihr pathetischer Schlachtruf in ohnmächtiger Liebespredigt.[86] Und der Hinweis auf das „Volk" als den undifferenzierten Zusammenschluß der gemeinschaftlich Notleidenden[87] verhüllt das wirkliche Subjekt des Klassenkampfes in den viel zu weiten Mantel der „stummen" Gattung, die jede reale Aktion erlahmen läßt.[88]
Auf ungeahnte Weise wird die Kunst nun tatsächlich zum Surrogat der Wirklichkeit: angesichts des Scheiterns wirklicher gesellschaftlicher Veränderung resigniert Wagner in die ästhetische Befreiung durch „künstlerische Erziehung".[89] Das Ausbleiben einer sozialen Bewegung, deren hohes Ziel zu weisen

der Künstler sich berufen sah, läßt ihn verzweifelt Zuflucht suchen in einer unmittelbaren Darstellung des „Reinmenschlichen" — im Mythos vermittelt das Volk „das ewige Wesen des Menschen und der Natur sich an sich und durch sich" auf emotionale Weise.[90] Die Kunst wird zur „neuen", „geläuterten" Religion, in der der ganze Mensch erfahrbar ist in einer Welt zunehmender Vereinzelung sich nach Gemeinschaft sehnender Individuen.[91]
Ein halbes Jahrhundert nach Schillers „Briefen über die ästhetische Erziehung des Menschen"[92] steht das revolutionär-demokratische Bürgertum vor einem, vielleicht dem entscheidendsten Wegweiser in der Geschichte seiner Ideologie: die Geistesform der feudalen Vergangenheit und ihrer überlebten Rudimente wird in ihrer spekulativ-religiösen Illusion durchschaut und als Selbstentfremdung der sich geschichtlich produzierenden Gattung erklärt. Verbietet sich der Weg zurück und kann die Zukunft nur eine „menschliche" sein, so läßt die anarchische Gegenwart die Klasse an sich selbst verzweifeln. Wer vermag die aufbrechenden Gegensätze in Ökonomie und Politik wieder zu vereinen? An diesem Punkt trennen sich auch die Anhänger Feuerbachs: L. Pfau sucht Zuflucht im liberalen Management einer reformierten Ausgleichsgesellschaft, die sich auch die Kunst zunutze macht[93], während Wagner am Traum einer allgemeinen Menschheitsrevolution festhält, die er immer mehr ins Kunstwerk verlagert. Unentschlossen zwischen positivistischer Aufklärung und irrationalem Revolutionsersatz finden sich Hettner und Gubitz. Tschernyschewski hingegen ist der einzige, der die Volksthese ernst nimmt. Doch auch dessen Suche nach einer Kraft, die die drückenden Verhältnisse aufzubrechen vermag, scheitert an der organisatorischen Schwäche der russischen Bauern.
Was bleibt, ist der Versuch einer realistischen Ästhetik, die es ermöglicht, die Kunst im Prozeß der „unendlichen Vervollkommnung" des Menschengeschlechts fruchtbar zu machen.[94] Die Kritik am spekulativen System Hegels und Vischers war epochemachend als Theorie einer sich real formierenden Kunstbewegung. Ihre unübersteigbare Grenze jedoch markierte ihr unreflektierter Klassenstandpunkt. Insofern ist gerade das den theoretischen Fortschritt tragende Prinzip der anthropologischen Ästhetik ihre zu überwindende Schranke! Das macht ihre Würdigung so schwierig und zugleich interessant als einen Gegenstand produktiver Kritik.
Wie Feuerbachs anthropologischer Materialismus überhaupt, so trägt auch eine Kunsttheorie auf der Grundlage seiner Reformation der Philosophie Tendenzcharakter — ist sie die geschichtlich notwendige Denkform, in der sich der Übergang von der deutschen Klassik zum historischen und dialektischen Materialismus vollzieht.

Anmerkungen

[1] Einleitung zu: *Hermann Hettner*: Schriften zur Literatur, Berlin 1959, S. VIII.

[2] „Die ästhetischen Beziehungen der Kunst zur Wirklichkeit". In: *Tschernyschewski*, Ausgewählte philosophische Schriften, Moskau 1953, S. 362—493 (im folgenden: Diss.).

[3] Vorwort zur dritten Auflage der Diss. (1888), a. a. O., S. 537.

[4] Autorrezension (1855), a. a. O., S. 529.

[5] Ebd., S. 505.

[6] Ebd., S. 504.

[7] Diss., S. 462, 465.

[8] Autorrezension, S. 517.

[9] Diss., S. 363.

[10] Ebd., S. 409.

[11] Ebd., S. 489.

[12] Vgl. Autorrezension, S. 526.

[13] „... in den Vorgängen des Lebens ist alles wahr, gibt es keine Versehen." Diss., S. 485.

[14] Der „modernen positiven oder praktischen Weltanschauung" (Autorrezension, S. 531) fehlt das Moment der dialektischen Negativität. Bei Feuerbach findet sich dieselbe Tendenz, wenn er Wesen und Sein identifiziert. Vgl. Engels' Kritik in der „Deutschen Ideologie" (*Marx/Engels*, Werke (im folgenden: MEW) Bd. 3, S. 42, 543).

[15] Diss., S. 471f., 469.

[16] Ebd., S. 441f.

[17] Ebd., S. 469 u. 489, 460.

[18] Ebd., S. 470.

[19] Ebd., S. 474f., 478, 482f.

[20] Ebd., S. 490 u. Autorrezension, S. 529.

[21] Diss., S. 484 u. Autorrezension, S. 521.

[22] „die größenmäßige Überlegenheit". Diss., S. 386.

[23] Vgl. Diss., S. 400.

[24] Tschernyschewski hat diesen Widerspruch selbst erkannt und in seiner Autorrezension (S. 529—533) auf den Anteil der Kunst an der Veränderung der Wirklichkeit hingewiesen. Daß das Ideal aber selbst eine Form revolutionierender Kritik sein kann, vermochte er nicht zu erkennen.

[25] „... sobald das Formproblem in den Vordergrund gerückt wird, (kommen) die unübersteigbaren Schranken seiner anthropologischen Methode zum Ausdruck." (Einführung in die Ästhetik Tschernyschewskis. In: *Lukács*, Beiträge zur Geschichte der Ästhetik, Berlin 1954, S. 177 u. 147, 157).

[26] Auch die im folgenden angeführten Arbeiten von *Wagner*: Das Kunstwerk der Zukunft, Leipzig 1850, *L. Pfau*: Freie Studien, Stuttgart 1872 und *A. Gubitz*: Der Mensch und die Schönheit. Neue Grundlegung der Wissenschaft vom Schönen und der Kunst, Berlin 1848, werden von Lukács nicht reflektiert.

[27] *H. Hettner*: Zur Beurteilung Ludwig Feuerbachs (1844), a. a. O., S. 5. Vgl. auch: Ludwig Feuerbachs religionsphilosophische Vorlesungen (1848). In: Der Briefwechsel zwischen G. Keller und H. Hettner, Berlin u. Weimar 1964, S. 199.

[28] Gegen die spekulative Ästhetik (1845), a. a. O., S. 21.

[29] Ebd., S. 29.

[30] Ebd., S. 21f.

[31] Ebd., S. 28. In demselben Sinn bemerkt Schleiermacher, daß „Verbesserung nur eine andere Art der Nachahmung ist" (Sämmtliche Werke, 3. Abt., 7. Bd., Vorlesungen über die Aesthetik, Berlin 1842, S. 28).

[32] Ebd., S. 29.

[33] Ebd., S. 32.

[34] Ebd., S. 33.

[35] Ebd.

[36] *W. Bolin*: Ludwig Feuerbach. Sein Wirken und seine Zeitgenossen, Stuttgart 1891, S. 259.

[37] Gegen die spekulative Ästhetik, a. a. O., S. 49.

[38] Ebd., S. 33. Vgl. *J. Pepperle*: Junghegelianische Geschichtsphilosophie und Kunsttheorie, Berlin 1978, S. 148f.

[39] *Lukács*: a. a. O., S. 178, 182.

[40] *Hettner*: Das moderne Drama (1852), a. a. O., S. 180.

[41] Ebd., S. 226, 225.

[42] Ebd., S. 221.

[43] Ebd., S. 218, 221.

[44] Ebd., S. 217f.

[45] *Lukács*: a. a. O., S. 189, 158.

[46] Zur Kritik der Hegelschen Philosophie (1839). In: L. Feuerbach. Gesammelte Wer-

ke. Hrsg. v. W. Schuffenhauer, Berlin 1967ff. (im folgenden: GW), Bd. 9, S. 42.

[47] Vorläufige Thesen zur Reformation der Philosophie (1842) In: GW, Bd. 9, S. 257f.

[48] Ebd., S. 244.

[49] Ebd., S. 258.

[50] Zur Kritik . . ., a. a. O., S. 61.

[51] Grundsätze der Philosophie der Zukunft (1843), In: GW, Bd. 9, S. 339.

[52] *L. Feuerbach*: Sämtliche Werke. Neu hrsg. v. W. Bolin u. F. Jodl, Stuttgart 1904—11 (im folgenden: SW), Bd. 10, S. 313.

[53] Vgl.: Von der Notwendigkeit einer Veränderung (1842). In: *Ascheri*: Ludwig Feuerbachs Bruch mit der Spekulation. Frankfurt/Wien 1969, S. 161.

[54] Die ästhetische Theorie N. G. Tschernyschewskis. (1897). In: *Plechanow*: Kunst und Literatur, Berlin 1955, S. 462, 464f.

[55] *Lukács*: a. a. O., S. 140.

[56] Vgl. das ausgezeichnete Kapitel „Feuerbachs Stellung in der Geschichte des Materialismus" in A. Schmidts Studie: Emanzipatorische Sinnlichkeit, München 1973, S. 127—154.

[57] Vgl.: *G. Irrlitz*: Ludwig Feuerbachs anthropologischer Materialismus als theoretische Quelle des Marxismus. In: Ludwig Feuerbach. Referentenkonferenz. Deutscher Kulturbund, Berlin 1972, S. 29—54

[58] Das Wesen des Christentums. In: GW, Bd. 5, S. 206 — Eine durchgängige Präsenz ästhetischer Werturteile läßt sich vom Fragment „Elementare Ästhetik" (1843) her erschließen (Ludwig Feuerbach in seinem Briefwechsel und Nachlaß . . . dargestellt von Karl Grün, Leipzig 1874, Bd. 1, S. 414f.). Übrigens war sich Feuerbach bewußt, daß ihn gerade die Orientierung an der ästhetischen Form zur Anthropologie getrieben hat: vgl. GW, Bd. 9, S. 8, 10; Bd. 10, S. 183f.

[59] Grundsätze . . ., a. a. O., S. 322.

[60] Vorläufige Thesen . . ., a. a. O., S. 247.

[61] Autorrezension, S. 529.

[62] Diss., S. 477.

[63] Vorläufige Thesen . . ., a. a. O., S. 248 — vgl. GW, Bd. 2, S. 22—26, GW, Bd. 4, S. 12, 37f., 263ff., GW, Bd. 6, S. 204f., 207, 210, 218, GW, Bd. 7, 209.

[64] Dieser zentrale Gedanke in L. Pfaus Aufsätzen „Die Kunst im Staate" (a. a. O., S. 98) bewog Feuerbach, dem Autor zu versichern, daß seine „Thätigkeit die wesentliche adäquate Ergänzung meiner eigenen ist, dass Sie auf dem Gebiete der Kunst sind und leisten was ich auf dem Gebiete der Religion und Philosophie im engeren Sinn".
(Ausgewählte Briefe von und an L. Feuerbach. Hrsg. v. W. Bolin, Leipzig 1904, Bd. 2, S. 333). Auch R. Wagner sieht mit Feuerbach im Christentum den „geradesten Gegensatz zur Kunst" (Die Kunst und die Revolution. In: Ausgewählte Werke, Leipzig 1983, S. 150).

[65] „Daß erst die Theologie überhaupt in ihre Wahrheit aufgelöst sein mußte, bevor die Wahrheit des Schönen erkannt werden konnte" ist der Feuerbachianische Ausgangspunkt bei *A. Gubitz* (a. a. O., S. 24), *L. Pfau* (a. a. O., S. 46—66 u. 120—198), *H. Hettner* (Gegen die spekulative Ästhetik, a. a. O., S. 21), *R. Wagner* (Die Kunst und die Revolution, a. a. O., S. 161f., 172f.) und *N. G. Tschernyschewski* (Vorwort, a. a. O., S. 537).

[66] Vgl. SW, Bd. 10, S. 314.

[67] 1861 erinnert sich R. Wagner im „Brief an einen französischen Freund" jener Krise seines künstlerischen Schaffens, in der er sich zur „theoretischen Rechenschaft" über sein Verfahren genötigt sah. (Vgl. Ausg. Werke, S. 179—211). Was vormals Kant für Schiller, das ist in den Jahren 1849/50 Feuerbach für Wagner — ein theoretisches Fundament, das den eigenen Intentionen entgegenkommt und in modifizierter Gestalt eine freie Produktion auf höherer Stufe ermöglicht. Das 1850 dem Religionskritiker gewidmete Bekenntnis zum „Kunstwerk der Zukunft" (vgl. S. III—VIII) nimmt dessen Ausgangspunkt beim „wirklichen Menschen" in seiner Totalität zur Grundlage einer programmatischen Erneuerung der Kunst: Die sinnliche Unmittelbarkeit des Lebens mit Bewußtheit darstellend (S. 208) verkörpert der Künstler im „Gesamtkunstwerk" (S. 30) die „Allfähigkeit des Menschen" (S. 48), indem er seine Individualität „zum Wesen der Gattung erweitert" (S. 202). In „Die Kunst

und die Revolution" (1850) und „Oper und Drama" (1851) wird die Aneignung der im Kunstwerk vergegenständlichten Gemeinschaftlichkeit am Vorbild des antiken Dramas ausgeführt. Daß in dem „alles verschlingenden Haifische jener Oper der Zukunft" (Keller) die Mannigfaltigkeit künstlerischer Ausdrucksweise durchaus auch beschränkt wird, hat schon 1850 H. Hettner betont (vgl. Die Kunst und ihre Zukunft, a. a. O., S. 295 sowie: Das moderne Drama, a. a. O., S. 264).

[68] *R. Wagner*, Die Kunst und die Revolution, a. a. O., S. 160.

[69] Ebd., S. 166.

[70] Ebd., S. 167 — Der bei Wagner mit revolutionärem Gestus vorgetragene Demokratismus ist ein Kennzeichen der anthropologischen Ästhetik: vgl. *H. Hettner*: Die Kunst und ihre Zukunft, a. a. O., S. 288, *L. Pfau*: a. a. O., S. 272, *N. G. Tschernyschewski*: Diss., S. 370. Dem entspricht in der Kunsttheorie eine prinzipielle Ablehnung jeglichen Geniekultes (vgl. *L. Pfau*: a. a. O., S. 243, 246f.), da jeder fähig ist, sich zum Künstler, d. i. zum ganzen Menschen, zu erheben (vgl. *R. Wagner*: Die Kunst und die Revolution, a. a. O., S. 171 u. a.).

[71] *R. Wagner*: Die Kunst und die bestehende Gesellschaft. Ausg. Werke, S. 139.

[72] *R. Wagner*: Die Kunst und die Revolution, a. a. O., S. 176.

[73] *N. G. Tschernyschewski*: Diss., S. 488. Vgl. *H. Hettner*: Gegen die spekulative Ästhetik, a. a. O., S. 33, *L. Pfau*: a. a. O., S. 43, 45.

[74] „Die Kunst . . . ist dies freudige Schauen und Betätigen der Sinnenerkenntnis, die Versöhnung und Durchdringung des Sinnen-, Herzens- und Verstandesmenschen." (*H. Hettner*: Die Kunst und ihre Zukunft, a. a. O., S. 294). Vgl. *N. G. Tschernyschewski*: Diss., S. 410, 500, *R. Wagner*: Das Kunstwerk der Zukunft, S. 22, 48, 186, 194 u. a., *A. Gubitz*: a. a. O., S. 14, 86, 93f. u. *L. Pfau*: a. a. O., S. 13.

[75] Das Wesen des Christentums, GW, Bd. 5, S. 444.

[76] Vorl. Thesen . . ., GW, Bd. 9, S. 248 — Von entscheidender Bedeutung war Feuerbachs Einfluß für die Dichtung G. Herweghs und G. Kellers. Darüber hinaus darf Feuerbach als der begriffliche Ausdruck der Geisteshaltung einer ganzen Epoche der deutschen Literatur gelten. Lebendiges, „volkstümliches" (*L. Pfau*: a. a. O., S. 199) Erfassen eines Typus als „das Wesen einer ganzen Gruppe" (*L. Pfau*: a. a. O., S. 46. Vgl. *Tschernyschewski*: Diss., S. 478) sind ihre bürgerlich-realistischen Prinzipien, die von der neuen Ästhetik fixiert werden.

[77] Vgl. *H. Hettner*: Gegen die spekulative Ästhetik, a. a. O., S. 26, 43.

[78] *G. Plechanow*: a. a. O., S. 494.

[79] *N. G. Tschernyschewski*: Diss., S. 410 u. Autorrezension, S. 500.

[80] Vgl. *A. Gubitz*: a. a. O., S. 50, 65, 71 u. *L. Pfau*: a. a. O., S. 52, 196ff. u. a.

[81] *K. Marx*: Ökonomisch-philosophische Manuskripte. MEW, Erg.-Bd. 1, S. 570.

[82] *N. G. Tschernyschewski*: Diss., S. 374.

[83] *R. Wagner*: Die Kunst und die Revolution, a. a. O., S. 170.

[84] *K. Marx*: Das Kapital, Bd. 3 (MEW, Bd. 25), S. 828.

[85] *L. Pfau*: a. a. O., S. 229.

[86] Vgl. *R. Wagner*: Das Kunstwerk der Zukunft, S. 45; Die Kunst und die Revolution, a. a. O., S. 163, 167, 171, *A. Gubitz*: a. a. O., S. 35, *H. Hettner*: Die Kunst und ihre Zukunft, a. a. O., S. 294.

[87] *R. Wagner*: Das Kunstwerk der Zukunft, S. 9.

[88] *K. Marx*: Thesen über Feuerbach, MEW Bd. 3, S. 534.

[89] *R. Wagner*: Die Kunst und die Revolution, a. a. O., S. 171, 178. Vgl. *L. Pfau*: a. a. O., S. 230.

[90] *R. Wagner*: Die Nibelungen. Weltgeschichte aus der Sage (1850). In: Ausg. Werke, S. 113, 103. — Bei Wagner wird hier ein Problem der Feuerbachschen Anthropologie konsequent zu Ende gedacht: wenn sich das „menschliche Wesen" primär in der Sinnlichkeit erschließt, so ist es nicht mehr geschichtlich darstellbar — das „rein menschliche Gefühl" kennt keine Zeit! (Vgl. Oper und Drama) Ausgeführt in einer „neuen", emotionalen Sprache der Musik gipfelt der Aufstand gegen die kalte Herrschaft der Vernunft in einer nicht we-

niger bedrohlichen Tyrannis des ekstatischen Gefühls, die alles Warum? und Woher? der Welt vergessen macht. (Vgl. „Zukunftsmusik" in: Ausg. Werke, S. 196f., 202, 205, 213ff.)

[91] Vgl. *R. Wagner*: Das Kunstwerk der Zukunft, S. 36, 139, *A. Gubitz*: a. a. O., S. 31 u. *L. Pfau* a. a. O., S. 234.

[92] Schillers Gedanke einer Aneignung und Vergegenständlichung des Menschen in Geschichte, Religion und Kunst deutet auf die eingangs erwähnte Traditionslinie, die zu Feuerbachs anthropologischer Ästhetik führt. Vgl. Schillers Werke. Nationalausgabe, Bd. 20, S. 395 u. Bd. 17, S. 365.

[93] Vgl. *L. Pfau*: a. a. O., S. 276–279.

[94] Vgl. *A. Gubitz*: a. a. O., S. 93f., *R. Wagner*: Die Kunst und die bestehende Gesellschaft, a. a. O., S. 142, *L. Pfau*: a. a. O., S. 229, *H. Hettner*: Zur Beurteilung Ludwig Feuerbachs, a. a. O., S. 13, 16.

Heinz Hamm

Goethe und Claude-Henri de Saint-Simon

Die Schüler von Saint-Simon, die Saint-Simonisten, veranstalten, um ihre Ideen verstärkt in die Öffentlichkeit zu tragen, in Paris vom 17. Dezember 1828 bis zum 12. August 1829 und vom 18. November 1829 bis zum Juni 1830 zwei Vorlesungszyklen. Der erste Zyklus von 17 Vorlesungen erscheint unter dem Titel „Doctrine de Saint-Simon. Exposition. Première année 1829" im August 1830 in Paris im Druck; der zweite von 13 Vorlesungen als „Deuxième année" im Dezember 1830.
Goethe bezieht sich ganz offensichtlich auf den soeben erschienenen ersten Teil der „Doctrine", wenn er unter den „Agenda" vom September und noch einmal vom Oktober 1830 „Société St.Simonienne"[1] verzeichnet. Von Soret will er am 20. Oktober 1830 hören, was er über die Saint-Simonisten wisse und denke.[2] Mit Kanzler von Müller pflegt er am 31. Oktober 1830 eine weitere „Unterhaltung über die Société St.Simonienne"[3].
Goethe hat sich im Herbst 1830 offensichtlich vorgenommen, das Werk, in dem die saint-simonistische Schule ihre Lehren ex kathedra verkündet, selbst zur Kenntnis zu nehmen. Zunächst führt er jedoch sein Lektürevorhaben nicht aus; denn die Position „Société Saint-Simonienne" ist in den „Agenda" nicht durchgestrichen, bleibt also als unerledigt stehen.
Erst am 21. Mai 1831 trägt Goethe in sein Tagebuch ein: „Werk des John Sinclair, 1. Band ‚Doctrine de Saint-Simon' zu lesen angefangen."[4] Wie schon Schuchardt klargestellt hat, geht es hier um zwei verschiedene Sachverhalte: um den englischen Autor John Sinclair, dessen Memoiren Goethe gerade auch liest, und eben um die „Doctrine".[5] Auf sie verweist mit Sicherheit auch die Eintragung vom 30. Mai 1831 im Tagebuch: „Bemühung dem St. Simonistischen Wesen auf den Grund zu kommen. Deshalb gelesen bis Abends."[6] Daß Goethe zumindest den wichtigeren ersten Teil der „Doctrine" im Mai 1831 tatsächlich gelesen hat, bezeugt nicht zuletzt sein Brief an Zelter vom 1. Juni 1831, in dem er in einer längeren Passage zu Grundpositionen der saint-simonistischen Schule Stellung nimmt.
Unter den „Agenda" vom Juni 1831 steht noch einmal eine Position „Rel. St.Simonienne"[7]. Sie gilt vielleicht nicht mehr der „Doctrine", sondern einer anderen saint-simonistischen Schrift mit dem Titel „Religion Saint-Simonien-

ne. Enseignement central". Die 1831 in Paris erschienene Broschüre, welche die Lehre in Kurzfassung enthält, war Goethe inzwischen wohl von den Verfassern zugeschickt worden; denn im Unterschied zur „Doctrine" findet sie sich in seiner Bibliothek.[8] Sie ist aufgeschnitten, weist aber keinerlei Spuren einer Lektüre auf. Ob der Eintrag unter den „Agenda" diese Broschüre meint und ob sie Goethe wirklich gelesen hat, braucht indes nicht weiter zu interessieren, weil deren Verfasser Hippolyt Carnot und Jules Lechevalier schon an der Redaktion der „Doctrine" mitgearbeitet hatten, hier also für einen Kenner des zentralen Werks der Schule nichts Neues mehr zu erfahren war.

Saint-Simon selbst steht bis ans Ende seines Lebens unter dem Eindruck der von der Französischen Revolution vollzogenen Befreiung des Individuums von den feudalen Fesseln und des dadurch bewirkten Aufschwungs an Produktivität. Für ihn gibt es während der Restauration in Frankreich nur einen Antagonismus zwischen Arbeitenden und Müßiggängern. Die ideale Gesellschaft der Zukunft ist für ihn hergestellt, wenn es keine feudalen Parasiten mehr gibt und alle arbeiten.

Seine jungen Schüler haben dagegen als ihre gesellschaftliche Grunderfahrung die verstärkten Krisenerscheinungen des Kapitalismus der freien Konkurrenz und die zunehmende Verelendung des Proletariats. Sie sehen die Gesellschaft der Gegenwart bestimmt durch einen unerbittlichen Konkurrenzkampf, in dem massenhaft menschliche Arbeit vergeudet wird, und durch die gnadenlose Ausbeutung der Arbeiter durch die Klasse der Unternehmer. Die Gesellschaft der Zukunft schaffen heißt für sie: die Ausbeutung des Menschen durch den Menschen beseitigen, für alle Mitglieder der Gesellschaft das Leistungsprinzip durchsetzen und den Konkurrenzkampf durch eine gesamtgesellschaftliche Planung ersetzen. Und das kann ihrer Meinung nach nur dann erreicht werden, wenn die „gegenwärtige Einrichtung des Eigentums einer gänzlich neuen Einrichtung"[9] Platz macht.

Die Schüler Saint-Simons greifen in die bestehenden Besitzverhältnisse ein, womit sie einen entscheidenden Schritt über ihren Lehrer hinausgehen. In einem ersten Schritt beseitigen sie die bisherige Form des Privateigentums an den Produktionsmitteln durch die Aufhebung des Erbrechts, wodurch zunächst alle Produktionsmittel in die Verfügungsgewalt der gesamten Gesellschaft fallen. In einem zweiten Schritt stellen sie privates Eigentum wieder her, indem sie den einzelnen Mitgliedern der Gesellschaft je nach ihrer Leistungsfähigkeit Produktionsmittel in unterschiedlichem Maße zur Verwaltung, Anwendung und Nutzung übertragen. Dieses neue Eigentum ist nicht vererbbar, muß sich ständig durch Leistung legitimieren und kann durch zentrale Instanzen bei Mißwirtschaft wieder kassiert werden.

Die saint-simonistische Schule unterscheidet also zwischen einem Obereigentum, das der Gesellschaft, repräsentiert durch die zentralen Instanzen und die

„Leiter", zusteht, und einem privaten Untereigentum. Sie schafft das Privateigentum an den Produktionsmitteln noch nicht konsequent ab, weil damit für sie das Leistungsprinzip außer Kraft gesetzt würde.
Goethe folgt der Schule, wie aus seiner Stellungnahme im Brief an Zelter hervorgeht, in der Analyse des gegenwärtigen Zustandes der Gesellschaft und in der Benennung wünschenswerter Veränderungen. Er stimmt mit ihr in der Sache überein, wenn sie den Konkurrenzkampf und das elende Los der Arbeiter anprangert und wenn sie eine Gesellschaft fordert, in der die Menschen brüderlich vereint zusammenarbeiten und jeder entsprechend seiner Leistung ein hinreichendes Einkommen hat. Bei den Maßnahmen, die zur Verwirklichung des Wünschenswerten führen sollen, hört jedoch seine Gefolgschaft auf. Er bestreitet, ohne zur neuen Eigentumsordnung der Schule prinzipiell Stellung zu beziehen, einfach nur deren praktische Machbarkeit, was natürlich auf eine Ablehnung hinausläuft. Seine Kritik zielt dabei vor allem auf die Vergabe der Produktionsmittel durch die „Leiter", die tatsächlich ein schwerlich zu lösendes Problem aufwirft. Ist die Vergabe auf der Grundlage einer Fähigkeitsbeurteilung durch die zentralen Instanzen einmal vorgenommen, kann sie im Interesse wirtschaftlicher Stabilität nicht ständig revidiert werden. Läßt sich aber eine Einstufung von solchem Folgenreichtum verantworten, wo Menschen sich ändern können und überhaupt die Beurteilung der Fähigkeiten eines Menschen sehr schwierig ist? Goethe, dem das saint-simonistische „Fähigkeitseigentum"[10] eigentlich liegen müßte, zieht es vor, nur das Problematische zu sehen, weil er unter keinen Umständen einem Eingriff in die „gegenwärtige Einrichtung des Eigentums" zustimmen kann. Das Angebot der Saint-Simonisten zur Lösung der sozialen Frage wird deshalb nicht akzeptiert, weil es mit einem Eingriff in die bestehenden Besitzverhältnisse verbunden ist. Die intensive Beschäftigung mit der „Doctrine de Saint-Simon" endet mit einer entschiedenen Distanzierung.
Mit den Schülern von Saint-Simon will Goethe nichts zu tun haben. Wie aber steht er zu Saint-Simon selbst? Gerade weil sich die Auffassungen Saint-Simons und seiner Schüler über die Gesellschaft der Zukunft nicht decken, erhebt sich die Frage, ob Goethe auch Saint-Simon kennt, ob er sich auch mit der Person und den Schriften von Saint-Simon selbst beschäftigt hat.
Die einschlägigen Registerbände der Weimarer Ausgabe zu den Tagebüchern und Briefen verzeichnen unter dem Stichwort „Saint-Simon" einige wenige Stellen, die jedoch immer nur, wie eine Überprüfung zeigt, von den Saint-Simonisten handeln, niemals von Saint-Simon selbst. Auch in den Gesprächen fällt der Name Saint-Simon stets nur im Zusammenhang mit seinen Schülern. Goethe hat schließlich — so melden die Kataloge von Ruppert[11] und von Keudell[12] — eine Schrift von Saint-Simon weder in der eigenen Bibliothek besessen, noch aus einer öffentlichen Bibliothek ausgeliehen. Ein direktes Zeugnis für eine Beschäftigung mit der Person und den Schriften von Saint-

Simon ist also nicht vorhanden. Goethe scheint sich für den Grafen Claude-Henri de Saint-Simon, von dessen Existenz er wohl gewußt haben wird, da dieser ein Enkel des ihm durch seine „Memoiren" gut bekannten Herzogs Louis de Saint-Simon war, überhaupt nicht zu interessieren. Er scheint den Namen Saint-Simon erst zur Kenntnis zu nehmen, als er nach der Julirevolution von 1830 den Entschluß faßt, sich über den Saint-Simonismus selbst ein Bild zu machen.

Ich habe das schon immer nicht glauben wollen. Mit einem neuen Zeugen kann ich jetzt den Nachweis erbringen, daß Goethe nicht erst durch die Schüler auf den Lehrer aufmerksam gemacht wird und daß er mit dem Namen Saint-Simon schon vor seiner Beschäftigung mit dem Saint-Simonismus eine feste Vorstellung verbindet. Goethe hat nachweislich zu Beginn des Jahres 1826 einen längeren Artikel über Saint-Simon in der französischen Zeitschrift „Le Globe" gelesen, die in seiner Bibliothek steht.

Die ersten beiden Bände der Zeitschrift erhält Goethe am 1. Januar 1826 komplett von der Redaktion aus den Händen des soeben aus Paris zurückkehrenden Eduard Gans. Sie umfassen die Nummern I 1 bis I 101 und II 102 bis II 200, die vom 15. 9. 1824 bis zum 30. 4. 1825 und vom 1. 5. 1825 bis zum 22. 12. 1825 in Paris erschienen sind. Von Band III an — die erste Nummer erscheint am 24. 12. 1825 — kommen ihm dann die laufenden Nummern von der Redaktion durch die Post zu. Goethe, der vom Februar 1826 an das ganze Jahr hindurch der Zeitschrift fast täglich einige abendliche Stunden widmet, geht in den ersten zwei Monaten mit dem Stift in der Hand zunächst die zurückliegenden Nummern durch. „Man hat mir", schreibt er am 7. Februar 1826 an Reinhard, „die Zeitschrift le Globe, vom September 1824, also wohl vom Anfang an, zugesendet und fährt damit posttäglich fort. Dem Vergangnen widme ich jeden Abend einige Stunden, ich bezeichne, streiche vor, ziehe aus, übersetze."[13] Bei dieser Lektüre des Zurückliegenden stößt er in der Nummer II 116 vom 4. 6. 1825 auf den Artikel „Nécrologie./M. Henri de Saint-Simon". Er muß für Goethe von einem besonderen Interesse gewesen sein, denn er hat neunmal am Rande längere Passagen mit Bleistift angestrichen.

Der Artikel gibt einen kurzen Überblick über Leben und Werk des eben am 19. Mai 1825 Verstorbenen. Als wichtiger Zeuge einer Kenntnis Saint-Simons durch Goethe Anfang 1826, der von der Goethe-Philologie bisher nicht genutzt worden ist, wird er hier erstmals vollständig in deutscher Übersetzung bekanntgemacht:

„TODESANZEIGEN."

Herr Henri de Saint-Simon.

Genau an dem Tag, als wir die Aufmerksamkeit unserer Leser auf das letzte Werk von Herrn de Saint-Simon richteten, entriß ihn der Tod der Literatur und der Industrie, deren eifrigster Verfechter er gegenwärtig war. Aus einer der erlauchtesten Familien des Staates stammend, Graf und Grande von Spanien, trat Saint-Simon von seiner frühesten Jugend an für die Sache und die Interessen des Volkes ein. Wie Lafayette und die vornehmsten jungen Seigneurs am Hofe Ludwigs XVI. schloß er sich den Aufständischen von Amerika an, und was zu Beginn nur ein leidenschaftlicher Eifer nach der Mode war, wandelte sich bald in eine leidenschaftliche Überzeugung. Er brachte aus der Neuen Welt eine Gesinnung zurück, die ihn von allen Freunden der Freiheit unterscheiden sollte: Er hatte gesehen, wie Gruppen von elenden Verbannten sich durch Arbeit und Brüderlichkeit in den glücklichen Zustand höchster Zivilisation erhoben hatten; Industrie wurde seine Gottheit. Als in Frankreich sich jedermann nur mit den öffentlichen Angelegenheiten befaßte, ahnte er, daß für die Völker ein neues Zeitalter beginnen und die Arbeit im neunzehnten Jahrhundert die Hauptrolle spielen würde. Von da an zielten all seine Gedanken, all seine Handlungen auf die Vervollkommnung der Industrie, die Bildung der arbeitenden Klassen und die Befähigung der Produzenten zur Leitung der Geschäfte. Er steckte sein großes Vermögen in tausend Unternehmungen, die er, in seiner Hitzköpfigkeit und in dem ungestümen Verlangen nach raschem Handeln, kaum begonnen wieder aufgab, um sich anderen, (einen schnelleren Erfolg versprechenden) zu widmen. Er war nach und nach Unternehmer, Schriftsteller, Gründer industrieller und wissenschaftlicher Gesellschaften, Förderer unterstützungsbedürftiger Gelehrter und Verschwender seines Geldes und seiner Zeit. So endete er schließlich im Ruin, und der Enkel der Saint-Simons hatte kaum so viel, um die einfachsten Bedürfnisse zu befriedigen. Das Unglück brachte ihn aber in keiner Weise von seiner Berufung ab, er folgte ihr im Gegenteil mit einer Standhaftigkeit und einem Mut, die ihm Anerkennung verschafften. Man hatte in ihm nur eine Art wunderlichen Verrückten gesehen, der nicht wußte, wie er sein Geld und sein Leben durchbringen sollte; man sah sich jetzt gezwungen,/ / die Aufopferung für eine große Überzeugung anzuerkennen; in der Armut verschaffte er sich viel mehr Gehör als im Reichtum; er hatte Schüler, und das waren — man muß das zu seiner und ihrer Ehre sagen — immer Männer von herausragendem Wert; seine Bücher kamen zu Ansehen in der Klasse, für die er sie bestimmt hatte; und schließlich hat er noch eine Schule gegründet, deren Zukunft glänzend sein kann, falls sie nicht so hitzig und absolut ist wie ihr Oberhaupt und sich nicht wie er darauf versteift, nur mit seinen Hoffnungen ohne Vorbereitung einen sozialen Staat einrichten zu wollen, dessen Grundzüge die Zukunft noch als Geheimnis verbirgt. Zweifellos ist die Arbeit, die freie Entfaltung aller unserer Fähigkeiten das wahre, das einzige Ziel des Lebens; und wenn es uns gelingen sollte, diesen großen Gedanken zur Religion unseres Jahrhunderts zu machen, wird die Gesellschaft zweifellos seinem Glauben gemäß eingerichtet werden. Der Müßiggang und die Nutzlosigkeit werden kein Anrecht mehr auf die Macht und die Vorherrschaft in den Nationalversammlungen haben. Das Volk wird in die Verwaltung seiner Geschäfte die Geschickten und Arbeitssamen berufen, die sein Wohlsein bewirken, indem sie das eigene erstreben, und daraus wird eine soziale Ordnung hervorgehen, die ebenso neu ist wie das Prinzip, das sie hervorbringen wird: Aber wie wird dieser soziale Staat beschaffen sein? Wie seine Formen? Wie seine Verwaltung? Eben das kann heute niemand angeben, ohne die Anmaßung zu verfallen und die zugleich größte und nützlichste aller Wahrheiten der Lächerlichkeit preiszugeben. Gerade weil Saint-Simon der Zukunft Geheimnisse entreißen wollte, die sie niemals preisgibt, verlegte er sich darauf, immer wieder bizarre Formeln aufzustellen. Die Verbreitung seiner Grundidee, daß nämlich die Richtschnur für den Wert eines Menschen und die Quelle menschlicher Würde in der Arbeit zu suchen sind, wurde dadurch verhindert. Vielleicht bedachte er in seiner ständigen Sorge um das Nützliche auch zu wenig, daß zum Wohlbefinden noch andere Genüsse als die physischen gehören, daß der Mensch ebenso wie Brot und Wohlstand auch die rein geistige Tätigkeit braucht und daß man ihn verstümmelt, sich gegen die Gesetze seiner Natür und die Erfordernisse seiner Stellung auf dieser Welt und in der Schöpfung vergeht, wenn man ihm verwehrt, über die Lösung des großen Problems einer anderen Zukunft als der bloß irdischen nachzusinnen. Das Christentum, dem Saint-Simon und seine Schüler mit Recht ihre Achtung bezeugen, hatte die Menschheit besser verstanden; und wenn die von ihm enthüllten Wahrheiten verdunkelt wurden, so mußte man danach trachten, sie wieder zu erhellen, und nicht danach, sie zu verneinen. Auf diese Weise wird sich die industrielle Lehre die Bezeichnung „Neues Christentum“, die ihr Begründer ihr auf seinem Totenbette gab, mit vollem Recht verdienen können. Da wir nun vom Tode sprechen, wollen wir daran erinnern, daß die letzten Augenblicke dieses einzigartigen Menschen sanft und friedlich verliefen, daß er in seiner Religion des Glücks und der Brüderlichkeit unter den Menschen das hatte, was den Gläubigen der katholischen Kirche der Trost und die Stimme des Priesters ist. Er unterhielt sich mit seinen Schülern, sprach ohne Unterbrechung mit Enthusiasmus von seinen Arbeiten und deren Zukunft und „entschlief vom Glück der Gesellschaft träumend“, um uns eines Ausdrucks von Herrn Halévy zu bedienen, der ihm an seinem Grabe so ergreifend die letzte Ehre erwies.

Sein Begräbnis war auch eine Ehrerweisung für das große Prinzip der Religionsfreiheit. Seine Freunde und seine Schüler — Familienangehörige schien er nicht mehr zu haben — hatten völlig davon Abstand genommen, eine Kirche, die er verlassen hatte, um eine Bestattungszeremonie und Gebete zu bitten, an die er nicht glaubte. Man sah sie nicht durch heuchlerische Bitten eine legitime Ablehnung provozieren und anschließend diese Ablehnung als Frevel anklagen, auch wenn man sich selbst als erster dessen schuldig macht, wenn man einen katholischen Priester zum Verstoß gegen die Gesetze seiner Religion bewegen will. Herr de La Mennais hat es vielmals beredt wiederholt: Die Priester sind keinesfalls „Beerdiger“, sondern Amtsträger einer Religion und Richter eines jeden, der ihrer Kirche folgt. Weder die Staatsmacht, noch die Bürger dürfen gegen ihr Urteil Berufung einlegen, wenn es rein religiös ist. Das zivile Begräbnis ist damit unser einziges Recht, wenn wir ohne Glaubensbekenntnis sterben oder als Rebellen gegen die Gesetze der Kirche, die wir einst angenommen hatten. Vor allem den Freunden der Freiheit steht es gut an, sich zu dieser heilsamen Lehre zu bekennen: Es ist ihre erste Pflicht. Wer keine Priester zum Sterben braucht, benötigt auch keine nach dem Tode; ihm genügen seine Freunde für sein Begräbnis, und sein Leben wird sehr wohl ausreichen, wenn es ehrenhaft und rein war, die Ehre seines Andenkens zu wahren, Wir möchten — Gott bewahre uns davor —, wenn wir uns so äußern, keinesfalls die Christen ihres Gottesdienstes entfremden. Er ist achtbar und heilig; seine Zeremonien rühren und sind voller heilsamer Betrachtungen. Wir möchten im Gegenteil einen solchen tiefen Respekt vor ihm einflößen, daß man sich schäme, aus ihm eine gemietete Ausstattung zu machen; wir möchten gern, daß sich unter dem Banner des Christentums ebenso wie unter der Fahne der Philosophie nur wahrhafter Glaube und mutige Überzeugung scharen. Auf diese Weise würden die Religionen bei- und miteinander in Frieden leben, geheiligt und geliebt von allen als innigster Gedanke, als Trost und Stütze für jeden; und der letzte Abschied eines Menschen vom Leben und von allem, was er liebte würde nicht von Geschrei und unanständigen Streitereien, von Anklagen und skandalösen Prozessen gestört werden. Friede sei wenigstens am Grabe."[14]

Anmerkungen

[1] Goethes Werke. Weimarer Ausgabe. Dritte Abteilung: Tagebücher, Bd. 13, S. 256 und S. 259 (= WA T).

[2] *Frédéric Soret*: Zehn Jahre bei Goethe, hg. v. H. H. Houben, Leipzig 1929, S. 473f.

[3] WA T Bd. 12, S. 324.

[4] WA T Bd. 13, S. 81.

[5] *Gottlieb C. L. Schuchardt*: Julirevolution, St. Simonismus und die Faustpartien von 1831. In: Zeitschrift für die deutsche Philologie 60 (1935) S. 369.

[6] WA T Bd. 13, S. 83.

[7] WA T Bd. 13, S. 269.

[8] Goethes Bibliothek. Katalog bearbeitet v. Hans Ruppert, Weimar 1958, S. 444 (Nr. 3034).

[9] Die Lehre Saint-Simons, eingeleitet und hg. v. Gottfried Salomon-Delatour, Neuwied 1962, S. 130 — Der Übersetzung liegt zugrunde die maßgebende Ausgabe: Doctrine de Saint-Simon. Exposition. Première année 1829, hg. v. C. Bouglé und Elie Halévy, Paris 1924.

[10] Zu diesem Begriff vgl. *Thilo Ramm*: Die großen Sozialisten als Rechts- und Sozialphilosophen, Bd. 1, Stuttgart 1955, S. 295.

[11] s. Anm. 8.

[12] Goethe als Benutzer der Weimarer Bibliothek. Ein Verzeichnis der von ihm entliehenen Werke, bearbeitet v. Elise v. Keudell, Weimar 1931.

[13] Goethes Werke. Weimarer Ausgabe. Vierte Abteilung: Briefe, Bd. 40, S. 296.

[14] Le Globe. Journal littéraire. Tom. II Nr. 116 (4. 6. 1825) p. 595f. — Übersetzung von mir (H. H.)

Erhard John

Zur Entwicklung von Realismusauffassung und Realismusbegriff im Gedankenaustausch Schillers und Goethes

Professor Dr. Werner Kahle sprach in seinem Hauptreferat davon, daß es nützlich sei, auch die historische Entwicklung ästhetischer Kategorien zu erhellen. Ich möchte im Rahmen der Möglichkeiten meines Diskussionsbeitrages mit meinen Ausführungen dazu beitragen. Dabei geht es mir vor allem um jene Passagen im Meinungsaustausch und Meinungsstreit um die künstlerische Methode, den Schiller und Goethe führten und in dem Ansätze zur „Umwandlung" der philosophischen Kategorie „Realismus" in eine ästhetische Kategorie zur Bezeichnung einer besonderen künstlerischen Methode nachzuweisen sind.
Interessant auch für uns heute ist, daß der Gedankenaustausch und die kunsttheoretische Diskussion um Schaffensfragen einen besonderen Höhepunkt zu einer Zeit erreicht, in der Goethe am ersten Teil des „Faust" und am „Wilhelm Meister" und Schiller am „Wallenstein" arbeiteten. Ausgangspunkt war dabei eine Fragestellung, die Schiller relativ systematisch in seiner Abhandlung „Über naive und sentimentalische Dichtung" und Goethe in den kleineren Arbeiten „Einfache Naturnachahmung Manier — Stil" und „Bemerkungen zu Herrn Diderots ‚Versuch über die Malerei'" darlegten. In seiner konkreten Form ist der Meinungsaustausch bereits ein Teil der Geschichte unseres kunsttheoretischen Denkens. Zugleich stellt er „ein Arsenal von Problemen" dar, über die es sich auch heute noch nachzudenken lohnt.
Schiller sah bekanntlich das Wesen des „naiven Dichters" darin, in der Realität seiner Zeit enthaltene poetische Gegenstände zu ergreifen und liebevoll so zu behandeln, daß er als Subjekt hinter seinen künstlerischen Gestaltungen zurücktritt und nur über diese zu wirken sucht. Repräsentativ sah Goethe die Möglichkeiten für eine solche künstlerische Beziehung zur Realität im antiken Griechenland gegeben. Für das Bild einer möglichen naiven Dichtung in seiner Zeit nutzte er bestimmte Züge in Goethes Schaffen, ohne allerdings damit dieses vollständig zu charakterisieren.
Deutlich dominierte für Schiller beim naiven Dichter der poetische Gegenstand bzw. die objektive Seite eines künstlerischen Verhältnisses zur Welt in Gestalt des künstlerischen Schaffensprozesses. Beim „sentimentalischen Dichter"

scheint für Schiller die subjektive Seite dieser Beziehungen zu dominieren. Der sentimentalische Dichter sei nicht Natur, sondern suche diese: er stelle der unpoetischen Wirklichkeit sein Ideal entgegen bzw. messe sie an diesem.[1]

Für den eingangs erwähnten Bedeutungswandel des Terminus „Realismus" war es folgenreich, daß Schiller beide Dichtungsarten nach seiner Formulierung auf unterschiedliche psychische Strukturen, dem Wesen der Sache nach auf verschiedene weltanschauliche Positionen zurückführt, deren Ursachen er wiederum in der Beschaffenheit der Wirklichkeit sieht, welche der Künstler vorfindet. Er nennt deren Träger einerseits „Realisten", andererseits „Idealisten". Bei der Beschreibung realistischer Positionen in seiner Terminologie zählt er Eigenschaften auf — Vertrauen auf das Zeugnis der Sinne, Orientierung auf konkrete Erscheinungen der Realität, auf den besonderen Fall —, die im erkenntnistheoretischen Sinne zum Materialismus (obgleich unter Umständen zu einem naiven) tendieren. Die Haltung des „sentimentalischen Dichters", der vom Allgemeinen der Idee zur Realität „herabzusteigen" versuche und Reales an seinen Idealen mißt, weist hingegen Züge auf, die wir heute als idealistisch im Sinne der Grundfrage der Philosophie bezeichnen könnten.

Das spezifische Gewicht der objektiven bzw. subjektiven Seite des ästhetischen Verhältnisses nimmt nun im Meinungsstreit und im Meinungsaustausch Goethes und Schillers, der unmittelbar von praktivem künstlerischem Schaffen begleitet wird, eine zentrale Stellung ein.

Weltanschauliche Unterschiede zwischen Goethes pantheistischer Weltsicht, die ihn vor allem in erkenntnistheoretischen Fragen an materialistische Positionen heranführt und das Ausgehen von Erscheinungen des Lebens im Schaffensprozeß fördert, sowie Schillers „entgegengesetzter", deutlich noch Spuren der Kantschen Denkweise tragender, objektiv-idealistischer Weltanschauung werden von beiden Dichtern sehr wohl beachtet und keineswegs vermischt. Doch bemühen sie sich im Sinn einer produktiven Diskussion um eine Synthese, die die „Einseitigkeit" der von Schiller in der erwähnten Schrift als realistisch und idealistisch bezeichneten künstlerischen Haltungen überwindet.

In einem von ihm selbst verfaßten Vorwort zum Briefwechsel zwischen ihm und Schiller beschreibt Goethe folgendermaßen seine anfangs reservierte Einstellung zum späteren Freund:

„Sein (Schillers — E. J.) Aufsatz über „Anmut und Würde" waren ebensowenig ein Mittel, mich zu versöhnen. Die Kantsche Philosophie, welche das Subjekt so hoch erhebt, hatte er mit Freude in sich aufgenommen, sie entwickelte das Außerordentliche, was die Natur in sein Wesen gelegt, und er, im höchsten Gefühl der Freiheit und Selbstbestimmung, war undankbar gegen die große Mutter, die ihn gewiß nicht stiefmütterlich behandelte. Anstatt sie als selbständig lebendig, vom Tiefsten bis zum Höchsten gesetzlich hervorbringend zu betrachten, nahm er sie von der Seite einiger empirischer menschlicher Natür-

lichkeit. Gewisse harte Stellen sogar konnte ich direkt auf mich deuten. . . ."[2]
Im Verlauf des Gedankenaustauschs und der keineswegs immer einfachen Diskussion um Schaffensfragen schlug die Bestimmung einer im erkenntnistheoretischen Sinn materialistischen Position als „realistisch" bzw. einer Weltanschauung als „realistische Denkungsart" in die sprachliche Bezeichnung bzw. Charakteristik einer künstlerischen Schaffensmethode um.

In einem Brief vom 5. Juli 1797 an Schiller rühmte Goethe an dessen Gedicht „Nadowessiers Totenlied" die „realistische, humanistische" Denkungsart. Zu „Wilhelm Meister" bemerkt er, Goethe sei hier seinem „realistischen Tic" gefolgt. Im Zusammenhang mit dem von ihm vorgefundenen Zustand des bürgerlichen Lebens weicht er nicht der Frage aus, ob er nicht gezwungen war, diesen Tic „über seine Grenzen hinaus zu treiben".

Wir können es als Klärung im Fortschreiten des Meinungsaustausches ansehen, wenn Schiller Goethe seinerseits ermunterte, diesem realistischen Tic treu zu bleiben. Denn ein Kunstwerk, welches all das enthalte, was zu seinem Erleben und Verstehen notwendig sei und so ein in sich geschlossenes Ganzes darstelle, erfülle alle Ansprüche, die im Reiche der Kunst billigerweise zu stellen sind. Sache des Künstlers sei es, wie und auf welchem Wege er sein Ziel erreiche.

In solchen Überlegungen wird sichtbar die in „Über naive und sentimentalische Dichtung" nachweisbare schroffe Entgegenstellung von „Idealist" und „Realist" relativiert.

In gleicher Richtung können wir eine Reihe von Selbstzeugnissen Schillers, unter ihnen folgendes Urteil über sich selbst, im Brief vom 18. September 1756 an Goethe interpretieren: Er bekundet sein Bestreben, Wallenstein nicht sentimentalisch zu schaffen — also von einer allgemeinen Idee zum konkreten Gegenstand (Wallensteins Charakter, Handeln und persönliches Schicksal) „herabzusteigen" und darüber zu reflektieren, sondern „. . . den Stoff außer mir zu halten und nur dem Gegenstand zu geben . . ."[3] Wallenstein selbst erscheint ihm als ein „echt realistischer Charakter", deshalb hoffe er, „. . . auf rein realistischem Wege einen dramatisch großen Charakter aufzustellen, der ein echtes Lebensprinzip in sich hat. Vor dem habe ich, wie in Posa und Carlos, die fehlende Wahrheit durch schöne Idealität zu ersetzen gesucht, hier . . . will ich es probieren und durch die bloße Wahrheit für die fehlende Idealität . . . entschädigen".[4]

In den folgenden Abschnitten des gleichen Briefes verwendet Schiller zwar die Termini idealistischer und realistischer Charakter im alten psychologisch-philosophischen Sinne, doch bezeugen die eben zitierten Passagen auch einen anderen Gebrauch. Unter „realistischem Weg" wird eine bestimmte künstlerische Methode verstanden, bei der der Künstler danach strebt, künstlerische Wahrheiten von der Realität, von menschlichen Beziehungen, Charakteren und Handlungen zu geben.

Ein unterschiedlicher Gebrauch des Terminus „realistisch“ bzw. „Realismus“ (einmal zur Bezeichnung philosophischer Grundpositionen, dann zur Charakteristik einer künstlerischen Schaffensmethode) sowie die persönlich motivierte subjektive Sympathie für den „sentimentalischen Dichter“ führt bekanntlich auch im Schaffen Friedrich Schillers sowohl zum „Versuch“ der „Braut von Messina“ (als ausgehend von einer allgemeinen Idee) wie zu den romantischen Elementen in „Maria Stuart“, während das Fragment des „Demetrius“ wiederum vom Anliegen zeugt, reale Charaktere und historische Ereignisse ihres „poetischen Gehaltes“ zu entbinden.

Ebenso wie Schiller, dabei theoretisch eindeutiger und im eigenen Schaffen folgerichtiger, sieht Goethe im Orientieren auf die Realität ein wichtiges Merkmal, der „realistischen Behandlungsweise“, deren Besonderheiten er in Aphorismen, beiläufigen Bemerkungen, in kurzen und zugleich inhaltsreichen Abhandlungen wie „Der Sammler und die Seinigen“, „Einfache Naturnachahmung, Manier, Stil“, „Bermerkungen zu Herren Diderots Versuch über die Malerei“ und vielen persönlichen Äußerungen, die uns J. P. Eckermann übermittelte, zu beschreiben versucht.[5]

Unverzichtbares und wesentliches Merkmal eines „rechten Weges ...“ von „... Künstlern, die einer Methode bedächtig folgen, anstatt ... leichtsinnig einer Manier nachzuhängen ...“[6], ist es für Goethe, von der Natur auszugehen, in die für den Dichter auch die Menschennatur und durch diese bedingte menschliche Schicksale, Beziehungen und Charaktere eingeschlossen sind.

Diese „erste“ Besonderheit einer rechten Methode, für die Goethe und Schiller *auch*, obgleich nicht durchgängig und systematisch, Bezeichnungen wie „realistische Behandlungsart“, „Realismus“ u. ä. m. gebrauchen, verbinden beide, zweitens, mit den Anspruch an den Künstler, nicht bei der „einfachen Naturnachahmung“ bzw. einer bloßen Wiedergabe des Realen stehen zu bleiben, sondern dessen „innere und äußere“ Natur zu erforschen, sowie deren menschlichen Bezug bewußt zu machen.[7]

Die rechte künstlerische Methode im Goetheschen Sinne bezieht so, mit Begriffen der zeitgenössischen marxistisch-leninistischen Ästhetik ausgedrückt, auch künstlerische Verallgemeinerung und ästhetische Wertung ein.

Über Wesen und Ursprung der dadurch gewonnenen, ideellen Gebilde gehen die Meinungen beider Dichter auseinander. Schiller sucht in der Kategorie des „schönen Scheins“ eine Lösung. Dieser ist für ihn einerseits eine sinnlich faßbare Erscheinung mit Momenten der Zufälligkeit und Einzelheit, andererseits Träger eines ideellen Gehalts, auch mit Momenten der Allgemeinheit und Wesentlichkeit, deren Ursprung letzthin objektiv-idealistisch interpretiert wird. Obgleich mit unterschiedlichem Nachdruck und variierenden Formulierungen, begründet Schiller den Ursprung der Ideen in einem „Reiche der Vernunft“, zu dem der schöne Schein aus dem „Reiche der Sinnlichkeit“

immer wieder Brücken schlägt. Für Goethe hingegen existiert Gesetzmäßiges, Notwendiges, Allgemeines, welches der Künstler im Schaffensprozeß erfaßt, in konkreten Erscheinungen der realen Natur und wird dort vom Künstler gesucht und „aufgefunden". Immer wieder zitiert und deshalb allgemein bekannt, allerdings nur selten als Zeugnis auch theoretischer Bemühungen um die Bestimmung der „rechten künstlerischen Methode" analysiert, ist folgender Vergleich Goethes:

„Mein Verhältnis zu Schiller gründete sich auf die entschiedenste Richtung beider auf einen Zweck, unsere gemeinsame Tätigkeit, auf die Verschiedenheit der Mittel, wodurch wir jenen zu erreichen strebten.

Bei einer zarten Differenz, die einst zwischen uns zur Sprache kam und wo ich durch eine Stelle seines Briefes wieder erinnert werde, machte ich folgende Betrachtung: Es ist ein großer Unterschied, ob der Dichter zum Allgemeinen das Besondere sucht oder im Besonderen das Allgemeine schaut. Auf jene Art entsteht Allegorie, wo das Besondere nur als Beispiel, als Exempel des Allgemeinen gilt, die letztere aber ist eigentlich die Natur der Poesie, sie spricht ein Besonderes aus, ohne ans Allgemeine zu denken oder darauf hinzuweisen. Wer nur dieses Besondere lebendig faßt, erhält zugleich das Allgemeine mit, ohne es gewahr zu werden oder erst spät."[8]

Von Goethes Argumenten beeindruckt und mit objektiven Erfordernissen eines künstlerischen Schaffens konfrontiert, das Genuß bereiten, Wahrheiten geben und geistig orientieren will (ein Streben, zu dem sich Schiller in „Über die ästhetische Erziehung des Menschen in einer Reihe von Briefen" in geradezu klassischer Weise bekennt), beginnt Schiller im Meinungsaustausch und Meinungsstreit eine relative Überlegenheit Goethescher Auffassungen zur „rechten Methode" anzuerkennen.

So schreibt er u. a. in einem Brief am 18. Juni 1797: „Je mehr Verhältnissen ich jetzt abgestorben bin (gemeint sind persönliche Freundschaftsbeziehungen — E. J.), desto größern Einfluß haben die wenigen auf meinen Zustand, und den entscheidenden hat Ihre lebendige Gegenwart. Die letzten vier Wochen haben wieder vieles in mir bauen und gründen helfen. Sie gewöhnen mir immer mehr die Tendenz ab (die in allem, praktischen, besonders poetischen eine Unart ist) vom allgemeinen zum individuellen zu gehen und führen mich umgekehrt vom einzelnen Fall zu großen Gesetzen fort."[9]

Schiller bezieht die hier beschriebenen individuellen Wandlungen (über deren Dauer und Konsequenz hier nicht gesprochen werden soll), völlig zutreffend auf seine künstlerische Methode (Rückgriffe auf die „allgemeine Idee" in der „Braut von Messina" und romantisch-sentimentalische Elemente in „Maria Stuart" wurden bereits erwähnt).

In seiner philosophischen Haltung überwindet er durch Kantschen Einfluß bedingte subjektiv-idealistische Züge seiner Weltanschauung und nimmt ausgeprägte, objektiv idealistische Positionen ein, wobei er bereit ist, der Sinnen-

welt „das Ihre“ zu geben und dabei bestimmte Gedanken vorwegnimmt, die in der Hegelschen Philosophie ihren reichen Ausdruck finden.
Diese weltanschauliche Entwicklung interessiert den Philosophiehistoriker. Für das Nachdenken über die künstlerische Schaffensmethode und seine historischen Traditionen auch in der deutschen Klassik ist eines wichtig: Schiller verwischt nicht wesentliche Unterschiede zwischen der eigenen Weltanschauung und der Goethes, beschreibt sie sprachlich auch als Verschiedenheiten von „realistischer“ und „idealistischer“ künstlerischer Haltung und sucht nach einer produktiven Synthese beider, welche jeweils Vorzüge bewahrt, Mängel und Einseitigkeiten beider jedoch überwindet.[10]
Sein Bemühen, auf diesem Weg zur Definition einer „echten Dichtung“ zur schöpferischen Synthese einer „ästhetischen Kunst“ zu gelangen, ist auch für heutiges Nachdenken über realistische Schaffensmethode interessant.
Wesentliche Merkmale einer solchen echten Dichtung sind für Schiller das Bemühen des Künstlers, sich über die Wirklichkeit zu erheben (nicht bei einer bloßen Naturnachahmung stehen zu bleiben), – zugleich sich dem Sinnlichen verpflichtet zu fühlen.
Eine so aufgefaßte ästhetische Kunst, die widersprüchliche Haltungen zur Realität dialektisch in sich aufhebe, habe gegenüber der „idealistischen“ den Vorzug, nicht den festen Boden unter den Füßen zu verlieren, wohingegen die idealistische Kunst, wenn die Kontrolle des Verstandes aussetze, sich nicht nur über die Naturwirklichkeit erheben, sondern auch zur leeren Phantastik entarten könne. Die ästhetische Kunst im Schillerschen Sinne sei auch gefeit gegenüber der Gefahr, in der die Kunst eines „Realisten“ im engen Sinne schwebe, nämlich nur im Sinnlichen zu verharren, in jene platte Naturnachahmung zu versinken, die Goethe in einem seiner Briefe als Naturalismus[11] bezeichnet.
Schillers Formulierungen „Realist im beschränkten Sinne“ provoziert folgerichtig die Frage, was der Dichter wohl unter einem „nichtbeschränkten“ Realisten verstehe.
Gehen wir davon aus, daß ein „nichtbeschränkter“ Realist notwendig ein Gegensatz zum „beschränkten“ darstellt, so zeigt sich eine weitgehende begriffliche Übereinstimmung mit dem, was Schiller unter „ästhetischer Kunst“ im bereits beschriebenen Sinne versteht.
Doch sind wir nicht nur auf stets anfechtbare Analogieschlüsse angewiesen. In einem Brief an Goethe vom 5. 1. 1798 berichtet der Dichter über seine Arbeit am „Wallenstein“ und erklärt, künftighin nur historische Stoffe zu wählen. In erfundenen sieht er die Gefahr, ihn zur bloßen Phantastik zu verleiten. So erscheint es für ihn förderlicher, das „Realistische“ zu idealisieren, eine bestimmte und beschränkte Materie zu beleben, zu erwärmen und gleichsam aufquellen zu lassen, da die objektive Bestimmtheit des Stoffes dann seine Phantasie zügele.

Auch in Goethes Überlegungen nimmt das „Ideelle“ (aufgefaßt als der durch künstlerische Verallgemeinerung und ästhetische Wertung hervorgebrachte Ideengehalt der künstlerischen Aussage) einen großen Raum ein. Für Goethe ist dieses Ideelle jedoch nicht in einer „poetischen Idee“ als solcher begründet, welche dem Ergreifen eines künstlerischen Stoffes vorangeht[12] und die vom Künstler dann an und in diesem „materialisiert“ wird. Sie ist, auch wenn Goethe nicht explicit diesen Terminus gebraucht, Resultat einer spezifischen geistigen Aneignung oder Widerspiegelung der Realität, bei welcher der Künstler von der Erscheinung zum Wesen vordringt, ohne beides zu trennen. In seinem Brief an Jacobi vom 21. August 1774 beschreibt er folgendermaßen seine Methode: „Reproduktion der Welt um mich durch die innere Welt (des Künstlers — E. J.), die alles packt, verbindet, neu schafft, und in eigner Form, Manier, wieder hinstellt.“[13]

Für eine „richtige Methode“ im Goetheschen Sinne ist ferner, so äußert sich der Dichter an verschiedenen Stellen, wesentlich: Anschauend, empfindend und denkend werde ein Künstler die ... „Gegenstände in ihrer höchsten Würde, in ihrer lebhaftsten Wirkung, in ihren reinsten Verhältnissen erblicken. ...“ Dabei bringe er seine Individualität ins Spiel, welche „... durch die reinste Anwendung seiner höchsten Sinnes- und Geisteskräfte immer wieder bis ins Allgemeine erhoben ...“ und „... bis an die Grenzen der möglichen Produktion ...“[14] geführt werden könne.

Resultat einer solchen Methode ist für Goethe der Stil. Dieser stehe über einer einfachen Naturnachahmung, deren Wesen bereits durch die Bezeichnung ausgedrückt werde und der „Manier“, bei welcher der Künstler „... seinen Trieben und Neigungen unaufhaltsam nachhängt ...“[15], sich dadurch von der Ganzheit des Ganzen entferne und seine Subjektivität schrankenlos walten lasse.

Die aus der philosophischen Terminologie übernommenen Begriffe des „Realismus“, des „Realistischen“, des „Realen“ werden von Goethe und Schiller so mit einer weiteren Besonderheit der „rechten künstlerischen Methode“ verbunden. Kunstwerke stellen ja dialektische Einheiten eines materiellen Gebildes (Gegenstandes oder Prozesses) und eines ideellen Gehaltes dar, bei dessen Interpretation idealistische und materialistische Ausgangspositionen sich deutlich unterscheiden.

Jegliches Nachdenken über die künstlerische Schaffensmethode muß sich auch der Frage stellen, welche Seite in der dialektischen Einheit von materiellem Gebilde und ideellem Abbild das übergreifende und bestimmende Moment im Kunstwerk darstellen.

Beide, Schiller wie Goethe, beschäftigt dieses Problem ungemein. So erwähnt Schiller u. a., er schulde Goethe den Gedanken, daß das Kunstwerk den „besonderen Fall“ darstelle, in dem sich die „Realität“ zu bewähren habe. Er hoffe (und bezieht sich dabei direkt auf seine Arbeit am „Wallenstein“),

zu zeigen, wieviel er in der Verbindung mit Goethe von dessen Natur in seine eigene Natur habe übernehmen können.[16]
In einem Brief vom 5. März 1799 rühmt Schiller am „Realismus“ Goethes, nicht zu ruhen, bis die Idee im Kunstwerk Existenz (und damit auch materielle Gestalt) gewonnen habe.
Aus vielen ähnlichen Textstellen läßt sich nachweisen, daß es sich bei diesen Gedanken nicht um zufällige, den Bedingungen des Tages verpflichtete Bemerkungen, sondern um grundsätzliche Positionen handelt. Bei allen unterschiedlichen Meinungen in einzelnen Schaffensfragen waren sich Goethe und Schiller darin einig, daß die künstlerischen Gestaltungsmittel und ihr Gebrauch im künstlerischen Schaffen keinen Selbstzweck darstelle, sondern dem Anliegen untergeordnet sei, den künstlerischen Ideengehalt in einem Kunstgebilde zu objektivieren. Für sie ist bei der „rechten künstlerischen Methode“ in der Einheit von Inhalt und Form der künstlerische Inhalt das bestimmende und übergreifende Element. Dieser Inhalt ist für Goethe das vom künstlerischen Subjekt in einer spezifischen Weise als individuell und zugleich als überindividuell bedeutsam erkannte und gewertete „gesetzmäßig Lebendige“ in der Realität. Für Schiller hingegen, der zwar in praktischen Schaffensfragen Goethes Überlegenheit anerkennt, ohne seine idealistische Grundposition aufzugeben, ist es letzthin die in Erscheinungen der Sinnenwelt sich manifestierende Idee.
Weltanschauliche Differenzen dieser Art schließen jedoch nicht übereinstimmende Meinungen Goethes und Schillers zum bedeutenden Gegenstand als wichtige Voraussetzung großer Kunst und zur Dominanz der „geistigen Behandlung“ des Stoffes gegenüber dem artifiziellen Umgang mit künstlerischen Ausdrucksmitteln aus, wobei zugleich auch Meisterschaft in dieser Komponente des künstlerischen Schaffensprozesses gefordert wird.
In fast klassischer Form legt Goethe seine auch von Schiller geteilten Auffassungen in den immer wieder zitierten Sätzen dar: „Man kann nicht genug wiederholen, der Dichter, so wie der bildende Künstler, solle zuerst aufmerken, ob der Gegenstand, den er zu behandeln unternimmt, von der Art sey, daß sich ein mannigfaltiges, vollständiges hinreichendes Werk daraus entwickeln könne. Wird dies verseumt, so ist alles übrige vergebens: Sylbenfluß und Reimwort, Pinselstrich und Meiselhieb sind umsonst verschwendet: und wenn sogar eine meisterhafte Ausführung den geistreichen Beobachter auch einige Augenblicke bestechen könnte, so wird er doch das Geistlose, woran alles Falsche krankt, gar bald empfinden. . . .
Also kommt es bei der künstlerischen, so bei der naturwissenschaftlichen, auch bei der mathematischen Behandlung alles an auf das Grundwahre . . .“[17]
Selbstverständlich beschränken sich Goethes wie Schillers kunsttheoretische Überlegungen nicht darauf, über den Unterschied zwischen „idealistischer“ und „realistischer“ Kunst bzw. einen „Stil“ nachzudenken, der die Vorzüge

der beiden erstgenannten Methoden zu vereinen, deren Schwächen jedoch zu vermeiden vermag.
Der vorliegende Beitrag beansprucht selbstverständlich nicht, erschöpfend kunsttheoretische Positionen beider zu bestimmen. Er möchte nur darauf aufmerksam machen, daß Goethe und Schiller bei ihren Bemühungen um eine „rechte Methode“ folgende wesentliche Merkmale ausweisen:
Erstens die Orientierung auf eine künstlerische geistige Aneignung der Realität und das Streben, künstlerische Wahrheit zu geben. Diese unterscheiden sie nachdrücklich von einer bloßen Kopie der Lebenserscheinungen. Künstlerisches Streben nach dieser Wahrheit sucht, ohne die Welt des Sinnlichen zu verlassen, das Wesen von Lebenserscheinungen zu ergreifen und vom Standpunkt bestimmter Ideale aus auch zu werten.
Zweitens eine bestimmmte Haltung des künstlerischen Subjektes, das sich nicht darauf beschränkt, objektiv Existierendes geistig zu ergreifen, sondern sich auch mit seiner individuellen Haltung zur Welt ins Spiel bringt, ohne Objektives verzerrt wiederzugeben (eine Haltung, die vor allem Goethe kritisch bei der Romantik vermerkt), und statt künstlerischer Wahrheit vom Leben subjektiv willkürliche Gebilde der dichterischen Phantasie zu geben.
Drittens eine künstlerische Haltung, welche den meisterhaften Gebrauch der künstlerischen Gestaltungsmittel dem Anliegen unterordnet, einen geistigen Gehalt (den Goethe und Schiller auf teilweise unterschiedlichem Wege gewinnen und auch unterschiedlich weltanschaulich interpretieren) im Kunstgebilde zu objektivieren, also in der ästhetischen Realität des Kunstwerkes festzuhalten und dem Publikum darzubieten.
Der Terminus „realistisch“ wird, wie zu zeigen versucht wurde, nicht durchgehend zur Bezeichnung dieser „rechten Methode“ verwendet. Doch ohne an den Haaren herbeigezogene überflüssige Aktualisierungen zu versuchen, soll zum Nachdenken über die Gründe angeregt werden, die beide Künstler bewogen, den philosophischen Terminus Realismus, realistisch teilweise zu einer ästhetischen Kategorie umzufunktionieren. Zumindest kann man daraus auf bestimmte Zusammenhänge zwischen weltanschaulichen Haltungen und künstlerischer Schaffensmethode und zugleich auf mögliche Differenzierungen schließen.
Natürlich können wir von Denkern der Vergangenheit nicht fertige Lösungen für Probleme erwarten, die eine Realismustheorie heute in der sozialistischen Gesellschaft zu lösen hat. Umgekehrt können und sollten wir Leistungen des theoretischen Kulturerbes vor allem dann, wenn es das Nachdenken bedeutender Künstler über künstlerische Schaffensprobleme darstellt, in den Kreis unserer Überlegungen einbeziehen, um Anregungen für eigenes schöpferisches Denken bei theoretischen Bemühungen um aktuelle Probleme unserer Kunstentwicklung zu erhalten.

Anmerkungen

[1] Diese Unterscheidung macht praktisch das erste Drittel der Abhandlung aus.
[2] *J. W. Goethe*: WA, IV. Abt., Bd. 11, S. 19.
[3] Schillers Briefe, Kritische Gesamtausgabe. Herausgegeben und mit Anmerkungen versehen von F. Jonas, Stuttgart/Leipzig/Berlin/Wien, o. J., im Folgenden zitiert: „Jonas . . .", Bd. 5, S. 19.
[4] *Jonas*: Bd. IV, S. 436
[5] Vgl. u. a. die Gespräche mit J. P. Eckermann vom 18. September 1823, 15. Juni 1825, 18. Januar 1827, ganz besonders jedoch vom 21. Januar 1826 und vom 18. April 1827.
[6] WA, I. Abt., Band 45, S. 309f.
[7] Vgl. WA, I. Abt., Bd. 28, S. 149.
[8] WA, I. Abt., Bd. 42 I, S. 146.
[9] *Jonas*: Bd. V, S. 201.
[10] Ausführlicher hierzu siehe: *E. John*: Der Realismusbegriff im Briefwechsel Goethes und Schillers. Weimarer Beiträge, IV. 1959.
[11] WA, IV. Abt., Band 15, S. 62.
[12] *Jonas*: Bd. IV, S. 430, ferner WA, IV. Abt., Bd. 42, S. 108f.
[13] WA, IV. Abt., Bd. 2, S. 186f.
[14] WA, Bd. 45, S. 310.
[15] WA, ebenda, S. 311.
[16] Jonas, Band V, S. 225.
[17] Naturphilosophie. In: Ueber Kunst und Altertum. Sechster Band, erstes Heft. Stuttgart 1827.

Dietrich-E. Franz

Ideal und Utopie

Im Mittelpunkt der Jenaer Klassik-Seminare standen und stehen Fragen und Probleme, die helfen sollen, europäische bürgerliche Emanzipationsbestre-bestrebungen und -bewegungen besser und tiefer zu verstehen. Von den unterschiedlichsten Gesichtspunkten aus, worin sich gerade der Vorzug des interdisziplinären Charakters dieses Seminars ausdrückt, wurden und werden die verschiedenen Aspekte und Ebenen des jeweiligen Gegenstandes diskutiert und es bietet sich in der Tat ein breites Feld diskussionswürdiger Gegenstände.
Wenn in diesem Jahr Fragen der Kultur und Kunst, also die kulturphilosophisch-ästhetischen Prozesse, im Mittelpunkt stehen, so drückt sich darin die Tatsache aus, daß dem kulturell-künstlerischen Bereich im Emanzipationsprozeß des Bürgertums eine besondere, nicht zu unterschätzende Funktion zukommt.
Sobald von kulturell-künstlerischen Aspekten des Emanzipationsprozesses des Bürgertums die Rede ist, spielt dabei der Begriff des Ideals eine herausragende Rolle. Das ist so verwunderlich nicht, verbindet sich doch mit dem Ideal ein „Muster- oder Leitbild menschlichen Strebens“[1]. Wohl seit jeher richteten die Menschen ihre Bemühungen darauf, sich ihr Leben zu erleichtern, ihre Daseinsbedingungen zu verbessern, sich selbst und die Gesellschaft zu entwickeln, zu vervollkommnen. Diese angestrebte allseitige und harmonische Entwicklung der Persönlichkeit ebenso wie die Umgestaltung der gesellschaftlichen Verhältnisse zu einer harmonischen Gemeinschaft waren daher jene Schwerpunkte, auf die sich das Idealstreben der Menschen vor allem orientierte.
Was den Bereich gesellschaftlicher Ideale anlangt, also den Entwurf und die Beschreibung idealer sozialer und politisch-staatlicher Zustände, so hat sich dafür – seit Thomas Morus – der Begriff Utopie eingebürgert.
Wir sehen somit, daß beide Begriffe auf das Engste zusammenhängen, daß es zwischen ihnen zahlreiche Berührungspunkte gibt, von denen der wohl wichtigste der ist, daß sowohl Ideal wie auch Utopie Zielvorstellungen zum Ausdruck bringen, also etwas bezeichnen, das erreicht werden soll. Sie markieren das zu Erstrebende, das häufig auch das Vollkommene sein sollte, zumindest aber ein Besseres.

Im heutigen allgemeinen Sprachgebrauch, im alltäglichen Verständnis beider Begriffe, wird dieser Zusammenhang, diese Zusammengehörigkeit jedoch auf eine sehr willkürliche Weise zerstört, nämlich durch die Pejoration des Utopie-Begriffes. Während das Ideal, wie man in diversen Wörterbüchern nachlesen kann, ein Musterbild, ein bedeutungsvolles und vollkommenes Urbild darstellt, ein sittliches Vorbild repräsentiert oder gar als Inbegriff der Vollkommenheit gefeiert wird, gilt die Utopie als ein unausführbarer Plan ohne reale Grundlage und wird als Hirngespinst diffamiert. Zudem gelten beispielsweise wirklichkeitsfremd, unwirklich, unerfüllbar, phantastisch und ähnliches als Synonyme für utopisch. Ein solches Verständnis des Utopischen und des Idealen ist nicht von ungefähr. Es macht vielmehr beim näheren Betrachten deutlich, daß wir bei einer derartigen unbesehenen Verwendung der Begriffe bis auf den heutigen Tag bürgerliches Utopie- und Idealverständnis nach- und mitvollziehen.

Um eine solche Behauptung verständlich zu machen, wird es nötig sein, zunächst einmal auf Ursprung und Geschichte der Begriffe Ideal und Utopie einzugehen. Dabei werden wir feststellen, daß beide Begriffe selbst, hier noch nicht gemeint die unterschiedlichen Inhalte, die ihnen später beigegeben wurden und werden, der Periode des aufkommenden Bürgertums entstammen.

Utopie hat seinen Ursprung, wie allgemein bekannt, im Titel des von dem englischen Lord-Kanzler Thomas Morus im Jahre 1516 verfaßten Buches „De optimo rei publicae statu sive de nova insula Utopia" (Vom besten Zustand des Staates oder von der neuen Insel Utopia). Als literarischer Gattungsbegriff und Ausdruck einer ganz bestimmten Denkform ist das Wort Utopie oder utopisch, wie Krauss nachgewiesen hat[2], allerdings erst im 19. Jahrhundert zu belegen.

Das Wort Ideal hingegen tauchte erstmals, wie Lessing zuverlässig in seinen „Kollektaneen zur Literatur" meint, 1670 in Francesco de Lanas „Prodromo" auf, also gute einhundertfünfzig Jahre nach Morus' „Utopia".

Seine philosophische Bedeutung allerdings erhielt das Wort Ideal vornehmlich erst durch das Werk Immanuel Kants, Friedrich Schillers und Georg Friedrich Wilhelm Hegels, deren Auffassungen jedoch bereits A. G. Baumgarten und J. J. Winckelmann vorgearbeitet hatten.[3]

Bereits bei Baumgarten nämlich begegnen wir der Gleichsetzung von Vollkommenheit und Schönheit und Winckelmann vertrat in seiner „Geschichte der Kunst des Altertums" die folgenreiche These, daß die reine, also ideale Schönheit nicht in der Natur, sondern ausschließlich in der Kunst, und zwar der griechischen, erreicht werde. Ein Kunstwerk werde deshalb zum Ideal, weil der Künstler lediglich die schönsten Elemente verschiedener Individuen sammle und verwende, um aus ihnen durch die harmonische Verbindung eine neue, eben eine ideale Figur zu komponieren, die zwar kein Ebenbild

in der Wirklichkeit habe, aber gerade deshalb als Norm, als Vorbild bei der Nachahmung fungieren könne.
Die klassische deutsche bürgerliche Philosophie hat ein solches Ideal-Verständnis bereitwillig aufgegriffen, wie überhaupt anzumerken ist, daß der Begriff Ideal nunmehr in seinem ganzen Glanz zu leuchten begann. Wie sollte es auch anders sein bei einer philosophischen Richtung, die die Bezeichnung Idealismus trägt.
Programmatisch und bezeichnend zugleich ist deshalb der Kantsche Satz, der davon ausgeht, daß Ideal heutzutage das Maximum der Vollkommenheit bedeute: „Maximum perfectionis vocatur nunc temporis ideale, Platoni idea."[4]
Trotz des unmittelbaren Anknüpfens an die Vorleistungen rationalistischer Aufklärung, wie es in der Gleichsetzung von Ideal und Vollkommenheit vorzuliegen scheint, bleibt allerdings festzustellen, daß gerade Kant derjenige war, der rigoros über all das, was die deutsche Aufklärung bis dahin diesbezüglich geleistet hatte, hinwegsah. Zu solchen Leistungen gehörten zweifellos die Versuche, die objektiven Grundlagen der Schönheit aufzudecken und ebenso auf dem Gebiet des Studiums der Gesetzmäßigkeiten in der Kunst waren bereits bemerkenswerte Erkenntnisse zu konstatieren.
Kants Bemühen, die kontroversen Positionen zu überwinden, die in der empirischen bzw. rationalistischen Interpretation ästhetischer Probleme zum Ausdruck kamen, also gewissermaßen zwischen den Extremen des Empirismus und des Rationalismus zu wandeln, gipfelte letztlich in einer Ästhetik, die selbst voller innerer Widersprüche war. Eine Kunst, die, seinem Verständnis nach, ohne Gesetz gesetzmäßig wirke, ein „interesseloses" ästhetisches Gefühl hier und die Anerkennung einer gesellschaftlichen Bedeutung der Kunst dort, sind nur zwei Beispiele dafür. Man kann deshalb wohl mit Recht sagen, daß sich kaum ein anderer Denker findet, der bei der Behandlung dieser Probleme noch widersprüchlicher gewesen wäre, als das bei Kant der Fall ist.
Immanuel Kant hat seine Vorstellungen vom Ideal, darüber, was es ist, was man darunter zu verstehen habe, in zwei seiner bedeutenden „Kritiken" ausführlich darlegt, zum einen in der „Kritik der reinen Vernunft" und zum anderen in der „Kritik der Urteilskraft", deren erster Teil, als „Kritik der ästhetischen Urteilskraft", die Grundpositionen der Kantschen Ästhetik formuliert. Sie werden vor allem geprägt durch die Begriffe des Schönen und des Erhabenen. Das Schöne ist für ihn weder wissenschaftlicher Erkenntnis, also dem „Verstand", der „reinen Vernunft", noch moralischer Bewertung, d. i. „praktischer Vernunft", zugänglich. „Schönheit ist die Form der Zweckmäßigkeit eines Gegenstandes, sofern sie, ohne Vorstellung eines Zwecks, an ihm wahrgenommen wird."[5]
Ein schöner Gegenstand ist folglich nur durch die „Einbildungskraft" für das Subjekt und erweckt in diesem das Gefühl der „Lust". Dieses Gefühl

der „Lust" jedoch resultiert, wie wir gesehen haben, aus der Wahrnehmung formaler Zweckmäßigkeit und beschränkt sich darauf. Deshalb, so schlußfolgert Kant, sei das Gefühl des Schönen „interesselos".

Im Ästhetischen dominiert nicht der Begriff, sondern das Gefühl. In der „Kritik der praktischen Vernunft" allerdings hatte er dem Gefühl des Schönen zugestanden, daß es „Symbol des Sittlichguten" sei, weil „sich das Gemüt zugleich einer gewissen Veredlung und Erhebung über die bloße Empfänglichkeit einer Lust durch Sinneseindrücke bewußt ist, und anderer Wert auch nach einer ähnlichen Maxime ihrer Urteilskraft schätzet".[6]

Das Gefühl des Schönen, seine Wahrnehmung, wird so von Kant zwischen reiner und praktischer Vernunft eingeordnet, währenddessen das Gefühl für das Erhabene „eine Stimmung des Gemüts (ist), die der zum moralischen ähnlich ist".[7]

Was nun die Kantsche Ideal-Vorstellung anlangt, so hatte er in der „Kritik der reinen Vernunft" klargestellt, daß nicht nur zwischen den Ideen und der objektiven Realität eine tiefe Kluft existiert, sondern erst recht zwischen dieser und den Idealen, worunter er „die Idee nicht bloß in concreto, sondern in individuo, d. i. als einzelnes durch die Idee allein bestimmbares oder gar bestimmtes Ding" verstand.[8]

Ideale, so meinte er, hätten als Vorbild, als Urbild, ähnlich der Platonschen Idee zu dienen, an denen das Nachbild zu messen sei. Sie stellen so gewissermaßen das Richtmaß unserer Handlungen dar, das, „womit wir uns vergleichen, beurteilen und dadurch uns bessern".[9]

Obwohl den Idealen keine objektive Realität, keine Existenz zugestanden werden könne, weil die — wie wir gehört haben — lediglich durch die Idee bestimmt seien, folglich tief im Subjektiven verankert sind, so dürfe man sie doch nicht als bloße Hirngespinste ansehen, weil sie als regulative Prinzipien eine gewisse praktische Kraft hätten und „der Möglichkeit der Vollkommenheit gewisser Handlungen zum Grunde liegen".[10]

Noch deutlicher kommt die von Kant proklamierte Subjektivität, die in der von uns diskutierten Ideal-Problematik ihren Ausdruck findet, in jenen Sätzen der „Kritik der Urteilskraft" zum Tragen, in denen er davon ausgeht, daß allein der Mensch eines Ideals der Schönheit fähig sei:

„Nur das, was den Zweck seiner Existenz in sich selbst hat", schreibt er dort, „der Mensch, der sich durch Vernunft seine Zwecke selbst bestimmen, oder, wo er sie von der äußern Wahrnehmung hernehmen muß, doch mit wesentlichen und allgemeinen Zwecken zusammenhalten, und die Zusammenstimmung mit jenen alsdann auch ästhetisch beurteilen kann, dieser Mensch ist also eines Ideals der Schönheit, so wie die Menschheit in seiner Person, als Intelligenz, des Ideals der Vollkommenheit, unter allen Gegenständen in der Welt allein fähig."[11]

Kants Ideal-Auffassung enthält somit zwei wesentliche Komponenten, die in der Folge in verschiedener Weise von den Vertretern der deutschen bürgerlichen Klassik aufgegriffen, modifiziert und weiterentwickelt wurden, nämlich das Moment der Subjektivität und das der Aktivität, worunter allerdings, wie wir wissen, vornehmlich Verstandestätigkeit begriffen wurde.

Gerade die Hypertrophierung der schöpferischen Rolle des Subjekts, wie wir sie in Kants Ethik grundgelegt finden und die auch seine ästhetischen Anschauungen prägt, wurde im Bemühen, die Grenzen zu überwinden, an die das aufklärerische Denken gestoßen war, willig aufgenommen.

Dennoch geschieht diese Aufnahme, wie sich bei einem näheren Hinsehen zeigt, weder unreflektiert noch unkritisch.

Selbst dort, wo Analogien und Adaptionen besonders augenfällig werden, etwa in einer Reihe von Arbeiten Friedrich Schillers aus den 90er Jahren, kommt bei aller Übereinstimmung im subjektiv-idealistischen Ansatz und sich daraus ergebender Konsequenzen eine Identität mit den ästhetischen Positionen Kants letztlich nicht zustande.

Das bekannte Wort von Friedrich Engels, wonach Schiller durch die Flucht ins Kantsche Ideal Rettung vor der Misere gesucht, dabei aber nichts anderes erreicht habe, als die platte mit der überschwenglichen Misere zu vertauschen, trifft natürlich den Kern des Dilemmas, in dem sich Schiller befand und steht deshalb völlig zu recht. Es ist deswegen aber nicht die ganze Wahrheit.

Freilich hat Schiller, der „deutsche Genius", nachdem er einmal mit der Kantschen Philosophie bekannt geworden war, namentlich nachdem er dessen „Kritik der Urteilskraft" mit großem Interesse studiert und darin vieles entdeckt hatte, was auch seinen Intentionen entsprach, dem Königsberger Denker angehangen. Diese Anhänglichkeit drückte sich nicht allein im Gebrauch, in der Übernahme Kantscher Termini aus, sie läßt sich ebenso in wichtigen inhaltlichen Positionen aufzeigen. Immerhin gesteht Schiller gleich im ersten seiner Briefe „Über die ästhetische Erziehung des Menschen", „daß es größtentheils Kantische Grundsätze sind, auf denen die nachfolgenden Behauptungen beruhen werden".[12]

Ein solches eigenes Eingeständnis kann uns nicht wundern, basierte doch beider ästhetisches Konzept auf der Idee, und zwar auf einer durchaus übereinstimmenden Auffassung von der Idee und dem Ideal, die nur abgehoben von der Wirklichkeit, von jeglicher Erfahrung existieren und existieren können.

Für beide, für Kant wie auch für Schiller, stimmen Kunst und sittliche Ideen zusammen, Kunst wird von dem einen verstanden als „Versinnlichung sittlicher Ideen" (Kant), für den anderen ist sie deren „Ausdruck" (Schiller).[13]

Die Übereinstimmung in diesem Punkte geht aber noch weiter. Kant hatte in der „Kritik der reinen Vernunft" die „Idee" als „ein Begriff aus ‚Notionen', der die Möglichkeit der Erfahrung übersteigt", definiert[14], und auch Schiller folgte ihm in diesem Verständnis. In einem Brief an Wilhelm von Humboldt

vom 25. Dezember 1795, in dem er auf dessen Urteil zu dem Essay „Über naive und sentimentalische Dichtung" eingeht, lesen wir:
„Nur indem sie den Gedanken von der Empfindung trennt, kann die Vernunft jenen ins Absolute hinüberführen, nur indem die Vernunft alles empirische verläßt, kann sie als Vernunft sich äußern. Das Ideal entsteht ja auch, logischer Weise, nur durch Abstraction von aller Erfahrung . . ."[15]
Doch neben dieser Übereinstimmung Schillers mit Kant in einer ganzen Reihe ästhetischer Grundfragen, dem unbezweifelten Einfluß, den der Philosoph aus Königsberg auf den Dichter aus Weimar ausgeübt hat, bleibt natürlich als eine andere Wahrheit, daß dieser Einfluß weder ein totaler, noch ein dauerhafter war, was das letztere betrifft, soll — um nicht am dichterischen und dramatischen Werk des „späten" Schiller ins Detail gehen zu müssen, was in diesem Zusammenhang nicht am Platze wäre — auf eine bezeichnende Passage in einem weiteren Brief Schillers an seinen jüngeren Freund Humboldt hingewiesen werden, in der er Konsequenzen seiner neuerlichen Hinwendung zum Praktisch-poetischen und -dramatischen aufzeigt:
„Meine ganze Thätigkeit hat sich gerade jetzt", schreibt er im Sommer 1798, „der Ausübung zugewendet, ich erfahre täglich, wie wenig der Poet durch allgemeine reine Begriffe bei der Ausübung gefördert wird, und wäre in dieser Stimmung zuweilen unphilosophisch genug, Alles, was ich selbst und andere von der Elementarästhetik wißen, für einen einzigen empirischen Vortheil, für einen Kunstgriff des Handwerks hinzugeben."[16]
Und was den erstgenannten Gesichtspunkt betrifft, also die Feststellung, daß der Einfluß Kants auf Schiller durchaus nicht total gewesen ist, verweisen wir vor allem auf die verdienstvolle Arbeit von Alexander Abusch über Schiller, in der er sehr detailliert auf nachweisbare gegensätzliche Positionen der beiden Denker eingeht und jene Punkte aufzeigt, in denen Schiller über seinen Lehrmeister hinausgegangen ist und die den sehr überzeugenden Nachweis führt, daß Friedrich Schiller auch in ästhetisch-philosophischen Positionen keineswegs der Kantianer gewesen ist, als der er von bürgerlicher Literatur- und Philosophiegeschichtsschreibung immer wieder und nur allzu gern dargestellt wird.[17] Über die von Abusch aufgezeigten Gegensätze hinaus, bemerken wir zudem in den sogenannten „Kallias-Briefen", daß Schiller hinsichtlich der Dialektik von Ideal und Wirklichkeit, ihres Aufeinanderbezogenseins, Kantsche Konsequenzen nicht nachvollziehen kann. Für ihn ist es eine unübersehbare Schwierigkeit, „einen Begriff der Schönheit objectiv aufzustellen" und ihn zugleich „aus der Natur der Vernunft völlig a priori zu legitimieren". Fast verzweifelnd beklagt er, daß er wirklich eine „Deduction" des Begriffs vom Schönen versucht habe, er aber ohne das „Zeugniß der Erfahrung" nicht ausgekommen sei.[18] Er ist auch nicht bereit, Kant in der Trennung der Schönheit in eine freie und eine intellektuierte, in eine pulchritudo vaga und fixa zu folgen und findet es „sonderbar", „daß jede Schönheit, die unter dem Be-

griff eines Zweckes stehe, keine reine Schönheit sey".[19] Es widerspricht seinem Humanitätsideal zutiefst, daß etwa eine Arabeske oder ähnliches, also zweck- und sinnentleerte Formen, reiner sein sollten als die höchste Schönheit des Menschen. Folglich gelangt er zu dem Schluß, daß die Kantsche Auffassung vom Schönen, die auf einer subjektiv-rationalen Anschauungsweise des Ästhetischen beruht, den Begriff der Schönheit „völlig zu verfehlen" scheint.

Schönheit kongruiert bei Schiller mit der Idee der Selbstbestimmung und wird damit in bewußte Kontraposition zum Kantschen Rigorismus, der in der Entgegensetzung von Sittlichem und Sinnlichem, von Pflicht und Neigung sich äußert, gebracht.

„Sittlichkeit ist Bestimmung durch reine Vernunft, Schönheit, als eine Eigenschaft der Erscheinungen, ist Bestimmung durch reine Natur. Bestimmung durch Vernunft, an einer Erscheinung wahrgenommen, ist vielmehr Aufhebung der Schönheit, denn die wahre Vernunftbestimmung ist an einem Produkt, das erscheint, wahre Heteronomie."[20]

Gegen diese Fremdbestimmung des Schönen durch die reine Vernunft, wie sie Schiller bei Kant sieht, wendet er sich energisch, denn ihm erscheint im Schönen das Ideal menschlicher Existenz, das Ideal allseitiger Humanität als Selbstbestimmung, das aufzugeben er nicht bereit ist.

Davon war er in seinem gesamten Schaffen stets ausgegangen und daran hielt er auch in den Zeiten stärkster Konflikte und Verwirrungen fest, wie sie etwa in Reaktion auf das Fortschreiten der Französischen Revolution hin zur Jakobinerdiktatur, bei ihm entstanden. Gerade seine bedeutenden kulturphilosophisch-programmatischen Arbeiten „Über die ästhetische Erziehung des Menschen" und „Über naive und sentimentalische Dichtung", die beide Mitte der 90er Jahre entstanden und in den „Horen" publiziert wurden, belegen diesen Umstand sehr eindeutig.

Allerdings würden wir es uns zu einfach machen, wenn wir die Schillerschen Auffassungen von den Aufgaben, den Inhalten und der Bedeutung der Kunst, die er in den „Erziehungs-Briefen" und im „Dichtungs-Essay" zusammengefaßt und ausgesprochen hat, allein als Reflex und Reaktion auf zeitgenössische französische Vorgänge kennzeichnen, denn zum einen war das Geschehen in Frankreich kein ausschließlich französisches, sondern zumindest ein europäisches und — wenn man die Wirkungen der amerikanischen Unabhängigkeitskriege in Betracht zieht, was zu unterlassen nicht gerechtfertigt wäre — noch mehr, zum anderen reflektierte Schiller nicht ausschließlich die revolutionären und konterrevolutionären Kämpfe beim großen westlichen Nachbarn, sondern vielmehr die konkreten Zeitverhältnisse des Epochenumbruchs; das sind vor allem die Auflösungserscheinungen der feudalabsolutistischen Gesellschaft in ihrer Ökonomik, Staatlichkeit und ihren diversen ideologischen Ausdrücken, und die zusammenfallen mit dem Aufkommen und Sichdurchsetzen

bürgerlich-kapitalistischer Verhältnisse. Das alles in seiner Komplexität und Kompliziertheit wurde von Schiller — wie natürlich von vielen anderen Zeitgenossen auch — gesehen und zu verarbeiten gesucht.
Ausgangspunkt dabei ist für ihn die Feststellung: „Das jetzige Zeitalter, weit entfernt uns diejenige Form der Menschheit aufzuweisen, welche als notwendige Bedingung einer moralischen Staatsverbesserung erkannt worden ist, zeigt uns vielmehr das direkte Gegenteil davon."[21]
In der Tat, die Analyse der Zeitverhältnisse läßt keinen anderen Schluß zu. Voller Bitternis beklagt er die „Drangsale der Kultur", bedauert den Verlust von Glückseligkeit und Vollkommenheit, die den „Naturkindern" eigen waren, aber um den Preis der Freiheit verlorengingen, er konstatiert die Erschwerung des Lebens, die Ungleichheit der Konditionen, den Druck der Verhältnisse, die Unsicherheit des Besitzes, Undank, Unterdrückung, Verfolgung, eben all jene Erscheinungen oder „Übel", wie er es freimütig nennt, die für die klassengespaltene Gesellschaft typisch sind.[22]
Schiller, der stets ein Kämpfer gegen Willkür und Despotismus war, der mutig für die auch von der Französischen Revolution proklamierten Menschenrechte eintrat und darob im Sommer 1792 zum Ehrenbürger der französischen Republik ernannt wurde, hatte wohl die Bedeutung dieses Jahrhundertereignisses erkannt. Er konstatierte, daß nunmehr aus der bloßen Forderung nach Wiederherstellung der unverlierbaren Menschenrechte die Tat geworden sei.
Durch die Revolution habe die Möglichkeit bestanden, „den Menschen endlich als Selbstzweck zu ehren, und wahre Freiheit zur Grundlage der politischen Verbindung zu machen".[23] Diese Möglichkeit sei jedoch nicht genutzt, nicht zur Wirklichkeit geworden. Eine große Chance war — nach des Dichters Meinung — vertan, die thermidorianische Wende absehbar.
Mit einer bestechenden Klarsicht sah er voraus, daß „die alten Grundsätze bleiben werden, aber sie werden das Kleid des Jahrhunderts tragen, und zu einer Unterdrückung, welche sonst die Kirche autorisierte, wird die Philosophie ihren Namen leihen".[24]
Ein zu pessimistisches Urteil? Vielleicht!
Doch im Pessimismus steckte eine unendliche Fülle Realismus, wie das folgende Jahrhundert beweisen sollte. Wir können den Dichter deshalb nicht schelten, weil er einer für möglich gehaltenen, nun jedoch verlorenen Freiheit nachtrauert, daß er aus dieser unmenschlichen Wirklichkeit, in der das „Bedürfnis" die Menschheit unter sein „tyrannisches Joch" beugt, in der „der Nutzen das große Idol der Zeit ist, dem alle Kräfte frohnen und alle Talente huldigen sollen"[25], wo der Genuß von der Arbeit, das Mittel vom Zweck, die Anstrengung von der Belohnung geschieden wurden[26], in ein Ideal flieht, das er in der Kunst zu finden glaubte.
Denn auch in der folgenden bürgerlich-kapitalistischen Gesellschaft ist der

Mensch nur ein Teil, nur Rädchen eines bloß mechanischen Ganzen, in dem der Mensch gar nicht anders kann, als sich selbst nur als „Bruchstück" auszubilden. Und ebenso bleibt der Staat, der neue bürgerliche, seinen Bürgern fremd.

Schiller war zu dynamisch und zu politisch, um sich darüber nicht zu empören, er war aber auch realistisch genug, nicht nach Auswegen zu suchen, wo es (noch) keine Auswege gab und geben konnte.

„Der Charakter der Zeit muß sich also von seiner tiefen Erniedrigung erst aufrichten", meinte Schiller und sah darin „eine Aufgabe für mehr als ein Jahrhundert".[27]

Die von Schiller in und mit seinem ästhetischen Programm geübte Kritik war veranlaßt durch die zeitgenössischen Verhältnisse, sie wurde von ihnen geprägt und war gegen diese Verhältnisse gerichtet. Es waren diese Verhältnisse allerdings noch längst keine bürgerlich-kapitalistischen, es waren vielmehr in tiefer Krise steckende feudal-absolutistische, wenngleich sich auch hier und da in der Produktionsebene Elemente des heraufziehenden bürgerlich-kapitalistischen Zeitalters andeuteten.

Wir haben es also mit nichts anderem zu tun als mit Absolutismuskritik, die durch die Einbeziehung von Elementen sich herausbildender bürgerlich-kapitalistischer Produktion verstärkt werden konnte und sollte. Die gesamte Kritik richtete sich gegen den Feudalabsolutismus, nicht gegen bürgerlich-kapitalistische Verhältnisse in Gesellschaft und Staat. Wo solche noch nicht existierten, konnten sie nicht Gegenstand der Kritik sein. Deshalb greift auch der Vorwurf nicht, Schiller habe die Chance der Kapitalismuskritik nicht genutzt.[28]

Eben weil in deutschen Landen für den Bürger weder ökonomische noch politische Emanzipation ins Haus standen, schien einzig die menschliche Emanzipation eine Chance zu haben. Menschliche Emanzipation allerdings in ihrer abstrakten Gestalt, veredelt jedoch durch das Programm einer ästhetischen Erziehung, das jedoch die bürgerlich-politischen Losungen von Freiheit und Gleichheit nicht aus dem Auge verliert, etwa wenn davon ausgegangen wird, daß im „ästhetischen Staate" ein jeder „freyer Bürger" sei und daß sich in eben diesem „Reiche des ästhetischen Scheins . . . das Ideal der Gleichheit erfüllt".[29]

Karl Marx ist bekanntlich in der in den „Deutsch-Französischen Jahrbüchern" erschienenen Schrift „Zur Judenfrage" auf das Verhältnis von menschlicher und politischer Emanzipation ausführlich eingegangen und, sich darin zugleich zu den Perspektiven menschlicher Emanzipation äußernd, zu der Feststellung gelangt: „Alle Emanzipation ist Zurückführung der menschlichen Welt, der Verhältnisse, auf den Menschen selbst.

Die politische Emanzipation ist die Reduktion des Menschen, einerseits auf

das Mitglied der bürgerlichen Gesellschaft, auf das egoistische unabhängige Individuum, andrerseits auf den Staatsbürger, auf die moralische Person.
Erst wenn der wirkliche individuelle Mensch den abstrakten Staatsbürger in sich zurücknimmt und als individueller Mensch in seinem empirischen Leben, in seiner individuellen Arbeit, in seinen individuellen Verhältnissen, Gattungswesen geworden ist, erst wenn der Mensch seine ‚forces propres' als gesellschaftliche Kräfte erkannt und organisiert hat und daher die gesellschaftliche Kraft nicht mehr in der Gestalt der politischen Kraft von sich trennt, erst dann ist die menschliche Emanzipation vollbracht."[30] Ausdrücklich bekräftigte Marx seinen Standpunkt in der wenig später verfaßten „Einleitung" der Schrift „Zur Kritik der Hegelschen Rechtsphilosophie" und betonte in diesem Zusammenhang, daß „nicht die allgemein menschliche Emanzipation" für Deutschland ein utopischer Traum sei, „sondern vielmehr die teilweise, die nur politische Revolution, die Revolution, welche die Pfeiler des Hauses stehenläßt".[31]
Zweifelsohne zielte Schillers gesamtes Werk auf die allgemein menschliche Emanzipation, aber in allem erlag er letztlich der „heroischen Illusion", weil es die „besondre Klasse", von der Marx spricht, noch nicht gab, sie war als Klasse noch nicht geboren. Gerade in Schillers theoretisch-ästhetischen Studien und Arbeiten offenbart sich besonders deutlich das Zusammenfallen von realistischer Sicht und idealistisch-illusorischen Hoffnungen. Sein Realismus, seine realistische Sicht auf die Zeiterscheinungen führt ihn zum Ideal, auch ins Utopische. Denn: Allenthalben stieß ihn die Realität an, er sah Tatsachen, widersprüchliche Tatsachen, die er weder auf einen Nenner bringen, noch harmonisieren konnte. Widersprüche zwischen Mensch und Mensch, zwischen Mensch und Natur, zwischen Bewußtsein und Sein. An dieser Realität, an den Erscheinungen seines Zeitalters stieß er sich und weil er sich an ihnen stieß, suchte er nach Wegen, diese Gegensätzlichkeiten aufzulösen, sie aufzuheben und zwar im dialektischen Verständnis des Wortes. Seine in der Schrift „Über naive und sentimentalische Dichtung" in Anlehnung an Rousseau dargelegte Entwicklungsgeschichte der Menschheit in der Stufenfolge Natur—Kultur—Natur gibt ein anschauliches Beispiel dafür. Im Zustand der Natur, so meint Schiller, habe der Mensch noch „als ungeteilte sinnliche Einheit und als harmonisierendes Ganzes" gewirkt, Sinne und Vernunft hätten in diesem Zustand noch übereingestimmt und die Gedanken und Empfindungen des Menschen gründeten in der Wirklichkeit und dem in ihr wirkenden Gesetz der Notwendigkeit. Im Zustand der Kultur hingegen, namentlich in jenem Jahrhundert, dessen Zeitgenosse der Dichter war, ist diese Einheit des Menschen aufgehoben, ist sie zerstört. „Die Übereinstimmung zwischen seinem Empfinden und Denken, die in dem ersten Zustande *wirklich* stattfand, existiert jetzt bloß idealisch; sie ist nicht mehr in ihm, sondern außer ihm, als ein

Gedanke, der erst realisiert werden soll, nicht mehr als Tatsache seines Lebens.“[32]

Diese Konstellation ist nun der Ausgangspunkt für den Idealisierungsprozeß, für die Bildung von Idealen.

Im Idealbildungsprozeß wird — nach Schiller — dem Streben nach Einheit und Harmonie, nach dem harmonischen Zusammenwirken der ganzen menschlichen Natur Ausdruck gegeben. So findet das Totalitätsmoment, das für die literarische und philosophische Klassik von wesentlicher Bedeutung ist, hier seinen Ausdruck und dominiert sowohl im Menschenbild als auch in der Gesellschaftsauffassung.

Derartig gebildete oder verstandene Ideale sind somit keineswegs Phantasmagorien; ausdrücklich warnte Schiller selbst davor, den Gedanken so weit zu treiben, „daß er den Bedingungen aller möglichen Erfahrung überhaupt widerstreitet“, weil er dann zu Überspannungen, ja zu Unsinn führen würde.[33]

Für den von uns besprochenen Zusammenhang ist wichtig festzuhalten, daß im Schillerschen Idealbegriff die Relation zur Wirklichkeit nicht willkürlich unterbrochen wird, sondern erhalten bleibt. Sein Verhältnis zur Antike und sein Griechenlandbild belegen das sehr deutlich.

In einer Randbemerkung zu dem Manuskript mit dem Titel „Über das Studium des Altertums und des Griechischen insbesondere“, das ihm Humboldt im Frühjahr 1793 zur Begutachtung übersandt hatte, notierte er bezüglich des Fortschritts der menschlichen Kultur drei „Momente“ oder Stufen:

„1. Der Gegenstand steht ganz vor uns, aber verworren und ineinanderfließend;
2. wir trennen einzelne Merkmale und unterscheiden. Unsere Erkenntnis ist deutlich, aber vereinzelt und borniert;
3. wir unterbinden das Getrennte und das Ganze steht abermals vor uns, aber jetzt nicht mehr verworren, sondern von allen Seiten beleuchtet.
In der ersten Periode waren die Griechen. In der zweiten stehen wir. Die dritte ist also noch zu hoffen und dann wird man die Griechen auch nicht mehr zurückwünschen.“[34]

Diese knappe Anmerkung macht deutlich, daß es Schiller nicht mehr um eine Rückkehr zur Antike geht, er schaut mit seinem Idealbild in die Zukunft, in der die durch die gesellschaftlich-sozialen Bedingungen ge- oder zerstörte Einheit von Mensch und Natur wieder vollzogen werden soll, im Ideal theoretisch bereits vorweggenommen, nun aber eben auf einer deutlich höheren Stufe, die — auf künstlerischem Gebiet — zwar an die Erfahrungen und Leistungen der Antike anknüpft, jedoch nicht bei ihnen stehenbleibt. Und was hier bezüglich der Kunst ausgeführt wurde, gilt in gleichem Maße natürlich auch für die gesellschaftlichen Verhältnisse insgesamt, denn sie werden stets reflektiert, wenngleich dabei natürlich — gemäß der idealistischen Grundhaltung Schillers — das Ganze auf dem Kopfe, nicht auf den Füßen steht.

Noch deutlicher kommen Zusammenhang und Gegensatz von Ideal und Wirklichkeit in der Satire zum Ausdruck, wo — wie Schiller feststellt — „die Wirklichkeit als Mangel dem Ideal als der höchsten Realität gegenübergestellt" wird.[35]

Es ist gerade ein Kennzeichen des Emanzipationsprozesses des Bürgertums, daß sich politisch motivierte Kritik an den feudalabsolutistischen Verhältnissen insbesondere in solchen künstlerischen Genres wie der Satire und der Utopie äußern. Die Satire konzentriert sich dabei vornehmlich auf das negative Moment. Mit ihr und in ihr werden die Mängel und Schwächen eines überlebten Systems angeprangert, indem die unterschiedlichsten charakteristischen Verhaltensweisen ins Visier genommen und der Lächerlichkeit preisgegeben werden. Obwohl dem satirischen Autor durchaus alternative Vorstellungen eigen sind, sie seiner satirischen Kritik zugrunde liegen, werden sie in der Regel doch nicht ausgesprochen.

Anders in der Utopie. Hier steht die Darstellung des Alternativen im Vordergrund, während das kritische Moment zumeist zurücktritt bzw. in Einheit mit dem Alternativen dargestellt wird. In der Utopie ist die Kritik immanent, sie bietet gewissermaßen durch die positive Darstellung eines anzustrebenden besseren oder idealen Zustandes gesellschaftlicher und staatlicher Verhältnisse Kritik an der zeitgenössischen Realität. Aber anders als in der Satire bleibt die Utopie nicht beim Aufzeigen des „Mangels" stehen, sondern malt ein Bild von jenem Zustand, der nach der Überwindung des „Mangels" erwartet wird.

Oft genug erweist sich dabei dieses Bild als das genaue Gegenstück der kritisierten Wirklichkeit, zumindest aber sind, von wenigen Ausnahmen abgesehen, mannigfache Bezugs- und Berührungspunkte mit der Wirklichkeit nachweisbar. Daran ändert auch die Tatsache nichts, daß — im ursprünglichen Sinne des Wortes — Utopie etwas bezeichnet, das es eigentlich nicht gibt, also ein Land Nirgendwo, wie es Morus' Insel Utopia darstellt.

Dennoch zielen die utopischen Entwürfe auf Realisierung. Sie sollen das Muster für eine bessere Einrichtung der Gesellschaft und der Staaten sein und Morus selbst bekannte freimütig, daß er „sehr vieles von der Verfassung der Utopier in unseren Staaten eingeführt sehen möchte".[36]

Auch andere namhafte Philosophen und Staatstheoretiker, wie etwa der französische Humanist und Zeitgenosse Morus' Guillaume Budé und später Immanuel Kant oder der Girondistenführer Brissot empfanden nicht nur Sympathie für diverse utopische Projekte, sie betonten zudem, daß in ihnen viele wertvolle Prinzipien und Anregungen enthalten sind, deren Verwirklichung von großem Nutzen sein würden.

Sie alle waren sich darin einig, daß es sich bei den sozialen Utopien nicht um Hirngespinste von irgendwelchen Phantasten handele, sondern um aus der Erkenntnis der Mängel und Schwächen der realen Gesellschaft geborene

Alternativvorstellungen, deren Absicht es war, Möglichkeiten einer besseren gesellschaftlichen Ordnung aufzuzeigen. Dabei waren sich viele der Utopisten zumeist durchaus bewußt, daß aktuell für die Realisierung ihrer Ideen und Vorschläge nur geringe Aussichten bestanden. Es finden sich deshalb in den meisten Utopien nur selten Hinweise darauf, auf welchem Wege der konzipierte gesellschaftliche Zustand zu erreichen sei.
Eine Ausnahme bilden lediglich Utopien, die in Zeiten revolutionärer Gärungen oder Erhebungen entstanden. Hier boten die revolutionären Aktionen selbst zugleich in der Realität das Vorbild für Mittel und Wege zur Errichtung einer künftigen besseren Welt.
Engels hat das Dilemma, in dem sich vormarxistisches utopisches Denken naturgemäß befand, im „Anti-Dühring" treffend charakterisiert, wenn er nachweist, daß die Utopisten genötigt waren, „sich die Elemente einer neuen Gesellschaft aus dem Kopf zu konstruieren, weil diese Elemente in der alten Gesellschaft selbst noch nicht allgemein sichtbar hervortraten, sie waren beschränkt für die Grundzüge ihres Neuaufbaus auf den Appell an die Vernunft, weil sie eben noch nicht an die gleichzeitige Geschichte appellieren konnten".[37]

Anmerkungen

1 Vgl. Philosophisches Wörterbuch, hg. v. G. Klaus und M. Buhr, Bd. 1, Leipzig 1975, S. 538—Ideal.

2 Vgl. *Krauss, W.*: Überblick über die französischen Utopien von Cyrano de Bergerac furt/O. 1750, § 14 sowie *Winckelmann, J. J.*: bis zu Etienne Cabet. In: Reise nach Utopia. Französische Utopien aus 3 Jahrhunderten, Berlin 1964, S. 8.

3 Vgl. *Baumgarten, A. G.*: Metaphysica, Halle 1739, § 662 und ders.: Aesthetica, Frank-Geschichte der Kunst des Altertums, 1764/ IV, § 35.

4 *Kant, I.*: De mundi sensibilis atque intelligibilis forma et principiis, § 9. In: Kant, I., Sämtliche Werke, hg. v. Vorländer, Bd. V/2, Leipzig, S. 101.

5 *Kant, I.*: Kritik der Urteilskraft. Ehemalige Kehrbachsche Ausgabe, hg. v. R. Schmidt, Leipzig 1968, S. 99.

6 *Kant, I.*: Kritik der praktischen Vernunft. Ehemalige Kehrbachsche Ausgabe, hg. v. R. Schmidt, Leipzig 1957, S. 262f.

7 *Kant, I.*: Kritik der Urteilskraft, a. a. O., S. 144.

8 *Kant, I.*: Kritik der reinen Vernunft. Ehemalige Kehrbachsche Ausgabe, hg. v. R. Schmidt, Leipzig 1979, S. 631.

9 Ebenda, S. 632.

10 Ebenda

11 *Kant, I.*: Kritik der Urteilskraft, a. a. O., S. 101.

12 *Schiller, F.*: Ueber die ästhetische Erziehung des Menschen, in einer Reihe von Briefen. In: Kleinere prosaische Schriften von Schiller, 3. Theil, Leipzig 1801, S. 46.

13 Vgl. *Kant, I.*: Kritik der Urteilskraft, a. a. O., S. 217.

14 *Kant, I.*: Kritik der reinen Vernunft, a. a. O., S. 401.

15 Schiller, F. an W. v. Humboldt v. 25. Dezember 1795, In: Schillers Briefe, hg. v. F. Jonas, 4. Band, Stuttgart—Leipzig—Berlin—Wien 1894, S. 368.

16 Schiller, F. an W. v. Humboldt v. 27. Juni 1798, a. a. O., Bd. 5, 1895, S. 394.

17 Vgl. *Abusch, A.*: Schiller. Größe und Tragik eines deutschen Genius, Berlin 1980, bes. S. 188ff.

[18] Schiller, F. an G. Körner v. 25. Februar 1793, a. a. O., Bd. 3, S. 237.

[19] Ebenda, S. 238.

[20] Schiller, F. an G. Körner v. 18. Februar 1793, a. a. O., Bd. 3, S. 255.

[21] *Schiller, F.*: Ueber die ästhetische Erziehung des Menschen, a. a. O., S. 96.

[22] Vgl. *Schiller, F.*: Über naive und sentimentalische Dichtung, In: Schillers Werke, Berlin u. Weimar, 1984, Bd. 1, S. 263.

[23] *Schiller, F.*: Ueber die ästhetische Erziehung des Menschen, a. a. O., S. 72.

[24] Ebenda, S. 99.

[25] Ebenda, S. 50.

[26] Vgl. ebenda, S. 83.

[27] Ebenda, S. 99.

[28] Vgl. *Fontius, M.*: Produktivkraftentwicklung und Autonomie der Kunst. Zur Ablösung ständischer Voraussetzungen in der Literaturtheorie. In: Literatur im Epochenumbruch. Funktionen europäischer Literaturen im 18. und beginnenden 19. Jahrhundert, hg. v. G. Klotz, W. Schröder, P. Weber, Berlin u. Weimar 1977, S. 488.

[29] *Schiller, F.*: Ueber die ästhetische Erziehung des Menschen, a. a. O., S. 308.

[30] *Marx, K.*: Zur Judenfrage. In: Marx, K. und F. Engels, Werke (MEW), Bd. 1, Berlin 1956, S. 370.

[31] *Marx, K.*: Zur Kritik der Hegelschen Rechtsphilosophie. Einleitung. In: MEW, Bd. 1, S. 388.

[32] *Schiller, F.*: Über naive und sentimentalische Dichtung, a. a. O., S. 273.

[33] Ebenda, S. 320.

[34] Zitiert aus: Klassik. Erläuterungen zur deutschen Literatur, Berlin 1965, S. 279.

[35] *Schiller, F.*: Über naive und sentimentalische Dichtung, a. a. O., S. 279.

[36] *Morus, Th.*: Utopia, Leipzig 1976, S. 131.

[37] *Engels, F.*: Herrn Eugen Dührings Umwälzung der Wissenschaft (Anti-Dühring). In: MEW, Bd. 20, S. 247.

Friedrich Tomberg

Das Theater als politische Anstalt betrachtet

Zur Idee der Kulturerneuerung nach Maßgabe der Antike

„Die früheren Revolutionen“, bemerkt Marx in seinem „18. Brumaire“, „bedurften der weltgeschichtlichen Rückerinnerungen, um sich über ihren eigenen Inhalt zu betäuben“.[1] Und es ist immer wieder die eine Vergangenheit, in die die Erinnerung zurückgeht: die Antike. Wo die Völker, die in West- und Mitteleuropa die moderne bürgerliche Gesellschaft heraufführen, in der Ausbildung der Kultur zu ihrem weltgeschichtlichen Selbstbewußtsein gelangen, geschieht dies mithin nicht primär nach Maßgabe ihrer eigenen Geschichte, sondern nach der einer anderen, zudem schon untergegangenen Welt — eben der Antike. Ihr sind sie durch kulturelle Tradition, nicht aber notwendig auch durch physische Abstammung oder sozialen Konnex verbunden.
Diese Rückerinnerung an die alte Welt als ein für notwendig erachteter Weg, um die eigene Kultur ausbilden zu können, beginnt schon mit den Renaissancen des Mittelalters, setzt sich fort mit dem eigentlichen Renaissancezeitalter und gelangt mit der klassischen deutschen Literatur zu einer besonders markanten Ausprägung. Es ist nun gerade die deutsche Klassik, die den Eindruck vermittelt, daß es sich bei dem Rückbezug auf die Antike vornehmlich um eine Angelegenheit der Literatur und ihres Menschenbildes, weiterhin aber überhaupt und einzig um die Kunst handle — übereinstimmend mit der aus der klassischen Tradition herrührenden und bis in unsere Tage sich auswirkenden Identifizierung von Kultur und geistiger Kultur, als deren Zentrum die Kunst angesehen wurde.
Am ehesten lassen noch die Revolutionen ahnen, daß es bei der Renaissance der Antike um mehr ging, nämlich mindestens auch um Politik oder vielmehr um eine Wirklichkeit der Kultur, in der Politik, Kunst — und gegebenenfalls auch Weltanschauung in Form von Religion — eine unlösbare Einheit darstellen. Die moderne bürgerliche Gesellschaft drängt die Erfahrung auf, daß diese Einheit zerrissen ist. Zumal die Französische Revolution erscheint den Nachfolgenden als Auftakt zu schließlich sogar feindlicher Entgegensetzung dieser Kulturmomente. Dennoch lassen die Bemühungen nicht nach, die Einheit wiederherzustellen, verstärken sich sogar. Und es ist das Theater, dem in diesem Prozeß eine hervorragende Rolle zufällt.
In dem Aufsatz, in dem Friedrich Schiller die Schaubühne als eine morali-

sche Anstalt vorstellt und sich des langen und breiten über Möglichkeiten und Grenzen ihrer Auswirkung auf Tugend und Laster ausläßt, findet sich fast wie beiläufig auch dieser Ausruf: „Was kettete Griechenland so fest aneinander? Was zog das Volk so unwiderstehlich nach seiner Bühne? — Nichts anderes als der vaterländische Inhalt der Stücke, der griechische Geist, das große überwältigende Interesse des Staates, der besseren Menschheit, das in demselbigen arbeitete." Die Folgerung, die Schiller für seine eigene Zeit daraus zieht, lautet: „... wenn wir es erlebten, eine Nationalbühne zu haben, so würden wir auch eine Nation."[2]

Schiller weiß natürlich, daß das Volk, das sich im Theater der griechischen Polis versammelte, um im lebendigen Vollzug von Tragödie und Komödie wie in einem Spiegel sich gewissermaßen selbst anzuschauen und darin sein kollektives Selbstbewußtsein zu festigen, nur aus den Vollbürgern bestand. Die Sklaven zählten nicht, und die Frauen mußten zuhause bleiben. Für Schiller hingegen ist es selbstverständlich, daß die bürgerliche Gesellschaft, auf die er zunächst all seine politische Hoffnung setzt, nur eine menschliche Gesellschaft und das heißt eine die geeinte Menschheit umfassende Gesellschaft sein kann. Der Fortgang der Französischen Revolution bringt ihn jedoch zu der Auffassung, daß Menschheit vorerst etwas ist, was nur der einzelne für sich und in sich durch ästhetische Erziehung zur Wirklichkeit bringen kann.

Ästhetische Erziehung, das ist Selbstbildung der Individuen durch Rezeption der Kunst. Die Schönheit der Kunst aber ist nichts anderes als die Erscheinungsweise der Selbstbestimmung, auf die es nach Schiller im menschlichen Leben wesentlich ankommt. Diese Selbstbestimmung zeichnete in der Polis die Gemeinschaft ihrer Vollbürger aus, sie war eo ipso politisch. Soll die Menschheit zu einer solchen politischen Selbstbestimmung gelangen und damit, weil alle Menschen einbefassend, die Antike zugleich übertreffen, so müssen zuerst einmal die Staaten, wie sie heute bestehen, in sich einig und frei von fremder Vormundschaft sein. Damit erlangt nach der Französischen Revolution der Gedanke der Nation für Schiller höchste Bedeutung. In der Tat erfordert in dieser Zeit der Fortschritt in der Verwirklichungsgeschichte der Menschheit die Ausbildung von Nationalstaaten als der höchsten politischen Form, zu der die bürgerliche Gesellschaft gelangen kann — und gelangen muß. Andere Länder Europas hatten diesen Schritt schon getan, für Deutschland stand er noch bevor.

Wenn freilich Schiller Nation sagt, so steht ihm damit jenes Volk vor Augen, das sich im Theater des alten Griechenland zu versammeln pflegte und das überhaupt nur in permanenter Versammlung seine Existenz hatte. Die wesentliche Existenz der alten Griechen war die der Öffentlichkeit. Die Tragödie spiegelt diese Öffentlichkeit wider, sie drückt sich aus in den „Handlungen und Schicksale(n) der Helden und Könige", die aber eingebettet sind in die Allgegenwart des Chores, der für die antike Tragödie daher ein „natürliches

Organ" war.[3] Es war aber für das Erlebnis der Griechen der Charakter der poetischen Widerspiegelung im Drama der Charakter der gesellschaftlichen Wirklichkeit selbst. Die Schönheit der Kunst repräsentierte eine Selbstbestimmung, die für die Griechen in der Polis wirklich existierte. So wie die Tragödie vermöge der Widerspiegelung dieser Selbstbestimmung Kunstwerk war, poetische Gestalt hatte, so durfte umgekehrt die Polis aus dem gleichen Grunde als Kunstwerk, ja als das eigentliche Werk menschlicher Poiesis angesehen werden. Deshalb sagt Schiller vom Chor der Tragödie, daß er „schon aus der poetischen Gestalt des wirklichen Lebens" folge.
In der Gegenwart aber ist es das Programm der ästhetischen Erziehung, durch die Kunst erst die ihr gemäße politische Wirklichkeit, die Schiller dann auch als „ästhetischen Staat" bezeichnet, wieder hervorzubringen. So macht Schiller sich denn daran, zunächst dem Spiegel die angemessene Form zu geben, in der Hoffnung, daß sodann auch jene Wirklichkeit, die sich in ihm spiegeln soll, aus ihm heraustritt. Wenn die Angemessenheit des Spiegels an die Wirklichkeit in der antiken Tragödie mit dem Chor gegeben war, so hat er, wie Schiller bemerkt, dem neueren Tragiker noch weit wesentlichere Dienste zu leisten als dem alten Dichter, weil er nämlich die „moderne gemeine Welt in die alte poetische" zu verwandeln hat. Der Chor wird in der neueren Tragödie zu einem Kunstorgan, das hilft, die Poesie erst wieder hervorzubringen. Die Poesie, das ist nicht nur die Kunstgestalt des Werkes, sondern die poetische, also die selbstbestimmte Wirklichkeit des Volkes selbst. Das Volk aber ist in der Moderne vorerst die Nation.
"... wenn wir es erlebten, eine Nationalbühne zu haben, würden wir auch eine Nation". Diese Auffassung von der politischen Mission des Theaters gibt Schiller nach der Enttäuschung über die Französische Revolution nicht auf. Er versucht im Gegenteil jetzt erst recht, sie in die Tat umzusetzen. Er stellt den Deutschen in mehreren Dramen verschiedene Nationalstaaten und deren Bemühen um Einigkeit und Freiheit vor. Und schließlich versucht er — so vor allem in der „Braut von Messina" — die Form des Dramas vermöge Einführung des Chors derart an die Höhe der antiken Tragödie heranzubringen, daß die Wirklichkeit, die ihr zu entsprechen hätte, nur eine Nation sein könnte, die dem Volk der Polisbürger gleich wäre — und zugleich im modernen universalen Sinne die Menschheit repräsentierte. Dieses Unternehmen ist bekanntlich gescheitert und mußte scheitern. Denn zur selbstbestimmten Volksversammlung kann eine bürgerliche Nation niemals werden. Demokratie als gesamtgesellschaftliche Selbstbestimmung ist daher in Schillers späten Dramen kein leitender Gedanke, und die Menschheit reduziert sich genaubesehen doch wieder auf eine dem Individuum innewohnende Transzendenz, die mit der Welt der Politik letztlich nicht zu versöhnen ist.
Einige Jahrzehnte nach Schiller hat Richard Wagner den großangelegten Versuch einer Kulturerneuerung durch die Kunst nach Maßgabe der Antike

wieder aufgenommen. In den Schriften, die er unmittelbar unter dem Eindruck der achtundvierziger Revolution und noch in der Hoffnung auf ihr Gelingen bzw. ihr Neubeginnen verfaßt hat, sieht er den Augenblick gekommen, da die Antike in einem höheren, modernen Sinne wiederhergestellt werden könnte. Es ist nicht einzig und von sich aus die Kunst, die dies bewirken soll, sondern das Volk selbst in seiner sozialen Bewegung, die jedoch nichts ist, nichts bedeutet, wenn nicht die Kunst zu ihr hinzutritt. Die Kunst setzt der Revolution erst das Ziel, und zwar in ausdrücklichem Rückblick auf die Antike, näherhin auf das griechische Theater.

In der griechischen Polis — so legt Wagner dar — strömte das Volk zu einigen Zehntausenden und damit nahezu vollständig von der Staatsversammlung und sonstigen Betätigungen in das Amphitheater, um angesichts der Tragödienaufführung sich „zu sammeln, sich selbst zu erfassen, seine eigene Thätigkeit zu begreifen . . . mit seinem Gotte sich in innigste Einheit zu verschmelzen und so Das wieder zu sein, was es vor wenigen Stunden in rastlosester Aufregung und gesondertster Individualität ebenfalls gewesen war“.[4] Die wahre Sammlung und Versammlung, die Verwirklichung jener Versammlung, die die Polis an sich immer schon ist, das ist die Tragödie in ihrem Vollzug auf dem Theater, bei Anwesenheit des gesamten Polisvolkes. In der Tragödie, schreibt Wagner, fand der Grieche sich selbst wieder, „und zwar das edelste Theil seines Wesens, vereinigt mit den edelsten Theilen des Gesammtwesens der ganzen Nation . . .“.[5] Und weiter: „Bei den Griechen war das vollendete, das dramatische Kunstwerk, der Inbegriff alles aus dem griechischen Wesen Darstellbaren; es war, im innigen Zusammenhang mit ihrer Geschichte, die Nation selbst, die sich bei der Aufführung des Kunstwerkes gegenüberstand . . .“.[6] Und eben diese Gemeinsamkeit des Kunstwerkes[7], in der es der „freie Ausdruck einer freien Allgemeinheit“ zu sein vermag[8], wird — so hofft Wagner — das Volk durch seine Revolution wieder zustande bringen. Es wird kein Besonderes, Unterschiedenes mehr sein, im Kunstwerk werden wir vielmehr eins sein.[9] Es wird ein Gesamtkunstwerk entstehen können, und dieses wird das „gemeinsame Werk der Menschen der Zukunft“ sein.[10] Zugleich aber wird das Kunstwerk der Zukunft die antike Kunst darin übertreffen, daß es nicht nur den „Geist einer schönen Nation“ umfaßt, sondern den „Geist der freien Menschheit über alle Nationalitäten hinaus“.[11]

Wir vermögen dieses Kunstwerk nur zu schaffen, indem wir auf die herrliche griechische Kunst zurückblicken. Nur aus ihrem innigen Verständnis können wir entnehmen, wie das Kunstwerk der Zukunft beschaffen sein kann. Wir haben die Bedingungen, unter denen die hellenische Kunst noch nicht menschliche Kunst sein konnte, von ihr zu lösen und so die „allmenschliche“ Kunst hervorzubringen.[12] Indem die brüderliche Menschheit die mühevolle Sorge um die Erhaltung ihrer Existenz nicht mehr, wie bei den Griechen, an Sklaven zu geben braucht, sondern sie den Maschinen zuweisen kann, „diesen künfti-

gen Sklaven des freien schöpferischen Menschen", kann sie in „weit erhöhtem Maße . . . das griechische Lebenselement wiedergewinnen".[13]
Das 1876 in Bayreuth endlich eröffnete Festspielhaus hätte jenes Nationaltheater sein sollen, in dem sich die Besten der Nation versammelten, um aus dem Erlebnis einer im Musikdrama in moderner Modifikation wiedererstandenen Tragödie von altgriechischem Rang, die Impulse für die Erneuerung der Kultur zu empfangen. Es versammelte sich aber nicht das Volk in Bayreuth, sondern die herrschende Klasse mit ihrer Finanzaristokratie und mit diversen gekrönten Häuptern. Die Arbeiterbewegung blieb draußen. In ihr die historisch legitime Bewegung zu sehen, war Wagner nicht imstande. Er setzte wieder allgemein auf das Volk, dem seine Revolution jedoch von oben zugebracht werden mußte. Es selbst war ihm nur noch als der Wurzelgrund allen Daseins faßbar. Es meldete sich deshalb in Wagners Musikdramen auch nicht mehr als Chor zu Wort, sondern war — nach des Meisters Willen — wortlos, wenn auch allgegenwärtig, präsent durch die Gefühlsgewalt der Musik, die lautstark aus dem Orchestergraben aufstieg. Wie Wagner die Nation gleichwohl in die politische Wirklichkeit hat zwingen wollen und welche Rolle er dabei einerseits den Deutschen und andererseits den Juden zugedacht hat, ist ein anderes, wenngleich sehr trauriges Kapitel.
In der Tradition versuchter Kulturerneuerung durch das Theater nach Maßgabe der Antike steht — und das mag überraschen — auch noch Bert Brecht. Er verstand sein episches Theater als Fortsetzung von Experimenten Piscators, an denen allen er selbst teilgenommen hatte. Für Piscator sei das Theater ein Parlament gewesen, bemerkt er, und das Publikum eine gesetzgebende Körperschaft. „Diesem Parlament wurden die großen, Entscheidung heischenden, öffentlichen Angelegenheiten plastisch vorgeführt. Anstelle der Rede eines Abgeordneten über gewisse unhaltbare soziale Zustände trat eine künstlerische Kopie dieser Zustände. Die Bühne hatte den Ehrgeiz, ihr Parlament, das Publikum, instand zu setzen, auf Grund ihrer Abbildungen, Statistiken, Parolen politische Entschlüsse zu fassen."[14]
Wie Schiller, wenn auch auf andere Weise, wollte Brecht das Theater durchaus als moralische Anstalt gewertet wissen.[15] Und auch er meinte damit zugleich eine politische Anstalt und nannte sie auch so.[16] Daß sie dies werde, dazu bedurfte es einer völligen Änderung der Zwecksetzung der Kunst. Erst der neue Zweck mache die Kunst, der neue Zweck aber heiße: Pädagogik.[17] Es ist erstaunlich zu sehen, wieviel Gewicht Brecht in den zwanziger und dreißiger Jahren der ästhetischen Erziehung durch das Theater für die Änderung der Gesellschaft beimißt.
Er beschreibt die erste Etappe seiner Theaterarbeit als Teilnahme an dem Versuch, das Theater total umzufunktionieren. Die Aufführung eines Theaterstücks sollte sich nicht von den Einfällen irgendwelcher zufälliger Dramatiker herschreiben, sie sollte vielmehr in einer „beinahe absoluten Gemein-

samkeit aller Lebensinteressen aller Beteiligten" gründen[18], sie sollte dem „unausgesprochenen Diktat der Allgemeinheit entsprechen".[19] Dieser Funktionswechsel des Theaters erwies sich jedoch als unmöglich, weil es das in sich einige Volk nicht gab, das als Publikum hätte präsent sein sollen.

Wie seinerzeit, nämlich im Jahre 1848 bzw. 1849, Richard Wagner, entdeckt Brecht im Laufe der zwanziger Jahre des 20. Jahrhunderts wiederum angesichts einer revolutionären Bewegung, daß die Kunst nur mit der Umänderung der Gesellschaft, nur mit der Revolution, zu jener volksversammelnden Funktion gelangen kann, die sie in der Antike innehatte. „Der Schrei nach einem neuen Theater", notiert er jetzt, „ist der Schrei nach einer neuen Gesellschaftsordnung".[20] Andererseits glaubt Brecht aber durch ein neues, jetzt schon zu schaffendes Theater, die Revolution befördern zu können, ja, man hat bisweilen den Eindruck, als sehe er das Theater überhaupt als die Institution an, die durch Vermittlung der wissenschaftlichen Erkenntnis der gesellschaftlichen Realität das Wissen hervorzurufen hätte, aus dem die revolutionäre Tat dann hervorgehen könnte. Das Theater, schreibt er, legt dem Zuschauer ein Weltbild vor, das es ihm ermöglicht, „seine soziale Umwelt zu verstehen und sie verstandesmäßig und gefühlsmäßig zu beherrschen".[21] Es legt ihm „die Welt vor zum Zugriff".[22] Brecht kommt damit nahe an die Auffassung des revolutionären Wagner heran, daß die Kunst — oder zumindest auch sie — der sozialen Bewegung gewissermaßen ihren Sinn erst zu verleihen hätte. Er bemüht sich zu diesem Zweck ebenfalls um ein „Gesamtkunstwerk"[23] – jedoch bei Wahrung der Eigenständigkeit seiner Elemente. Auch der Musik trägt er eine bedeutende Rolle an. Ihr soll es zukommen, „bestimmte Haltungen des Zuschauers zu organisieren".[24]

Ganz anders aber als bei Wagner bleibt im Theater Brechts das Volk gegenwärtig, weil er es, repräsentiert durch die kämpfende Arbeiterklasse, in der gesellschaftlichen Realität leibhaftig vor sich sieht. Es ist daher gerade das Phänomen des Chores, das ihn auf das griechische Theater zurückblicken läßt. Dessen Bedeutung sieht er darin, daß er im attischen Theater die Handlung unterbrach und dadurch kritische Reflexion auf sie ermöglichte.[25] Dem entsprach nach Brecht im epischen Theater die Technik der Montage. Er verweist auf die Verwendung des Films im Theater Piscators, „die aus dem starren Prospekt einen neuen Mitspieler, ähnlich dem griechischen Chor, machte". Für Brecht wird also jene Funktion des Chores wieder wichtig, die auch Schiller schon hervorgehoben hatte, wenn er dem griechischen Chor den Effekt zuschreibt, die Reflexion von der Handlung abzusondern.[26]

Dennoch sieht Brecht in der Antike nicht mehr jene Vergangenheit, an die sich alle Gegenwart zurückzubinden hätte. Das asiatische Vorbild, wie er das Theater Japans oder Chinas nennt, ist für ihn ebenso wichtig bzw. noch viel wichtiger. In der Tendenz tritt das Theater Brechts aus der europäischen

Einzigartigkeit heraus und ist auf den werdenden Weltzusammenhang gerichtet, der nach seiner festen Auffassung nur durch das Proletariat und seine Revolution hervorgebracht werden kann. Und wenn Schiller meinte, durch die Wiederbelebung des Chores der Gegenwart ihre poetische Gestalt zurückgeben zu können, so ist sich Brecht mit dem Marx des „18. Brumaire“ bewußt, daß die proletarische Revolution“ ihre Poesie nicht aus der Vergangenheit schöpfen kann, sondern nur aus der Zukunft“.[27]
Damit ist der Abschluß der Renaissance der Antike, der das Lebenselement der europäischen Kultur in all ihren Epochen gewesen war, konstatiert, zugleich aber auch die Ablösung der weltgeschichtlichen Einzigartigkeit der von der bürgerlichen Klasse getragenen nationalen Kulturen Europas durch die zweite Kultur einer Arbeiterklasse, deren Wesensmerkmal der weltweite proletarische Internationalismus ist.

Anmerkungen

[1] MEW 8, 117.
[2] *Friedrich Schiller*: Die Schaubühne als eine moralische Anstalt betrachtet, in: Ders., Über Kunst und Wirklichkeit. Schriften und Briefe zur Ästhetik, hrsg. v. C. Träger, Leipzig o. J., S. 43—54, hier: S. 53.
[3] *Friedrich Schiller*: Über den Gebrauch des Chores in der Tragödie, a. a. O., S. 585—596, hier und im folgenden: S. 591.
[4] *Richard Wagner*: Die Kunst und die Revolution, in: Ausgewählte Schriften, hrsg. v. E. Drusche, Leipzig 1982, S. 144—178, hier: S. 147.
[5] a. a. O., S. 148.
[6] a. a. O., S. 164.
[7] vgl. *R. Wagner*: Das Kunstwerk der Zukunft, in: Mein Denken, hrsg. v. M. Gregor-Dellin, München, Zürich 1982, S. 124—162, hier: S. 131.
[8] Die Kunst . . ., a. a. O., S. 148.
[9] Das Kunstwerk . . ., a. a. O., S. 131.
[10] ebenda, S. 140.
[11] ebenda, S. 113.
[12] ebenda, S. 142.
[13] Die Kunst . . ., a. a. O., S. 170.
[14] *Bert Brecht*: Schriften zum Theater, Berlin und Weimar 1964, Bd. III, S. 94.
[15] Bd. III, S. 69.
[16] vgl. Bd. III, S. 192.
[17] Bd. I, S. 243f.
[18] Bd. I, S. 278.
[19] Bd. I, S. 279.
[20] Bd. I, S. 216.
[21] Bd. III, S. 99.
[22] Bd. III, S. III.
[23] Bd. III, S. 112.
[24] Bd. III, S. 300.
[25] Schriften zur Literatur und Kunst, Berlin und Weimar 1966, Bd. II, S. 34.
[26] *F. Schiller*: Über den Gebrauch des Chores, a. a. O., S. 593.
[27] *K. Marx*, a. a. O., S. 117.

Inge v. Wangenheim

Über das Zusammenwirken von Kunst und Wissenschaft

Wie man mir sagte, bin ich der einzige Schrifststeller in Ihrem gelehrten Kreis und darf darum die Einladung zu diesem Seminar dankbar als eine Ermutigung ansehen, in meiner Bemühung um eine akzentuiertere Vereinigung unserer Kräfte nicht nachzulassen.
Ich bin also kein Wissenschaftler, freilich begehrlich fasziniert von der Wissenschaft, von ihrer Mission und ihren Taten, darf allerdings die Dinge nicht so moderat und hoch objektiviert angehen, wie es auf Ihrem Felde angemessen und begründet. Meine Aufgabe ist es vielmehr, auf der ganzen Bandbreite des emotionalen Engagements zwischen dem ernsterhabenen Largo und dem leidenschaftlichen, beherzten Allegro vivace die Dinge abzuhandeln, also Erregung, gesellschaftliche, zu bewirken, die Unruhe, die schöpferische, zu fördern, die der Suche nach Wahrheit den charakterbildenden Impuls zur Persönlichkeitsentfaltung in den Schoß wirft.
Wir sind uns gewiß einig darin, daß die Kunst eine besondere Form der Erkenntnis ist. Wir betreiben somit das gleiche Geschäft — wenn auch mit unterschiedlichen Mitteln. Aus der konsequenten Befolgung dieser Einsicht erwächst uns das Gefühl für unsere gegenseitige Abhängigkeit voneinander, für unser gesellschaftswirksames Zusammenspiel im Kampf um den Sieg der Vernunft, ob dieser Kampf nun auf dem Feld der Kunst und Literatur oder auf dem Feld der Wissenschaft ausgetragen wird.
In meiner Jugend hat mich einmal der Ausspruch eines berühmt-berüchtigten Mannes angeregt, über diesen Zusammenhang immer wieder neu nachzudenken. Er lautet: „Nur die Künstler haben recht. Es ist wohl möglich, etwas Schönheit in diese Welt zu bringen. Vernunft in sie zu bringen, ist aussichtslos.“
Der Mann war schon sehr alt, als er zu dieser Einsicht kam. Der Gestus verrät: kein Klassiker. Die waren ja gerade tief überzeugt, die Einheit zwischen Schönheit und Vernunft sei unumstößlich, das gesamtmenschheitliche Grundgesetz gewissermaßen, nach dem allein sich leben läßt. Wir haben es mit einem Spätling zu tun, mit ausgerechnet Georges Clemenceau, der diesen für uns Künstler so schmeichelhaften Ausspruch von sich gab, nachdem er den so gründlich unvernünftigen und folgenschweren Versailler Vertrag zustande ge-

bracht. Mir scheint diese ultima ratio einer politischen Figur dieses Jahrhunderts, die einmal ganz links angefangen hatte, um im Alter ganz rechts zu enden, und Dinge heraufbeschwor, an denen wir Deutschen heute noch knabbern, durchaus bemerkenswert, vor allem zu unserem Thema gehörig. Davon — nur davon — will ich sprechen: von dem Zusammenhang und der Wechselwirkung zwischen Schönheit und Vernunft, zwischen Kunst und Wissenschaft. Dabei gehe ich davon aus, daß Schönheit ohne Vernunft in den Mülleimer gehört, wie ebenso eine Wissenschaft, die da meint, der ästhetischen Erregung der gesellschaftlichen Impulse durchaus entbehren zu können — das gilt nicht nur ausschließlich für die Kulturwissenschaften — gleichfalls am wahren Glücksgefühl, das die Wissenschaft zu bieten hat, damit an der wahren Glückssehnsucht des Wissenschaftlers vorbeihandelt. Wir sollten uns daher in unserem Anliegen nicht beirren lassen, uns immer wieder neu und unbestochen klarzumachen versuchen, was ist, damit überzeugend herausgearbeitet werden kann, was sein soll.

In meinem Essay „Genosse Jemand und die Klassik" habe ich versucht, den qualitativen Unterschied zwischen Wissen und Bildung zu bezeichnen, und gesagt, daß erst die Bildung den Fuß in die Tür zur Philosophie setzt, ohne Philosophie, Kunst und Wissenschaft aber nicht machbar sind, weil der Erkenntnisfunktion der Entdeckungszwang implizit ist. Ein Mensch, der nichts entdeckt, kann weder Künstler sein, noch Wissenschaftler. Er bleibt sein Leben lang ein bloßer Wiederkäuer. Der gesellschaftliche Aspekt dabei scheint mir einleuchtend, da er aus der Kontinuität, der historisch gewachsenen, zwischen klassischem und sozialistischem Humanismus die Zielvorstellung vom politischen Humanismus herausarbeitet. Führen all unsere Anstrengungen letztendlich nicht zu eben diesem, dann dürfen wir uns fragen, ob nicht doch mein Kollege Hildesheimer recht hat und der gesellschaftliche Mensch eine Fehlentwicklung ist. Ich sage also im Essay: „Ohne Bildung gibt es keine effektive Kritik an unredlichen Zuständen. Bildung ist ebenso unentbehrlich, wenn die redlichen Zustände massenwirksam, alle ergreifend erklärt werden müssen." Ich bin fest überzeugt, daß das den Künstler wie den Wissenschaftler in gleicher Weise angeht — vornehmlich den Schriftsteller, von dessen Beruf und Berufung ich inzwischen mit zunehmendem Alter eine kleine Erfahrung habe. Ich möchte mich daher ziemlich rücksichtslos zu Folgendem äußern:
Ich glaube zu beobachten, daß wir es neuerdings im Kunst- und Literaturmilieu mit einer bewußt gepflegten Zurücknahme in die Spontaneität zu tun haben, der wir ein besorgteres Augenmerk zuwenden sollten als bisher. Die Erkenntnisfunktion der Kunst wird mißachtet, die Entdeckerrolle geleugnet, der soziale Konnex betont abgelehnt, ja selbst die Kenntnis der Genesis jener Gattung, der man sich widmet, für überflüssig erklärt. Man braucht nicht zu wissen, was vor 2000 Jahren oder auch nur vor 200 Jahren im eigenen

Fach bereits gedacht, getan, entwickelt wurde, das ist ja alles Mottenkiste, längst überholt und veraltet, die heilige Kuh braucht gar nicht mehr geschlachtet zu werden, sie liegt bereits, den letzten Hauch verröchelnd, am Fuß des marmornen Sockels. Man ist genial, und das genügt. Die Resultate solcher Haltungen, sie verraten nichts anderes als blanken Dilettantismus, sind zu lesen, zu sehen und zu hören. Die Lyrik entpuppt sich zum kosmopolitischen Esperanto, die Malerei zur manieristischen Dauermigräne, die Musik zur antiorpheischen Kakophonie. Guter Gott! . . . das hatten wir ja alles schon! Der Rest davon und was daraus wird, ist im „Dr. Faustus" nachzulesen. Das Echo stirbt und kein neues Leben blüht aus den Ruinen.
Ich will nicht lamentieren und keinesfalls das feine Fadenmuster der Gelehrsamkeit mit roher Hand zerreißen, wenn auch, wer sich ein Leben lang in der Praxis umtut, aus diesem Kampf meist verschwitzt und beschmutzt, verkannt und zerrissen heimkehrt mit dem Fluch auf den Lippen — dem Fluch der Verzweiflung über die unselige Vergeßlichkeit, die uns immer wieder neu zurückwirft. Ich will nur erklären, wie es kommt, daß ich mein Leben und damit alle meine Arbeiten der Aufklärung eines bestimmten Zusammenhangs unterworfen habe: der Beziehung des Künstlers zur Wissenschaft, der Beziehung des Menschen zum Staat, der Beziehung des Menschen zum kulturellen Erbe, insonderheit zur Kunstzeit der Deutschen zwischen Lessing und Heine. Daß dabei für den Schriftsteller die nationale Frage in den Mittelpunkt aller Überlegungen rückt, versteht sich von selbst.
Ich bin also ein Kind der Weimarer Republik und bringe eine bestimmte Tradition mit — nur einfach aus der Erfahrung eines halben Jahrhunderts im Umgang mit bestimmten historischen Tatsachen. Das ist kein Verdienst, es ist nur ein Glück, das ich dem Zufall des Überlebens verdanke.
In den wenigen Blütejahren, die dieser Weimarer Republik beschieden waren, hat sich ein kulturpolitischer Prozeß von Langzeitwirkung ereignet: die Vereinigung der bürgerlichen Linken des Kunst- und Kulturschaffens mit der revolutionären Arbeiterbewegung. Es geschah nicht mal da und mal dort und zufällig. Es geschah, weil der historische Augenblick es anbot und reif war. Der Reformismus war in Verruf geraten. Der bürgerliche Intellektuelle aller Prägungen, tief aufgerührt aus seinem vertrauensvollen Schlaf durch den 1. Weltkrieg und dessen erstmalig erlebte moderne Massenvernichtung, glaubte nicht mehr an die übererbte Allmacht des klassischen Humanismus. Eine tiefe Vertrauenskrise griff um sich, das unpolitische Weltbild des Geistesbürgertums erlitt eine erste, nachhaltige Niederlage, die dann zur Ohnmacht vor der heraufziehenden Nacht über Deutschland führte. Damit korrespondierend und zugleich entgegengesetzt die Alternative: die bürgerliche Linke entschloß sich zur radikalen Wende — Dramatiker, Maler, Komponisten, Schauspieler, Sänger, Tänzer, Kabarettisten, Poeten, Journalisten, Publizisten verbanden sich mit den besten Kadern der proletarischen Avantgarde

zu einem bis heute erstaunlichen, ungemein mitreißenden Aufbruch ins Neuland einer sozialistischen Kunst und Kultur, der die kommunistische Idee attraktiv und zwingend machte. Dieser Aufbruch damals rettete die revolutionäre Bewegung in Deutschland über die Jahre des Faschismus hinweg, sicherte ihre Kontinuität und unseren Neubeginn nach dem 2. Weltkrieg auch im Überbau unserer nun sozialistischen Gesellschaft. Das ist die Tradition, aus der ich komme, das Erbe, das ich mitbringe. Für uns Junge damals war es einfach eine Selbstverständlichkeit, mit der Aneignung der humanistischen Klassik zugleich die Aneignung der marxistischen Klassik zu betreiben.

Wir wollten damals unbedingt hoch hinaus — das Ganze überschauen, nicht bloß unser kleines Eckchen — und hatten hervorragende Lehrer, bedeutende Vorbilder, die uns wissen ließen, wie man das macht. Die Frage ist nun: Wie und auf welche Weise, mit welchen Methoden — das „Warum" halte ich als Fragestellung nun tatsächlich für überholt und veraltet — können wir erreichen, daß aus einem notwendigen Lehrfach „M.-L." — schon die bloße Buchstabenverkürzung verrät Erkaltung und Routine — Feuer ursprünglicher attractio electiva, ein den ganzen Charakter herausforderndes Grunderlebnis wird, das über das Jahr 2000 hinaus jene Kontinuität weitergibt, die aus einer nackten, nur allzu naheliegenden Überlebensangst so etwas wie eine gesichert begründete Lebenszuversicht entwickelt, mit der auch der junge Forscher und Entdecker von heute — gleich auf welchem Feld — weiterkommt.

Ich bin aus meiner damaligen Weimarer Republik im Weimar unserer Tage gelandet, was durchaus kein Zufall, und betone: jener einstige Aufbruch-Vorgang ist nicht wiederholbar. Die heutige intellektuelle Linke in Westdeutschland ist nicht mehr die alte von damals. Positionen eines Tucholsky, eines Heinrich, ja selbst eines Thomas Mann sind preisgegeben. Man sitzt vereinzelt, unverstanden und klagend in der Ecke. Es hat eine Generationsablösung stattgefunden — auch bei uns. Wir stehen vor Verlusten, so manches ist unwiederbringlich dahin, und damit müssen wir zurechtkommen. Von Klageliedern halte ich ohnehin nicht viel, unser wissenschaftlicher und künstlerischer Nachwuchs steht vor völlig neuen Aufgaben, Problemen und Sachverhalten, damit sind neue Methoden gefragt, die der Höhe unserer gegenwärtigen Kenntnisse und Einsichten entsprechen.

Wir wissen es wohl: die Zeit der Universalgenies ist vorüber. Der hochqualifizierte Anspruch, den unser gesamtmenschheitliches Gegenwartsbewußtsein an die individuelle Leistung stellt, erzwingt den Spezialisten, der seine Spezialstrecke genauest beherrscht. Schon dazu braucht man ein ganzes Leben. Das kann und darf auf Dauer aber nicht dazu führen, daß wir der Zurücknahme des allseitig entwickelten, eben des gebildeten Menschen in den engen Bezirk des bekannten „Fachidioten" tatenlos zusehen. Wir haben dieser Reduktion vielmehr entschieden zu wehren. Wollen wir das mit

Erfolg tun — und das wollen wir ja wohl —, dann müssen wir auf beiden Feldern der Erkenntnisverbreitung, auf dem der Wissenschaft und auf dem der Kunst und Literatur, beherzt und unbestochen die Schwierigkeiten benennen, die dem entgegenstehen.

Mein Gedankengang hierzu im erwähnten Essay läuft auf das Folgende hinaus:

Es gehört zum Wesen des bürgerlichen Humanismus, daß er in Jahrtausenden von Aristoteles bis hin zu Goethe oder auch — bitte! — Karl Jaspers niemals eine andere Identifizierung einging als diejenige mit sich selbst.

Aus dieser erkenntnishaft wohlbegründeten Nichtidentifizierung mit einer beliebig konkreten, staatlich konstituierten Klassenmacht, sei sie nun angemaßt oder historisch begründet, bezieht der bürgerliche Humanismus, seit es ihn gibt, seinen scheinbaren „Ewigkeitsgehalt", seine zeitlose Grundauffassung vom „freien Individuum", das nicht unbedingt von Gott, mit Sicherheit aber von der Natur, der ewigen, bestimmt sei, sich als grundsätzliche Selbstbehauptung gegenüber beliebigen öffentlichen legislativen und exekutiven Instanzen zu manifestieren.

Der Vorteil solchen Verfahrens ist einzusehen und enorm. Man kann mit einer solchen Inauguration des Individuums als dem ausschließlichen Humanträger der Gesellschaft und ihres Stoffwechsels mit der Natur alles Menschliche dingfest machen, begründen, darstellen in seiner ganzen Spannweite und Vielfalt, ohne auf Verbindlichkeiten Rücksicht nehmen zu müssen, die etwas anderes noch sind als ausdrücklicher Humanismus.

Das wichtigste Ergebnis aus diesem Vorteil ist die scheinbar absolute Freiheit der Kritik, da ja der bürgerliche Humanismus keine andere Norm zuläßt als die Errungenschaften seiner Denkleistungen, daher auch keine Schwierigkeiten hat, das „Öffentliche" der Gesellschaft dualistisch zu interpretieren, nämlich als „Menge" und „Persönlichkeit".

Wie läßt Schiller seinen Fiesco sprechen, als eine Volksabordnung vor ihm steht? „Das Volk, das Volk . . . dieser tönerne Koloß, der über Zwirnsfäden stolpert!"

Was in mehr als zweitausend Jahren dabei herauskam, ist Gebildetes für Gebildete — ohne realen Eingriff ins Reale. Gleichwohl hat der bürgerliche Humanismus in seiner historischen Daseinsweise als Philosophie, Literatur und Kunst einen Überbauprozeß von beherrschendem Weltrang und phänomenaler Langzeitwirkung möglich gemacht, der schließlich zu einem historisch einmaligen und wahrlich großartigen Selbstüberwindungsakt geführt hat: zur Geburt des wissenschaftlichen Sozialismus und seiner unzurücknehmbaren Verwirklichung als gesellschaftliche Praxis. Damit ist die Grundbedingung, die der sozialistische Humanist vorfindet, sei er nun Künstler, Schriftsteller oder Wissenschaftler, entscheidend verändert. Denn: Der sozialistische Humanist identifiziert sich mit der historischen Mission der Arbeiterklasse, mit ihrem Staat, den sie errichtet, mit ihrer Avantgarde, die der zukunftsoffenen Vervollkommnung und Ausweitung des zunächst streng umgrenzten Systems die praktische Perspektive gibt, die Hinentwicklung zum politischen Humanismus. Der sozialistische Humanist unterwirft sich also mit seiner ganzen schöpferischen Potenz eben dieser Identifikation und damit dem als richtig erkannten Zwang zur wissenschaftlichen Genauigkeit, zur adäquaten Interpretation der Wirklichkeit in beiden Sphären — der materiellen wie der Metasphäre. Er spricht nicht von Freiheit schlechthin und an sich, was sehr leicht ist, sondern sagt genau, von welcher Freiheit, von welcher Demokratie, von welcher Menschlichkeit und von welchem Menschenrecht für wen und unter welchen Umständen zu welchem Zeitpunkt und in welchem Zusammenhang die Rede ist. Schon die bloße Aufzählung schreit aus sich heraus, wie schwer das zu machen ist.

Und noch eins — vermutlich die noch heiklere Seite der Sache: Hat sich der Humanist zu dieser Identifizierung ohne Wenn und Aber einmal entschieden, trägt er von diesem Augenblick an das Ganze mit — nicht nur das Glück, sondern auch das Unglück, das die Sache des Sozialismus als geschichtliche Realität anbietet, nicht nur den Fortschritt, sondern auch die Zurückgebliebenheit, von der jeder Sprung der Geschichte in eine neue Qualität begleitet wird. Mit dieser permanenten Teilhaberschaft an der Totale des Prinzips entsteht für den sozialistischen Schriftsteller — und nur für ihn! — eine sechste Schwierigkeit beim Schreiben der Wahrheit, die zu den fünf, die Brecht bezeichnet hat, noch hinzukommt: er läuft ständig Gefahr oder ist ständig im Verdachte, ein Propagandist zu sein, der seinen Gegenstand, den Sozialismus der Realität, in gefälliger Verpackung anbietet, ihm die besten Seiten abgewinnt, also letztendlich opportune Ideologie produziert statt Kunst, obwohl es doch seine Pflicht ist, den unbestochnen Blick der Erkenntnis nicht nur auf das Licht, sondern ebenso auch auf den Schatten zu richten, den es wirft, soll das Ergebnis Wahrheit sein und nicht Reklame.

Ich kann mich nicht des Eindrucks erwehren, daß gerade der deutsche sozialistische Schriftsteller mit dieser Schwierigkeit am empfindlichsten allein gelassen ist und der Hilfe seitens der Wissenschaft dringender denn je bedarf. Der Naturwissenschaftler freilich ist mit ihr nicht konfrontiert, denn es gibt wohl zu unserer Freude sozialistische Physiker, aber tatsächlich nur eine Physik. Das ist genau so anzuerkennen wie die unerbittlich subjektive Verhaftung des Künstlers an sein Werk.

Ich verhehle in diesem Zusammenhang nicht, daß mir seit langem schon ein Lehrstuhl für Polit-Psychologie vorschwebt, den wir nicht haben, der aber mit großem Vorteil für die Sache konstituiert werden sollte. Dort könnte die passende Machart, der überzeugende Ton, die richtige Methode gelehrt werden, wie aus der „Menge“ das Kollektiv beherzter Persönlichkeiten entsteht. Wir dürfen nicht länger tatenlos zusehen, wie sich die Geistesschaffenden der

Kunst- und Literatursphäre mit jenen des Wissenschaftsbereichs mißtrauend umlauern, gelegentlich sogar in Panik auseinanderlaufen, anstatt mit der „angebor'nen Farbe der Entschließung" aufeinander zuzugehen.
Was ich im Bereich der Kunst- und Kulturwissenschaften, auch im Bereich der pädagogischen Wissenschaften zu verfolgen Gelegenheit habe, ist zweifelsfrei von hoher Qualität. Der uns übererbte dualistische Wirrwarr und die damit verbundene ideologisierende Interpretation der Dinge wurde überwunden, wir haben heute eine solide, standfeste, auf sicherm Grund ruhende marxistische Ästhetik, ich möchte meinen, wir haben ähnlich Erfreuliches auch auf dem Feld der marxistischen Didaktik. Mein Herz schlägt sehnsuchtsvoll all jenen Gelehrten entgegen, die dazu beigetragen haben und beitragen. Noch freilich bin ich ohne Echo im Lager der Profis, was ich jenem Mangel zuschreibe, den ich zum Schluß meiner Ausführungen noch einmal kurz und konsequent polemisch bezeichnen möchte.
Die Wahrheit zu sagen: es ist eine Schande! Da bietet die Wissenschaft ausgeeichnete, beherzigenswerte Ergebnisse an, mit denen sich in der Praxis wahrscheinlich etwas anfangen ließe. Wohin aber verkrümelt sich das alles? In feine Institute und Akademien, in feine, gelehrte Zeitschriften, deren hochstelzige Terminologie dem Praktiker unerreichbar ist. Also wieder nur Gelehrsamkeit für Gelehrte, Gebildetes für Gebildete? Bis zur Stunde haben wir es nicht erreicht, jene Transmissionskanäle auszuschachten, die das Gewußte ins Machbare überführen. Auf unseren Theatern, nicht nur drüben, findet eine modernistische Entgeschichtlichung der klassischen Dramatik und ihres Aussagegehalts statt, die unser Publikum — es ist noch weitgehend voraussetzungslos und besteht zum ersten Mal in deutscher Geschichte tatsächlich in seiner Mehrheit aus Werktätigken der materiellen Basis — die dieses neue Publikum mit lauter Rätseln im Busen aus dem Theater entläßt, anstatt es wirklich aufzuklären und zu begeistern. In all den anderen Medien, denen die Bildungs-Kommunikation mit ästhetischen Mitteln anvertraut ist, findet das Gleiche statt. Unsere Literatur- und Kunstkritik, soweit sie einer breiten Öffentlichkeit verpflichtet, wirkt unsicher, standpunktlos, kompromißlerisch. Ist die jeweilige Inszenierung, das jeweilige Kunstwerk fragwürdig, kritikwürdig oder im gesellschaftlichen Sinne problemträchtig, begnügt man sich mit dem Begriff „interessantes Experiment". Der theoretische Sinn, der die deutsche Kunstzeit zwischen Lessing und Heine auf jene Höhe einst hob, von der wir heute noch zehren, scheint verloren, mir gehen zuviele junge Talente jenem historisch neuen Zwang zur Genauigkeit, jener Anstrengung der Seele, von der ich sprach, aus dem Weg. Freilich — ihr zu entsprechen, muß man sich hinsetzen und arbeiten, den Blick für das Reale schärfen, nicht nur einfach hinsehen und dann machen, sondern die unerläßliche Zwischenstation durchmachen, die Theorie von der Sache zu lernen, Erkenntnistheorie vor allem! Nur so sind Aussagen über diese Epoche mit Langzeitwirkung über-

haupt noch möglich. Klassische Werke zeichnen sich aus durch unbedingte Originalität, letzte Einfachheit und tiefsten Gehalt. Dem ist nachzustreben. Brecht sprach von dem tieferen Spatenstich in die Wirklichkeit. Der ist nicht möglich, wenn man nicht weiß, welche Schätze uns die Geschichte des Humanismus anzubieten hat und welche noch zu entdecken sind. Auf dem langen Weg von der Schöpfungslegende bis zu Äschylos, über Shakespeare bis zu Goethe und Gorki ist bereits alles gesagt zu dem, was der gesellschaftliche Mensch erduldet und gelitten, was er unter unsäglichen Opfern erkämpft und erreicht hat, ja wozu er — Bestie und Engel in einer Person — überhaupt fähig ist. Es gibt — so jedenfalls sehe ich es — nur eine einzige echte, tragfähige Legitimation, auf diesem Weg noch fortzufahren, obwohl wir doch schon „alles“ wissen, das ist unser neuer, zuvor noch nie dagewesener Griff und Eingriff ins Reale der sozialistischen Gesellschaft. Auf diesem Boden gibt es noch die Unendlichkeit ins Gegenwärtige und Künftige zu entdecken und zu erschließen, und nur auf diesem Feld ist noch keineswegs „alles“ gesagt. Im Gegenteil, wir stehen erst am Anfang unserer historischen Erfahrung. Dem Künstler wie dem Wissenschaftler liegt ein weites Feld zur Bearbeitung und Urbarmachung zu Füßen. Vereinigen wir also unsere Kräfte! Das ist meine Botschaft.
Ich danke Ihnen dafür, daß ich sie überbringen durfte.

Helmut Metzler

Anmerkungen zu Untersuchungen über die Musikentwicklung der Zeit der literarischen Klassik

In die Blütezeit der philosophischen und literarischen Klassik fällt ein Phänomen der Musikentwicklung, das im Bemühen um das Verständnis der historischen Prozesse im Deutschland dieser Zeit berücksichtigt werden sollte. Es ist dies die Entstehung der „absoluten Musik"[1], die ihrerseits in einem engen Zusammenhang zur sprunghaften Weiterentwicklung der Darbietungsmusik[2] zu sehen ist. Diese absolute Musik ist nur aus der Einheit eines Wandels in Musikauffassung und Musikpräsentation zu verstehen. Die neuen Musikauffassungen erwachsen auf dem gleichen kulturellen Territorium, auf dem die Werke der deutschen literarischen und philosophischen Klassik geschaffen werden. Persönliche Kontakte der Vertreter beider geistigen Bemühungen, so zwischen K. Ph. Moritz und J. W. v Goethe, förderten das wechselseitige Verstehen. Bei den Repräsentanten der „Deutschen Klassik" finden sich aber auch wichtige Reflexionen zu den ästhetischen Grundlagen der weiteren Musikentwicklung[3]. In der Musikwissenschaft wurden interessante vergleichende Studien vorgelegt, die diesem Wechselverhältnis unter Nutzung gesellschaftstheoretischer und psychologischer Erkenntnisse beizukommen versuchen[4]. Diese Darlegungen haben einen hohen hermeneutischen Anteil. Im interdisziplinären Gedankenaustausch sind Fakten und einzelwissenschaftliche theoretische Erkenntnisse mit den angebotenen Interpretationen historischer Phänomene zu vergleichen, um durch kritische Einwände den gemeinsamen Erkenntnisfortschritt zu fördern. In dieser Hinsicht möchte ich im folgenden, stellvertretend für viele, auf eine der neuesten Untersuchungen eingehen und Aussagen von Max Becker[5] zur Wertung entstehender Musikauffassungen aus der zweiten Hälfte des 18. Jahrhunderts aufgreifen. Wegen ihres allgemeineren kulturtheoretischen Charakters hinsichtlich der Einschätzung einer Entwicklung von Kunstbetrieb und Kunstverständnis in dieser Zeit fallen sie daher auch in den Themenkreis dieses Klassikseminars.

Carl Dahlhaus folgend kann das ursprüngliche gesellschaftliche Selbstverständnis zur Idee der absoluten Musik wie folgt gefaßt werden: „Musik sei gerade dadurch, daß sie sich vom Anschaulichen und schließlich sogar vom Affektiven ‚loslöst', Offenbarung des „Absoluten'."[6] Das mit einer solchen Auffassung von Musik ideologisierte Moment der Entwicklung des Musiklebens ist die

Verselbständigung der Instrumentalmusik und die damit einhergehende Herausbildung solch großartiger Schöpfungen wie der modernen Symphonien, die zu ihrer Verwirklichung nicht nur anspruchsvoller Orchester und Säle bedürfen, sondern auch eines großen Publikums.[7] Hand in Hand geht hier die Schaffung neuer gesellschaftlicher Bedürfnisse mit der Entwicklung entsprechender Befriedigungsmöglichkeiten. Die genannte Ideologisierung beschränkt sich jedoch nicht nur auf die Steuerung dieses gesellschaftlichen Wechselwirkungsverhältnisses. Sie ist darüber hinaus eng mit gesellschaftlichen Auseinandersetzungen verflochten, die das gesamte Leben umgreifen. So ist der Streit um die Weiterentwicklung der Darbietungskunst, der ebenso wie die Musik auch das Theater betrifft und mit den Bemühungen der literarischen Klassik konform geht, zugleich ein Bestandteil weltanschaulicher und politischer Auseinandersetzungen. Hierfür bietet M. Becker im Anschluß an H.-W. Heister[8] vielfältige Einblicke in die Wechselwirkung von Musik- und gesamtgesellschaftlicher Entwicklung des uns interessierenden Zeitabschnittes.

Becker hebt für die Musikauffassungen, die zur Begründung und Entwicklung der absoluten Musik beitragen[9], hervor, daß sie auf ein nichtdialogisches Verhältnis des Menschen zur Musik und den Hörer auf eine passive Rezeption orientieren[10]. Der hiermit angesprochene Sachverhalt läßt sich leicht anhand von Werken K. Ph. Moritz', W. H. Wackenroders und L. Tiecks belegen.[11] Gleiches gilt für die Aussage, daß tendenziell eine isolierte, interaktionslose einsame Position des Rezipienten ausgedrückt[12] und Musik als präsentierte Innerlichkeit[13] verstanden werden. Interessant sind in diesem Zusammenhang auch Wiedergaben kunsttheoretischer Aussagen, wie die der Goetheschen Maxime: „Die Würde der Kunst erscheint bei der Musik vielleicht am eminentesten, weil sie keinen Stoff hat, der abgerechnet werden müßte. Sie ist ganz Form und Gehalt und erhöht und veredelt alles, was sie ausdrückt“[14] — und Schillers Aussage, „. . . der Mensch . . . ist nur da ganz Mensch, wo er spielt“[15], zu der Becker hinzugefügt wünscht, „aber nur so er selbst spielt und er ist eben nicht ganz Mensch, wo er etwas vor gespielt bekommt“.[16]

Bekanntlich beginnt das hermeneutische Vorgehen[17] nicht erst mit der Interpretation von Daten, sondern bereits bei deren Auswahl und Zusammenstellung, da diese ja schon vom vorgesehenen Interpretationsmodell geleitet ist. Bedenklich erscheinen mir im vorliegenden Zusammenhang einige kurzschlüssige Verknüpfungen aufgeführter Daten mit materiellen gesellschaftlichen Phänomenen. Sowohl hinsichtlich der gesamtgesellschaftlichen Entwicklung und der Beschreibung der individuellen Lebenslage der Musikrezipienten, die von einem Konzept absoluter Musik geleitet sind, als auch bezüglich der Persönlichkeitsentwicklung ist Vorsicht in der Deutung der Literaturaussagen geboten.

Im Zusammenhang mit der individuellen Erlebenslage läßt sich zuerst einmal etwas zur gesellschaftlichen Bestimmtheit von Musikwahrnehmung aussagen.

Im Einklang mit Dahlhaus, den Becker zustimmend zitiert, halten wir fest: „Die Literatur über Musik ist kein bloßer Reflex dessen, was in der musikalischen Praxis der Komposition, Interpretation und Rezeption geschieht, sondern gehört . . . zu den konstitutiven Momenten der Musik selbst. Denn sofern sich Musik nicht in dem akustischen Substrat erschöpft, das ihr zugrunde liegt, sondern erst durch kategoriale Formung des Wahrgenommenen entsteht, greift eine Änderung des Kategoriensystems der Rezeption unmittelbar in den Bestand der Sache selbst ein.“[18] Hiermit werden Erkenntnisse der modernen Psychologie zur Wahrnehmung mit Bezug auf die Tätigkeits- und Kommunikationsregulation eingebracht.[19] K. Holzkamp hat sehr gründlich die für die Entstehung von Ideologie wirksamen psychischen Faktoren in ihrer Abhängigkeit von materiellen und personalen Existenzbedingungen herausgearbeitet.[20] So können heute klare theoretische Vorstellungen in der marxistischen Psychologie formuliert werden, wie sich sozialökonomische Bedingungen der Herausbildung einer kapitalistischen Produktionsweise und des zugehörigen kapitalistischen Marktes auf die Entwicklung individueninterner Abbildungsmuster auswirken, durch die Wahrnehmungen, Urteile sowie Entscheidungen und, darüber vermittelt, äußerliche Handlungen strukturiert werden. — Im öffentlichen Disput werden diese Abbildungsmuster als Kategorien reflektiert. Dieser Disput übt selbst eine fördernde Wirkung auf die Entwicklung der Abbildungsmuster aus. — So bedeutsam diese Kategorien für das Musikerleben sind, so muß doch beachtet werden, daß sie dafür nur eine Komponente darstellen. Sie stellen eine sozial-kognitive Seite heraus, die durch damit verbundene emotional-motivationale Faktoren ergänzt wird. Diese Seite ist aber vor allem im alle Komponenten vereinheitlichenden Handlungsgeschehen, d. h. umfassender ausgedrückt im totalen Lebensprozeß des Menschen einer ständigen Bewährung unterworfen. Dieser Tatsache muß Rechnung getragen werden, wenn hermeneutisch von den oben aufgeführten Angaben aus der Literatur der Musikauffassungen auf tatsächliche individuelle und gesamtgesellschaftliche Prozesse geschlossen wird. Mit einer Beschränkung der Betrachtung auf die sozial-kognitive Seite erfolgt bereits eine außerordentliche Reduktion der theoretischen Wirklichkeitserfassung, die aber noch weiter eingeschränkt wird, wenn die sozial-kognitive Seite nicht aus den umfassenden Lebensabhängigkeiten, sondern nur aus dem Literatur gewordenen Kategorienstreit rekonstruiert wird. Welche Kategorien in den öffentlichen Disput eingehen, ist nämlich durch die gesellschaftliche Situation bedingt. So erklärt sich z. B. auch, daß sich in der öffentlichen Diskussion im protestantisch deutschen Raum der zweiten Hälfte des 18. Jahrhunderts eine in der Welt vor sich gehende Weiterentwicklung der Darbietungsmusik, vor allem der Instrumentalmusik, besonders mit Kategorien verbindet, die zur Entstehung des Konzepts der absoluten Musik beitragen.[21] Die gesellschaftliche Situation wird von Becker treffend skizziert und für den Musikbetrieb insbesondere auch die eigenartige Entwicklung von der bürgerlichen Hausmusik über das Liebhaberkonzert zum sich verselbständigenden Konzertsaalgeschehen hervorgehoben, dennoch sind einige Interpretationsinhalte zu kurz gegriffen. — Werden solche sozialen Einflußfaktoren auf die Entwicklung von Musikgestaltung und -rezeption genannt wie Kampf „für bürgerliche soziale Autonomie“[22] oder die Vermarktung der Kunst und hierdurch geförderte Verfremdungseffekte[23], so sind neben anderen damit wichtige Faktoren aus Basis und Überbau genannt. Sie rechtfertigen das ideologische Selbstverständnis von Autoren jener Zeit zum Verhältnis von Menschen zur Musik, wie es, oben skizziert, Becker angibt. Dieser Bezug auf das gesamtgesellschaftliche Geschehen ist unvollkommen. Hierdurch erfährt die Wertung der Entwicklung von Musik und Musikauffassungen, die hier besprochen werden, eine meines Erachtens ungerechtfertigte negative Tönung[24], die sich heute mit einer verbreiteten Kritik an Darbietungsmusik und Konzertbetrieb verbindet. Beziehen wir aber zusätzliche Faktoren ein, so wird die unter dem Aspekt gegenwärtiger Förderung der Persönlichkeitsentwicklung berechtigte Orientierung auf eine aktive Musikgestaltung relativiert und nicht überzeichnend in die Geschichte projiziert. Im Sinne der Wertung des Kulturfortschritts läßt sich mit Heister sagen: „mit dem Konzert haben sich für die Sache der Musik spezifische und unersetzliche Errungenschaften einer optimalen produktiven wie rezeptiven Realisierung eigenständiger Musik herausgebildet, die einer ‚Rettung‘ wert sind.“[25]

Es mag sehr paßfähig erscheinen, die emotionale Seite der Erlebenslage des Musikrezipienten als nichtdialogisch, passiv, isoliert und vereinsamt rückzuführen auf eine politische Bemühung um „bürgerlich-soziale Autonomie“, auf die kapitalistische Marktsituation und Entfremdungseffekte, dennoch wird damit unter historisch-materialistischem Aspekt nur eine Komponente materiell-gesellschaftlicher Determination erfaßt. Es wird damit berücksichtigt, daß sich der Wandel im Konsumverhalten und die Schaffung neuer Konsumentenverhältnisse bezüglich der Musik aus den zugrunde liegenden Produktionsverhältnissen ergibt. Die Vereinzelung des Kapitalisten in Realisierung seiner gesellschaftlichen Individualitätsform als Kapitaleigner ist gleichzeitig mit einer Machterweiterung durch den Kapitalbesitz verbunden, die weit über die Möglichkeiten des auch tendenziell vereinzelten einfachen Warenproduzenten hinausgehen. Dieses Doppelgesicht der Entwicklung äußert sich in neuen Bedürfnissen nach musikalischen Ausdrucksformen unter anderem auch für menschliche Emotionen und Affekte. Mit der Machterweiterung geht aber auch die Herausbildung neuer gesellschaftlicher Gegensätze einher, die ebenfalls als materieller Einflußfaktor auf die Bedürfnisentwicklung und dazu angemessener Befriedigungsformen wirkt. In der damit angedeuteten materiellen Vielfalt aufeinander bezogener Faktoren bewegen sich auch die Autoren, die den neuen Musikauffassungen literarisch Ausdruck verschaffen

und so zugleich an deren Herausbildung auf geistiger Seite mitwirken. Nicht vergessen sollte man aber auch, daß Deutschland im 18. Jahrhundert nur kümmerliche Formen des Kapitalismus kennt und dementsprechend auch noch kleinbürgerlich-handwerkliche Interessen das geistige Leben prägen.[26]
Indem Becker auf Unterschied und Gemeinsamkeit von Höfling und nachahmendem Bürger eingeht, hebt er hervor: „Beide sind Träger relativ genau vorgeschriebener sozialer Rollen und als solche vereinsamte Einzelne."[27] Diese Ähnlichkeit besteht nur äußerlich. Soweit es sich um den Höfling handelt, beinhaltet seine seinerzeitige Sozialrolle, daß Vereinsamung mit einer Entleerung von Persönlichkeit einhergeht. Für das Bürgertum des 18. Jahrhunderts trifft eine solche Aussage mit Sicherheit nicht zu. Tafelrunden wie die Kants sind ein Beispiel der Nichtvereinsamung in der Alltagskommunikation.[28] Der normale Durchschnittsbürger ist in Verwirklichung seiner Sozialrolle auch nicht vereinsamt, da ihn sein berufliches Dasein immer wieder auf seine Umwelt bezieht. Vereinzelt ist er in seiner Sozialrolle als Privateigentümer an Produktionsmitteln. Dabei ist er aber auch zugleich gesellschaftlich sehr angereichert und nicht entleert, insofern er nämlich bezogen auf die Ausgebeuteten, auf den Markt und auf die Konkurrenten seine Eigentümerexistenz reproduziert. Diese gegenseitigen Beziehungen sind zwar nicht dialogisch, sondern solche des gegenseitigen Kämpfens, sie erzeugen aber keine Einsamkeit und Leere, wie sie für den einer parasitären Schicht angehörenden Höfling typisch sind. Anders ist die Lage beim Künstler: Er kann vereinsamen, da er in seinem individuellen Leben gewissermaßen als Organ der Gesellschaft fokussierend extreme Realität aus- und vorlebt. Wir wissen aber auch, daß diese Vereinsamung nicht zwangsläufig eintritt, indem wir den Blick auf Künstlernaturen wie Herder, Goethe und Schiller werfen.
Mit kritischem Blick auf die Darbietungskunst spricht Becker vom „Besucher öffentlicher Kommunikationslosigkeit zum Nachbarn im Darbietungstheater und Konzert", der als interaktionslos Einsamer sich einer „auf Bereicherung per Rezeption geeichten Kunst hingibt."[29] Bei voller Wertschätzung eines mitgestalteten Verhältnisses zur Kunst muß doch auch versucht werden, der Darbietungskunst einen eigenen positiven Stellenwert abzugewinnen. Gelingt dies, dann dürfte sich auch für die Interpretation der Musikauffassungen und der Musikerlebensweise im ausgehenden 18. Jahrhundert ein reicheres Muster ergeben. Es ist mir erlaubt, einige Gedanken zusammenzutragen: Zuerst ist anzumerken, daß das, was hier „öffentliche Kommunikationslosigkeit" genannt wird, genaugenommen nur eine neue Form von „Kommunikation in einem Massengeschehen"[30] betrifft, das neben solche Formen wie Kommunikation in rituellen Massenaktionen menschlicher Frühzeit, in kirchlichen Musikveranstaltungen oder auch musikalischem Geschehen auf Volksfesten[31] tritt. Will man die Darbietungskunst einschätzen, dann sollte man sie als neue Form musikalischer Kommunikation in einem Massengeschehen mit

älteren Formen vergleichen und sich fragen, wie individuelles Musikerleben und -gestalten hierzu im Verhältnis stehen und sich wandeln. Aus dieser Sicht relativiert sich dann auch die oben zitierte Beckersche Erweiterung des Schillerschen Gedankens zum homo ludens: Die Selbstverwirklichung des Menschen kommt nicht nur dadurch zustande, daß er „selbst spielt" — Auffassungen dieser Art idealisieren handwerkliches individuelles Tätigwerden —, sondern auch indem er sich als Glied eines kollektiven Subjekts verwirklicht. Vermittelt über kollektiv organisierte Verhaltensformen erhält der einzelne Mensch Möglichkeiten der Befriedigung individueller Bedürfnisse. Schon in der Anfangsphase des 18. Jahrhunderts, aber zunehmend in der Entwicklung der Darbietungsmusik muß der Bezug auf die sich ändernde geistige Arbeit und auf andere Lebensprozesse berücksichtigt werden und dementsprechend auch auf damit verbundene Emotionen wie Leid, Liebe, Freude.[32] Die wachsende Abstraktheit der Arbeit sowie die damit verbundene zunehmende Beanspruchung des arbeitenden Menschen machen es unumgänglich, gesellschaftliche Ausgleichsmechanismen zu schaffen. Darbietungsmusik im Konzertsaal kann als solch ein Mechanismus wirksam werden[33]. Aus der Psychologie ist z. B. bekannt, daß übersteigerte emotionale Aktivierung die kognitive Leistungsfähigkeit einschränkt.[34] Musik bietet die Möglichkeit einer abstrakten Verarbeitung emotionaler Spannungen. — Kritisch wird diese für gesellschaftliche Prozesse in der Weise reflektiert, daß man sich der deutschen Misere im ausgehenden 18. Jahrhundert durch Flucht in absolute Musik, in Darbietungskunst unterschiedlicher Gattungen und in einen philosophischen geistigen Höhenflug entzog. Becker geht hierauf mit Rückgriff auf bekannte Aussagen von Marx[35] ein. Ob diese Tatsache gesellschaftlich positiv oder negativ wirkt, ist wesentlich durch bestehende gesellschaftliche Bedingungen bestimmt, auf die sie selbst wiederum rückkoppelt. Unter unterschiedlichen Bedingungen muß daher eine unterschiedliche Wertung erfolgen. — So ist z. B. auch verständlich, daß eine sich weltbewegenden gesellschaftlichen Auseinandersetzungen stellende Persönlichkeit wie W. I. Lenin ein ausgesprochen positives Verhältnis zur Darbietung von Beethovens „Appassionata" — Klaviersonate hatte. Akzeptieren wir Musik als Möglichkeit abstrakter, d. h. nicht durch direkte materielle Handlungen erfolgende Verarbeitung emotionaler Spannungen, dann können wir für den modernen Menschen in der Darbietungsmusik eine Hilfe sehen, um für seine anspruchsvollen Leistungen in der geistigen Arbeit die zugleich anstehenden hohen emotionalen Anspannungen in angemessener Weise beherrschen zu können[36]. Gerade das an der Darbietungsmusik kritisierte „abstrakte Leben"[37] ist notwendig, um den selbst hoch abstrakten geistigen Arbeiten adäquat zu sein. Wenn vorangehend von Abstraktheit gesprochen wurde, so in einem alltäglichen Sinne, gemäß dem ein Verlust an sinnlicher Unmittelbarkeit vorliegt. Dabei sollte aber für die geistige Arbeit beachtet werden, daß mit dem

Erkenntnisfortschritt in ihr selbst ein Aufsteigen vom Abstrakten zum Konkreten[38] erfolgt. Wir kennen auch aus der Wissenschaft, daß sie in die den Sinnen immer weniger unmittelbar zugänglichen Bereiche vordringt und so ein einerseits abstraktes, aber durch ausgefeilte Begrifflichkeit (d. h. durch Strukturreichtum der ideellen Stellvertreter bzw. Mittler der objektiven Realität) andererseits auch ein konkretes Verhältnis des Menschen zur Welt schafft. Für die Darbietungsmusik dürften ähnliche Bedingungen gelten, indem Begleitsinnlichkeit (Tanz, Ritual, körperliche Arbeit u. ä.) eliminiert wird und der damit verbundene Verlust an Erlebenskonkretheit durch Strukturreichtum kompensiert wird, was besonders für die moderne Musik wesentlich ist.
Wie schon genannt, sollte aber neben dem Wandel der Arbeitsprozesse auch die weitgehende Veränderung der übrigen Lebensprozesse beachtet werden, die neuartiger gesellschaftlicher Ausgleichsmechanismen bedürfen. Waren z. B. in der Vergangenheit im Falle des Todes eines Nahestehenden umfangreiche Klagezeremonien und langdauernde Trauerperioden üblich, so steht heute dem Menschen in der Regel nur noch eine verkürzte und z. T. in Stücke zerhackte Periode zur Verfügung, und er muß die mit dem Verlust des anderen Menschen verbunden auftretenden langwirkenden emotionalen Belastungen aufgeteilt verarbeiten. Hier bietet ihm die Darbietungsmusik eine bedeutsame Lebenshilfe. — Wygotski hat in seiner Psychologie der Kunst[39] sehr betont auf die Bezüge der Musik zu verschiedenen Seiten des Lebensprozesses und damit auch der Arbeit hingewiesen. Diesen sollte m. E. auch in unserem Fall mehr Rechnung getragen und nicht nur nach Einflüssen aus den Produktionsverhältnissen, dem politischen Überbau und speziell der Ideologie gefragt werden bzw. es sollte deren formbestimmender Charakter gegenüber den lebensinhaltlichen Komponenten des Wechselverhältnisses zwischen Musik und Rezipient schärfer herausgearbeitet werden. Es sind dabei sowohl Erkenntnisse über die Arbeitsteilung und deren Auswirkungen als auch über die Entfaltung der Persönlichkeit zu berücksichtigen. Die Persönlichkeit entwickelt sich nämlich sowohl über individuelle Wege als auch durch Teilhabe an Aktivitäten eines Kollektivsubjekts, wie diese z. B. über ein produktiv-konsumtives Verhältnis zur Darbietungsmusik gegeben ist. Problematisch ist demgemäß auch nicht Darbietungsmusik, sondern sind Umgang mit Musik und Auffassungen, die eine entindividualisierende, entleerende Verarbeitung als eigentlich echte Rezeption von „absoluter Musik" vertreten.
Es wäre verfehlt, die neue Art der Kommunikation in einem Massengeschehen nur als gesellschaftliche Unterstützung individueller Anpassungsprobleme hinsichtlich der emotionalen Seite des Menschen in dieser Gesellschaft zu sehen. Auch hinsichtlich der kognitiven Seite bringt sie, abgesehen zu den schon erwähnten Einflüssen von seiten der neuen Kategorien, die beitragen, den Umgang mit dieser Musik zu strukturieren, eine Weiterentwicklung des akustischen und musikalischen Wahrnehmungsvermögens: Das Unterscheidungs-

vermögen von physikalischen Signalmustern wird verbessert und auch die Komplexitätserfassung[40] reicher. Die Abtrennung der Konzertmusik von Tanz, Ritual etc. ist eine förderliche Bedingung für die Weiterentwicklung musikalischer und akustischer Wahrnehmung.
Aus dem Gesagten folgt, daß die Entwicklung der Darbietungsmusik, wie sie durch die Musikauffassung des ausgehenden 18. Jahrhunderts gefördert und widergespiegelt wurde, eine bedeutsame gesellschaftliche Komponente für die Persönlichkeitsentwicklung einbrachte. Sie bietet der Persönlichkeit, den veränderten Bedingungen im Arbeits- und Lebensprozeß angemesen, neue Entfaltungsmöglichkeiten. Wie weit diese von der Gesellschaft weg zu einem vereinsamten Individuum oder zur Gesellschaft hinführen, ist von den gesellschaftlichen Einflußfaktoren abhängig, die aus den materiellen Existenzbedingungen wie auch aus dem politischen Überbau und der Ideologie entspringen. Wenn Becker hierzu Auffassungen aufgreift, die passive Rezeptivität u. ä. ausdrücken, so sind sie zutreffend für das seinerzeitige Selbstverständnis eines Musikpublikums über eine Neuentwicklung in der Musik, sie geben aber gewiß nur unvollkommen die tatsächlich wirkenden Triebkräfte dieser Neuentwicklung an und auch nur unzureichenden Einblick in die gesellschaftliche Funktion der Darbietungsmusik. Dieses in den Auffassungen ausgedrückte Selbstverständnis darf seinerseits nicht mit dem tatsächlichen Verhalten im Konsum von Konzertmusik jener Zeit gleichgesetzt werden, denn dann würde vereinseitigend diesen Auffassungen ein überzogener Widerspiegelungswert zugesprochen und die gesellschaftlich regulative Funktion, ein in ihnen ausgesprochenes Verhalten zu fördern, zu sehr vernachlässigt.
Abschließend möchte ich auch noch eine pointiert soziologische Aussage, die in der Kunstdiskussion auch in anderen Bereichen formuliert wird, problematisieren. Becker meint im Einklang mit Heister: „In reiner Kunst kann sich reine Bürgerlichkeit spiegeln, können sich als identifikative Teiläußerungen von Selbstverwirklichung Tüchtigkeit, Geselligkeit, Gleichheit, Freiheit etc. bestätigen, dürfen sich die Bürger als Sinnenwesen uneingeschränkt bejahen."[41]
M. E. kann sich selbstverständlich auch reine Reaktion und Aristokratie darin spiegeln. Wieso besteht diese doppelte Möglichkeit? Unter anderem, weil Musik Emotionales wachruft, was mit vielen Realinhalten gemeinsam im jeweils rezipierenden Menschen auftreten kann. Wenn Becker seine Zuordnung vornimmt, dann gilt sie eingeschränkt, nämlich soweit sich ein neuer Kunstgeschmack noch nicht allgemein in der öffentlichen Meinung durchgesetzt hat und diese öffentliche Meinung durch avantgardistische Vertreter mit einer entsprechenden Musikauffassung so traktiert wird, daß damit das politische Kräftespiel und die möglichen Produzenten und Rezipientengruppen organisiert werden. Unter diesen einschränkenden Bedingungen wird die Einführung einer neuen Musikproduktion und -konsumtion zu einem Politikum und dann ist auch der Platz im Klassenkampf o. ä. sozialen Auseinandersetzungen in

oben zitierter Weise bestimmbar. Die politische Einordnung im realen Geschehen ist hier in gewisser Weise ein Vehikel für die Kunstentwicklung. Andererseits ist die Kunst als Form des gesellschaftlichen Bewußtseins analog wie Wissenschaft, Religion etc. auch Medium für politische Auseinandersetzung. Zeitweilig enge Bindungen an diese oder jene soziale Kräftegruppierungen dürfen aber nicht starr als andauernd gesehen werden. Wir kennen aus der Gegenwart ähnliches. So verstehen z. B. die Kapitalisten alle Arten von Musik, selbst revolutionäre Protestsongs, zu vermarkten, d. h. etwas, was anfänglich gegen die Bourgeoisie gerichtet ist, wird durch Vermarktung seiner Spitze beraubt und so in das Herrschftssystem integriert.

Anmerkungen

[1] Der Terminus „absolute Musik" wurde im 19. Jahrhundert durch die Romantik in die Musikästhetik eingeführt. Der begriffliche an der Instrumentalmusik festgemachte Inhalt wurde im 18. Jahrhundert weitgehend erarbeitet, z. B. durch Moritz, Wackenroder und Tieck (vgl. *Carl Dahlhaus*: Die Idee der absoluten Musik, Leipzig 1979). Im Sinne der Schaffung eines „freie(n), sich selbst genügende(n) autonome(n) Kunstwerk(s)" einer Motette oder Kantilene der Ars nova gegenüber dem Kultus der „dienenden Kunst" spricht Besseler schon für Musikwerke und Musikauffassung des 14. Jahrhunderts von „absoluten Kunstwerken" (*Heinrich Besseler*: Umgangsmusik und Darbietungsmusik im 14. Jahrhundert. In: Aufsätze zur Musikästhetik und Musikgeschichte, Leipzig 1978, S. 304f.).

[2] Darbietungsmusik beinhaltet nach Besseler eine „Darbietung durch Berufsmusiker und ein Hinnehmen der Musik beim Zuhörer". Sie datiert seit der Ars nova und steht der „Umgangs"- bzw. „dienenden Musik" gegenüber (ebd. S. 306f. S. 324).

[3] Bezüglich der Entwicklung von Musik, Musikauffassungen und literarischer sowie philosophischer Klassik weist Dahlhaus darauf hin, daß im mittel- bis norddeutschen Raum entscheidende Beiträge zur Entwicklung von Musikauffassungen umfangreich zur Romantik und in bescheidenerem Maße zur Klassik in der zweiten Hälfte des 18. Jahrhunderts erarbeitet werden, ohne daß dort eine entsprechende Musik geschaffen wird, während in Wien die musikalische Klassik sich ohne literarisch aufbereitete entsprechende Musikauffassungen entfaltet (vgl. *C. Dahlhaus*: Romantische Musikästhetik und Wiener Klassik. Archiv für Musikwissenschaft, XXIX. Jg., Heft 3, 1972, S. 167ff.). Der Bemerkung, daß die in der Zeit der Wiener Klassik vorgelegten neuen ästhetischen Systeme „primär Theorien der Dichtung und der bildenden Kunst, nicht der Musik" waren (ebd. S. 169), ist zuzustimmen. Dabei sollte aber nicht übersehen werden, daß die Musikentwicklung selbstverständlich nicht außerhalb des deutschen Geisteslebens, das in hohem Maße durch die literarische und philosophische Klassik beeinflußt ist, verläuft. Besseler betont, daß es besonders nach 1800 zwischen Wiener und Weimarer Klassik „manchen Austausch" gab und daß auch schon zu Mozarts Zeit sich beide Welten nicht „so fremd gegenüber (standen), wie man oft annimmt" (*H. Besseler*: Mozart und die ‚Deutsche Klassik', a. a. O., S. 442).

[4] Vgl. *Hanns-Werner-Heister*: Das Konzert. Theorie einer Kulturform, Wilhelmshaven 1983; *Max Becker*: Partner—Medium—Transzendenz. Musikauffassungen im sozialen Kommunikationsfeld zwischen Empfindsamkeit und Romantik in Deutschland. Phil. Diss. Humboldt-Universität Berlin, 1983.

[5] *M. Becker*: a. a. O.

[6] *C. Dahlhaus*: Die Idee der absoluten Musik, a. a. O., S. 23.

[7] Vgl. *H. Besseler*: Grundfragen des musikalischen Hörens, a. a. O., S. 30f.

[8] *M. Becker*, a. a. O., *H.-W. Heister*, a. a. O.

[9] Die Entwicklung der absoluten Musik ist Ergebnis der Herausbildung von Instrumentalkonzerten, wie sie ihre höchstentfaltete Form in den großen Symphonien fanden, und einer von Dahlhaus treffend bestimmten Musikauffassung. Insofern sind ästhetische und musikpraktische Beiträge sowohl der Klassik als auch der Romantik sowie von deren Vorläufern im 18. Jahrhundert hieran beteiligt. Besseler hebt dementsprechend für das Wechselverhältnis zum Hörer zwei Realisierungsweisen hervor. Die durch die Klassik bestimmte fordert ein „aktiv-synthetisches Hören", wozu sich hinsichtlich der Ästhetik Friedrich Schiller 1785 und Christian Gottfried Körner 1795 äußern. Die Romantik zielt andererseits auf „passives Hören". (*H. Besseler*: Das musikalische Hören der Neuzeit, a. a. O., S. 150f.). Die im Text unter Bezugnahme auf Becker angeführten Charakteristika entsprechen den Auffassungen der Romantik, wurden z. T. aber bereits in der zweiten Hälfte des 18. Jahrhunderts vertreten. Bekker unterscheidet drei Typen des Hörens absoluter Musik: „Erstens: distanzlos ichvergessenes (quasi empfindsames) Zerfließenwollen in der schönen Welt der Kunst . . . Zweitens: ansichhaltend-ichbewußtes bis geiziges (quasi rationalistisches) ‚Ergreifen' des Rezeptionsgegenstandes . . . Drittens die (mit Besseler ‚aktiv-synthetische') Realisierung einer bewegten Balance von offensensibler Hingabefähigkeit an das durchs Werk Mitgeteilte und gleichzeitiger selbstgewisser Synthesefähigkeit . . ." (S. 71).

[10] *M. Becker*, a. a. O., S. 70.

[11] *M. Becker* (a. a. O.) arbeitet u. a. die Werke „Anton Reiser" und „Andreas Hartknopf" von K. Ph. Moritz, „Das merkwürige musikalische Leben des Tonkünstlers Joseph Berglinger" von W. H. Wackenroder und „Herzensergießungen eines Kunstliebenden Klosterbruders" sowie „Phantasien über die Kunst", beide gemeinsam von L. Tieck und W. H. Wackenroder verfaßt, auf.

[12] Ebd., S. 72, 79.

[13] Ebd., S. 207. Zwei Wiedergaben Goethescher Äußerungen mögen dies belegen: „Bedenken Sie stets, daß die Musik keine andere Kunst oder Betätigung ersetzen kann. Kommt sie doch unmittelbar aus dem Innern und rührt den Menschen an seine empfindlichste Stelle" (nach *H. Besseler*: Mozart und die ‚Deutsche Klassik', a. a. O., S. 443f.): „Ich wiederhole: das Innere in Stimmung zu setzen, ohne die äußeren Mittel zu gebrauchen, ist der Musik großes und edles Vorrecht". (*H. J. Moser*: Goethe und die Musik, Leipzig 1949, S. 73). Ähnlich schreibt G. W. F. Hegel der Musik die Aufgabe zu, die Sphäre der subjektiven Innerlichkeit in Tönen wiederklingen zu lassen. In: Ästhetik, Bd. II, Berlin und Weimar 1976, S. 272.

[14] *J. W. v. Goethe*: Maximen und Reflexionen. In: Werke, Berliner Ausgabe, Bd. 18, Berlin 1972, Nr. 486, S. 553.

[15] *F. Schiller*: Über die ästhetische Erziehung des Menschen in einer Reihe von Briefen. In: Gesammelte Werke, Bd. 8, Philosophische Schriften, Berlin 1955, 15. Brief, S. 446.

[16] *M. Becker*, a. a. O., S. 193

[17] Weitergehendes findet sich in: *H. Metzler*: Die Begriffe „Erklären" und „Verstehen" und ihr Verhältnis zur Methodologie der Wissenschaften und zur Hermeneutik. Georgia, Heft 5, Jena—Tbilissi 1982.

[18] *C. Dahlhaus*: Die Idee der absoluten Musik, a. a. O., S. 66f.

[19] Einen Überblick über psychologische Erkenntnisse zu dieser Thematik findet sich bei *E. D. Lantermann*: Interaktionen—Person, Situation und Handlung, München 1980.

[20] *K. Holzkamp*: Sinnliche Erkenntnis — Historischer Ursprung und gesellschaftliche Funktion der Wahrnehmung, Frankfurt a. M. 1973.

[21] Vgl. *C. Dahlhaus*: Romantische Musikästhetik und Wiener Klassik, a. a. O., S. 173.

[22] *M. Becker*, a. a. O., S. 209.

[23] Ebd., S. 223.

[24] Besseler hebt die Entleerung des Bezugs des Publikums eines Konzerts auf die dargebotene Musik hervor (Grundfragen des musikalischen Hörens, a. a. O., S. 30f.).

Vergleicht man zu dieser Tatsache den Anspruch, den die Vertreter der Auffassung von der absoluten Musik erheben, nämlich das der Musik adäquateste Konzept zu vertreten, so ist einer kritischen Sicht auch schon der historischen Frühphase der Entwicklung dieser Auffassung zuzustimmen. Man sollte aber auch mit gleichem Gewicht positive Aspekte berücksichtigen. Becker weist z. B. auf die einheitliche Diskussion von Freiheit der Musik, des Gefühls und der Tat bei d'Alembert hin. *M. Becker*, a. a. O., S. 81) und Besseler erwähnt Beethovens Idee eines Publikums als Vertreter der Menschheit (*Besseler*, a. a. O., S. 30). Neben diesen soziologisch belangvollen Fakten muß auch die psychisch-soziale Funktion des neuartigen Musikhörens berücksichtigt werden.

[25] *H.-W. Heister*, a. a. O., S. 17.

[26] Vgl. *K. Marx/F. Engels*: Die Deutsche Ideologie, Marx/Engels-Werke Bd. 3, Berlin 1981, S. 177f.; *F. Engels*: Deutsche Zustände I. In: Marx/Engels: Über Deutschland und die deutsche Arbeiterbewegung, Bd. 2, Berlin 1978, S. 12.

[27] *M. Becker*, a. a. O., S. 79. Trotz kritischer Diskussionen in der Literatur zum soziologischen Begriff „Sozialrolle" soll er im vorliegenden Gedankengang unreflektiert verwendet werden. Zur Diskussion vgl. z. B. *F. Haug*: Kritik der Rollentheorie und ihrer Anwendung in der bürgerlichen deutschen Soziologie, Frankfurt a. M. 1972.

[28] Vgl. *K. Vorländer*: Immanuel Kant, der Mann und das Werk, Leipzig 1924. Die Tafelrunde Kants ist nicht nur ein Spiegel seiner sozialen Integriertheit, sondern vermittelt auch einen Einblick in das bürgerliche Leben seiner Umwelt.

[29] *M. Becker*, a. a. O., S. 72.

[30] Beckers Betrachtung orientiert sich in diesem Zusammenhang am Ideal einer aktiv musikerlebenden Persönlichkeit. Nicht ausgelotet scheint mir der Wandel im Verhalten einer „Masse" zur Musik. Seit der Ars nova im 14. Jahrhundert gibt es eine Auftrennung in „eine Darbietung durch Berufsmusiker und ein Hinnehmen der Musik beim Zuhörer" (*H. Besseler*, Umgangsmusik und Darbietungsmusik im 16. Jahrhundert, a. a. O., S. 307). Die hiermit ansetzende Entwicklung ist sowohl hinsichtlich individuellen Erlebens als auch des Erlebens in kleinen Gruppen und in ‚Massen' (wie dem Konzertpublikum) unter jeweils eigenem Aspekt zu untersuchen, um damit das Wechselverhältnis klarer fassen zu können. Der Übergang von der Umgangs- zur Darbietungsmusik bringt Veränderungen sowohl für den Einzelhörer mit sich als auch für ein Hören in einer Masse, in einem Publikum.

[31] In diesen drei Formen finden wir Umgangs- statt Darbietungsmusik, dementsprechend ist selbstverständlich die Kommunikation reichhaltiger, so wie auch die einzelnen Menschen vielseitiger in das Kunstgeschehen einbezogen sind.

[32] Aus psychologischer Sicht gibt I. S. Wygotski in seiner Psychologie der Kunst (Dresden 1976) im Abschnitt „Die Kunst und das Leben" (S. 283ff.) besonders im Hinblick auf die Musik eine Reihe wichtiger Hinweise und Anregungen. Auch Besseler geht auf das spezielle Thema ‚Arbeit und Musik (Gesang)' ein) in: Grundfragen des musikalischen Hörens, a. a. O., S. 39f.).

[33] Die modernen Weiterentwicklungen des Musikhörens über Schallplatte, Radio, Tonband usw. sind sowohl hinsichtlich Persönlichkeits- als auch hinsichtlich Massenverhältnis weiter aufzubereiten. Interessant ist, daß Besseler bereits in der Publikation zu seinem Habilitationsvortrag auf die mit diesen elektro-akustischen Mitteln zu erwägenden Veränderungen aufmerksam macht (a. a. O., S. 31).

[34] Vgl. *W. Schönpflug/U. Schönpflug*: Psychologie. Allgemeine Psychologie und ihre Verzweigungen in die Entwicklungs- Persönlickeits- und Sozialpsychologie, München—Wien—Baltimore 1983, S. 380f.

[35] Vgl. *K. Marx*: Zur Kritik der Hegelschen Rechtsphilosophie. Einleitung. MEGA 1. Abt., Bd. 2, Berlin 1982, S. 175ff.

[36] Besseler gibt einen Gedanken von Körner zustimmend wieder, in dem für die Musikästhetik der Anschluß an Gedankengut von Kant und Schiller hergestellt wird. Danach „ist gerade die ‚Unbestimmtheit' der Instrumentalmusik ein Vorzug, weil sie das freie Spiel der Einbildungskraft ermöglicht".

(*Besseler*: Mozart und die ‚Deutsche Klassik‘, a. a. O., S. 446).

[37] *M. Becker*, a. a. O., S. 203. Bei der weiteren Aufbereitung der musikästhetischen Literatur zum Konzept der absoluten Musik in der Romantik sollte nicht nur dessen kommerzialisierter und ideologisierter Weiterführung Rechnung getragen werden. So ist zu bedenken, wie weit die Hingabe und Versunkenheit des Hörers als Meditation verstanden wurde und damit auch ein aktives Moment enthält. Dieses zu unterstellende meditative Verhältnis zur gehörten Musik wird durch die Kommerzialisierung weitgehend veräußerlicht und nimmt dann den Charakter ausschließlicher Rezeptivität an. In der Auseinandersetzung mit dieser Veräußerlichung ordnen sich die Aussagen von H. Besseler in ‚Grundlagen des musikalischen Hörens‘ (a. a. O., S. 31) ein. Die Veräußerlichung führt bekanntlich auch bald in die Ausflucht „des literarisch-illustrativen Umdeutens musikalischer Bewegung“. Beide Formen der Veräußerlichung veranlassen Besseler zu dem Ausruf, sie könnten „uns fast vergessen lassen, was Musik ihrem ursprünglichen Sinne gemäß bedeutet“. (a. a. O., S. 52f.). — I. Stein konnte in ihrer Dissertation A „Empirisch-experimentelle Untersuchung zur Determination von Musikerleben“ (Friedrich-Schiller-Universität, Gesellschaftswissenschaftliche Fakultät, Jena 1982) nachweisen, wie gerade symphonische Musik neben ästhetischer und selbstreflektiver Verarbeitung auch elementar-emotionale Erlebensweisen („von Musik überwältigt werden“), dynamische (Sensibilisierung für An- und Entspannungsverläufe) und funktionale Qualitäten (Umstimmungsprozesse) anregt.

[38] Vgl. *D. Wittich/K. Gößler/K. Wagner*: Marxistisch-leninistische Erkenntnistheorie, Berlin 1980, S. 209f., 475ff.

[39] *L. S. Wygotski*, a. a. O.

[40] H. Besseler gibt einen Überblick über die Komplexitätserhöhung und unterstreicht dabei: „Während im 17. Jahrhundert sich gern ein Abschnitt an den anderen reihte, das Werk also mehr additiv gehört wurde, ist es im 18. Jahrhundert ein in sich gerundetes Ganzes“. (Das musikalische Hören der Neuzeit, a. a. O., S. 137). Im Zusammenhang mit der musikästhetischen Erklärung des aktiv-synthetischen Hörens durch den literarische und Wiener Klassik verbindenden Aufsatz von Körner werden die darin verwendeten Termini der erhöhten Komplexität „Einheit“, „Charakter“ von Besseler ausführlich reflektiert und ein neuer Terminus „Einheitsgestaltung“ vorgeschlagen (in: Mozart und die „Deutsche Klassik“, a. a. O., S. 447f.). Die hier sich in Musikauffassung und -gestaltung widerspiegelnde Veränderung wurde von mir für die wissenschaftliche Entwicklung als Paradigmenwechsel dargestellt (vgl. u. a. *H. Metzler*: Hegels Beitrag zur Herausbildung eines neuen Paradigmas in der wissenschaftlichen Arbeit. In: Philosophie und Geschichte. Beiträge zur Geschichtsphilosophie der Deutschen Klassik. Collegium Philosophicum Jenense, Heft 4, Weimar 1983, S. 190ff.).

[41] *M. Becker*, a. a. O., S. 203.

Alfred Erck

Das Problem des Stils in der Sicht der deutschen Klassik

I. Zum Problemansatz

Die Vertreter der klassischen deutsche Philosophie und Literatur haben nicht nur über Kultur und Kunst nachgedacht, ihnen erschien es ebenso wichtig, das Denken des Menschen zu kultivieren, nach den Maßgaben des Ästhetischen zu formieren. Dieses Denken sollte sowohl die Wirklichkeit erfassen, mithin Gesetzesgewißheit garantieren, als auch Moralität gewährleisten und Schönheit nicht aussparen. Die Wirklichkeit, die Art und Weise ihrer Aneignung durch das Subjekt, das Subjekt selbst und die Resultate der Aneignung hatten nach Möglichkeit den einander widerstrebenden Bestimmungen des Menschlichen, der Wissenschaft und der Kunst, zu gehorchen.
Auch wenn sie es nicht auf diesen Begriff brachten, von I. Kant bis F. W. J. Schelling, von G. E. Lessing bis F. Schiller, haben Aufklärung und Klassik darum gerungen, Wissenschafts- und Kulturtheorie in ihrem wechselseitigen Zusammenhang zu begreifen und zu betreiben — auch wenn sie diese Termini noch nicht kannten. Auch wir sind uns noch nicht so recht einig darüber, wie man die Theorie über die Wissenschaft mit jener über die Kultur und beide mit der Ästhetik verbinden kann. Wissenschaftlich Erkanntes und technisch Machbares mit der Art und Weise des Zustandekommens der wissenschaftlichen Erkenntnisse und technischen Leistungen (und der Rolle, die der menschlichen Individualität dabei zukommt) und schließlich des Sinns aller dieser Bemühungen zu verbinden, erweist sich als eine Herausforderung, die generell von der Menschheit zu meistern ist und die von jeder neuen Gesellschaftsordnung erneut begriffen und bewältigt werden muß.
Die klassische deutsche Philosophie als eine Quelle der Weltanschauung der Arbeiterklasse, die klassische deutsche Literatur als eine unabdingbare Voraussetzung der sozialistischen deutschen Nationalliteratur und beide als ständig neu zu erschließendes Feld geistiger Anregungen bietet u. E. äußerst günstige Möglichkeiten, um über den Zusammenhang von Wissenschafts- und Kulturtheorie nachzudenken.
Zumindest folgende Leistungen bzw. Umstände nähren die Hoffnung, zu fruchtbaren Anregungen, zu tieferen Einsichten in die Relation von Wissenschaft und Kultur, von Wissenschafts- und Kulturtheorie zu gelangen:

1. Man mag die Denkweise der führenden Repräsentanten der deutschen Aufklärung und Klassik bezeichnen wie man will — bürgerlich und idealistisch, kompromißlerisch oder prinzipienfest — eines ist gewiß, sie war in ihrem Wesenskern dialektisch-revolutionär. Diese dialektisch-revolutionäre, wenn auch bürgerliche, meist idealistische, Denkweise zeichnet aus, daß sie
— eine dialektische Methode zur Voraussetzung, zum Inhalt und zum Ergebnis,
— eine kritische, oft revolutionäre Denkhaltung ihrer Vertreter zur Konsequenz hatte,
— auf die Wissenschaft wie die Kunst bezogen wurde.
2. Man wird nicht übersehen dürfen, daß die Philosophen wie die literarischen Autoren — um die es hier geht — sich aufs engste der Mathematik, Physik, Chemie, Biologie usw. verbunden fühlten. Die meisten dieser Philosophen hatten nicht nur als Professoren der Mathematik und Naturphilosophie ihre akademische Laufbahn begonnen (G. Ch. Lichtenberg, I. Kant, F. W. J. Schelling) bzw. Naturphilosophie gelesen (G. W. Hegel) oder sich intensiv mit Wissenschaftstheorie (J. G. Fichte) befaßt. Diese Philosophen, die in der Lage waren, den seinerzeit aktuellen Standard der Naturwissenschaften in der akademischen Lehre zu vertreten, haben die dialektisch-revolutionäre Denkweise auf die Naturforschung übertragen. Es erscheint aufschlußreich, daß F. Engels in der Regel dann, wenn er die historischen Verdienste Kants würdigen wollte, feststellte, daß Kant, indem er die Entstehung aller jetzigen Weltkörper aus rotierenden Nebelmassen erklärte, der Natur eine Geschichte in der Zeit zuschrieb, damit die erste Bresche in die metaphysische Denkweise der Naturwissenschaften schlug und insofern nur mit Kopernikus zu vergleichen sei.
Und die klassischen Nationalautoren? Mochte Goethe am Ende seines Lebens bedauernd feststellen, daß der „Ansprüche an meine Tätigkeit, sowohl von außen als innen“, zu viele gewesen seien, daß eigentliches Glück und wirkliches Talent im poetischen Sinnen und Schaffen gewesen seien, tatsächlich hatte er einen Großteil seiner Kraft und Zeit auf die Naturforschung verwandt. Selbst F. Schiller hatte ja ursprünglich Medizin studiert. Den Dichter wie den Maler und Naturforscher Goethe interessierte an der Natur das Lebendige.
3. Das Sinnen und Trachten der Philosophen wie Schriftsteller war auf die Entfaltung von Humanität und Kultur gerichtet, nicht zuletzt des menschlichen Denkens. Die dialektisch-revolutionäre Denkweise, in Humanität und Kultur erfolgte im Umfeld sich herausbildender kapitalistischer Verhältnisse und deren Kernprozeß in der kapitalistischen Produktivkraftentwicklung, der industriellen Revolution. Wie stark auch deutsche Rückständigkeit im eigenen Lande diesen Prozeß verzögert haben mochte, die Kant und Hegel, Lichtenberg und Goethe waren mit ihm vertraut.

Mit einer Konsequenz der allgemeinen Entwicklung waren sie allesamt konfrontiert: mit der mathematisch-geometrischen, mechanisch-materialistischen Denkweise von G. Galilei und I. Newton. Sie hatte sich im Ausgang der Renaissance unter den konkurrierenden Denkweisen durchgesetzt, sie fand in der industriellen Revolution ihre Bestätigung. Aber gegenüber der eigenen dialektisch-revolutionären Denkweise erwies sie sich, relativ gesehen, als metaphysisch.

Eine wesentliche Möglichkeit, um Wissenschafts- und Kulturtheorie zu verbinden, besteht darin, bestimmte Sachverhalte und die sie beschreibenden Begriffe in ihrer Einheitlichkeit, Unterschiedenheit und Wechselwirkung aus dem Gesamtzusammenhang herauszuheben und auf ihre Brauchbarkeit hin zu untersuchen. Ein derartiger Sachverhalt ist die Stilproblematik. Arbeits-, Denk- und Lebensstil erscheinen als Termini, die — unter aktuellen Bedürfnissen betrachtet — nicht ohne Bedeutung sind. Sie im Hinblick auf das von den Vertretern der deutschen Klassik angebotene Geflecht von dialektisch-revolutionärer Denkweise und kulturellem Bezug der Naturwissenschaft zu diskutieren, erscheint als ein erfolgversprechendes Unternehmen. Bei seiner Meisterung erweisen sich aktuelle Erfordernisse als Wegweiser zum Verständnis der historischen Leistungen.

Die in der Gegenwart unternommenen Bemühungen um die Stilproblematik weisen eine Reihe von Einseitigkeiten, Problemen usw. auf. Die wichtigsten sind m. E.:

1. Die Natur- und Technikwissenschaftler (einschließlich der mit ihnen verbündeten Wissenschaftstheoretiker) diskutieren in ihrer Mehrzahl die Stilproblematik, ohne Beziehung zu nehmen auf die Stilauffassungen in Kunst und Literatur.

2. Die Künstler und die mit ihnen verbundenen Kunst- und Literaturwissenschaftler gehen nicht ein auf die Bemühungen der naturwissenschaftlich-technischen Intelligenz, der Wissenschaftstheoretiker. Die außerordentlich aufschlußreichen Ausführungen in „Stil und Gesellschaft“ können dafür als Beleg angesehen werden. Überdies wird dort kein ernsthafter Versuch unternommen, das Erbe der deutschen Klassik auf diesem Gebiet auszuschöpfen. Wahr scheint — und als ein Grund für die Schwierigkeiten auf diesem Gebiet akzeptabel — die folgende Feststellung von F. Möbius: „Die Geschichtswissenschaft, auch die Kulturtheorie haben bislang zum Stilbegriff keinen Zugang gefunden.“

3. Die Kunst- und Literaturwissenschaft benutzt den Terminus „Stil“ vorwiegend zwecks Bestimmung der Resultate künstlerischen Schöpfertums. Die Naturwissenschaftler und die Wissenschaftstheoretiker beziehen ihn eher auf die Art und Weise von Denken und Arbeiten (Denk- und Arbeitsstil).

4. Jene bürgerlichen Theoretiker, die — wie P. Feyerabend — nach einer einheitlichen Stilauffassung in Wissenschaft und Kunst suchen, folgen jener

Linie, die von A. Riegl und H. Wölfflin eingeleitet wurde. Sie reduzieren die Methoden der Gesetzeserkenntnis auf Stilfragen.
Mit einer derartigen Konstellation vermag man sich selbstverständlich nicht abzufinden. Infolgedessen erschien es nicht völlig abwegig, einmal danach zu forschen, wie denn in der deutschen Klassik die Stilproblematik behandelt wurde. Die vorzulegenden Resultate können allerdings nur als eine Art Zwischenbericht angesehen werden, denn die Sichtung der Werke dieser Klassiker unter dem genannten Aspekt erweist sich als äußerst zeitaufwendig. Und das Überdenken der bislang aufgefundenen Belegstücke läßt ebenfalls zu wünschen übrig.

II. Die Stilproblematik in der deutschen Klassik — zu einigen Befunden bei ihren führenden Vertretern

Das Bemühen, das Verständnis der deutschen Klassiker von der Stilproblematik überhaupt zu erfassen und der Versuch, den Zusammenhang von Denkweise und Stil des Denkens, Tuns und Lebens der schöpferischen Persönlichkeit in Kunst und Wissenschaft herzustellen, hat bislang zu folgenden Resultaten geführt:
1. Der Terminus „Stil“ findet bei sämtlichen Vertretern der deutschen Aufklärung und Klassik Verwendung — selten allerdings bei J. G. Herder, der deutsch schreiben wollte und deshalb meist von Schreib-, Denk- und Lebensart sprach. Ähnlich erscheint die Situation bei F. Schiller. Der Begriff „Stil“ erscheint bei ihm in der Regel nur dann, wenn er vom „großen Stil“ eines Dramas oder einer Theateraufführung spricht. Die Stilproblematik als Ganzes erreicht der Sache nach eine unterschiedliche Bedeutsamkeit.
2. Beim gegenwärtigen Stand unserer Untersuchungen hat es den Eindruck, als käme die Stilproblematik bei aller Differenziertheit im einzelnen und der häufigen Unreflektiertheit der Verwendung des Begriffs dennoch in einer gewissen Bündelung zum Vorschein. U. E. lassen sich, wenn man zur Verallgemeinerung gelangen will, folgende Gruppierungen unterscheiden:
— Zunächst ist festzustellen, daß eine Reihe von Vertretern der Aufklärung und Klassik in Literatur und Philosophie die Stilproblematik als relativ untergeordnetes Problem ansieht und im wesentlichen im tradierten Sinne, als Stil von Rede und Schreibe, begreift. Das ist namentlich bei Lichtenberg, I. Kant und (eingedeutscht) bei F. Schiller der Fall.
  Zu beachten ist dabei allerdings, daß sowohl bei Lichtenberg als auch bei Schiller der Bezug von Denkart und Stil immer wieder anklingt und daß man bei Lichtenberg und bei Kant das Gefühl hat — ohne es direkt durch schlüssige Zitate belegen zu können —, sie seien der Tatsache auf der Spur,

daß das Denken, Arbeiten und die Aufzeichnungen von Mathematikern auch mit dem Maßstab des Stils und des Ästhetischen zu bewerten wären.

— Weiterhin kann man bemerken, daß J. J. Winckelmanns genialer Vorschlag, die Kunstepochen als Stilepochen zu begreifen und die „Kenntnis der Kunst" auf das Wissen um die „Verschiedenheit der Manier und des Stils sowohl der Nationen als der Jahrhunderte, und in der Empfindung des Schönen" zu beziehen, vor allem auf J. G. Herder, J. W. Goethe und G. F. W. Hegel großen Eindruck gemacht hat. Während aber der Antiquar Winckelmann die Stilvorstellung nahezu ausschließlich dazu benutzt, um (klassifizierende) Ordnung in die Fülle auf seine Zeit überkommener (primär bildkünstlerischer) Werke aus der Antike zu bringen, vermochten sich Herder, Goethe und Hegel mit dieser Stilauffassung nicht zufriedenzugeben.

J. J. Winckelmann und die ihm nachfolgenden Kunsthistoriker (z. B. H. Meyer, gelegentlich auch G. E. Lessing) haben die Stilproblematik in der Regel auf die bildende Kunst eingeschränkt, den Begriff Stil als bloßes Klassifikationsmittel benutzt (metaphysische Denkweise) und den aktiv-schöpferischen Vorgang des Produzierens von Kunst gar nicht beachtet oder nicht als stilprägend angesehen.

— Schließlich wird man also jene Repräsentanten der deutschen Klassik nennen müssen, die die Stilproblematik in dem Bestreben angingen, das menschliche Schöpfertum in der Einheit von objektiven und subjektiven Voraussetzungen, Tätigkeiten, Produkten und Persönlichkeiten zu erfassen.

Die Künste insgesamt (nicht nur Architektur, Plastik, Malerei) wurden dabei ins Auge gefaßt. Die Bezüge zur Weltanschauung, zur Denkweise, Methode wurden nicht ignoriert und zumindest Analogien zu anderen Bereichen der Aktivität, Freiheit und Schönheit der menschlichen Individualität angedeutet. Das geschah vor allem durch J. G. Herder, J. W. Goethe und G. F. W. Hegel. Durch sie wurde die Dialektik am gründlichsten genutzt, am stärksten vorangebracht und auch im Hinblick auf die Stilproblematik am klarsten auf den Begriff gebracht.

3. Herder ist hauptsächlich von der Lebens- und Denkart des Menschen ausgegangen, wenn er deren Sprache, Lied- und Dichtkunst verstehen wollte. Lebensweise wie Denkart leitete er aus dem Stand, der Nationalität und aus dem Klima der Menschen ab. Aus alledem folgte für ihn die Art und Weise des Redens, Sprechens, Singens. Den Terminus „Stil" verwendete er relativ selten und fast ausschließlich in bezug auf Sprache und Schrift. Dabei wird eher die artifizielle, denn die natürliche Seite der Angelegenheit hervorgehoben.

Nur gelegentlich findet man den Stilbegriff in der Nachfolge und im Sinne Winckelmanns benutzt.

Denkart und Schreibart stehen für Herder in einem engen Zusammenhang. Die Sprache als Werkzeug der Literatur, auch als deren „Behältnis und Inhalt“, spielt dabei eine große Rolle. Vom Ansatz her erscheint also Herders Vorstellung vom Zusammenhang zwischen Denkart und Schreibart äußerst fruchtbar. Nur hat er ihn leider nicht in Richtung auf die Wissenschaften ausgebaut und auch keineswegs systematisch durchdacht. Ersteres lag außerhalb seines Gedankenkreises und Letzteres war ohnehin nicht Herders Stärke.
J. W. Goethe hat den Stilbegriff in dreifachem Sinne verwendet. Zunächst — und immer dann, wenn dies theoretisch unreflektiert geschah — wird Stil im tradierten Verständnis als Schreibstil, literarischer Stil, Redestil benutzt. Weiterhin gebraucht Goethe den Stilbegriff im Sinne Winckelmanns bei dem Bemühen, die Kunst der Vergangenheit — eigentlich fast ausschließlich jene der römischen (gelegentlich griechischen) Antike — zu begreifen, zu ordnen, werten zu können. Das geschieht insbesondere auf den italienischen Reisen. Liest man die Reiseberichte, so wird man das Gefühl nicht los, daß der aus Weimar Flüchtige „seinen Winckelmann“ (den er tatsächlich in Italien gekauft hatte) als Reiseführer und Ordnungsschema ständig mit sich führte. Realität, eigener Eindruck von ihr und Winckelmanns apodiktische Urteile wurden ständig miteinander konfrontiert.
„Durch Winckelmann sind wir dringend angeregt, die Epochen zu sondern, den verschiedenen Stil zu erkennen, dessen sich die Völker bedienten, den sie in Folge der Zeiten nach und nach ausgebildet und zuletzt wieder verbildet. Hiervon überzeugte sich jeder wahre Kunstfreund. Anerkennen tun wir alle die Richtigkeit und das Gewicht der Forderung.
Aber wie nun zu dieser Einsicht gelangen. Vorgearbeitet nicht viel, der Begriff richtig und herrlich aufgestellt, aber das Einzelne im ungewissen Dunkel. Eine vieljährige entschiedene Übung des Auges ist nötig, und man muß erst lernen, um fragen zu können. Da hilft kein Zedern und Zögern, die Aufmerksamkeit auf diesen wichtigen Punkt ist nun einmal rege, und jeder, dem er ernst ist, sieht wohl ein, daß auch in diesem Felde kein Urteil möglich ist, als wenn man es historisch entwickeln kann.“
Bei Goethe ist immer wieder die Rede vom großen, strengen Stil der Alten auf Plastik und Malerei — nicht auf Literatur und Musik — bezogen.

Es ist unmittelbar nach der ersten italienischen Reise gewesen, als Goethe 1788/89 für Wielands „Teutschen Merkur“ den Aufsatz „Einfache Nachahmung der Natur, Manier und Stil“ verfaßte. Ausdrücklich betonend, daß er einen Gebrauch der Worte „in einem eignen Sinn“ beschreibt, vergleicht Goethe einfache Nachahmung, Manier und Stil miteinander. Offenkundig nimmt Goethe dabei gewisse Zuordnungen und Akzentuierungen vor. Die einfache Nachahmung der Natur scheint für Goethe am historischen und logischen Anfang der künstlerischen Aneignung der Wirklichkeit zu stehen, sie ist vor allem objektbezogen und am besten auf in relativer Ruhe befindliche Gegenstände anwendbar. Die Manier hingegen trachtet nach Verallgemeinerung und Synthese. Sie geht in hohem Maße vom Subjekt aus, will das Charakteristische erfassen (das Ideal) und wird dann an Bedeutung gewinnen, wenn komplexe Gegenstände in der Bewegung angeeignet werden sollen. Der Stil erscheint gewissermaßen als die dialektische Einheit von Objektivem und Subjektivem. Goethe will das Wort „Stil“ in den höchsten Ehren halten, „um den höchsten Grad zu bezeichnen, welche die Kunst je erreicht hat und je erreichen kann“. „Höchste menschliche Bemühungen“, beruhend auf den „tiefsten Grundfesten der Erkenntnis, auf dem Wesen der Dinge“ sichtbar und „greifliche Gestalt“ geworden, bringt Stil hervor.

Einmal auf den Begriff gebracht, wendet Goethe sein Verständnis vom Stil später immer wieder an, um vor allem in theoretischen Reflexionen über Kunst und mehr noch über Kunsttheorie seine Position zu behaupten und auszubauen. Dabei gelangt er zu Einsichten, die gerade für unser Anliegen, die Stilbetrachtungen im Zusammenhang mit der Entwicklung der dialektischen Denkweise zu sehen, bedeutsam sind. Insbesondere gelegentlich der Bemerkungen über „Diderots Versuch über die Malerei“ (1798/99) werden Präzisierungen, Vertiefungen und Erweiterungen in der Stilauffassung erkennbar. Der Wert der Manier wird herabgemindert, jener des Stils bekräftigt, wenn nicht gar noch erhöht.

Generell wird durch die Einführung der Methode in die Betrachtung der künstlerischen Aneignung der Wirklichkeit ein wesentlicher Fortschritt erzielt. „Das Resultat einer echten Methode nennt man Stil, im Gegensatz der Manier.“

Nun vermag allerdings die Methode sowohl dazu dienen, den Gegenstand anzueignen, als auch das Individuelle, die Originalität, das Genie usw. zu befähigen, sich in der Gestaltung des Gegenstandes zu beweisen. Goethe hat im Prinzip beide Momente im Auge, akzentuiert aber den ersteren.

Methode hat darüber hinaus Weltanschauung zur Voraussetzung und Denkweise zum Inhalt. Beides kann bei Goethe in seinem Verständnis der Stilproblematik mitgedacht werden. Auch wenn es nicht explizit geschieht, so darf man doch die Vermutung aussprechen, daß Goethe ein derartiges Verständnis vom Stil, das sich primär auf die Tätigkeit des Künstlers bezieht, bei weiterem Nachdenken auch auf andere Bereiche menschlichen Schöpfertums zu übertragen bereit gewesen wäre.

Allerdings wird man auch zu berücksichtigen haben, daß sich Goethe selbst nie allzusehr an sein Gebäude von Begriffen (einschließlich ihrer Definitionen) gehalten hat. 1824 notierte Kanzler von Müller Goethes Bemerkung: „Die Nachahmung der Natur durch die Kunst ist um so glücklicher, je tiefer das Objekt in den Künstler eingedrungen ist und je größer und tüchtiger seine Individualität selbst ist.“

Wenn ich es recht sehe, so ist Hegel bestrebt, vermittels des Stils (in der Kunst) die Welt und Individualität des Künstlers zusammenzubringen und im historischen Entwicklungsprozeß — auf das Ideal bezogen — also in seiner Dialektik (vor allem von Gattungserfahrungen und Individualität) darzustellen. Hegel geht vom subjektiven Vermögen aus: Phantasie, Talent, Begeisterung, Genie.

Er konfrontiert sie mit der Objektivität (der Darstellung) — hier die Triade: bloß äußerliche Objektivität, unentfaltete Innerlichkeit, wahre Objektivität. Die Identität der Subjektivität des Künstlers und der wahren Objektivität der Darstellung erfolgt in der echten Originalität. Ihr gegenüber erweisen sich Manier und Stil als einseitig: die Manier, weil sie die beschränkte Subjektivität überbetont, der Stil, da er auf eine Darstellungsweise aus ist, die die Bedingungen des Materials, die Forderungen bestimmter Kunstgattungen, den Begriff der Sache überschätzt. Die Originalität vereinigt die subjektive Begeisterung mit den Gesetzen des Stils, ohne deren Einseitigkeiten zu teilen.

Will man Hegels Überlegungen zur Stilproblematik in ihrem Bezug zur dialektischen Denkungsart begreifen, dann wird man folgendes sagen können:

1. Die Stilproblematik wird — zunächst und hauptsächlich — dem Künstler und seiner Tätigkeit zugeordnet, nicht dessen Werk. Hegel war die „produzierende subjektive Tätigkeit“ (wenn auch primär als geistige Arbeit) wichtiger als deren Resultat.
2. Innerhalb dieser produzierenden subjektiven Tätigkeit hat für Hegel der Stil den stärksten Bezug zur Sache selbst, auch in deren Darstellungsweise, ja zum stofflichen Material derselben.
3. Die Originalität wird von Hegel deshalb auf den höchsten Platz gesetzt, weil hier die subjektive Begeisterung sich nicht in bloßer Manier verflüchtigt, noch das Befolgen der Gesetze des Stils dominiert, sondern ein vernünftiger Stoff entsprechend dem Wesen einer Kunstgattung und gemäß dem allgemeinen Begriff des Ideals von innen heraus aus der künstlerischen Subjektivität gestaltet wird.
4. Auch wenn Hegel seine Auffassungen anhand des Künstlers exemplifiziert, läßt er im Prinzip keinen Zweifel daran, daß seine Betrachtungen zum Genie „nicht nur in betreff auf Künstler, sondern ebensosehr von grossen Feldherrn und Königen als auch von den Heroen der Wissenschaft gebraucht wird“. Es sind somit Analogien durchaus erwünscht.
5. Wenn für Hegel die Wissenschaft (vom ersten Satz in der „Phänomenologie des Geistes“ bis zum letzten in der „Wissenschaft der Logik“) das Wissen um geistige Prozesse, um Methoden der Erkenntnis ist, dann wird man die Denkweise als oberstes Prinzip auch für die Fragen von Manier, Stil und Originalität nutzen dürfen. Und wenn man die Originalität gleich

Schöpfertum setzt, das Neuheit, Maßstabsetzung und Nützlichkeit vereint, dann kommt man ziemlich nahe an jene Probleme heran, die uns bewegen.

6. Goethe und Hegel, jeweils Vollender der klassischen deutschen Literatur und Philosophie, hingen, wenn auch auf ganz unterschiedliche Art, der dialektischen Denkweise an. Und sie haben sich wohl auch deshalb wechselseitig geschätzt und vielfach zitiert.
   Bei der Betrachtung und begrifflichen Bestimmung von Manier und Stil stellt sich mancherlei Übereinstimmung im wesentlichen her. Allerdings hat Goethe eine andere Triade formuliert als Hegel. Auch wenn zwei Termini, Manier und Stil, bei beiden enthalten sind, ist die Differenz dennoch charakteristisch: Im Unterschied zum Philosophen geht der Dichter von der Nachahmung der Natur aus, das deutet in Richtung Materialismus. Und er endet mit dem Stil, nicht mit der Originalität. Letztere hat er mit zunehmendem Alter immer kritischer beurteilt: „Das sogenannte Aus-sich-Schöpfen macht gewöhnlich falsche Originale und Manieristen." „Wir sind nur Originale, weil wir nichts wissen." „Was nicht originell ist, daran ist nichts gelegen, und was originell ist, trägt immer die Gebrechen des Individuums an sich."

Resümee

Wenn man den Beitrag zusammenfassen will, den die deutsche Klassik zur Stilproblematik geleistet hat, dann wird man vor allem die folgenden Gesichtspunkte zur Geltung bringen müssen:

— Der Stilbegriff wurde in einem weiten Sinne verwendet, allerdings blieb er im Umkreis des Schaffens und der Schaffensergebnisse des Künstlers.
— Der Stilbegriff wurde mit der Methode der Tätigkeit des Künstlers in Verbindung gebracht.
— Der Stilbegriff kam somit in die Nähe von Weltanschauung, er hat etwas mit Denkungsart zu tun.
— Die Stilauffassung bei Goethe und Hegel ist offen für Analogien, Übertragungen in andere Bereiche von schöpferischer Aktivität des Menschen.
— Gegenüber dem Niveau der Auffassung vom Stil in der deutschen Klassik handelt es sich bei den positivistisch und neukantianistisch inspirierten Auffassungen vom Stil bei A. Riegl und H. Wölfflin um einen Rückschritt.

Johannes Irmscher

Die gesellschaftliche Funktion der Altertumswissenschaft bei Friedrich August Wolf und August Boeckh

Die Antike, gefaßt als die Gesamtheit der Lebensäußerungen des griechisch-römischen Altertums namentlich im Hinblick auf seine für klassisch erachteten Großleistungen, hat auf das politische und religiöse Denken, auf Literatur und Kunst, auf die philosophischen und juristischen Anschauungen aller Völker Europas sowie des asiatischen und des afrikanischen Mittelmeergebietes nachhaltig eingewirkt.[1] Soweit diese Einwirkung bewußt gesucht und gewollt war in der Absicht, den klassischen Formen- und Ideengehalt für die Befriedigung gegenwärtiger Interessen und Bedürfnisse zu nutzen, spricht man von Antikerezeption.[2] Wie bekannt, waren im besonderen die Aufstiegsepochen der Bourgeoisie von Antikerezeption begleitet, Renaissance und Humanismus zuerst und sodann Aufklärung, Klassik und Neuhumanismus. Daß durch die jeweilige Rezeption die wissenschaftliche Beschäftigung mit dem griechisch-römischen Altertum erheblich stimuliert wurde, ist naheliegend und verständlich; die klassischen Studien gewannen infolgedessen im Wissenschaftssystem jener Epochen eine herausragende Funktion, ihre Inhalte und Ergebnisse waren von vielseitiger gesellschaftlicher Relevanz.
Bei der Periodisierung der Geschichte der griechisch-römischen Altertumswissenschaft hat man sich daran gewöhnt, hinsichtlich der Entwicklung im 19. Jahrhundert mit Einschluß der unmittelbar vorangehenden Dezennien von einer deutschen Periode zu sprechen.[3] Die erste Phase dieser deutschen Periode umfaßt die Zeit von der Französischen Revolution bis zum Aufstieg Napoleons; sie ist im geistigen Leben durch Aufklärung und Klassik gekennzeichnet und fand in der Altertumswissenschaft ihren Theoretiker in der Person von Friedrich August Wolf. Die zweite Phase beinhaltet die preußische Reformzeit und das ökonomische Erstarken der Bourgeoisie bis hin zur Gründung des preußisch-deutschen Reiches; ihr wissenschaftlicher Aufstieg stand bezüglich der gesellschaftswissenschaftlichen Disziplinen unter dem Signum eines progressiven Historismus, dessen Konzeptionen August Boeckh reflektierte. Der Vergleich der Auffassungen der beiden Gelehrten über den gesellschaftlichen Bezug der Altertumswissenschaft ist daher geeignet, Einsichten nicht nur in die konzeptionellen Entwicklungen des Faches, sondern zugleich

auch in die sich wandelnden politischen und ideologischen Positionen der deutschen Bourgeoisie zu vermitteln.

Friedrich August Wolf (1759—1824), seit 1783 Professor an der Universität zu Halle, führte dort eine Blüte der klassischen Studien herauf.[4] Diese Blüte gründete sich wesentlich darauf, daß Wolf, den sog. jüngeren Neuhumanismus begründend, das antike Bildungsgut im besonderen und die Altertumswissenschaft generell mit den Erwartungen der auf ihre Emanzipation bedachten Bourgeoisie in Übereinstimmung zu bringen vermochte. Die klassischen Studien, vordem Betätigungsfeld weltferner, pedantischer Polymathie, wirkten jetzt unmittelbar auf das Leben ein. „Zu der Würde einer wohlgeordneten philosophisch-historischen Wissenschaft" emporgehoben,[5] vermittelten sie über „die Kenntnis der schönen und klassischen Werke der von den Alten bearbeiteten Gattungen" Kenntnis „einer organisch entwickelten, bedeutungsvollen Nationalbildung",[6] heißt es in Wolfs „Darstellung der Altertumswissenschaft" vom Jahre 1807,[7] die von Goethe angeregt und Goethe gewidmet, Wolfs enzyklopädische Vorlesung zusammenfaßte. Im alten Griechenland schienen, so zeigt sich, die bürgerlichen Lebensideale der deutschen Klassik zu weiten Teilen verkörpert: „Nur im alten Griechenlande findet sich, was wir anderswo fast überall vergeblich suchen, Völker und Staaten, die in ihrer Natur die meisten solcher Eigenschaften besaßen, welche die Grundlage eines zu echter Menschlichkeit vollendeten Charakters ausmachen; Völker von so allgemeiner Reizbarkeit und Empfänglichkeit, daß nichts von ihnen unversucht gelassen wurde, wozu sie auf dem natürlichen Wege ihrer Ausbildung irgendeine Anregung fanden"; „die über den beengten und beengenden Sorgen des Staatsbürgers den Menschen so wenig vergaßen, daß die bürgerlichen Einrichtungen selbst zum Nachteil vieler und unter sehr allgemeinen Aufopferungen die freie Entwicklung menschlicher Kräfte überhaupt bezweckten; die endlich mit einem außerordentlich zarten Gefühle für das Edle und Anmutige in den Künsten nach und nach einen so großen Umfang und so viel Tiefe in wissenschaftlichen Untersuchungen verbanden, daß sie unter ihren Überresten neben dem lebendigen Abdrucke jener seltenen Eigenschaft zugleich die ersten bewundernswürdigsten Muster von idealen Spekulationen aufgestellt haben".[8] — „Wir stehen alle zusammen mit Staunen und Bewunderung vor der weiten Gegend, von der Sie uns den Vorhang wegziehen, und wünschen sie nach und nach an Ihrer Hand zu durchreisen", schrieb Goethe nach der Lektüre der Wolfschen Publikation[9] und brachte damit zum Ausdruck, daß durch diese Antikebild und Antikeverständnis der Weimarer Klassik festgehalten worden waren.

Die Brücke zwischen seiner auf gesellschaftliche Wirkung gerichteten Antikekonzeption und der pädagogischen Praxis fand Wolf in der Lehrerausbildung. Nachdem er sich selbst in Göttingen demonstrativ als Studiosus philologiae hatte inskribieren lassen,[10] gründete er 1787 als Hallenser Professor das Philologische Seminar,[11] das den Beruf des wissenschaftlichen Lehrers von dem des Theologen abgrenzte und verselbständigte.[12] Die protestantische Lateinschule wurde abgelöst, das humanistische Gymnasium vorbereitet.[13] In seinen „Consilia scholastica" bekannte sich Wolf zu dem pädagogischen Gedankengut der Antike, aber auch zu den neuzeitlichen Theoretikern der Erziehung bis hin zu Rousseau.[14]

Ein Jahr, nachdem Goethe so enthusiasmiert Wolfs „Darstellung" begrüßt hatte, nämlich am 25. November 1808, äußerte er sich sehr viel zurückhaltender über die Bedeutung der Altertumsstudien, und zwar gegenüber dem Philologen Friedrich Wilhelm Riemer (1774—1845), der erst als Lehrer von Goethes Sohn August und dann als literarischer Berater des Dichters im Hause am Frauenplan lebte.[15] „Es ist keineswegs nötig, daß alle Menschen Humaniora treiben", notierte Riemer aus Goethes Munde. „Die Kenntnisse, historisch, antiquarisch, belletristisch und artistisch, die aus dem Altertum kommen und dazugehören, sind schon so divulgiert, daß sie nicht unmittelbar an den Alten abstrahiert zu werden brauchen, es müßte denn einer sein Leben hineinstecken wollen. Dann aber wird diese Kultur doch nur wieder eine einseitige, die von jeder anderen einseitigen nichts voraushat, ja noch obendrein nachsteht, indem sie nicht produktiv werden und sein kann."[16]

Goethes differente Feststellungen in so kurzem Zwischenraum reflektieren die gesellschaftlichen Wandlungen, die sich in Deutschland zu Beginn des vergangenen Jahrhunderts anbahnten. Die Weimarer Klassik, deren Antikekonzeption Friedrich August Wolf formuliert hatte, fand ihr Zentrum in einem auf die Landwirtschaft sich gründenden Kleinstaat, in dem der Adel noch immer dominierte und die bürgerlichen Kräfte wirtschaftlich schwach entwickelt und politisch nicht organisiert waren.[17] In anderen Teilen Deutschlands dagegen und nicht zuletzt in Preußen war mit der Revolution der Produktivkräfte der Auflösungsprozeß der feudalständischen Klassen in Gang gekommen,[18] war, um mit Friedrich Engels zu reden, die Bourgeoisie „eine für das Land unentbehrliche Klasse geworden".[19] Die Altertumswissenschaft besaß nach wie vor ihre herausragende Rolle im Bildungssystem, doch ihre Position war nicht mehr unumstritten, wie Goethes Gespräch mit Riemer sichtbar machte. Ihre unter den veränderten Bedingungen veränderten Aufgaben aber formulierte August Boeckh (1785—1867), seit 1811 Professor in Berlin, wo er zum Theoretiker einer im Sinne des bürgerlichen Historismus umfassenden Altertumswissenschaft, zum Neubegründer der antiken Epigraphik und zum Vorläufer der Wirtschaftsgeschichte des Altertums wurde.[20] Von Wolfs „Darstellung der Altertumswissenschaft", wiewohl diese die herrschende Ansicht wiedergebe, grenzte er sich bewußt ab, indem er von dem System des Vorgängers als einem Aggregat sprach, dem der wissenschaftliche Zusammenhang fehle.[21] Für unser Thema interessiert indes zuvörderst die Frage, in welcher Weise Boeckh in den Verhältnissen seiner Zeit die Ergebnisse der Altertumsforschung zu gesellschaftlicher Wirkung gebracht sehen wollte.

August Boeckh nahm an Universität und Akademie eine beherrschende Stellung ein; er war sich dieser Stellung bewußt und hat sie in Jahrzehnten ausgefüllt.[22] Doch die Position der Wissenschaft, die er vertrat, hatte sich verändert. Zu Wolfs Zeiten waren Zweck und Wert der klassischen Studien unbestritten, und der Altmeister konnte die eben benutzte Wendung getrost in den Titel seiner Enzyklopädie nehmen;[23] denn es war Allgemeingut, daß die Großleistungen der Antike „in gewisser Beziehung als Norm und unerreichbare Muster"[24] zu gelten hatten. Boeckh dagegen besaß diese Sicherheit keineswegs mehr. Die theoretische Grundlage seines Herangehens war die Erfahrung und deren Organon, „die Induktion, die nicht von Begriffen oder Ideen zum einzelnen herabsteigt, sondern von den sinnlich beobachteten Tatsachen zu allgemeinen Gesetzen zu gelangen strebt."[25] „Auf diesem Wege" hätten die Naturwissenschaften einen bewundernswürdigen Fortschritt gemacht, der für die Zukunft fast unbegrenzte Aussichten und Hoffnungen eröffne, aber auch die historischen Studien hätten „an Ausdehnung und Tiefe bedeutend gewonnen"[26] dank der Sprachforschung und dank einer vielfältigen Komparatistik. Solche Feststellungen, 1866 in einer Universitätsrede getroffen, entsprachen durchaus dem allgemeinen Zeitverständnis; sie entzogen dem klassizistischen Antikebild seine theoretischen Grundlagen. Boeckh und seine Freunde waren sich dessen durchaus bewußt; so sprach der Bonner Philologe und Archäologe F. G. Welcker bereits im Dezember 1834 in einem Antwortbrief an Boeckh von „Zeiten der Gärung", eben weil es darum geht, „sich Luft zu machen und auseinanderzuwerfen", und fügte bezeichnenderweise polemisch hinzu, daß „die Konservativen selbst am Zerstören unbewußt teilnehmen."[27] Die klassizistischen Argumente hatten für die nächste Gelehrtengeneration ihre Geltung verloren, unter der neugewonnenen historischen Sicht besaßen jedoch das griechisch-römische Altertum und die auf dieses bezogene Wissenschaft in veränderter Weise herausragende Bedeutung. Die Altertumsstudien könnten nicht ausschließlich die Bildung zur Humanität für sich in Anspruch nehmen, aber sie enthielten die unvergänglichen Grundlagen dieser Bildung, hieß es in einer Rede von 1822,[28] und Welcker nannte in dem zitierten Brief die Philologie „einen Grundstein der bestehenden Ordnung der Dinge", „eine Hauptbedingung, um den Sinn für die Vergangenheit zu erhalten und den traurigen Rationalismus und Ephemerismus der amerikanischen Sinnesart abzuwehren."[29] Nicht ohne Apologetik und doch auch nicht ohne Zuversicht konstatierte Boeckh 1850 auf der Versammlung deutscher Philologen, Schulmänner und Orientalisten: „Ob übrigens das Altertum, wie viele glauben, wirklich von uns soweit übertroffen sei, daß wir dieses Bildungsmittels enthoben sein könnten, erlaube ich mir unbeschadet der Verehrung für alles Edle und Schöne und Große, was die neuere Welt erzeugt hat, bescheiden in Abrede zu stellen und nur daran zu erinnern, daß es eben noch nicht lange her ist, seitdem unsere Poesie, Philosophie und

Plastik sich an dem Altertum wieder erneut und sich eine höhere Weihe gegeben haben und daß es Torheit wäre zu glauben, hiermit sei der Born des frischen Lebens erschöpft, welcher aus dem Altertum zu uns herüberquillt und alle folgenden Zeitalter bis zu uns herab getränkt und erquickt hat."[30] In seiner Vorlesung über die Enzyklopädie und Methodologie der philologischen Wissenschaften sprach Boeckh, als er über Zweck und Anwendung dieser Studien zu reden hatte, zunächst generell über den Nutzen jeder wissenschaftlichen Erkenntnis, der im Wahren, Schönen und Guten liege, und fuhr dann fort: „Aus dem richtigen Erkennen geht das richtige Handeln hervor."[31] Diesen durchaus sokratischen Satz[32] suchte im folgenden Boeckh in bezug auf die klassische Philologie zu explizieren. „Wenn die Philologie nun", so heißt es, „das ganze Erkennen großer und hochgebildeter Völker, auch ihr praktisches, aufzeigt, so wird sie auch dem praktischen Handeln Nutzen schaffen, wie große, klassisch gebildete Staatsmänner bewiesen haben". Der Mangel dieser Bildung bei den Staatsmännern unserer Zeit zeigt sich empfindlich genug: gerade für unsere Zeit ist das Altertum in der Politik belehrend: „dort liegen alle Prinzipien klar". „Das Altertum zeigt die wahre politische Freiheit und die echten Grundsätze derselben; es zeigt die Verwerflichkeit des Absolutismus und der Ochlokratie."[33] Weiter: „Aus dem Nutzen, welchen die Philologie für die Bildung überhaupt gewährt, folgt nun speziell ihr pädagogischer Wert in ihrer Anwendung für den Schulunterricht." Dabei geht es Boeckh nicht primär um die formale Bildung, die sich gewiß nicht nur über die alten Sprachen gewinnen läßt, sondern vor allem, wie schon im politischen Bezug deutlich wurde, um historische Bildung; Boeckh argumentiert, wiederum nicht ohne apologetischen Unterton: „Noch beruht alle Geschichte ihrer einen Hälfte nach auf dem Altertum; doch wird keiner ein ordentlicher Philosoph werden, der nicht die Geschichte aller Systeme, das Werden der Philosophie von Anbeginn von neuem durchlebt hat; noch stehen die poetischen Werke des Altertums höher als alle andern, was nur die nicht einsehen, die eine oberflächliche Kenntnis davon haben; noch waltet nirgends ein höherer Geist als im Altertum. Nimmt man einige Wissenschaften, die in der ersten Entwicklung stehen, aus, besonders technische und überhaupt Naturwissenschaften", „so wurzelt alle unsere Kenntnis noch im Altertum."[34] „In dieser Stellung des Altertumsstudiums zu unserer Bildung" — eine Stellung, die ja auch heute noch weitgehend besteht, — erkannte Boeckh die Funktion der Altertumskunde „als Hilfswissenschaft fast aller Disziplinen", und er notierte als einen weiteren Nebenzweck „die Theorie des Erkennens vom Erkennen, d. h. des Verstehens", durch welche die Philologie zur methodischen Propädeutik für alle — wir würden heute einschränkend sagen: für viele — Wissenschaften zu werden vermag.[35] Die machtvolle Entfaltung, welche die griechisch-römischen Studien in sich während des vergangenen Jahrhunderts nahmen, ist hier von Boeckh ebenso festgehalten worden wie ihre inhaltliche und gleichzeitig auch paradigmatische Bedeutung für die Entwicklung einer Vielzahl weiterer Disziplinen.

1852 sprach Karl Marx im „Achtzehnten Brumaire des Louis Bonaparte" von den Heroen der Französischen Revolution, die „in dem römischen Kostüme und mit römischen Phrasen die Aufgabe ihrer Zeit" vollbrachten, „die Entfesselung und Herstellung der modernen bürgerlichen Gesellschaft", und fährt fort: „Die neue Gesellschaftsformation einmal hergestellt, verschwanden die vorsündflutlichen Kolosse und mit ihnen das wiederauferstandene Römertum."[36] In Deutschland versah die Altertumswissenschaft, verkörpert in dem Theoretiker Wolf, eine progressive politische Funktion bei dem Emanzipationsstreben der Bourgeoisie in Klassik und Aufklärung. Nachdem sich zumindest auf ökonomischem Felde ihr Sieg abzuzeichnen begann, bedurfte sie des revolutionären Arsenals der Antike nicht mehr. Die klassischen Studien wurden nunmehr einerseits zum Gegenstand elitärer Bildung und übten damit gesellschaftlich eher eine regressive Funktion, und sie entfalteten sich gleichzeitig als eine durch den bürgerlichen Historismus geprägte Wissenschaft, und zwar nicht minder rasant, als sich die Bourgeiosie in jenem Säkulum selbst entfaltete. Die revolutionären Momente wurden jetzt überdeckt, die humanistischen Gehalte, soweit dafür brauchbar, dem bürgerlichen Bildungsprogramm eingeordnet, in den Vordergrund aber trat der gelehrte Erkenntnisgewinn. Der Theoretiker Boeckh stand am Anfang dieser Entwicklung.

Anmerkungen

1 Johannes Irmscher bei *Joachim Herrmann*, Lexikon früher Kulturen, 1, Leipzig 1984, 58.

2 *Irmscher*, a. a. O., 60.

3 L. v. Urlichs bei *Iwan von Müller*, Handbuch der klassischen Altertums-Wissenschaft, 1. 2. Aufl. München 1892, 103.

4 *Johannes Irmscher* in: Der „Wissenschaftler-Würfel" Gerhard Geyers in Halle-Neustadt, Halle 1975, 39ff.

5 *Fr. Aug. Wolf*, Kleine Schriften in lateinischer und deutscher Sprache, hrsg. von G. Bernhardy, 2. Halle 1869, 811.

6 *Wolf*, a. a. O., 883.

7 *Wolf*, a. a. O., 808.

8 *Wolf*, a. a. O., 887f.

9 Am 16. Dezember 1807; vgl. *Ernst Grumach*, Goethe und die Antike, 2. Potsdam 1949, 947.

10 *Irmscher*, a. a. O. 39.

11 So ist bei *Irmscher* a. a. O. 41 korrekt zu lesen.

12 Es leistete allerdings mehr für die gelehrtphilologische als für die pädagogische Schulung; vgl. *Erwin Rausch*, Geschichte der Pädagogik und des gelehrten Unterrichts, 2. Aufl. Leipzig 1905, 126.

13 *Diego Lanza*, Belfagor 36, 1981, 538.

14 *Wolf*, a. a. O. 1. 1869, 454ff.

15 *Karl Goedeke*, Grundriß zur Geschichte der deutschen Dichtung, 3. Aufl. von Edmund Goetze, IV. 2, Neudruck Berlin 1955, 134 u. ö.

16 *Grumach*, a. a. O. 951f.

17 *Helmut Holtzhauer* in: Das Jahrhundert Goethes, Weimar 1967, 11ff.

[18] *Ernst Engelberg* in: Preußische Reformen — Wirkungen und Grenzen, Berlin 1982, 47.

[19] *Karl Marx/Friedrich Engels*, Werke, 4, Berlin 1959, 45.

[20] Irmscher bei *Herrmann*, a. a. O. 144.

[21] *August Boeckh*, Encyklopädie und Methodologie der philologischen Wissenschaften, hrg. von E. Bratuscheck, Leipzig 1877, 40.

[22] *U. von Willamowitz-Moellendorff*, Geschichte der Philologie, Nachdr., Leipzig 1959, 54f.

[23] *Wolf*, a. a. O. 2, 808.

[24] So bekanntlich noch *Karl Marx*, Grundrisse der Kritik der politischen Ökonomie (Rohentwurf) 1857—1858, Berlin 1953, 31.

[25] *August Boeckh*, Reden gehalten auf der Universität und in der Akademie der Wissenschaften zu Berlin, hrg. von Ferdinand Ascherson, Leipzig 1859, 124.

[26] *Boeckh*, a. a. O. 124.

[27] Bei *Max Hoffmann*, August Boeckh, Leipzig 1901, 181.

[28] *Hoffmann*, a. a. O. 87.

[29] Bei *Hoffmann*, a. a. O. 181.

[30] *Boeckh*, Reden, a. a. O. 197.

[31] *Boeckh*, Encyklopädie, a. a. O. 28.

[32] Richtig über Sokrates' Lehre Gurst bei *Johannes Irmscher*, Lexikon der Antike, Sonderausgabe Bayreuth 1985, 527: „Die Philosophie soll die Menschen vervollkommnen, und sie kann es, weil richtiges Handeln aus richtigem Willen entspringt und die Tugend lehrbar ist."

[33] *Boeckh*, Encyklopädie, a. a. O. 28f.

[34] *Boeckh*, Encyklopädie, a. a. O. 31.

[35] *Boeckh*, Encyklopädie, a. a. O. 33.

[36] *Marx/Engels*, a. a. O. 8, 1960, 116. Zur Interpretation des Zitats vgl. *Johannes Irmscher*, Adolf Harnack und der Fortschritt in der Altertumswissenschaft, Berlin 1981, 7.

Ingeborg Schmidt

Zu Karl Philipp Moritz' Kunstprogrammatik

Als Karl Philipp Moritz 1788 nach zweijährigem Italienaufenthalt nach Deutschland zurückkehrte, hätten seine finanzielle Situation und die Verbindlichkeiten gegenüber seinem Verleger so rasch wie möglich einen umfassenden Reisebericht erfordert. Doch es erschien in jenem Jahr nur der kurze Aufsatz „Über die bildende Nachahmung des Schönen", der in konzentrierter Form Moritz' Kunstposition der achtziger Jahre zusammenfaßte. Es ist kein Zufall, daß sich Moritz angeregt fühlte, vordringlich zu einem der aktuellsten Probleme in der ästhetischen Diskussion Stellung zu nehmen. Der italienische Aufenthalt mit seinen beeindruckenden Kunsterlebnissen schien Moritz' Auffassungen nun unwiderruflich zu bestätigen, daß die aufgebrochenen Widersprüche der gesellschaftlichen Entwicklung, die von ihm als verlorengegangene Harmonie des Menschengeschlechts reflektiert wurden, nur noch in den Künsten zu widerspruchsloser Einheit geführt werden könnten. Nur insofern sind die Gedanken dieses wichtigen Aufsatzes als Frucht der Italienreise zu betrachten. Seine Voraussetzungen wurden bereits zu Beginn der achtziger Jahre geschaffen.

Moritz' Kunstkonzeption bildete sich im Zusammenhang mit dem bürgerlichen Entwicklungsdenken — einer grundlegenden Voraussetzung der klassischen Kunstprogrammatik — heraus. Er gehört besonders durch den Einfluß Herders zu jenen Vertretern der Literatur, der Ästhetik und der Philosophie in Deutschland, die in der zweiten Hälfte des 18. Jahrhunderts dieses Denken entschieden beförderten, die dem allgemeinen und notwendigen Zusammenhang in Natur und Gesellschaft nachspürten. Moritz unterstellte einen Entwicklungsgang, in dem jede höhere Organisation die jeweils niedere dialektisch in sich selbst aufhebt.[1] Die für die Herausbildung bürgerlichen Selbstbewußtseins ideologisch brisante Konsequenz dieses Denkens besteht vor allem darin, den Menschen und die menschliche Gesellschaft als höchstorganisierte Organismen in den Mittelpunkt alles Interesses zu rücken, sie als aktive, subjektive Potenz des Gesellschaftsprozesses darzustellen und sie als Selbstzweck zu postulieren.

Diese optimistische antifeudale Welthaltung wird in den beiden letzten Jahrzehnten des 18. Jahrhunderts zunehmend mit politischen und sozialen Erfahrungen konfrontiert, die stärker auf das diskontinuierliche Moment im kontinuierlichen Geschichtsprozeß aufmerksam machen, das u. a. in Herders „Ideen zur Philosophie der Geschichte der Menschheit" reflektiert wird, ohne den Optimismus dieses Harmoniemodells zu zerstören. In den achtziger Jahren wird in den fortgeschrittenen europäischen Ländern die Ambivalenz kapitalistischer Entwicklung an der Schwelle des Übergangs zum industriellen Kapitalismus deutlicher sichtbar; ihre ökonomischen und politischen Folgen wirken sich auch auf Deutschland spürbar aus. Die unmittelbare Erfahrung, auf welche Weise gesellschaftliche Widersprüche in einem progressiven bürgerlichen Land aufbrechen, ist für Moritz bereits eines der wichtigsten Ergebnisse seiner Englandreise im Jahre 1782 gewesen. Die Darstellung bürgerlicher Errungenschaften in einem Reisebericht besitzt für das ökonomisch und politisch zurückgebliebene Deutschland zwar noch Modellcharakter. Moritz entdeckt die Arbeit des freien Lohnarbeiters als Basis der kapitalistischen Warenproduktion, ohne allerdings die ihr zugrunde liegenden neuen Produktionsverhältnisse ihrem Wesen nach zu erkennen.[2] Zusammen mit der „freien Arbeit" und ihren historischen Chancen für die Entwicklung der bürgerlichen Individualität und für die Lebensweise der Werktätigen muß Moritz die zunehmenden Entfremdungserscheinungen zur Kenntnis nehmen, die mit der kapitalistischen Produktion verbunden sind: Die Harmonie von Individuum und Gesellschaft, Mensch und Natur ist empfindlich gestört, die ursprünglich ganzheitlichen Kräfte des Individuums sind geteilt und vereinseitigt. So kann für Moritz die endgültige Lösung des deutschen Problems nicht im englischen Vorbild gesucht werden.

Die Ursachen dieser Entwicklung sieht Moritz im Anschluß an Rousseau — und darin folgen ihm nur wenige deutsche bürgerliche Intellektuelle — im Privateigentum. Seine Existenz hat „das Band zwischen Geist und Körper"[3] zerrissen, es hat die Teilung in geistige und körperliche Arbeit bewirkt, die für Moritz mit der Teilung der Gesellschaft in Besitzende und Nichtbesitzende, Bezahlende und Arbeitende, Zweck und Mittel der Produktion identisch ist. Der Produzent und seine Tätigkeit, der Gegenstand wie das Resultat der Produktion unterliegen einzig noch dem Maß und Kriterium der Nützlichkeit.

Folgerichtig strebt Moritz an, daß alle Menschen ihre ursprüngliche Würde, ihren „Selbstzweck" wiedererlangen, daß der kontinuierliche Gang der natürlichen Entwicklung zu Harmonie und Vollkommenheit wieder freigelegt wird. Seine Versuche, der Enthumanisierung und Versachlichung aller gesellschaftlichen Beziehungen beizukommen, bleiben nicht nur deshalb illusionär, weil er freilich das Privateigentum nicht generell negieren kann. Er muß auch, seinem Denksystem gemäß, im Namen der Naturgesetze für gesellschaftliche Veränderungen eintreten.

Der Vorschlag Moritz', das Band zwischen Mensch und Natur, Individuum

und Gesellschaft neu zu knüpfen, kann bei seinem ausgeprägten Demokratismus und unter der unentwickelten kapitalistischen Produktionsweise in Deutschland nur zum postulierten Ideal einer vorkapitalistischen, von feudalen Pressionen freien, idyllischen Gemeinschaft freiwillig tätiger Produzenten führen. Ihre Arbeit bewertet Moritz vor allem unter persönlichkeitsbildenden Aspekten; nur unter diesem Gesichtspunkt gelingt es wenigstens fiktiv, der Arbeitsteilung Einhalt zu gebieten.
Diese rückwärts gewandte Utopie von einer demokratisch organisierten, sich selbst bestimmenden Kleinbürgergesellschaft ist nicht nur wegen ihres politischen Bekenntnisses beachtenswert. Sie bezieht ihre historisch bedingte Legitimation aus der Verbindung der Kritik an der Feudalordnung mit wichtigen Elementen der Kapitalismuskritik. Denn in seiner gründlichen Analyse des beginnenden englischen Industriekapitalismus verdeutlicht Moritz, daß er nicht den Inhalt, sondern den Charakter der Arbeit unter den neu entstehenden Produktionsverhältnissen verurteilt, daß nicht die historische Kulturstufe der persönlichen Abhängigkeit, der patriarchalischen Gewalt, sondern die gesellschaftliche Entwicklungsphase kritisch zur Debatte steht, in der das persönlich freie Individuum als sachlich abhängiges dem ökonomischen Zwang unterliegt und damit Mittel zum Zweck der herrschenden Klasse wird.
Diese Gegenüberstellung von Nutzen und Selbstzweck wird also von Moritz zunächst nicht in der Sphäre der ästhetischen Theorie entwickelt. Sie resultiert aus seiner anthropologisch orientierten Analyse der realen gesellschaftlichen Widersprüche.
Aber auch der Ausweg in die kleinbürgerliche Idylle kann die Selbstzwecksetzung des Menschen nicht optimal realisieren. Unter den neu entstandenen und erkannten Epochenbedingungen muß deshalb nun der gesellschaftliche Status der Kunst neu bestimmt, muß ihre Zwecksetzung überprüft, ihre spezifische Gesetzmäßigkeit korrekter herausgearbeitet werden. Das unternimmt Moritz unmittelbar vor, aber auch während der Italienreise.
Die theoretische Einordnung der Kunst in den Entwicklungszusammenhang von Natur und Gesellschaft vollzieht Moritz über die Tätigkeit des Subjekts. Obwohl er prinzipiell davon ausgeht, daß das Ensemble aller prduktiven Tätigkeiten des Subjekts unter harmonischen gesellschaftlichen Bedingungen zur menschlichen Bildung und Vervollkommnung betragen kann, plädiert Moritz dafür, alle menschlichen Tätigkeiten nach einem einheitlichen Kriterium zu werten und sie nach ihrem „verhältnismäßig größern oder geringern Einfluß auf die allgemeine Bildung des menschlichen Geistes zu ordnen“.[4] Ihre höchste Vollendung erreicht freie produktive Arbeit im künstlerischen Produzieren, denn die Tätigkeit des Genies vereinigt in sich alle Aspekte der Freiheit. Das rastlose Schaffen des Künstlers „an der Vollendung seines Werkes“[5], das Moritz als Ausdruck dieser Freiheit hervorhebt, demonstriert, daß für ihn alles menschliche Glück auf Tätigkeit beruht, wenn sie aus innerer

Überzeugung, aus eigenem Vorsatz und selbsterworbener Motivation herrührt; eine Auffassung, die später der junge Marx in den „Debatten über Preßfreiheit" nachdrücklich unterstreichen sollte.
Es ist nicht zu übersehen, daß Moritz mit der Hervorhebung und Betonung des subjektiven Faktors der künstlerischen Tätigkeit eine exklusive Rolle einräumt. Die exponierte Stellung des Künstlers ergibt sich vor allem daraus, daß er den höchsten Ausdruck menschlicher Selbstzwecksetzung repräsentiert, und wesentlich in diesem Affront gegen die pragmatische Entwürdigung des Menschen ist die ideologische Bedeutung einer solchen theoretischen Position zu sehen. Der Handarbeiter, der „äußerlich" nützliche Dinge produziert, muß im Zusammenhang mit seiner Tätigkeit ständig den künftigen Zweck seines Produkts bedenken, um den Käufer mit der Nützlichkeit seines Erzeugnisses zu vergnügen. Anders der Künstler. Sein Produkt verfolgt keine praktischen Zwecke. Da es aber für vernünftige Rezipienten geschaffen wird, die an unzweckmäßigen Gegenständen unmöglich Vergnügen finden können, muß die äußere Zweckmäßigkeit durch eine innere, ideelle, ersetzt werden, die die ästhetische Struktur des Kunstwerks konstituiert: Es muß vollkommen, in sich selbst vollendet sein; seine mannigfaltigen Teile sind planvoll zu einem ideell bedeutenden Ganzen gefügt. Weil sich das vollendete Schöne im empirischen Leben unmittelbar nur selten findet, wird es mittelbar durch die bildende Kraft des Künstlers nacherschaffen. Das Schöpfertum des Künstlers besteht darin, das Abbild gegenüber dem Abgebildeten zu verändern. Diese „Bildungskraft" begründet und stützt seine gesellschaftliche Bedeutsamkeit. Die Sinne des Künstlers, die die Realität erfassen, die Denkkraft, die das Wesen der realen Erscheinungen aufdeckt, und die Einbildungskraft, die das innere Wesen der Dinge in die sinnlich faßbare Erscheinung einer neuen Kunstwirklichkeit bildet, charakterisieren die „Selbsttätigkeit" des Genies als eine besondere, spezifische Tätigkeit.
Die strategische Richtung, die Moritz mit seiner Kunstprogrammatik einschlägt, verdeutlicht sich an der Dialektik von Produktion und Rezeption. Das Genie kann die Zweckmäßigkeit aller Teile für das Ganze des Kunstwerks nur realisieren, wenn es die konkreten Marktbedingungen für die Künste und die differenzierte Bedürfnisstruktur der Rezipienten, die sich mit der wachsenden Produktivkraftentfaltung herauszubilden beginnt, ignoriert. Moritz gesteht zu, daß die ästhetischen Bedürfnisse eines größeren Teils des Publikums zu befriedigen wären, wenn der Künstler einem „vielleicht verdorbenen Geschmack"[6] huldigen wollte. Aber gerade das würde seine gesellschaftlich exklusive Stellung aufheben. Das Kunstwerk, im Schnittpunkt von Produktion und Rezeption stehend, darf keinen Grad seiner Vollkommenheit aufgeben. Die Selbstzwecksetzung und Selbstbestimmung der Kunst als ästhetischer Ausdruck der gesellschaftlichen Selbstbestimmung des Menschen ist für Moritz anders nicht zu sichern. — Diese Auffassung wird 1790 in Kants „Kritik der

Urteilskraft" unterstützt: Unabhängig von anderen möglichen oder auch notwendigen Unterscheidungen trennt Kant rigoros die „freie" von der „Lohnkunst", d. h. Kunst, die für sich selbst zweckmäßig ist, in der der Künstler die Belohnung für sein Schaffen im Produzieren selbst findet, von Arbeit, die nur der Entlohnung wegen verrichtet wird.[7] Auch Schiller, der sich intensiv mit Moritz' Schriften auseinandergesetzt hat, arbeitet in seinen „Ästhetischen Briefen" — hier allerdings schon unter dem Eindruck der Französischen Revolution — die mit der kapitalistischen Produktion entstandene Freiheitsproblematik heraus, die er im „klassischen" Sinne löst: Der Künstler „blicke aufwärts nach seiner Würde und dem Gesetz, nicht niederwärts nach dem Glück und dem Bedürfnis"[8] in einer Gesellschaft, in der der „Nutzen . . . das große Idol der Zeit"[9] geworden ist, in der „der Genuß . . . von der Arbeit, das Mittel vom Zweck, die Anstrengung von der Belohnung geschieden" wurde.[10]
In der Sphäre der Rezeption, in der die gleichen Regeln gelten, schätzt Moritz das Vergnügen am praktisch nützlichen Produkt geringer ein, weil sich seine Zwecke nur im individuellen Subjekt realisieren, während das Kunstschöne ein „höheres und uneigennützigeres Vergnügen"[11] gewährt.
Dem Begriff der Uneigennützigkeit kommt dabei programmatische Bedeutung zu: Im Genuß des Schönen „vergißt" das rezipierende Subjekt sein individuelles Dasein; es steigert sich zum Bewußtsein seiner gesellschaftlichen Existenz, es wird „Gattungswesen". Indem es sein „Aufgehen" in der Gattung „duldet", hat das Individuum teil am stetigen Vervollkommnungsprozeß der Menschheit.
Außerordentlich viele gesellschaftliche Faktoren trugen innerhalb weniger Jahrzehnte durch ihr komplexes Wirken dazu bei, daß in Deutschland die spezifische Eigenart der Künste theoretisch postuliert und praktisch realisiert wurde. Waren es auf ökonomischem Gebiet die Durchsetzung einer neuen Produktionsweise in einigen europäischen Ländern mit den katastrophalen Folgen der gesellschaftlichen Arbeitsteilung und dem Entstehen eines Kunstmarktes, der sehr differenzierten Unterhaltungsbedürfnissen gerecht zu werden hatte, so auf politischem die praktische Unmöglichkeit, die historisch überholten und verhärteten feudalen Herrschaftsstrukturen aufzubrechen; im geistigen Leben der Gesellschaft die Diktatur feudal-moralischer Normen und der orthodoxen Kirche, auf künstlerischem Gebiet normative Ästhetik und didaktische Kunstausübung.
Diese Bedingungen selbst verhinderten jetzt die Ausprägung eines mobilisierenden Impetus der Künste, ihre Politisierung. Sie führten zur illusionären Bewältigung gesellschaftlicher Probleme innerhalb der Grenzen der Kunst.
Der Gedanke der „Kunstautonomie", der besonders mit Moritz' Reaktion auf diese gesellschaftlichen Faktoren mitunter bemüht wird, muß dennoch stark relativiert werden. Wenn die Kunst alte Brücken zur Gesellschaft abbrach, weil sie ihre Würde durch ökonomische Interessen gefährdet sah, weil

sie der feudalen Kirche und der überholten gesellschaftlichen Moral den Dienst aufsagte, so knüpfte sie zugleich Fäden zur neuen Gesellschaft, in deren Dienste sie mit dem utopischen Anspruch der Harmonisierung und Humanisierung der gesamten Menschheit trat.

Das wird spätestens mit Kants Ästhetik deutlich, der den Künsten eigene ästhetische Gesetze, eine „Gesetzgebung ohne Gesetz" zuweist, wodurch die ästhetischen Ideen des Genies in ihrer Idealität zum Gegenstand der Sinne werden und vom rezipierenden Subjekt nach ihrer ideellen Zweckmäßigkeit beurteilt werden, Zusammenstimmung des Mannigfaltigen zu sein.[12] Ihre gesellschaftlich und weltanschaulich relevanten Intentionen erhält die Kunst dabei im Begriff der „anhängenden Schönheit", d. h. in der unbegrenzten ästhetischen Erweiterung des bürgerlichen Vernunftbegriffes mit Hilfe der kreativen Einbildungskraft.[13]

Moritz hat innerhalb seines pantheistisch-naturgeschichtlich orientierten Denksystems die gleichen geschichtlich überholten Komponenten aus der Bestimmung der Kunst auszuschalten gewußt wie Kant, was ihn aber nicht hinderte, dem Kunstschönen im Entwicklungszusammenhang den höchsten Rang einzuräumen und die Wirkungspotenz des vollendeten Schönen auch unter inhaltlichem Aspekt, im Hinblick auf die Gestaltung einer neuen, bürgerlichen Lebensweise sowohl theoretisch zu charakterisieren als auch selbst künstlerisch zu praktizieren. So notiert er im Januar 1788 in Rom: „Denn ebensogut, wie man sagen kann, die schönen Künste sind dazu, um edle Taten zu verewigen, ebenso kann man auch sagen: edle Taten des Menschen sind dazu, um durch die schönen Künste gleichsam ihre höchste Vollendung zu erhalten."[14] In der Sphäre der Rezeption sichern daher der „reinste Genuß" des Kunstschönen und „eine völlige Uneigennützigkeit des Gemüts", „daß wechselweise der Genuß des Schönen durch edle Gesinnungen und edle Gesinnungen durch den Genuß des Schönen erhöht und verfeinert werden".[15]

Es ist gerade die Selbstzwecksetzung der „bildenden" wie der „empfindenden" Tätigkeit (die Moritz unter dem Zwang der geschichtlichen Bedingungen als in sich relativ abgeschlossene Phasen des Kunstprozesses interpretiert), durch die die weltanschauliche Aktivität der aufklärerischen Ästhetik mit ihrer optimistischen Grundhaltung in einer neuen Qualität fortgeführt wird, weil sie die höchsten Zwecke der Menschheit zu verkörpern hat. Diese Dialektik von Selbstzweck und Zweck veranschaulicht Schiller im zweiundzwanzigsten seiner „Ästhetischen Briefe", in dem er die ästhetische Stimmung, die das Kunstwerk erzeugt, einerseits „als Null" bewertet, da es „keine einzelne und bestimmte Wirkung" erzielt, andererseits seine potentielle weltanschauliche Intentionalität betont, da Kunst, „weil sie keine einzelne Funktion der Menschheit ausschließend in Schutz nimmt, . . .der Grund der Möglichkeit von allen ist".

Wie stark die theoretisch postulierte „Unabhängigkeit" und Selbständigkeit der Kunst und des Künstlers weiter zu relativieren sind, sobald das konkrete poetische Verhältnis bestimmter Kunstwerke ins Spiel kommt, zeigt nicht nur Moritz' zur gleichen Zeit entstehender Roman „Anton Reiser", sondern auch sein positives Verhältnis etwa zu Goethes „Egmont" und zu Lessings frühen Dramen, die für ihn Muster in sich vollendeter, vollkommener Kunst darstellen. In diesem Sinne bilden die kunsttheoretischen und kunstpraktischen Reaktionen auf die neuen gesellschaftlichen Bedingungen ein Indiz für die soziale Anpassungsfähigkeit der Künste auch an extreme gesellschaftliche Bedingungen, unter denen ihre unverwechselbare, unersetzbare ästhetische Eigenart gegenüber anderen spezifischen Formen gesellschaftlichen Bewußtseins zum Tragen kam mit dem Ziel, die humanistischten Ideale des progressiven Bürgertums zu verkörpern und aufzubewahren.

Nicht nur für die Funktionsbestimmung der sozialistischen Gegenwartskunst, sondern auch für die „klassische" Kunst läßt sich modifiziert feststellen, daß die künstlerische Aneignung der Wirklichkeit durch einen ganzen Komplex verschiedenster gesellschaftlicher Beziehungen und Interessen geprägt ist, die zwar die Spezifik des ästhetischen Verhältnisses nicht beeinträchtigen, aber substantiell auf dieses Verhältnis wirken.

Daß die Bedingungen künstlerischen Produzierens und Rezipierens auch von außerästhetischen Komponenten mitgeprägt werden, hat bereits Moritz in aller Deutlichkeit erörtert.

Anmerkungen

[1] *Moritz, Karl Philipp*: Über die bildende Nachahmung des Schönen. In: Moritz: Werke in zwei Bänden. Ausgew. u. eingel. v. Jürgen Jahn. Erster Band.

[2] *Heise, Wolfgang*: Realistik und Utopie. Aufsätze zur deutschen Literatur zwischen Lessing und Heine, Berlin 1982. S. 192ff. hat W. Heise diese Erscheinung als allgemeine Tendenz weltanschaulicher Entwicklung der deutschen Intelligenz dieser Zeit analysiert.

[3] *Moritz, Karl Philipp*: Einheit—Mehrheit—menschliche Kraft. In: Moritz, K. P.: Schriften zur Ästhetik und Poetik. Kritische Ausgabe. Hrsg. v. Hans Joachim Schrimpf, Tübingen 1962, S. 30.

[4] Ders.: Das Edelste in der Natur, a. a. O., S. 16.

[5] Ders.: Das menschliche Elend. In: Werke in zwei Bänden, a. a. O., S. 235.

[6] Ders.: Über den Begriff des in sich selbst Vollendeten, ebenda, S. 199.

[7] Vgl. *Kant, Immanuel*: Kritik der Urteilskraft, § 43.

[8] *Schiller, Friedrich*: Über die ästhetische Erziehung des Menschen, in einer Reihe von Briefen. Neunter Brief.

[9] Ders., Zweiter Brief.

[10] Ders., Sechster Brief.

[11] Wie Anm. 6, S. 196.

[12] Vgl. *Kant, Immanuel*: Kritik der Urteilskraft, § 58.

[13] Ebenda, § 49.

[14] *Moritz, Karl Philipp*: Reisen eines Deutschen in Italien in den Jahren 1786 bis 1788. Werke in zwei Bänden, a. a. O., S. 155.

[15] Ebenda, S. 159.

Hans-Rainer Lindner

Der Symbolismus der Romantik und die symbolische Logik — mehr als nur ein Vergleich

Hermann Hettner hat in seiner „Geschichte der deutschen Literatur im achtzehnten Jahrhundert" eine bestimmte Wertung der Romantik vorgenommen[1], als außerordentlich vielfältig und vielschichtig erweisen sich dabei die Beziehungen der Romantiker zur deutschen philosophischen und literarischen Klassik.

Wir möchten auf eine andere, in der Literatur bisher noch nicht erwähnte Verbindung der Romantik mit der Entwicklung der Logik hinweisen, ein Sachverhalt, der um so erstaunlicher ist, wenn man die durchaus alogische und vielfach mystische Grundhaltung des romantischen Philosophierens und Dichtens im Auge behält. Zwei Zitate sollen die Aufgabenstellung unserer Analyse verdeutlichen. Etwa um 1800 schrieb F. Schlegel folgenden bemerkenswerten Satz: „Der höchste Witz wäre die wahre lingua characteristica universalis und zugleich die ars combinatoria".[2] Ähnlich äußerte sich Novalis in seinen Vorarbeiten zur „Enzyklopädie": „Die kombinatorische Analysis führt auf das Zahlenphantasieren — und lehrt die Zahlenkompositionskunst — den mathematischen Generalbaß. (Pythagoras, Leibniz) Die Sprache ist ein musikalisches Ideeninstrument. Der Dichter, Rhetor und Philosoph spielen und komponieren grammatisch. Eine Fuge ist durchaus logisch oder wissenschaftlich."[3]

Hier haben wir unser Problem und auch die wichtigsten ideengeschichtlichen Anknüpfungspunkte, wobei noch erläuternd hinzugefügt werden muß, daß für Schlegel „Witz" keinesfalls identisch ist mit dem des umgangssprachlichen Verständnisses, sondern „Witz" hier die Rolle des „kombinatorischen Geistes" einnimmt und das „höchste Prinzip des Wissens" überhaupt darstellt.[4]

Wir möchten in unseren nachfolgenden Ausführungen aufzeigen, wie die logische Form der ars combinatoria als umfassende lingua universalis im Leibnizschen Sinne in den literarischen Formen der Romantik eine eigenwillige Anwendung gefunden hat.[5] Die Vorgeschichte dieser ars combinatoria bilden die antiken Untersuchungen zur Logik, die vielseitig verbunden waren mit solchen zur Sprache und Semiotik, das komplizierte Verhältnis von Wort (ὄνομα) und Sache (θυσία) und die darauffolgende Trennung in Anomalisten (φύσει -Standpunkt) und Analogisten (θέσει -Standpunkt), war dabei zentraler Punkt der Analyse, die von Heraklit über Plato und Aristoteles bis hin zu Augustinus immer differenzierter und genauer wurde. Bei Galen findet man zum ersten Male in der Geschichte der Logik angestrengtes Bemühen, Logik mit Mathematik zu verbinden. Diese beiden Linien der Entwicklung der Logik, zum einen ihr enges Verhältnis zur Semiotik und Sprache und zum anderen das zur Mathematik, sind in der Antike angebahnt worden, sie beeinflußten maßgeblich die Entwicklung der Logik im Mittelalter, der Neuzeit und sie wirken bis in die Gegenwart.

Wie bereits hervorgehoben, wurde auch im Mittelalter die enge Verbindung von Logik, Semiotik und Sprache konsequent durchgehalten. Der Ausbau der grammatischen Theorie zu einer „Grammatica speculativa" führte zu einer zeitweiligen Unterordnung der Logik und Semiotik unter diese „philosophische Grammatik", die wir als eine erste Ausprägung der lingua universalis verstehen. Die mittelalterliche Suppositionstheorie und die „De modis significandi" stellen eine hochentwickelte Zeichen- und Bedeutungstheorie dar, mit deren Hilfe eine Reihe von logischen Problemen der Antike einer Lösung nähergebracht worden sind. Die differenzierte Analyse der semiotischen Relation erreichte in der Scholastik ein sehr hohes Niveau, welches erst mit den Arbeiten Leibniz' überschritten wurde.

Wichtigstes Bindeglied zwischen der Scholastik und der Neuzeit hinsichtlich der genannten ars combinatoria war der spanische Dichter und Philosoph Raymundus Lullus (1232—1316?). Lullus entwickelte in „Ars magna generalis ultima" (1305—1308) und in „Ars brevis" (1308) seine umfassende Kombinatorik, die sog. „Lullsche Kunst".[6] Die Lullsche Kombinatorik war eine Art „logischer Maschine", die alle Fragen genau beantworten sollte, wenn die Bedeutung der eingegebenen Termini klar und eindeutig war. Diese „Ars magna" bzw. „Ars generalis" verstand Lullus aber auch als eine Universalsprache in dem Sinne, daß mit der angegebenen Kombinatorik versucht wurde, ein System zur Reduzierung des überhaupt möglichen Wissens auf eine kleine Anzahl von Grundbegriffen und Grundrelationen zu erreichen. Neben der bereits genannten „universellen" Grammatik des Mittelalters haben wir es hier mit einer weiteren Form der lingua universalis zu tun, die später in direkter Linie zu Leibniz führte.

Wir möchten betonen, daß der große Einfluß der Lullschen Ideen kaum zu überschätzen ist, er reichte weit in das 18. Jahrhundert hinein und wurde nicht nur in der Logik und Mathematik wirksam, sondern erstreckte sich auf die Theologie, die Medizin, die Rhetorik, die Poesie u. a. Wir finden unter den Anhängern Lullus' Cusanus, Pico de la Mirandola, Agrippa von Nettesheim, Giordano Bruno, Campanella, Paracelsus, Johann Heinrich Alsted, Athanasius Kircher, Leibniz und schließlich auch die Romantiker F. Schlegel und Novalis.

Wir haben hier den sicher nicht alltäglichen Sachverhalt zu verzeichnen,

daß zwei durchaus nicht miteinander verbundene „Disziplinen", wie der romantische Symbolismus und die symbolische Logik, eine gemeinsame historische Verwurzelung haben. Bevor wir uns nun dieser romantischen „Universalpoesie" zuwenden, seien noch einige wenige Bemerkungen zu Leibniz vorangestellt. In einem undatierten Brief an den Herzog Johann Friedrich von Braunschweig-Lüneburg schreibt Leibniz folgendes: „In Philosophia habe ich ein mittel funden, dasjenige was Cartesius und andere per Algebram et Analysin in Arithmetica et Geometria gethan, in allen scientien zuwege zu bringen per Artem Combinatoriam, welche Lullius und P. Kircher zwar excolirt, bey weiten aber in solche deren intime nicht gesehen. Dadurch alle Notiones compositae der ganzen Welt ein wenig simplices als deren Alphabet reduciret, und aus solches alphabets combination wiederumb alle dinge, samt ihren theorematibus, und was zur von ihnen zu inventiren müglich, ordinata methodo, mit der Zeit zu finden, ein weg gebahnet wird. Welche invention, dafern sie wils Gott zu werck gerichtet, als mater aller inventionen von mir vor das importanteste gehalten wird, ob sie gleich das ansehen noch zur zeit nicht haben mag."[7]
Wir fügen hinzu, daß Leibniz der Meinung war, „daß alles mathematisch"[8] zugehe in der Welt, und nur die mathematisch verbesserte Logik kann zur „Scientia generalis" werden mit der Doppelfunktion als Beurteilungskunst (ars iudicandi) und als Erfindungskunst (ars inveniendi).[9] Leibniz' Vorstellungen von einer Universalmathematik, einer „Mathesis universalis", sind vor allem gebunden an eine verallgemeinerte Auffassung vom mathematischen Symbolismus und vom Wesen des Kalküls. Hier verbindet sich die Leibnizsche „Mathesis universalis" mit seiner Idee einer „Characteristica universalis". Es geht Leibniz dabei um die Vervollkommnung der natürlichen Sprachen durch die Verwendung einer mathematischen Kalkülsprache. So vielfältig die von ihm verwendeten Bezeichnungen sind, wie „lingua universalis", „lingua generalis", „characteristica universalis", „grammaire raisonnée" u. a., so vielfältig sind auch die verschiedenen Lösungsversuche. Mindestens 4 verschiedene Aspekte verbinden sich in Leibniz' Forschungsprogramm einer „lingua universalis". Wir finden hier

a) das Programm der Rekonstruktion einer sog. Ursprache, dabei wird von der These einer ursprünglich existierenden, einzigen Sprache ausgegangen,
b) das Programm einer allgemeinen Verständigungssprache mit seinen differenzierten Ausformungen in den Ideen von Pasigraphie und Ideographie,
c) das Programm einer „universellen" Grammatik zum genaueren Verständnis der speziellen Grammatiken im Anschluß an die scholastische „grammatica speculativa" und
d) das Programm einer umfassenden „lingua universalis" als „ars iudicandi" und „ars inveniendi".

So etwa stellt sich in einer groben Faustskizze der logikhistorische Hintergrund dar, den wir in den angeführten Zitaten von F. Schlegel und Novalis vorauszusetzen haben.

Wenden wir uns nun der eigentümlichen literarischen Spiegelung der logischen Methode der ars combinatoria im romantischen Symbolismus zu.

In seinem Lessing-Aufsatz[10] und der kleineren Arbeit „Vom kombinatorischen Geist"[11] ist F. Schlegel davon überzeugt, daß es gerade Lessing sei, von dem ausgegangen werden müsse. Die neue, romantische „Universalpoesie" kann nur in fragmentarischer Form und in einem witzig-polemischen Stil ihre angestrebte enzyklopädische Universalität erreichen, in dem sie die „Einheit und Verschiedenheit aller höhern Wissenschaften und Künste und alle gegenseitigen Verhältnisse derselben von Grund aus zu bestimmen versucht."[12]

Der romantische, kombinatorische Geist äußert sich in kritischen Fragmenten, mit dem Ziel, der „Prüfung und Vergleichung der bisherigen Konstruktion" und dem Hervorbringen „der produzierenden Kraft", in deren Ergebnis „eine Fülle verschiedener Stoffe vereinigt ist".[13]

Die „innigste Vermischung und Durchdringung der Vernunft und der Fantasie"[14], das sei das Wesen der Lessingschen und der romantischen Witzauffassung.

An seinen Freund Novalis schrieb Schlegel, daß er eine „Grundlage der allgemeinen Witzlehre"[15] verfassen wollte, in der Witz und Kombinatorik eng miteinander verknüpft werden. Die hier angestrebte Verflechtung von Witz und Kombinatorik, von romantischem Symbolismus und symbolischer Logik, ist sicher von großer Reichweite, und Schlegel ist überzeugt, daß die kombinatorische Logik als Mittler zwischen Kunst und Philosophie[16] fungiert, und er stellt die prinzipielle Frage „Was will die Logik denn sonst, wenn sie nicht die Philosophie zur Kunst erheben will?".

Seine eigenen Bemühungen zur Realisierung dieses Programms sind allerdings äußerst dürftig und dilettantisch geblieben. Zwar verwendet Schlegel eine Unzahl mathematischer Symbole in seinen Studienheften, sie zeugen jedoch nicht unbedingt von tieferen Kenntnissen der Mathematik, wie im folgenden Zitat leicht erkenntlich ist: „Aller prosaischer Witz ist kritisch (aller den ich philologisch nannte und auch die philosophische Ironie) oder positiv mimisch (combinatorischer Witz Leibnitz — eigentlich transcendentaler Witz) oder negativ mimischer Witz = rhetorisch/Polemisch. — Der combinatorische Witz paßt für philosophische Romane. . . . Der combinatorische Witz ist wahrhaft prophetisch."[17]

Bei allem Konfusen und Fragmentarischen kann man zu F. Schlegel doch zumindest so viel sagen: Der fragmentarische und kombinatorische Witz als „logische Chemie" ist die Grundlage der ars inveniendi, der Erfindungskunst des „Kombinatorischen des Gedankens", sie bildet die Voraussetzung und die Methode der romantischen „Universalpoesie".

Im Gegensatz zu F. Schlegel können wir bei Novalis vertiefte Kenntnisse der

Mathematik voraussetzen. Bereits 1797 bei seinen Kant- und Hemsterhuis-Studien, aber vor allem während seines Aufenthaltes an der Bergakademie Freiberg, beschäftigte sich Novalis intensiv mit Mathematik, Semiotik und Logik. Umfangreiche Aufzeichnungen zur Infinitesimalrechnung, Kombinatorik, Algebra, Analysis, Semiotik und Enzyklopädistik bestätigen diese Annahme. Diese und andere Notizen, die als „Allgemeines Brouillon" bezeichnet wurden,[18] verstand Novalis als Vorarbeiten zu einer großen Enzyklopädie. Hier, aber auch an vielen anderen Stellen, finden wir die an Leibniz orientierte Grundidee, daß die logische Struktur eine abstrakte Allgemeingültigkeit erlaubt, die auf spezielle Inhalte und Bedeutungen verzichtet und dadurch eine Fülle von Interpretationsmöglichkeiten gegeben sind.

„Das Zahlensystem ist Muster eines ächten Sprachzeichensystems — Unsere Buchstaben sollen Zahlen, unsre Sprache Arythmetik werden",[19] hier beschreibt Novalis einen Sachverhalt, der in der modernen formalen Logik als Extensionalitätsprinzip bezeichnet wird.

Es sind so insbesondere logische, grammatische und mathematische Untersuchungen, von denen sich Novalis erhofft, daß sie ihm „den Weg bahnen" zu einer „Poetisierung aller Wissenschaften", die dann als „Konstruktionslehre des Geistes" in einer universellen Enzyklopädie gipfelt.[20]

Auf dem Wege zu einer solchen „Konstruktionslehre des Geistes" glaubte Novalis zu erkennen, natürlich in enger „Symphilosophie" mit F. Schlegel,[21] daß zwischen Mathematik und Musik eine Sturkturanalogie besteht. Den Buchstaben der Algebra entsprechen gewisse Töne, und „Musik ist (so der Algebra ähnlich".[22] In dieser Analogie von musikalischen und algebraischen Zeichen zeigt sich ein Hauptziel des romantischen Symbolismus — Lösung der Sprache als Signifikans von jedem beliebigen Signifikat, d. h., die Umwandlung der gesprochenen Sprache in eine Kombinatorik von Tönen bedeutungsloser, musikalischer Laute, und die Umwandlung der Schriftsprache in eine Kombinatorik unbestimmter algebraischer Zeichen. Die semiotische Invarianz von Sprache, Musik und Algebra, von einer sog. „musikalischen Mathematik" oder den „Webstühlen in Zeichen",[23] ermöglichte es Novalis, die Termini der einzelnen Gebiete wechselseitig aufeinander zu übertragen: „Hat die Musik nicht etwas von der kombinatorischen Analysis und umgekehrt. Zahlen Harmonieen — Zahlen Akustik gehört zur kombinatorischen Analysis. Die Zahlen sind die mathematischen Vokale — alle Zahlen sind Zähler. Die kombinatorische Analysis führt auf das Zahlenphantasieren — und lehrt die Zahlenkompositionskunst — den mathematischen Generalbaß (Pythagoras, Leibniz). Die Sprache ist ein musikalisches Ideeninstrument. Der Dichter, Rhetor und Philosoph spielen und komponieren grammatisch. Eine Fuge ist durchaus logisch oder wissenschaftlich. — Sie kann auch poetisch behandelt werden. Der Generalbaß enthält die musikalische Algeber und Analysis. Die kombinatorische Analysis ist die kritische Algeber und Analysis —

und die musikalische Kompositionslehre verhält sich zum Generalbaß wie die kombinatorische Analysis zur einfachen Analysis.“[24]
Damit sind wir an den Ausgangspunkt unserer kurzen Analyse zurückgekehrt und möchten zusammenfassend folgendes sagen: Es ging den Romantikern wie den Goldmachern, sie suchten viel und fanden zufällig indirekt mehr. Nicht gefunden haben sie letztlich ihre „Universalpoesie“, aber von nicht geringer und leider bisher immer noch unbeachteter Bedeutung ist es, daß die Romantiker der Logik ihre wichtige Rolle zurückgaben, insbesondere in der Auseinandersetzung mit der klassischen deutschen Philosophie, die ja bekanntlich ihre geringe Affinität zur formalen Logik nicht verbergen konnte.
Die gemeinsame historische Verwurzelung von symbolischer Logik und Symbolistik der Romantik zeigte sich in der bis auf Lullus und z. T. noch weiter zurückgehenden Idee einer ars combinatoria. Die Möglichkeit der Umwandlung der logisch-mathematischen ars combinatoria in eine poetische ist darin begründet, daß die Semiotik invarianter Teil der Logik, der Mathematik, der Sprachphilosophie, der Ästhetik u. v. a. Disziplinen ist.[25] Dabei funktionierte die Romantik den Leibnizschen Begriffskalkül um und ersetzte die begrifflichen Zeichen dieses Kalküls durch Töne, Buchstaben u. ä. und verwandelte ihn so in eine sprachspielerische Kombinatorik der bloßen Form.
Wir möchten abschließend noch hinzufügen, daß diese Entleerung des poetischen Zeichens auch eine Abwendung vom Goetheschen Symbolbegriff bedeutete, mit dem sich die Romantiker bekanntlich sehr intensiv auseinandergesetzt haben.

Anmerkungen

[1] Vgl. *Hettner, H.*: Geschichte der deutschen Literatur im achtzehnten Jahrhundert. 2 Bd., Berlin und Weimar 1979, Bd. 2, S. 634ff.

[2] Vgl. Kritische Friedrich-Schlegel-Ausgabe (KFSA). Hrsg. v. E. Behler, Bd. 18, 2. Abteilung: Schriften aus dem Nachlaß. Philosophische Lehrjahre. Erster Teil, München, Paderborn, Wien 1963, S. 281.
Zum Schlegel-Nachlaß vgl. a. *Schlegel, F.*: Literary Notebooks 1797—1801. Edited with introduction and commentary by H. Eichner. London, Toronto 1957.

[3] Vgl. *Novalis*: Werke, Briefe, Dokumente. 4. Bd. Hrsg. v. E. Wasmuth. Bd. II, Heidelberg 1957, S. 353.

[4] Vgl. KFSA. Bd. X, 1. Abteilung, S. 403f. und Bd. XVIII, 1. Teil, S. 60, 124, 232 und viele andere Textstellen.

[5] Hinsichtlich der umfassenden logikgeschichtlichen Darstellung dieser Problematik verweisen wir auf: *Lindner, H.-R.*: Von E. Weigels „Idea matheseos universae“ über Leibniz' „Lingua universalis“ bis zu Freges „Lingua characterica“ — Untersuchungen zur Entwicklung der Logik an der Universität Jena. Diss. (B), Jena 1985.

[6] Eine genauere Charakterisierung der „Lullschen Kunst“ befindet sich ebenda, S. 15ff.

[7] Vgl. *Leibniz, G. W.*: Die philosophischen Schriften. Hrsg. v. C. J. Gerhardt, 7 Bd., Berlin, 1875—1890, Bd. 1, S. 57f. Die im-

mer noch befriedigendste Darstellung der Leibnizschen Logik ist unserer Meinung nach *Couturat, L.*: La Logique de Leibniz. Paris 1901. Zur Problematik der ars combinatoria vgl. besonders Chapitre II: „La Combinatoire" (33ff.) und Chapitre III: „La Langue Universelle" (51ff.).

[8] Vgl. *Gerhardt*, Bd. 7, S. 118, 516.

[9] Für Leibniz sind alle Sätze Kombinationen von Subjekt und Prädikat, und die ars inveniendi soll dabei folgende zwei Aufgaben erfüllen: 1. Zu einem gegebenen Subjekt sollen die Prädikate und 2. zu einem gegebenen Prädikat die entsprechenden Subjekte gefunden werden. — Vgl. *Gottfried Wilhelm Leibniz*: Fragmente zur Logik. Hrsg. u. übersetzt v. F. Schmidt. Berlin 1960, S. 48.

[10] Vgl. KFSA, Bd. II, S. 100ff.

[11] Vgl. KFSA, Bd. III, S. 79ff.

[12] Vgl. ebenda, S. 82.

[13] Vgl. ebenda, S. 84.

[14] Vgl. ebenda, S. 85.

[15] Vgl. *Novalis* (Werke, Briefe, Dokumente), Bd. IV. S. 473.

[16] Vgl. KFSA, Bd. XVIII, S. 293f, 278, 236 u. v. a. Stellen.

[17] Vgl. *Schlegel, F.*: Literary Notebooks 1797 bis 1801. No. 568.

[18] Vgl. *Novalis*, ebenda, Bd. III.

[19] Vgl. ebenda, Bd. II, S. 109.

[20] Vgl. ebenda, Bd. IV, S. 385ff.

[21] Vgl. KFSA, Bd. XI, S. 220.

[22] Vgl. *Novalis*, Bd. III, S. 319.

[23] Vgl. ebenda, Bd. II, S. 124.

[24] Vgl. ebenda, Bd. II, S. 353.

[25] Vgl. *Völz, H.*: Information II. Berlin, 1983, S. 214ff. Die Welt als Zeichen. Klassiker der modernen Semiotik. Herausgeberkollektiv, Berlin (West) 1981. *Peirce, Ch. S.*: Collected Papers of Charles Sanders Peirce. Ed. by Ch. Hartshorne, P. Weiss, W. Burks, Cambridge 1931ff.

Guram Tewsadse

Einbildungskraft und Dichtung bei J. B. Schad

Johann Babtist Schad (1758—1834), Professor der Philosophie in Jena, Nachfolger Fichtes, früher Benediktiner zu Kloster Banz (bis 1798), vertrat eine originelle Synthese von Fichtes Wissenschaftslehre und Schellings Naturphilosophie und bemühte sich, die Philosophie weiterzuentwickeln. Auf Goethes Empfehlung ging er an die Universität Charkow, er wirkte dort von 1804—1816 erfolgreich. In Rußland nannte man ihn Iwan Egorowitsch (1, 482). Schad beeinflußte die Entwicklung nicht nur der russischen, sondern auch der georgischen Philosophie (5.503). Am Ende des Jahres 1816 wurde Schad „des Rationalismus und übelwollender Ansichten gegen das Christentum beschuldet" und aus Rußland ausgewiesen (1.483 Vgl., 21.763). W. Windelband zählt Schad zu den orthodoxen Fichteanern, die nichts Beachtenswertes leisteten (6.189). Friedrich Ueberwegs „Grundriß" stellt Schad ebenfalls als Fichte-Anhänger vor, der sich später (1803—1804) „der Lehre Schellings nähert" (10.32). Hier ist jedoch anzumerken, daß Schad schon 1801 Schellings Naturphilosophie verteidigt, die sich als das „einzig Wahre" erweisen wird (8.193). Dieser „Grundriß" vermerkt nur die in Deutschland veröffentlichten Schriften Schads. Es fehlen solche Werke wie „De fine hominis ultimo" (Charkow 1806), „Institutiones juris naturae" (Charkow 1814), „Institutiones philosophiae universae" (Charkow 1812). Im Russischen gibt es eine reiche Literatur über Schad (vgl. 1, 3, 4, 5). Sein Werk war hier anerkannt, stets hoch geschätzt, neuerdings spricht man sogar über eine „Schadsche Schule" in der russischen Philosophie (4.142). Bereits 1840 spricht Gabriel Woskresenski von einem Zusammenhang zwischen den Arbeiten Schads und der „Logik" des georgischen Philosophen Dodaschwili (1805—1836), letztere erschien 1827 in Petersburg (12). Der bekannte georgische Philosoph Nuzubidse (vgl. 11) bekräftigt in seiner „Geschichte der georgischen Philosophie" (5. 568) diese Annahme, desgleichen auch andere georgische Forscher. Allerdings fehlt bis heute noch eine eingehende größere Darstellung von Schads Schaffen. Das Ziel des vorliegenden Beitrages ist es, Schads Lehre über die Einbildungskraft zu umreißen und den Zusammenhang zur heutigen Kontroverse um diesen Begriff zu beleuchten. Es ist bekannt, daß die Funktion der Einbildungskraft bei Kant überaus wichtig und zugleich sehr widersprüchlich ist.

In der II. Ausgabe der „Kritik der reinen Vernunft“ wollte Kant die Stellung der Einbildungskraft im Rahmen der theoretischen Erkenntnis präzisieren. Als Ergebnis dieser Arbeit erkennen wir eine Verlagerung des Schwerpunkts zum Verstand. Dennoch bleibt die Einbildungskraft für Kant als ursprüngliche schöpferische Kraft des Menschen in allen Gebieten seiner Tätigkeit erhalten. Doch diese Tätigkeit gewinnt ihre Gestalt „unter der strengen Aufsicht“ (15.3.502; ib., 162; 15.4.269; 15.5.269; 15.5.287; ib., 217, vgl., 15.20.224) von Verstand und Vernunft. So verstanden dies auch Fichte, Schelling und Schad. Für Hegel, der die Möglichkeit der theoretischen (begriffsbildenden) Erkenntnis verabsolutierte, war die Einbildungskraft, als eine Grundkraft des Menschen, neben Verstand und Vernunft nicht mehr nötig. Deshalb lobte Hegel die „neue“ Stellung der Einbildungskraft in der II. Ausgabe der „Kritik der reinen Vernunft“ (20.346—347). Und er hat recht, denn mit der Verneinung des „Dinges an sich“ als etwas begrifflich Unerkennbares, verliert die Einbildungskraft ihren Vorrang. Unter Hegels — sehr oft unbewußten Einfluß — wurde allmählich die große Bedeutung der Einbildungskraft für die Erkenntnistheorie vergessen. Wenngleich in den Lehrbüchern die Funktion der produktiven Einbildungskraft, die unter den Namen der transzendentalen Apperception „aus den Empfindungen mit Hilfe des Schemas von Raum und Zeit durch die Einheitsfunktion der Kategorien originaliter die Gegenstände erzeugt“ (6.79), nicht umgangen wurde, so sah man doch darin keinerlei Probleme (14.437). Nach Heideggers Kantbuch (16) fesselt die Einbildungskraft die Aufmerksamkeit der Philosophen von neuem. Als schöpferische Kraft des Geistes ist sie eingehend analysiert und diskutiert. Die Meinungen laufen stark auseinander. Zum Beispiel behauptet Eva Schaper in ihrem Artikel — „Kant und das Problem der Einbildungskraft“ (17.373), daß vorhandene Ansichten über das Wesen der Einbildungskraft den „eigentlichen Beitrag Kants zum Thema mehr verdecken als eliminieren“ (17.373). Sie teilt sie in drei Interpretationsgruppen: metaphysische (Einbildungskraft als Bindeglied zwischen Erkenntnis und Freiheit), psychologische (Einbildungskraft als zwischen Sinnlichkeit und Verstand operierendes Vermögen) und transzendentale (Einbildungskraft als empirische und transzendentale). Kants Beitrag besteht im Fortschritt von dieser zu jener. Eva Schaper verneint jedoch alle drei. Sie meint, daß Kant die Einbildungskraft nach Hume verstand. Kant wollte, aber konnte nicht „über Humes Engpaß“ hinauskommen (17.375), deshalb versuchte er von der Einbildungskraft loszukommen. In Kants Erkenntnistheorie „ist kein Platz für vermittelnde Glieder der Einbildungskraft“ (17.381). Für Kant gibt es nur drei Grundvermögen: Sinnlichkeit, Verstand und Vernunft (vgl., 15.8.181). Dann lesen wir: „Heideggers Ansicht, z. B., daß Kant in der zweiten Ausgabe der Kritik die Nerven verloren und aus ihr alles das entfernt habe, was die kritische Philosophie wertvoll mache, ist mir unbegreiflich. Das Gegenteil ließe sich leichter vertreten“ (17.386). Die großartige Entfaltung des deutschen Idealismus, die vornehmlich mit der zweiten Ausgabe der „Kritik der reinen Vernunft“ verbunden ist, widerlegt eindeutig Heideggers These. Aber andererseits gibt es keinen Grund, die wichtige Rolle der Einbildungskraft in dieser Ausgabe zu verneinen. Zwar verwendet Kant den Terminus nicht immer korrekt, aber die Unterscheidung zwischen produktiver, reproduktiver und bloßer Einbildung als willkürliche Synthesis, d. h. Schwärmerei, (15.3.502) ist immer möglich. Die gegenwärtige Diskussion über die Einbildungskraft in der bürgerlichen Philosophie der Gegenwart und die Situation der deutschen Philosophie um 1800 ähneln sich sehr — Schads Gedanken gewinnen in dieser Hinsicht an Aktualität (vgl., 16.127). Im damaligen Atheismusstreit stand Schad entschieden auf der Seite Fichtes, folgerichtig kämpfte er gegen die zahlreiche „kantsche Partei“ (9.156). Er war überzeugt, daß Kants Position in diesem Streit „weder dem Verstand, noch dem Herzen des Philosophen zu Königsberg Ehre macht“ (8.22). Kants Lehre und seine „Erklärung in Beziehung auf Fichtes Wissenschaftslehre“ (15.12.370) behandelt Schad in seinen Arbeiten: „Ob Kants Kritik Metaphysik enthalte?“ (1798) und „Geist der Philosophie unserer Zeit“ (1807). Kant selbst verehrte er als Luther seiner Zeit (8.2.107). Denn er zerstörte herrschende dogmatische Systeme, aber für das Erbauen des Neuen gab er nur wertvolle Winke, die jedoch für viele seiner Nacheiferer unbegreiflich blieben. Entschieden behauptete Schad, daß Fichte Kants echter Nachfolger sei. Gleichzeitig vereinigte er Theorien Fichtes und Schellings unter dem Primat des letzteren, was Fichte vorerst entging (18.244—245). Schad zählte sich selbst nicht zu den bloßen Nachahmern, er wollte nicht „ein Echo Fichtes“ sein (7,7). Er meinte, daß er nicht Fichtes Werken, sondern dem Geist seiner Philosophie folge, an der das „Subjektive und Objektive an sich schlechthin eins sey“ (8.493). Von seiner eigenen Philosophie behauptet Schad: „Der Leser wird durchgängig einen eigenen Gedankengang, der mit der Methode und den Formeln der Wissenschaftslehre gar nichts gemein hat, finden“ (8.149). Auf jeden Fall: Viele wichtige Fragen der nachfolgenden deutschen Philosophie fanden in seinen Werken spezielle und beachtenswerte Behandlung: die Frage des Anfangs der Philosophie (9.3—15), die Entgegensetzung von formaler und transzendentaler Logik (8.136, 145), das Problem der Übergegensätzlichkeit (8.76, 265; 9.4), die Kritik der Idee des geschlossenen Systems (8.260), das Urteil als ursprüngliche Teilung und als Einheit von Analysis und Synthesis (8.256—7), die notwendige Einheit der Identität und Differenz (7. IX), die Unterscheidung des Seins und des reflektiven Bewußtseins im Ich (9.51) und viele andere. Mit Kant behauptet Schad, wir haben kein Recht, die Existenz des Absoluten zu verneinen, aber seine Unerkennbarkeit hielt er für eine Kapitulation vor dem Skeptizismus. Einen Ausweg fand Schad in der Uminterpretierung der transzendentalen Apperzeption von Kant. Die synthetische Tätigkeit, die bei Kant unbewußt war, wurde bei Fichte zu einer vorreflektiven Wirkung unseres Geistes, die absolut erster Grund aller Realitäten ist und den Erkenntnisgegenstand für die Reflexion gibt. Unter dem Einfluß Schellings verstand Schad diese synthetische Tätigkeit als Schaffen einer Idee des Übersinnlichen, Absoluten, in welchem Subjekt und Objekt, Substanz und Kausalität identisch sind. Darum hielt Kant es, das Absolute, nach Schad für unerkennbar. Aber ohne Wissen über das Absolute gibt es keine Erkenntnis der Erscheinungen und andererseits, mit der Verneinung des Absoluten werden Denkgesetze selbst absolut (8.86, vgl., 75). Dieser Art ahnte Schad die Dialektik von Absolutem und Relativem, aber, leider, für die Möglichkeit der Erkenntnis verlangte er eine reinste und vollkommenste Erkenntnis des Übersinnlichen, „wie es an sich ist" (8.95).

Deswegen ist für Schad die Philosophie „ihrem Wesen nach nichts anderes als ein Deduzieren des Gegebenen aus einem Absoluten, zur bestimmtesten Erkenntnis erhobenen Prinzip" (8.38). Eine solche Erkenntnis bekommen wir nicht durch Denken oder Bewußtsein („denn nichts kann in das Bewußtsein kommen ohne Gegensatz", ib. 57), sondern durch intellektuelles Anschauen (vgl., 2.301), als absolut unbeschränkte Tätigkeit (8.71). Diese notwendige, aber für das Denken unzulängliche Erkenntnis verneinte Kant, weil er, nach Schad, auf der Ebene der Reflexion blieb. Für die Reflexion liegt der höchste Punkt in der theoretischen Affektion, im Praktischen — Sollen (ib. 225). Der Anspruch der Erkenntnis des Absoluten als Einheit, als Identität des Subjekts und Objekts, war bei Kant der Phantasie und Willkür überlassen (ib. 72). Den Inhalt des Satzes — „Ich bin Ich" — versteht Schad nicht als Denken, sondern als Wille, der der Grund alles Denkens sei. Das ist die Geburt einer Idee des Übersinnlichen, was einzige absolute Tätigkeit des menschlichen Geistes ist. Von hier ausgehend beginnt die Tätigkeit des Denkens als Herabsetzung, d. h. als übertragen in die Gegensätzlichkeit des Inhalts dieser absoluten Identität (8.76—78). Kant folgend ist Denken für Schad die Teilung alles auf Subjekt und Objekt. Denken weist zwei Ebenen auf: ursprüngliches, transzendentales Denken und die Reflexion. Das transzendentale Denken, das allen Reflexionen vorausgeht, ist die Setzung der Kategorien als „versinnlichte Ansicht des Übersinnlichen" (8.78). Sie sind a priori aber nicht rein. Nur die „übersinnliche Erkenntnis des Übersinnlichen", die durch „absolute Abstraktionsvermögen" geschieht, „ist das einzige rein a priori, von dem die Philosophie ausgehen muß" (ib. 95). Dieses Ausgehen von einem „über alles Gegebensein erhabenen Prinzips" zeichnet die Fichtesche Philosophie von allen anderen Philosophieren besonders aus (ib. 110). Fichtes Wissenschaftslehre gibt damit für Schad die Möglichkeit, „den ganzen Menschen" zu begreifen (vgl. 24, 34), was für Kant unmöglich war (8.108). Fichtes Ausgang ist das Wissen, schlechthin ein unmittelbares Wissen, d. h. der Glaube. Das ist weder religiöser, noch mit vermitteltem Wissen begründeter Glaube, sondern eine unerschütterliche Überzeugung (z. B. „daß wir frei sind“). Er ist Grund und zugleich unerreichbares Ziel alles Denkens, er ist zugleich der Grund auch für die transzendentale Apperzeption, für die ursprüngliche Synthesis (8.128). Der ursprüngliche Zerfall dieser Einheit gibt sowohl ein ursprüngliches Denken als auch die Sphäre der transzendentalen Logik. Diese ist nicht die alte bekannte aus der „Kritik der reinen Vernunft“, die als Logik der Wahrheit die formale Logik dialektisch aufhebt. Schad meint vielmehr, daß seine transzendentale Logik in den Grenzen der kantischen Philosophie widersprüchlich ist, weil hier als höchstes Prinzip das Gesetz des Denkens gilt, von dem nur die formale Logik deduzieren kann (8.151), welcher die wahre Philosophie versperrt ist. Sie ist die Logik der Reflexion, des abbildenden Denkens. Unser Denken aber ist für Schad ursprünglich kein Abbilden oder „Nachbilden, eines uns von außen gegebenen Etwas, sondern ein Bilden, das wir absolut durch uns selbst, und in uns selbst, ohne alles Vorbild, produzieren, das daher sehr charakteristisch Einbilden (ein absolutes Bilden des Ich in und durch sich selbst, das in sich selbst zurücklaufen) heißt. Die Einbildungskraft ist die ursprüngliche Denkkraft, durch sie wird alles hervorgebracht, was dann in dem reflektierenden Denken als reales Objekt aufgefaßt wird. Die ist das wahre Organon alles Realen für uns“ (8.317, vgl. 321). Kritiker der Kantschen Philosophie benutzen die Schwierigkeit, die mit der Funktion der Einbildungskraft verbunden ist, und versuchten zu beweisen, daß die Einbildungskraft nur reproduktiv sein kann, d. h. sie setzt das Vorhandensein der Realität voraus. Aber auch in dieser Beziehung unterscheiden sie die Einbildungskraft von der Reflexion als wahres Abbild der Realität. Wo Realität in der Reflexion mit Notwendigkeit sich aufdrängt, bekommen wir auch ein Bilden, aber nur als „ein Nachbilden eines Etwas, das schon da ist und ohne alles zutun des Ich da zu sein scheint“ (8.319). Was die Einbildungskraft betrifft, so klagte Schad über den allgemeinen Glauben seiner Zeitgenossen, die die Einbildungsprodukte nur für Täuschung und Schein hielten. „Dieser Wahn“, unterstrich er, hat seinen Grund nur in der unberechtigten Verwechslung der produktiven Einbildungskraft mit der reproduktiven (8.2.319). Für die transzendentale Philosophie ist es unmöglich, die Unabhängigkeit der Realität, oder des Objekts vom Subjekt zuzulassen. Beide sind für sie streng korrelativ. Und als solche schafft unser Geist die Realität. Diese Bildung der Realität ist Funktion der produktiven Einbildungskraft. Diese Äußerung unseres Selbst geschieht notwendig, aber nicht frei. Im Unterschied zu Spinoza verlangt — nach Schad ebenso wie für Fichte — Freiheit nicht nur Existenz und Wirkung nach der Notwendigkeit ihrer eigenen Natur (19.I, 7), sondern auch die Reflexion (8.321). Deswegen kann reflektiertes Bewußtsein niemals ursprünglich sein, d. h., das cogito ergo sum kann nicht rechtmäßiger Ausgangspunkt der Philosophie sein. Auf der zweiten Stufe der Tätigkeit der Einbildungskraft entsteht das Bewußtsein der Freiheit, aber das ist Einsicht der eigenen Notwendigkeit und deswegen nur begrenzte Freiheit. Genau genommen ist es seine erste Stufe. Reproduktive Einbildungskraft ist mit der Realität verbunden. Realität ist unser Produkt, aber reflektierend müssen wir das Objekt „notwendig so nachbilden ... wie es an sich ist“ (8.326). Es gibt noch eine dritte Stufe der Äußerung der Einbildungskraft, wo unsere Freiheit ihre eigene Sphäre bekommt und dennoch notwendig mit der realen Welt des Verstandes verbunden ist. Es ist dies das Dichtungsvermögen (Phantasie). So wie auf der Reflexionsstufe Einbildungskraft, und zwar als nach allen Richtungen bildende, in Verstand übergeht, so geht sie auf der dritten Stufe in Dichtung über. Hier ist Einbildungskraft schaffend, wie auf der ersten Stufe, und bewußt, wie auf der zweiten. Deswegen ist ihre bewußte Bildung eine freie Tätigkeit: Dichtend schaffen wir die ideale Sphäre als die Sphäre des Sollens (8.322—327), welche ein notwendiges Korrelat der realen Welt ist. Diese neue Welt ist „nicht wirklich, sondern (soll sein)“. Die Realität und reales Denken sind unmöglich „ohne ein Dichten“ (8.334). Die Notwendigkeit des Subjekts fürs Objekt, für Realität, gabelt sich hier: die Realität bekommt ein zweites Korrelat, und zwar als Welt des Sollens. Alle drei Formen der Äußerung der Einbildungskraft wirken in jedem Menschen, darum sind für uns wie die reale Welt, so auch die Gesetze des Sollens gemeinsam. Wenn für uns die reale Welt existiert, so muß auch eine ideelle sein. Der Mensch handelt immer zielbewußt und wertend. Das Ziel aber gehört nicht der realen, sondern der idealen Welt, der Welt der Dichtung. Jeder Mensch schafft sie. „Folglich ist jeder Mensch von Natur aus Dichter“ (8.335). Die Menschen, die wir Dichter nennen, haben diese Fähigkeit im höchsten Grade entwickelt, und sie wirken auf uns als die Inhaber einer für uns erwünschten“, aber unerreichbaren Tätigkeit, deren Produkte für uns hilfreich sind. Aber der Dichter als solcher soll nie vergessen, daß die von ihm geschaffene ideale Welt nur „auf dem Grund und Boden der Sinnlichkeit errichtet“ werden kann (8.336). Der Dichter hat „volle Freiheit“ in der Individualisierung, die das Werkzeug für die Veränderung der wirklichen „Individualität“ ist, die uns mißfällt (8.336). Das ist die Sphäre, die Kant den Bereich des Glaubens und Sollens nannte. Er war außer den Grenzen des theoretischen Wissens, aber durchaus in den Grenzen des logischen Denkens. Schad stellt den Glauben außerhalb des Reichs des Denkens. Die strenge Korrelativität des Realen und der idealen Welt des Sollens zeigt sich in der Unerläßlichkeit der Zeit und des Raumes für den Bereich der Dichtung. Dichtung und Phantasie streben zwar nach Übersinnlichem, verbleiben aber immer nur im Streben nach demselben. Das heißt, übersinnlich geworden, hätten sie keine Bedeutung für die realen Menschen, denn das Übersinnliche ist für das Denken unverstehbar. Einbildungskraft, so behauptet Schad, und wir sind mit ihm einverstanden, kann als Dichtung, selbst in vollkommenster Phantasie, nicht die Grenzen der Zeit, des Raumes und Affizierens übersteigen. Dichtung ist nur von den

Fesseln der bestimmten Zeit und des bestimmten Raumes frei (8.336). Nur so kann sie eine solch ideale Welt schaffen, die notwendiges Korrelat und zugleich Entgegensetzung der Realität ist. Wir setzen ideale Ziele und verwirklichen sie. Verwirklicht wird das Ideale real, aber Realität, ganz so wie unsere Tätigkeit, kann nicht ohne Ziel sein. „Daher genügt uns auch die Dichtungswelt nicht mehr, sobald sie realisiert ist" (8.337). Deswegen dichten wir neue und höhere Ziele usw. Wenn wir eine solche Realität erreichen, wo ein ideales Ziel fehlt, d. h. das höchste Ziel verwirklicht ist, da „hätte notwendig alles Bewußtsein ein Ende" (8.ib.). Denn das Bewußtsein kann nicht ohne Gegenstand existieren. Übersinnliches aber, als erreichtes höchstes Ziel, ist kein Gegenstand und keine Realität. Hier endet alles Bewußtsein, und der Geist überschreitet das Gebiet der Einbildungskraft, welche nur eine Idee des schlechthin Übersinnlichen schaffen kann, aber sein Inhalt ist nicht bewußt. In dieser Sphäre soll bloß absolute Freiheit herrschen, die nicht nur für den Verstand, sondern auch für die höchste Dichtung unerreichbar ist. Es ist die Welt der Vernunft und zugleich die Welt des Glaubens. „Das ist der absolute Punkt, von dem mein Bewußtsein ausgeht, und zu dem es zurückkehrt" (8.340), ihn jedoch nie erreicht. Der Mensch kann absolute Freiheit weder denken noch erdichten, dennoch, weil alle Äußerung der Einbildungskraft zu ihr strebt, soll unser Geist als Vernunft sie schlechthin setzen (ib.341). In diesem Punkt wird deutlich, daß wie jeder Idealismus, so auch Schads, seine Zuflucht in der Religion sucht. Dieses schlechthin Übersinnliche, dieses absolute Ideale, nennt Schad Gottheit. Sie ist als Ziel der realen Welt und Dichtung übergegensetzlich, eine eigenartige coincidentia oppositorum von neoplatonischer Prägung. Schad hoffte, daß sein „absoluter Idealismus" als „Ideal-Realismus und Real-Idealismus" eine vernünftige Religion in all ihrer Reinheit darstellt und den Menschen einen unerschütterlichen Glauben an eine „moralische Weltordnung" verleiht. Er konnte nicht ermessen, daß eine solche Weltordnung, wenn ihr Inhalt für das erkennende Bewußtsein und sogar für die Dichtung unbegreiflich ist, nicht der Grund der Freiheit sein kann, die er selbst, Kant und Fichte folgend, als höchsten Wert für den Menschen anerkannte.

Anmerkungen

[1] Русский-биографический словарь, Чаадаев-Швитков. СПЬ, 1905.

[2] F. W. J. Schelling: System des transzendentalen Idealismus. In: F. W. J. Schelling, Werke. Auswahl in drei Bänden, Bd. II, Leipzig 1907, Seite 301.

[3] Философская Энциклопедия Т. 5, Москва 1970.

[4] Кантовский сборник, Калининград, 1981.

[5] Ш. Нуцубидзе: История грузинской философии, Тбилиси, 1900.

[6] Wilhelm Windelband: Die Geschichte der neueren Philosophie, Bd. II, Leipzig 1907.

[7] J. B. Schad, System der Natur- und Transcendentalphilosophie. I. Teil, Landshut 1803.
[8] J. B. Schad, Absolute Harmonie des Fichteschen Systems mit der Religion. Erfurt 1802.
[9] J. B. Schad, Grundriß der Wissenschaftslehre. Jena 1800.
[10] Friedrich Ueberweg, Grundriß der Geschichte der Philosophie, Bd. IV, Berlin 1916.
[11] W. Ziegenfuß, Philosophen-Lexikon, Bd. II, Berlin 1950.
[12] С. Додаев-Магарский: Курс философии и логики, СПЬ, 1827.
[13] Christoff Scherer: Der Philosoph J. B. Schad, Hamburg 1942.
[14] Kuno Fischer: Geschichte der neueren Philosophie. Bd. V, Heidelberg 1910.
[15] Imanuel Kant's gesammelte Schriften. Hrsg. v. d. Königlich Preußischen Akademie. Bd. 1-29, Berlin 1910—1983.
[16] Martin Heidegger: Kant und das Problem der Metaphysik, Frankfurt a. M. 1965.
[17] bewußt sein. Gerhard Funke zu eigen. Hrsg. v. A. J. Bucher. Bonn 1975.
[18] J. G. Fichte: Briefe. Hrsg. v. M. Buhr. Reclam, Leipzig 1961.
[19] Baruch Spinoza: Die Ethik. Reclam. Leipzig 1887.
[20] G. W. F. Hegel: Werke in zwanzig Bänden. Suhrkamp. Bd. 20, Frankfurt a. M. 1971.
[21] L. Noak, Philosophiegeschichtliches Lexikon. Leipzig 1879 (Nachdruck Stuttgart 1968).
[22] S. Maimon: Versuch über Transzendentalphilosophie. Darmstadt 1963. „Das Bewußtsein entsteht erst, wenn die Einbildungskraft mehrere einartige sinnliche Vorstellungen zusammennimmt, sie nach ihren Formen (der Folge der Zeit und Raum) ordnet, und daraus eine einzelne Anschauung bildet". S. 30.

Zbigniew Kuderowicz

Die deutsche Ästhetik der Klassikepoche und die polnische „Philosophie der Tat"

Die zehn Jahre von 1838 bis 1848 bildeten in Polen eine wahre „philosophische Epoche". In diesem Zeitabschnitt machten die Philosophen ihr Recht auf geistige Führung im Volk geltend. Sie glaubten, daß die Beschäftigung mit der Philosophie eine notwendige Bedingung zur geistigen Erneuerung des Volkes sei. Zwei Hauptströmungen charakterisierten das geistige Leben der Polen auf dem Gebiet der Philosophie: romantischer Messianismus und „Philosophie der Tat". Das Zentrum des Messianismus war Paris. Die „Philosophie der Tat" entwickelte sich in den russischen und preußischen Teilgebieten.

Um die Grundzüge der polnischen „Philosophie der Tat" zu verstehen, möchte ich kurz an allgemeine Bedingungen der Entwicklung der polnischen Kultur erinnern. Im Jahre 1830 kam es im November zum offenen Aufstand gegen den Zar, zu dessen Niederschlagung das russische Zarenreich zehn Monate benötigte. Danach stellte sich die Lage grundlegend verändert dar. Die bedingte Autonomie des „Königreiches Polen" wurde aufgehoben, die Verwaltungsämter mit Russen besetzt, es gab keinen Reichstag mehr, kein polnisches Heer, keine polnischen Universitäten, keine polnische Justiz und Münze. Polen wurde zum Protektorat. Nach der Niederlage des Novemberaufstandes floh die Führungsschicht der polnischen Nation ins Ausland. In dieser Situation erwachte das Nationalbewußtsein der Polen, das Verlangen nach der Befreiung von fremder Oberherrschaft, nach politischer Einheit der Heimat wurde zum ersten Anliegen des Volkes. All das führte zu einem intellektuellen Gärungsprozeß.

Für die Entstehung der „Philosophie der Tat" spielte die Rezeption der Hegelschen Philosophie eine wesentliche Rolle. Sie wurde benutzt, um die Frage nach dem Schicksal und der Mission Polens in der damaligen Welt zu beantworten. Durch sie wollte man die universale Rechtfertigung für die Anstrengungen des polnischen Volkes finden wie auch im polnischen nationalen Selbstbewußtsein die allgemeinen menschlichen Hauptprobleme wiederfinden. Die polnischen Hegelianer gelangten auf einigen Umwegen zu einer Verbindung geschichtsphilosophischer, ethischer und religiöser Probleme mit den politischen und gesellschaftlichen Diskussionen über die Vernünftigkeit der polnischen Wirklichkeit, über den Sinn der nationalen Tradition und den moralischen Sinn des Kapitalismus, über die Rolle des Volkes bei der Herausbildung der Nation. In der polnischen „Philosophie der Tat“ kommt die Krise der polnischen Adelskultur und der traditionellen Gesellschaftsstruktur zum Bewußtsein. Die polnischen Hegelianer hatten das Gefühl, in einer Epoche der Krisen, in einer Wende zu leben, wo die bisherigen Autoritäten wankend geworden sind. Aber gleichzeitig sind sie von der Hoffnung erfüllt, daß schnelle Veränderungen möglich seien, die über das Schicksal Polens und die Freiheit der Menschheit entscheiden sollten. Mit dieser Hoffnung ist das Postulat einer Synthesis des Hegelschen Denkens mit dem französischen utopischen Sozialismus, insbesondere mit den Systemen Fouriers und Saint-Simons verbunden. Die polnische Rezeption der Hegelschen Philosophie ist in der Regel eng mit gesellschaftlichen, moralisch-religiösen Gedanken der französischen sozialen Romantiker verknüpft.

Die Rezeption der Hegelschen Philosophie war von einer kritischen Distanz bestimmt. Die polnischen Hegelianer fordern die Schaffung einer neuen Philosophie, die Hegel überwinden soll. Das ist die Forderung der Philosophie der Tat. Hegel wird vorgeworfen, daß er eine rein kontemplative Haltung einnehme, er bewege sich nur auf der Ebene der Ideen. Die Philosophie darf nicht der Endpunkt der Entwicklung und Selbstverwirklichung des Geistes sein, sondern muß den Ausgangspunkt für die Realisierung des Absoluten bilden. In Verbindung damit wird dem Hegelschen System der Vorwurf der übermäßigen, überhobenen Abstraktion gemacht. Die neue Philosophie soll eine Philosophie des Konkreten, des Lebens sein, was gerade durch ihren aktiven Charakter möglich werde. Es ist eine verbreitete Meinung, die Kontemplation und Abstraktion der Hegelschen Philosophie haben ihre Wurzeln darin, daß die Ideen als Prinzip des Seins gelten; daher müßte sich die neue Philosophie auf ein anderes Grundprinzip als das Hegelsche stützen, auf ein Prinzip der Tat.

Die Forderung, daß man endlich über die „leere Abstraktion der Vernunft“ hinausschreiten solle, wurde in Polen mit romantischen Tendenzen verbunden. Die „Philosophie der Tat“ weist daher auf die besondere Rolle des Gefühls und auf die irrationalen Momente im geistigen Leben hin. Es wird gefordert, daß die Synthesis die Gegensätze zwischen Vernunft und Willen einerseits sowie dem Gefühl andererseits überwinde. Diese irrationalen Elemente sollten gleichzeitig die Philosophie aus der Sphäre der Ideen in die des Lebens führen, d. h. aus der Sphäre der Abstraktion in die Sphäre der Tat.

„Philosophie der Tat“ strebte ebenfalls nach einer neuen Auffassung der Rolle der Kunst. Diese war gegen die Hegelschen Ansichten über das „Ende der Kunst“ und gegen jene Ansichten gerichtet, die der Kunst keinen Einfluß auf das menschliche Selbstbewußtsein zuschrieben. Bekanntlich verkündete Hegel die Überlegenheit der Philosophie gegenüber der Kunst und vertrat die

Ansicht, daß sich das philosophische Denken und die Begriffe als Erkenntnismittel durch eine höhere Vollkommenheit gegenüber den künstlerischen Vorstellungen auszeichnen. In der „Philosophie der Tat" führte das Streben nach Überwindung des kontemplativen Charakters der Philosophie zur Revision des gegenseitigen Verhältnisses von Kunst und Philosophie. Die Kunst wurde zu einem wichtigen Gebiet der menschlichen Tätigkeit. Die Rolle der Kunst ist nicht geringer, sondern eher höher geworden; die Kunst wurde zu einer wesentlichen Erscheinung der Praxis. Die Kunst ist nicht der Philosophie untergeordnet, wie sie es im Hegelschen System war, sie dient auch nicht zur bloßen Kontemplation des Absoluten. „Philosophie der Tat" weist der Kunst einen wichtigen Platz und eine aktive Rolle im gesellschaftlichen Leben und in der Kultur zu. Diese Kritik der Ästhetik Hegels wurde durch die Anknüpfung an Friedrich Schiller und seine „Briefe über die ästhetische Erziehung des Menschen" unterstützt. Das positive Verhältnis zu Schiller und seiner Theorie der Kunst verband sich hier mit der negativen Beurteilung der Ästhetik Hegels. In dieser Rezeption kommen also entgegengesetzte Tendenzen aus der deutschen Ästhetik der Klassikepoche zum Vorschein.

Die Schillersche Kunsttheorie diente zur Überwindung der Einflüsse der Ästhetik Hegels. Dies war deshalb möglich, weil Schiller die Rolle der Kunst in der Erziehung der Menschheit und der Vervollkommnung des gesellschaftlichen Lebens betonte. Aus dem Gedankengut Schillers wurde die Ansicht über den positiven Einfluß der Kunst auf die gesellschaftliche Entwicklung sowie auf die Verbreitung und Beachtung der Prinzipien der Moral gewonnen.

Als Beispiel der Rezeption der deutschen Ästhetik in Polen kann das Schaffen von August Cieszkowski (1814—1894) dienen, des hervorragendsten Vertreters der „Philosophie der Tat". Er war Schüler und Freund des deutschen Hegelianers Karl Ludwig Michelet. In Deutschland ist Cieszkowski als Autor zweier Bücher — „Prolegomena zur Historiosophie" und „Gott und die Palingenesie" — bekannt. Cieszkowskis „Prolegomena zur Historiosophie" war das erste Buch, in dem die Losung der „Philosophie der Tat" formuliert wurde. Cieszkowski verstand sich als Schüler Hegels; seinen Idealismus faßte er als Endpunkt der Entwicklung nicht nur der deutschen, sondern der Philosophie überhaupt. Das Hegelsche „absolute Wissen" sei die letzte Etappe der Entwicklung des Denkens. Nachdem sie ihren Kulminationspunkt erreicht habe, muß sie in das gesellschaftliche Leben eingehen und politische und ökonomische Fragen aufgreifen.

In der Weltanschauung Cieszkowskis nimmt die Kunst einen gewichtigen Platz ein. Er unterscheidet zwei Arten von Kunst: 1. die antike Kunst, in der die inneren Inhalte und die menschlichen Erlebnisse in einer direkten, sinnlichen Form dargestellt werden; 2. die neue Kunst, die zur Zukunft und zur Epoche der Tat gehört. Die antike Kunst beschreibt Cieszkowskis mit Hilfe Hegelscher Kategorien. Er hebt dabei hervor, daß es in der Gegenwart einen Gegensatz zwischen Kunst und Philosophie gebe. „In der Kunst kommt es auf die Darstellung des Innern, d. h. die Objektivierung der Bedeutung an. In der Philosophie aber kommt es eben umgekehrt auf die Bedeutung der Objektivität an. Sowohl die Kunst also, als auch die Philosophie ist Identität des Denkens und des Seins, des Innern und des Äußern, des Subjekts und Objekts. In der Kunst ist aber diese Identität noch unzureichend, eben weil sie die erste, also sinnlich natürliche ist."[1] Nach Ansicht von Cieszkowski enthält die bisherige Kunst die Voraussetzungen, dank deren sie die Form echter menschlicher Tätigkeit werden kann. Diese Schlußfolgerung läßt die Bestimmung der Kunst als „Identität des Denkens und Seins" zu. Die Kunst ist aber keine vollkommene Tätigkeit, denn sie verwirklicht keine allgemeinen Grundsätze, die das Gebiet des Denkens wurden und von der Philosophie erkannt werden.

In den Überlegungen über die Kunst der Vergangenheit, insbesondere über die antike Kunst, gelangt Cieszkowski zu der Überzeugung, daß die Kunst eine Art Tat sein kann, dazu ist jedoch eine Verwandlung der Kunst erforderlich. Die Ankündigung dieser neuen Kunst ist in Schillers „Briefen über die ästhetische Erziehung des Menschen" enthalten, die Cieszkowski hoch schätzte. Indem Cieszkowski die Idee einer neuen Kunst propagiert, beruft er sich auf Schiller, er schreibt über ihn: „stellt er für die Zukunft die Forderung einer neuen höheren Kunst an die Stelle der ersten, die zerstört wurde, auszubilden".[2] In diesem Gedanken Schillers findet Cieszkowski nicht nur die Idee einer neuen Kunst, sondern auch den Versuch, die gesellschaftliche Entwicklung als einen Prozeß der ästhetischen Erziehung aufzufassen. „Auf diese Weise sind von Herder und Schiller die Grundlagen der wahren Ästhetik der Weltgeschichte aufgestellt, auf welcher Stufe das Leben der Menschheit eine Kunstbildung, die Staaten und Individuen Kunstwerke, die großen Männer endlich Staatskünstler sind."[3] Aus dem Gesagten geht hervor, daß die soziale und politische Tätigkeit hier als die künstlerische Tätigkeit aufgefaßt wird. Auf diese Weise betonte Cieszkowski, daß die gesellschaftliche Tätigkeit einen schöpferischen Charakter hat und die geschichtliche Entwicklung von der Tätigkeit großer Persönlichkeiten, den sogenannten „Staatskünstlern" abhängig ist.

Cieszkowski modifizierte jedoch in einem gewissen Grad die Gedanken Schillers über „die ästhetische Erziehung". Er forderte, den Widerspruch der Kunst mit der Philosophie zu lösen. „Also den Widerspruch der Kunst mit der Philosophie zu lösen . . . — das ist die neue Forderung, die wir aufzustellen haben."[4] Die Lösung dieses Widerspruches stellt Cieszkowski als eine Aufgabe der Gesellschaft dar. „Diesen Widerspruch zu lösen . . . ist die Bestimmung des höchsten praktischen, sozialen Lebens, welches die untergegangene Kunst einerseits und die in besonderer Hinsicht erstarrte Philosophie andererseits selbst neu beleben wird."[5]

Diese Belebung der Kunst, von der Cieszkowski spricht, hat zwei Aspekte. Einerseits soll die Kunst die allgemeinen Grundsätze, zu denen die Philosophie ihren Zugang hat, verbreiten und die Erziehung der Menschheit beeinflußen. Andererseits soll sich die Gesellschaft nach den Prinzipien der Kunst entwickeln. Cieszkowski erwartete von der Kunst, die mit dem gesellschaftlichen Fortschritt verbunden wird, neue Inspirationen für das künstlerische Schaffen und neue Funktionen. Somit wird der Widerspruch zwischen Kunst und Philosophie verschwinden.

Cieszkowski hob hervor, daß die ästhetische Erziehung dann effektiv sein kann, wenn sie sich auf die Ergebnisse des philosophischen Wissens stützt. Das künstlerische Schaffen besteht nicht ausschließlich in der Expression von Ideen hervorragender Individuen und ist nicht nur von deren individuellen Willen abhängig. Das künstlerische Schaffen sollte aus dem Erkennen allgemeiner menschlicher Werte, die die Philosophie entdeckt, resultieren. Es sollte auf der spontanen Verwirklichung dieser Grundsätze im gesellschaftlichen Leben beruhen. Auf diese Art und Weise erfolgt die Lösung des Widerspruchs der Kunst mit der Philosophie. Die Spontanität und die Unmittelbarkeit der Kunst sollen sich mit dem Anerkennen allgemeiner menschlicher Werte vereinigen. Dies erfolgt in der gesellschaftlichen Tätigkeit, die Cieszkowski „die Tat" nannte.

Die Schillersche Idee der ästhetischen Erziehung versuchte Cieszkowski mit der Idee des historischen Fortschritts als Verwirklichung allgemeiner Grundsätze und menschlicher Werte zu vereinen. „Die absolute Kunstausbildung der Menschheit wird gewissermaßen eine Rückkehr zur antiken Welt bilden, ohne sich der modernen zu entfremden. . . . Es wird also nicht ein Zurückgehen und Herabsteigen auf das natürliche Leben, sondern eine Zurückziehung und Erhebung des Naturlebens zu uns sein. Da dies aber mit Bewußtsein geschehen soll, so verwandelt sich eben dies frische Naturleben in ein noch reicheres Kunstleben. Unser gegenwärtiges Leben dagegen ist wohl ein künstliches Leben, aber kein wahres Kunstleben, zu welchem wir uns jetzt nur hinsehnen."[6] Daraus wird ersichtlich, daß Cieszkowski die Schillersche Konzeption der Erziehung durch die Kunst als ein Ideal und Ziel der gesellschaftlichen Bestrebungen betrachtet. Cieszkowski sieht in der Kunstausbildung ein wichtiges Mittel zur Verbesserung der Gesellschaft. Aber es ist nicht das einzige Mittel, wie Schiller meinte. Für Cieszkowski stellt die Kunstausbildung ein Element des komplizierten geschichtlichen Prozesses, ein Element neben anderen dar, vor allem staatlichen, sittlichen, politischen und ökonomischen Veränderungen.

Cieszkowski interpretierte die Kunst als ein Gebiet, das aufs engste mit dem gesellschaftlichen Leben verbunden ist und die gesellschaftlichen Veränderungen beeinflussen kann. Wie Cieszkowski dachten in gleicher Weise auch andere Vertreter der polnischen Philosophie der Tat: Karol Libelt und Edward

Dembowski. Für sie bedeutete die Vervollkommnung der Staatsverfassung die Verwirklichung des Schönen im gesellschaftlichen Leben. Der geschichtliche Fortschritt soll nicht nur den gesellschaftlichen Nutzen und die Gerechtigkeit mit sich bringen, sondern auch das Schöne. Im Ergebnis erwies sich die Ästhetik nicht nur als Reflexion über Kunstwerke, sondern auch als ein Wissen über die Gesellschaft. Die ästhetischen Werturteile betrafen also nicht nur die Kunstwerke, sondern auch die gesellschaftlichen Institutionen. Die Anwendung der ästhetischen Kategorien auf das gesellschaftliche Leben stellte ein besonderes Merkmal der Ästhetik dar, die in der „Philosophie der Tat“ entstanden ist.

Inspirationen für dieses ästhetische Modell waren in dem Gedankengut Schillers enthalten. Die Anknüpfung an die Schillerschen „Briefe“ und die Kritik der Philosophie Hegels stellten einen Ausgangspunkt für neue ästhetische Wege dar. Diese Anknüpfung an die deutsche Ästhetik der Klassikepoche ergab ein neues Modell, das man die Ästhetik des gesellschaftlichen Lebens nennen könnte.

Anmerkungen

1 *A. Cieszkowski*: Prolegomena zur Historiosophie, „Philosophische Bibliothek“, Nr. 327, Hamburg 1981, S. 108.

2 Ebenda, S. 85.

3 Ebenda, S. 86.

4 Ebenda, S. 108.

5 Ebenda, S. 110.

6 Ebenda, S. 144.

Eberhard Müller

Naturwissenschaft und Poesie — Stiefschwestern oder Zwillinge?

> „Man vergaß daß Wissenschaft
> sich aus Poesie entwickelt habe,
> man bedachte nicht daß,
> nach einem Umschwung von Zeiten,
> beide sich wieder freundlich,
> zu beiderseitigem Vorteil,
> auf höherer Stelle,
> gar wohl wieder begegnen könnten.“[1]
>
> Goethe

> „Die Wissenschaft hilft uns vor allem,
> daß sie das Staunen,
> wozu wir von Natur berufen sind,
> einigermaßen erleichtere, sodann aber,
> daß sie dem immer gesteigerten Leben
> neue Fertigkeiten erwecke,
> zu Abwendung des Schädlichen
> und Einleitung des Nutzbaren.“[2]
>
> Goethe

Ich bin kein Kulturtheoretiker, ich darf und kann mich an einzelnen Beispielen zu meinem Thema freuen und überlasse die Theorie dazu denen, die sie besser entwickeln können als ich. Ein Historiker bin ich auch nicht: Ich befrage die Klassik nach dem, was ich heute auf dem Herzen habe. Daher beginne ich mit der Gegenwart.
Der Molekularbiologe Jacques Monod schreibt in seinem Buch „Zufall und Notwendigkeit“: Es „muß der Mensch endlich aus seinem tausendjährigen Traum aufwachen und seine totale Verlassenheit, seine radikale Fremdheit erkennen. Er weiß nun, daß er seinen Platz wie ein Zigeuner am Rande des Universums hat, das für seine Musik taub ist und gleichgültig gegen seine Hoffnungen, Leiden oder Verbrechen“.[3]
Der Sachverhalt, der hinter dieser Äußerung steht, ist gar nicht zu bestreiten. Aber diese Formulierung ist ja nicht eine sachliche Feststellung, sondern ein Aufschrei. Solche Äußerungen mehren sich, besonders in kapitalistischen Ländern, häufig verbunden mit einem totalen Wissenschaftspessimismus.

Ficht uns das an — uns Marxisten mit unserem historischen Optimismus? Um es hier auf eine kurze Formel zu bringen: Die IX. Kunstaustellung der DDR hat mich in dieser Frage nachdenklicher gestimmt, und ich bin weniger bereit, mich mit theoretischen Antworten oder Glaubensbekenntnissen zufrieden zu geben. Ich sehe hier eher eine Aufgabe, darauf möchte ich zum Schluß zurückkommen.
Ein weiterer Ausgangspunkt ist spezieller:
Im Haeckel-Haus in Jena hängt ein Gemälde Goethes — zusammen mit solchen von Lamarck, Darwin und — Haeckel selbst; für unseren Altmeister Symbolgestalten, die Herausbildung des Evolutionsgedankens markierend. Kompetente Persönlichkeiten versichern, daß sich Haeckel auch hier geirrt habe: Eher sei wohl sein Wunsch der Vater des Gedankens gewesen, sich mit dem Dichterfürsten in eine Reihe gestellt zu sehen. Hier haben wir also in Jena noch eine spezielle Frage der Vergangenheitsbewältigung mit der Klassik auszumachen.
Als ich meinen Beitrag zum IV. Klassik-Seminar[4] vor Naturwissenschaftlern wiederholte, fand ich bei einigen Kollegen Kritik wegen meines Ernst-Nehmens dichterischer Äußerungen, die doch in der Wissenschaft nicht in Betracht kommen könnten.
In beredten Worten hatte schon Emil Du Bois-Reymond in seiner Berliner Rektoratsrede von 1882 vor Goethe gewarnt. Er meinte „. . . daß auch ohne Goethe die Wissenschaft überhaupt so weit wäre, wie sie ist, ja die deutsche Wissenschaft vielleicht weiter . . . Mehr als Goethe's wirkliche Leistungen nützen konnten, schadete aber sogar die falsche Richtung, welche er der damals durch die sogenannte Naturphilosophie schon hinlänglich betörten deutschen Wissenschaft vielfach einprägte."
Wieviel vorteilhafter erscheint da Voltaire, der „mit dem wahren Geist der theoretischen Naturforschung, dem Newton'schen Geiste gesättigt, ihn nach Frankreich verpflanzte, sein Leben lang für seine Verbreitung wirkte, und so die Triumphe anbahnen half, welche die französische Naturwissenschaft . . . feierte: gerade als die deutsche Wissenschaft vom Taumeltrank der falschen Naturphilosophie bewältigt durch Goethe noch tiefer in ihre ästhetischen Träumereien eingewiegt wurde, und als er selber gegen Newton in den Schmähungen sich erging, von denen man im Hrn. Helmholtz' Vortrag eine Blumenlese findet."[5]
Da ist nun dieser Newton, bei dessen Namensnennung Goethe seinerseits ärgerlich und bissig von einem „Irrtumsgespinst" redet. Es besteht kein Grund, Goethes Irren in bezug auf Newton zu beschönigen. Die Art der Newtonschen Analyse ist eine Säule, auf der die moderne Naturwissenschaft verläßlich weitergebaut hat. Hier ist jeder Zweifel töricht. Aber es wird zu oft vergessen: Newton war zu seiner Zeit der „zweite Moses", der die Gebote der Natur aus der Hand Gottes empfing: Verstehbare, mathematisch formulierbare Natur-

gesetzlichkeit galt als Beweis eines intelligenten Schöpfers. Kann man sich der Faszination eines solchen Weltbildes entziehen? Was blieb, als der Glaube schwand? Immer noch ein höchst wirksames wissenschaftliches Werkzeug, aber doch kein Weltbild! Die Naturwissenschaft objektivierte sich und gewann dadurch an Kraft, wo aber blieb der Mensch?

Gerade das ist einer der Punkte, an dem Goethe einsetzt, übrigens ziemlich unberührt von dem „Taumeltrank" der deutschen Naturphilosophie; und entgegen seiner eigenen Sicht durchaus nicht notwendigerweise gegen die Newtonsche Methode sondern, wie wir heute sehen, in Ergänzung zu ihr. Goethe verdient als Naturforscher in seinem Anliegen vollkommen ernst genommen zu werden, so wie er es selbst wünscht — es ist vielleicht nicht allgemein bekannt, daß er seinen naturwissenschaftlichen Studien einen größeren Zeitraum gewidmet hat als seinen dichterischen Äußerungen.

Nachdem ein Spielraum abgesteckt ist, können wir uns nun ein wenig der Kultur der Klassik „hingeben", bei der Kürze der vorgesehenen Zeit nur in einem Beispiel — ich wähle eins, das zu unserer Jena-Problematik „Evolution" beiträgt:

Es geht um die Sehnsucht Fausts nach Helena — eine Frage, für die wir wohl alle Verständnis aufbringen! Wie ist das Wiedererstehen der klassischen Helena denkbar? Goethe läßt die Einzelheiten eines solchen Materialisierungsprozesses im Falle der Helena im dunkeln, er zeigt später nur das schöne Ergebnis.

Aber in einem grandiosen parallelen Geschehen mit dem Homunculus wird der Fall allgemein abgehandelt. Das ist ohne Kenntnis der Geschichte der Naturwissenschaft nicht verstehbar und das macht wohl eine der andauernden Schwierigkeiten der Faustinterpretation aus. Wichtig dabei ist übrigens nicht nur, was geschieht, sondern auch, was aus wohlerwogenen Gründen nicht geschehen kann.

Der mechanizistische Versuch Wagners, direkt ein „Menschlein" zu erzeugen, mißlingt, selbst die wahrscheinliche Einmischung von Mephisto ändert daran nichts. Eine uns nicht unbekannte großsprecherische Überheblichkeit wird bloßgestellt, und zwar genau an dem Punkt, auf den es auch heute noch ankommt:

> „Was man an der Natur Geheimnisvolles pries,
> Das wagen wir verständig zu probieren,
> Und was sie sonst organisieren ließ,
> Das lassen wir — kristallisieren."[6]

Was ist das für ein Wesen in der Phiole? Die Idee einer Monade, reine Entelechie? Wir können an dieser Stelle nicht genauer werden, das wäre eine eigene Abhandlung für sich. Jedenfalls reicht diese „Idee", die nur in der schützenden Hülle des Glases existent sein konnte, für die Entstehung eines

realen Wesens nicht aus. Was fehlt? Es ist der Prozeß des Organisierens, die entwicklungsgeschichtliche Dimension.
In Erwägung wird gezogen, ob der Homunculus sich direkt zu einem menschlichen Wesen materialisieren könnte, aber das wird verworfen. Schließlich, in der klassischen Walpurgisnacht, zerschellt das schützende Glasbehältnis am Muschelthron der Galatea. Der Inhalt teilt sich dem Meer mit, das in einem Meeresleuchten, einem feurigen Wunder reagiert. Was das nun zu bedeuten hat, ist nur aus dem zeitgenössischen naturwissenschaftlichen Hintergrund zu erschließen. Es ist dies ein Punkt, in dem Goethe als Naturwissenschaftler in sein Recht tritt.
1830 hatte der Kieler Arzt Gustav Adolf Michaelis als erster die Ursache des Meeresleuchtens der Ostsee aufgeklärt: nicht Fäulnis, Elektrizität oder die Wiederausstrahlung des vom Wasser eingesogenen Sonnenlichts, sondern eine bestimmte Art von „Infusionstierchen". Wie Goethe dies erfahren hat, kann hier nicht ausführlich dargestellt werden, Wilhelm Hertz[7] hat dies getan, ihm folge ich weitgehend. Jedenfalls ergab sich für Goethe die Möglichkeit, mit dem Meeresleuchten anzuzeigen, daß das organische Leben auf der untersten Stufe der Entwicklungsleiter beginnen muß. Meeresleuchten symbolisiert auch nicht „Infusionstier" als Individuum, sondern als Gattung, als Population. Und von hier geht es „durch tausend, aber tausend Formen" aufwärts. Goethes Gedanken kreisten immer wieder um diesen Punkt. Schon 1809 sagt er zu Falk: „Man denke sich die Natur, wie sie gleichsam vor einem Spieltische steht und unaufhaltsam au double! ruft, d. h. mit dem bereits gewonnenen durch alle Reiche ihres Wirkens glücklich, ja bis ins Unendliche wieder fortspielt."[8] Das erklärte Ziel ist der „schöne Mensch". Aber sein Entstehen erfolgt nicht direkt, sondern über einen naturgeschichtlichen Prozeß, der mit den einfachsten Lebensformen im Meere beginnt.
Das ist keine naturwissenschaftlich fundierte Aussage, die mit dem Werk Darwins zu vergleichen wäre. Auch ist festzustellen, daß es den Gedanken einer biotischen Evolution mindestens seit der Antike gibt. Dennoch ist es mir persönlich nicht unwichtig, ob und wie dieses Problem im „Faust", als einem der Höhepunkte unserer Kultur, behandelt wird und zu verstehen ist. Der Gedanke ist mir lieb, daß Goethe in einer Art verschlüsseltem Vermächtnis den Evolutionsgedanken in diesem schönen poetischen Bild ausspricht. „Poesie deutet auf die Geheimnisse der Natur und sucht sie durchs Bild zu lösen."[9] Soll man nicht auch anerkennen, wenn wesentliche Grundfragen unserer menschlichen Existenz als Problem erkannt und bewußt gehalten werden, selbst wenn dies im Gärtopf der Kultur wiederholt geschehen muß, bis eine wissenschaftliche Behandlung möglich wird und schrittweise ausreift? Vorwissenschaftliche Problemformulierungen sind natürlich nicht schon Lösungen, aber doch eine Triebkraft, ohne die die Wissenschaft verarmen würde, nicht nur quantitativ. Auch wird der Rang eines wissenschaftlichen

Problems durch die gesamte Kultur einer Gesellschaft bestimmt, und wir haben allen Grund, diese Erkenntnis fruchtbarer zu machen.
Wenden wir uns Goethes naturwissenschaftlichen Schriften zu, so reduziert sich Poesie dort keineswegs auf Phantasie. Vielmehr ist es ihm mit seinem Bemühen um Objektivität und Strenge ernst:
„Wenn der zur lebhaften Beobachtung aufgeforderte Mensch mit der Natur einen Kampf zu bestehen anfängt, so fühlt er zuerst einen ungeheuren Trieb, die Gegenstände sich zu unterwerfen. Es dauert aber nicht lange, so dringen sie dergestalt gewaltig auf ihn ein, daß er wohl fühlt wie sehr er Ursache hat auch ihre Macht anzuerkennen und ihre Einwirkung zu verehren. Kaum überzeugt er sich von diesem wechselseitigen Einfluß, so wird er ein doppelt Unendliches gewahr, an den Gegenständen die Mannigfaltigkeit des Seins und Werdens und der sich lebendig durchkreuzenden Verhältnisse, an sich selbst aber die Möglichkeit einer unendlichen Ausbildung, indem er seine Empfänglichkeit sowohl als sein Urteil immer zu neuen Formen des Aufnehmens und Gegenwirkens geschickt macht."[10]
Goethe will der Natur ihr Gesetz ablauschen und ihr nicht einseitig seine Idee aufzwingen. Allerdings werden die Spuren des Wechselspiels besonders in seinen größeren Arbeiten nicht getilgt, es kommt auch selten zu endgültigen Aussagen, das Vorläufige und Fragmentarische bleibt. Dies macht seit eh und je diese Arbeiten gegen eine zunftgemäße Einordnung so sperrig. Die den Menschen ganz ausschaltende Objektivität naturwissenschaftlicher Publikationen wird nicht erreicht. Ein Summary würde allen poetischen Reiz zerstören. Poesie ist hier vor allem menschlicher Ausdruck des um Erkenntnis ringenden Subjekts — aber auch Geste der Zuwendung zu einem Partner, der angesprochen werden soll, um dessen Einbeziehung geworben wird. Poesie steht nicht für weltentrückte Ästhetik, sie schließt bei Goethe immer den Impuls zu nützlichem Handeln ein.
Hier ist der Mensch nicht in Gefahr, sich verzweifelt im Weltall zu verlieren. Die räumliche Dimension läßt sich nicht ignorieren, aber ihr wird eine andere Dimension entgegengesetzt: die Intensität der menschlichen Begegnung und Wechselbeziehung in der Kultur.
Diese Einsicht in unserer Gesellschaft fruchtbar zu machen, ist unsere Aufgabe. Goethe nachzuahmen war schon zu seiner Zeit unmöglich. Wir dürfen hier zunächst ein Geschenk entgegennehmen, das immer wieder zu erschließen ist. Was zu folgen hat, ist nicht die Formulierung eines Lehrsatzes. Es geht um Haltungen und Handlungen, um eine Intensivierung des gegenwärtigen kulturellen „Vergesellschaftungsprozesses", auch in seiner historischen Dimension.
Es ist ganz wesentlich, dies auch in unserem pädagogischen Tun wirksam zu machen, auch und gerade im naturwissenschaftlichen Bereich: Lebensaneignung nicht nur auf einen „Lehrgegenstand" orientiert, sondern von vornherein

und viel mehr noch als Prozeß selbst des menschlichen Erkennens und Wirkens: immer erneute Entdeckung des schöpferischen Menschen. Ich habe selbst von Klassik-Seminaren dazu wesentliche Impulse erhalten. Dafür möchte ich danken.

Anmerkungen

LA: Goethe, Die Schriften zur Naturwissenschaft. Herausgegeben im Auftrage der Deutschen Akademie der Naturforscher (Leopoldina) zu Halle, Weimar 1947ff. Es bedeutet z. B. LA I 9: Leopoldina-Ausgabe, Abteilung I, Band 9.

[1] LA I 9, S. 67.

[2] LA I 9, S. 69.

[3] *Jacques Monod*: Zufall und Notwendigkeit, München 1971, S. 211.

[4] „Ansätze zu einer Morphogenesekonzeption bei Goethe und Entwicklungslinien bis heute". In: Philosophie und Natur (Collegium philosophicum Jenense, Heft 5), Weimar 1985, S. 207ff.

[5] *E. Du Bois-Reymond* (Hrsg.), 2. Aufl. Leipzig 1912, Band 2, S. 157—183, Zitat S. 174—176.

[6] *Goethe*: Faust. Berliner Ausgabe, Bd. 8, S. 373.

[7] *Wilhelm Hertz*: Goethes Naturphilosophie im Faust, Berlin 1913.

[8] Goethes Gespräche. Gesamtausgabe. Hrsg. F. Frhr. von Biedermann, Leipzig 1909, Bd. 2, Nr. 1185, 14. Juni 1809, S. 41.

[9] *Goethe*: Maximen und Reflexionen, Leipzig 1953, S. 161.

[10] LA I 9, S. 5.

Ludwig Elm

Adam Müller (1779—1829) und die frühe konservative Kulturauffassung

Die Persönlichkeit Metternichs, so schrieb Tatiana Metternich auf Schloß Johannisberg im Juli 1984, sei „vielen lange unverständlich geblieben. Durch das Aufkommen des Nationalismus und des Liberalismus im 19. Jahrhundert haben sie in seinem großartigen Konzept des friedlichen europäischen Gleichgewichts nur Zensur und Repression gesehen“.[1] Und weiter: „Besonders nach dem letzten Weltkrieg und dessen verheerenden Folgen für Millionen von Menschen, war es für uns tröstlich zu wissen, daß er für unsere Probleme Verständnis empfunden hätte, denn wir waren Opfer derselben Übel, gegen die er damals verbissen kämpfte.“[2]

Diese und weitere Aussagen sind nicht nur zeitgenössische, aristokratische Betrachtungen zur „Familientradition“. Ihnen kommt durchaus eine symptomatische, für bestimmte geschichtsideologische und kulturpolitische Tendenzen repräsentative Funktion zu. Mit dem konservativen Trend in der gegenwärtigen bürgerlichen Ideologie wird die geschichtliche Stellung und Rolle des Klemens Lothar Wenzel Fürst von Metternich (1773—1859), österreichischer Außenminister seit 1809 und 1821 bis 1848 Haus-, Hof- und Staatskanzler, neu bewertet.[3] Erst recht erfolgt diese Umwertung für jene Philosophen, Sozialtheoretiker, politischen Schriftsteller und Publizisten, die im Sinne der gegenrevolutionären, restaurativen und volksfeindlichen Politik wirksam waren. Nach Friedrich von Gentz (1764—1832) und durch ihn vermittelt wie gefördert, betrifft dies vor allem Adam Müller[4], der — gebürtiger Berliner — 1805 in Wien zum Katholizismus übertrat, nach Jahren in Dresden und Berlin im Mai 1811 nach Wien zurückkehrte. Neben seinen philosophischen und gesellschaftstheoretischen Arbeiten sowie publizistischer Betätigung übernahm er verschiedene Ämter im österreichischen Staatsdienst, darunter als Generalkonsul für Sachsen in Leipzig. 1827 nach Wien zurückberufen, hatte er es schließlich bis zum Hofrat gebracht.

Unter den namhafteren Denkern des frühen — klassischen — Konservatismus im deutschsprachigen Raum[5] verdient Müller im Kontext unseres Hauptthemas besondere Aufmerksamkeit, umsomehr, als konservative Ideologen auch heute wieder auf ihn zurückgehen.[6] Allerdings wird sein Name — falls überhaupt — am ehesten mit seinem Werk „Die Elemente der Staatskunst“

(1809) oder mit diversen Schriften zur Nationalökonomie, insbesondere in der Polemik gegen Adam Smith, in Erinnerung gebracht. Jedoch weisen sowohl persönliche Daten als auch zahlreiche mittel- und unmittelbare Bezüge zur Kultur und Kunst spezifische Bemühungen um diese Problemfelder und ihre konservativ-elitäre Bewältigung aus.

Die auffälligste biographische Äußerung dieser Neigungen sind die ideell-politischen und persönlichen Bindungen zu Heinrich von Kleist. Während der französischen Gefangenschaft des Dichters gab Müller dessen Amphitryon heraus. Gemeinsam versuchten sie anschließend in Dresden, eine „Buch-, Karten- und Kunsthandlung" zu gründen. Nach dem Scheitern dieses Vorhabens konzentrierten Kleist und Müller „ihre Energie auf die Herausgabe eines ‚Journals für die Kunst', das sie, nach dem römischen Sonnengott, ‚Phöbus' betitelten und dessen erstes Heft im Januar 1808 erschien".[7] Nach Schwierigkeiten bei der Gewinnung von Mitarbeitern blieb es bei neun Heften; die Zeitschrift endete um den Jahreswechsel 1808/09. Ihre Zusammenarbeit erneuerten sie 1810/11 bei verschiedenen publizistischen Unternehmungen in Berlin, denen sämtlich keine nennenswerte Dauer und Ausstrahlung beschieden war. Immerhin bildet der Bund Kleist-Müller im schillernden Spektrum der Romantik eine aufschlußreiche und in ihrer Art bedeutsame Episode. Wiederholt finden wir in den Schriften A. Müllers Bezugnahmen auf Novalis, Goethe und Herder, aber auch auf Kant, Fichte, Schelling u. a., um die eigene Darstellung und Argumentation zu untersetzen.

An dieser Stelle bereits einige grundsätzliche Bemerkungen, die für das Verständnis und die Einordnung der später folgenden Textstellen des konservativen Autors wesentlich sind. Mit Adam Müller wird ein exponierter konservativer Zeitgenosse der klassischen deutschen bürgerlichen Philosophie und Literatur vorgestellt. Die Erwartung, bei Müller eine durchgängige und mehr oder weniger offene und kämpferische Frontstellung gegen die in ihrem Wesen progressiv-humanistische Philosophie und Literatur anzutreffen, kann nicht erfüllt werden. Das ist tendenziell bereits aus dem freundschaftlichen Bund mit Kleist zu entnehmen. Das mag überraschend sein, ist jedoch bei aller darin enthaltenen Widersprüchlichkeit erklärbar. Folgende, untereinander verbundene Aspekte sollten dabei berücksichtigt werden und stehen zugleich für die weitere Aufhellung solcher Phänomene zur Diskussion:

1. Konservative Denk- und Verhaltensweisen sind wesentlich gegenrevolutionär und fortschrittsfeindlich, aber ihre diesbezüglichen Äußerungen und Erscheinungsformen sind konkret-historisch geprägt. Gelassenheit und Flexibilität treten vor allem dort auf, wo fortschrittliche und revolutionäre Ideen nicht in einer Synthese mit Massenbewegungen auftreten bzw. nicht unmittelbar in revolutionäre Situationen münden. Mit anderen Worten: Sie finden sich am ehesten dort, wo die Machtfrage und elementare Herrschafts- und Ausbeutungsinteressen nicht direkt und nicht akut betroffen sind.

2. Konservative Denker von Rang stellen sich auf den Boden weltgeschichtlich irreversibler Vorgänge und Entscheidungen. Umgekehrt ausgedrückt: Sie können ihre Bedeutung und eine in die Zukunft reichende Wirkung nur erlangen, wenn sie den durch neue Voraussetzungen veränderten Bedürfnissen und Erwartungen der volks- und fortschrittsfeindlichen Klassen, Schichten und Gruppen zu entsprechen imstande sind. Jede konkrete geschichtliche Epoche oder Periode konservativen Denkens und Handelns stellt in diesem Sinne jeweils „Neo-Konservatismus" dar, womit sich übrigens dieser Begriff selbst relativiert und entwertet. Erst recht galt dies, als die bürgerlichen Revolutionen und die klassische bürgerliche Philosophie und Literatur bereits international und historisch anerkannte Geltung erworben hatten. Walter S. Rowland wies auf die entsprechende geschichtsphilosophische Ausgangsposition Müllers, der dazu neigte, „im Staat einen lebendigen Organismus zu sehen, ... Ein höherer Wille lenke alle unsere Handlungen auf ein Ziel hin, das außerhalb unserer selbst liege. In der Konsequenz dieses Verständnisses der Geschichte und der Rolle des Staates konnte Müller die Französische Revolution ablehnen, ohne sie politisch bekämpfen zu müssen. Schließlich war ja auch sie das Ergebnis geschichtlicher Entwicklung und die Selbstverwirklichung eines Volkes. Als solche war sie folglich auch hinzunehmen."[8]
3. Schließlich ist das spezifische und zwiespältige Verhältnis des Konservatismus zu Literatur, Kunst und Kultur zu berücksichtigen. Es umfaßt einerseits die im historisch-sozialen Wesen dieser Strömung wurzelnde Schwäche und Defensive der eigenen Positionen und Einflüsse in den Künsten und in der Literatur einschließlich der darin begründeten Unsicherheiten und Widersprüche im Umgang mit ihnen. Andererseits ist es die aus der Eigenart von Kunst und Literatur erwachsende vorwiegend mittelbare Beziehung zu Klassen- und Machtfragen, die den Konservativen eine größere ideell-politische Flexibilität erlaubt, als dies auf anderen Gebieten möglich ist. Diese Erscheinung läßt sich von der Romantik bis zum Feuilleton der großbürgerlichen Frankfurter Allgemeinen Zeitung in der BRD beobachten. Sie wurde überboten im nazistischen Anspruch auf wesentliche Bestandteile und Überlieferungen der deutschen literarischen Klassik.

An dieser Stelle sei bemerkt, daß „Kultur" expressis verbis bei Müller nicht erscheint. Die Rede ist von Kunst — den Künsten — und der Literatur. Allerdings werden sie vielfach im engsten und wechselseitigen Zusammenhang mit Bildung und Wissenschaft (besonders nachdrücklich auch Naturwissenschaft), mit Sitten, Gebräuchen, Gewohnheit und Ethik erörtert. Wir begegnen insofern einer recht umfassenden Auffassung von „Kultur", die von den weltanschaulichen, erkenntnistheoretischen und politisch-moralischen Grundpositionen des konservativen Denkers geprägt ist. Hier gilt durchaus die Charakteristik Müllers durch Karl Mannheim aus dem Jahre 1925, wonach jener nicht zu den Autoren gehöre, „die durch die sachliche Bedeutsamkeit ihrer Leistung oder um ihrer schöpferischen Eigenart willen die Aufmerksamkeit auf sich zu lenken verdienen, sondern zu jenen geschichtlichen Gestalten, die äußerst viel dazu beigetragen haben, die faktische Denkweise eines Zeitalters, oder zumindest einer dominierenden Richtung in ihm, zu prägen. Er ist der geborene Ideologe und Romantiker . . ., wesentlich rezeptiv, zugleich aber Kenner, mit einem unendlich feinen Gefühl begabt, das Zusammengehörige aus dem Gemenge der Gedankenelemente, die im Zeitbecken umherschwirren, aufzufangen“.[9]

Der hauptsächliche Zugang zu Müllers Vorstellungswelt liegt in seiner Auffassung von der Gesellschaft als eines Organismus, in dem sich alle Gebiete und Richtungen menschlicher Tätigkeit einschließlich Wissenschaft und Kunst als einzelne, arbeitsteilige Glieder, Funktionen und Fertigkeiten erweisen. Gleichnisse des Autors zu Gebilden der organischen Natur wie Baum, Tier oder Mensch verdeutlichen diese Betrachtungsweise. „Aus dem Bedürfnis der Restauration“, schrieb Georg Lukács, „einen Begriff der Gesellschaft zu entwerfen, der — logisch und ontologisch — eine jede Revolution a priori ausschließt, ist jene Konzeption des ‚Organischen‘ entstanden, die diese Philosophie dann zu ihrem Fundament macht, ohne sich über die wissenschaftliche Möglichkeit und Begründbarkeit der Analogie den Kopf zu zerbrechen. Jede Analogie ist gut, wenn man aus ihr — von Adam Müller bis Othmar Spann — die entsprechenden reaktionären Folgerungen mit einigem Schein der Plausibilität ableiten kann.“[10]

Müller postuliert auf solchem Fundament eine innere Einheit von Natur, Wissenschaft und Kunst: „Nicht das Erfinden, sondern das Wiederfinden ist das Wesen der höheren Naturwissenschaft. . . . Im eigenen, beseelenden, befruchtenden Gefühl des Lebens begrüßt sie jede Gestalt ihrer Freundin, ihrer Verwandtin, der Natur.“[11] Die „deutsche Naturwissenschaft“ könne mit Recht eine „vermittelnde“ genannt werden: „Kunstwerke, die aus der organischen Natur des Menschen, wie Blüten aus Zweigen oder wie Pflanzen aus Pflanzen am Baume, organisch aufkeimen, nimmt sie als notwendig in das Ganze des Naturorganismus auf.“[12]

Es gehöre, so bekräftigt und wiederholt er, „zum Charakter der Naturwissenschaft, daß sie das Reich der Kunst und alles, was aus dem Inneren des Menschen hervorgesprossen zu sein scheint, nicht bloß als feststehende Allegorie oder Darstellungsmittel benutzte, sondern als wesentliches Glied in den einfachen Zusammenhang ihres Gegenstandes aufnehme“.[13]

Der in der Organismustheorie von Müller zutage tretende biologistische Zug bedeutet nun gerade keine Harmonielehre im Sinne einer von Antagonismen und Kämpfen freien Evolution oder auch bloßen Fortexistenz. Vielmehr werden die Vorstellungen zu „Physik“ und Ethik, zu Wissenschaft und Kunst u. a. von einer bestimmten Version von Dialektik durchdrungen: Zweiheit in der Einheit, allseitiger Zusammenhang im Sinne eines idealistischen Monismus, Bewegung und Kampf. Müller reflektiert die Erfahrungen und Herausforderungen seiner Zeit, wenn er sie mit der früheren Stabilität, Dauer, Gültigkeit von Einrichtungen, Lebensweisen und Ideologien vergleicht und fragt, worauf dies deute: „Statt des geträumten ewigen Friedens im Staat und in der Philosophie, vielleicht auf ewigen Krieg der Waffen gegen die Waffen, der Geister gegen die Geister?“[14] Der konservative Denker verzeichnet die revolutionierende Rolle der „deutschen Philosophie“, um aus der entstandenen Situation Schlußfolgerungen für absehbare Disharmonien und Kämpfe zu ziehen. Auf die Frage, was „aus den Träumen von einem ruhigen, angenehmen und ... zufriedenen Leben“ geworden sei, erwidert er: „Für diese weichliche Vorstellung der sogenannten Zufriedenheit, die sich in sentimentalen Bildern von charakterloser Häuslichkeit, von ungestörtem Familienglück, von glücklicher Sorglosigkeit der Kindheit, vom Reize des Landlebens, vom harmonischen Genuß der sogenannten schönen Natur, von den Vorzügen des goldenen Mittelstandes und von unzähligen anderen mit allen Tönen der Sehnsucht beseufzten Freuden des Lebens ausprägten, gibt es jetzt keine Rettung mehr.“[15] Aus alledem seien „unbegreifliche, fabelhafte, fast wunderbare Wesen“, „eine Art Mythologie“ geworden, die „die beiden Hauptgattungen der Poesie, den Roman und das Drama, besonders in Deutschland in Beschlag nahmen“.[16] Müller beteuert, daß die Polemik gegen die Sentimentalität nicht zugunsten „der falschen, revolutionären Tätigkeit“ erfolge und läßt keinen Zweifel, daß vielmehr die Erfahrung mit der Revolution zum Handeln der Gegen-Revolution herausfordere. Lebensweise und Ethik, Literatur und Kunst werden von ihm in diese Verpflichtung unmittelbar einbezogen.

Einen wesentlichen Platz nehmen in der differenzierten Darstellung der organischen Gesellschaftskonzeption der Staat und die Nation ein. Sie sind gewissermaßen die strukturbildenden und zugleich sinnstiftenden Grundkomponenten im sozialen Organismus und dominieren als Bezugspunkt und Maß für das Individuum, die Gruppe und den ‚Stand‘. Vermittels der Sinnfrage und des Menschenbildes greift dies grundlegend in die Bestimmung der Wissenschaften und der Künste ein. Der Staat — vielfach identisch mit Staatsvolk oder Gesellschaft — erscheint selbst als ein organisches Einzelwesen; „der Staat ist ein denkender, alles Begriffene begreifender, alles Handeln behandelnder oder regierender Mensch.“[17] Es geböte sich, daß er „eins sei mit der Wissenschaft“. Die oben angedeutete organizistische Verflechtung von Wissenschaft und Kunst bedeutet somit, daß die Künste wesensgemäß mit dem Staat verknüpft sind und von ihm ihren eigentlichen Gehalt erlangen. Die idealistische Staatsauffassung eignet sich dazu, Literatur und Kunst im Interesse der herrschenden Dynastien und Ausbeuter zu domestizieren.

Nicht weniger intensiv durchdringt die stets wiederkehrende Kategorie „Nation“ alle Ebenen und Teile des Sozialen. Auch dabei ist die Historizität der Begriffe zu beachten, insbesondere das primär dynastische Verständnis des „Nationalen“, das allerdings in der Verbindung mit der ethnischen Komponente und dem Organismus-Konzept verschiedentlich als frühe völkische Mythenbildung erscheint. Die hypertrophierte Nationsdeutung veranlaßte Friedrich Meinecke, in seinen „Studien zur Genesis des deutschen Nationalstaates“ Müller eine eigenständige und differenzierte Erörterung zuteil werden zu lassen.[18]

Im vorliegenden Zusammenhang interessiert vor allem die nationalistische Sicht von Wissenschaft, Bildung und Kunst, mit der auch die Errungenschaften der klassischen bürgerlichen Philosophie und Literatur usurpiert werden sollen. Es gehe um die „Eigentümlichkeit deutscher Geistesbildung“ gegenüber den „übrigen Nationen von Europa“; das „Wesen deutscher Schrift und Kunst“ offenbare sich nicht bei Einzelnen, sondern im Ganzen: „Nichtsdestoweniger ist die Wendung, die der wissenschaftliche Geist in Deutschland genommen hat, die wichtigste Begebenheit in der Geschichte der modernen Bildung. Es ist entschieden, daß die verschiedenartigsten Geisteserzeugnisse des Auslandes sich nach und nach an diesen deutschen Stamm werden anschließen müssen, und daß, wie Germanische Völker den Staatenkörper dieses Welteils gegründet, so Germanischer Geist über kurz oder lang ihn beherrschen werde.“[19] Der „aktiven Universalität der französischen Literatur“ stehe „eine viel entschiedenere, tiefere, dauerhaftere Universalität in Deutschland“ gegenüber, deren passive Gestalt „nur vorübergehend, ihr Gesetz und ihr Streben aber ewig sei“.[20]

Müller legte seine Nationalidee besonders nachdrücklich in öffentlichen Vorlesungen im Winter 1810 in Berlin am Beispiel der preußischen Monarchie dar. Es müsse für alle „eine Ehrensache werden oder sein, ein bestimmtes Vaterland zu haben; . . . Was ist die Basis unserer Ehrengesetze? Der Gedanke einer ewigen Bereitschaft, sein Leben an etwas Höheres zu setzen“.[21]

Das „zunächst Höhere ist die National-Existenz, ihre Verteidigung der höchste Prüfstein der Ehre“. Durchdringt „diese schönste Überzeugung alle Gemüter“, dann „ist in allen Verrichtungen des Volkes ein belebender und befruchtender Geist zugegen, in allen Werkstätten des Geistes und der Hände jene unaussprechliche Kraft, welche erhält und sichert“.[22] Es ist offensichtlich, daß hier auch ein unmittelbarer Anspruch an Bildung und Wissenschaft, an Kunst und Literatur formuliert wird. Ungeachtet der historisch bedingten dynastischen Gebundenheit wird bereits hier Mythologisierung des Ethnischen, der Nationalität, sichtbar. Aus dem Wechsel der Herrscher im Laufe der Jahrhunderte, so Müller, entstand ein Ideal, ein „unsichtbarer König“ — „nennen Sie ihn Gesetz, Souverän, Nationalgeist, wie Sie wollen: er ist der eigentliche König der Könige in jedem besonderen Staat“![23]

Im Bemühen, den übergeordneten Rang des Nationalgeistes und seine Dauerhaftigkeit zu erläutern, unterbreitet Müller ein aufschlußreiches Gleichnis aus den Bereichen der Politik und der Künste. Er polemisiert gegen den „geisttötenden Wahn", daß in der Antike und von Raffael bereits „die höchsten Werke" geschaffen wurden und die später lebenden Künstler somit „zu ganz hoffnungsloser Nachahmung und Sklaverei verdammt" seien: „Wenden Sie gütigst dieses Gleichnis auf mein Unternehmen an: gilt es bloß ein weltliches Vergleichen der dagewesenen Individuen, so stehe Friedrich höher als alle einzelnen Preußen, und Raffael höher als alle Maler; gilt es aber die Zukunft und eine freie göttliche Abschätzung des ewigen Wertes der Dinge, so stehe die Kunst über Raffael, und das Vaterland über Friedrich. – Nur neben dem Allerhöchsten, neben den Ideen, sollen die Großen der Erde in den Schatten treten."[24] Unzweifelhaft reflektiert diese Argumentation die Situation und die Bedürfnisse der Preußischen Monarchie nach Jena und Auerstedt. Bemerkenswert bleibt, daß ihr Ideologe eine vordergründig optimistische Kunstauffassung vertritt, deren tatsächliche Natur erst mit der Analyse ihres konkret-historischen klassenmäßigen Wesens und der entsprechenden objektiven Funktionen und Wirkungen nachweisbar wird.

Zur Wesensbestimmung der Kunst (= Kultur) äußerte Müller, es sei nie zu vergessen, „daß die Kunst nur in der Natur, die Natur nur in der Kunst und im Gesetz erscheinen" könne.[25] Der idealistische Monismus und der Pantheismus sind Grundlage auch des ästhetischen Konzepts: „Wie nämlich aus recht eigentümlicher Ausbildung beider Geschlechter die Menschheit und die Erkenntnis der Menschheit hervorgeht, so gebären Wahrheit und Gesetzmäßigkeit die Schönheit, Handeln und Wissen das Leben, und Mannigfaltigkeit und Einheit die Welt."[26] Er verband das mit der Blüte der klassischen deutschen bürgerlichen Philosophie und Literatur, die er als Zeitgenosse erlebte. Nicht nur die bürgerliche Herkunft Müllers, sondern vor allem diese Anschauungsweise bedeuten, daß ungeachtet der vorherrschenden feudalaristokratischen Wesenszüge auch im frühen deutschen Konservatismus von Anbeginn wesentliche bürgerliche Intentionen und Tendenzen wirksam werden.

Die Einbeziehung von Lebensweise und Alltagskultur ist ein weiteres charakteristisches Moment der Kultur- und Kunstauffassung des konservativen Denkers. Wiederholt erörtert er polemisch einen Dualismus von Privatem und Öffentlichem. Die Angriffe gelten insbesondere der „Privatkultur", sofern sie die Zuwendung zu Staat und Nation beeinträchtigt sowie gegenüber den herrschenden Leitbildern und Normen auflösende und demoralisierende Züge aufweist. Er verurteilt die Neigung, „den Glauben an das Gemeinschaftliche fahren zu lassen", um „in einer raffinierten Privatglückseligkeit, Privatkultur und im häuslichen Leben Entschädigung für das Entbehren der Nationalität zu suchen, . . .".[27]

Hier begegnen wir wieder der übergreifenden und alles, auch die Kultur, die Lebensweise und die persönliche Sphäre durchdringenden Staats- und Nationsidee. Darin äußern sich der konservative Instinkt in der Machtfrage und die daraus erwachsende Politisierung aller sozialen, kulturellen und ethischen Gegenstände und Themen. Aus Letzterem ergibt sich als frühzeitig erkennbarer Charakterzug einer prononciert konservativen Denk- und Handlungsweise die Neigung zu Aktivität und Entscheidung — auf allen Gebieten des gesellschaftlichen und politischen Lebens: „Nur klares, deutliches Handeln ist kräftiges Handeln; nur tätige Betrachtung ist wahre Betrachtung."[28] Es ließen sich weitere, auch für die Kultur- und Kunstkonzeption Müllers grundlegende wie für jeglichen Konservatismus chrakteristische Elemente nennen und darstellen — beispielsweise der Elitarismus und der Autoritarismus. Im vorliegenden Rahmen soll es zunächst bei einigen ausgewählten Aspekten bleiben, zu denen abschließend verallgemeinernd festzustellen ist:

1. Der frühe Konservatismus im deutschsprachigen Raum wird als Zeitgenosse der Blüte der klassischen deutschen bürgerlichen Philosophie und Literatur herausgefordert, auch grundsätzliche Aussagen zu Kultur und Kunst zu treffen. Diese sind sowohl ideell-politische und ethische Elemente der Verbürgerlichung konservativen Denkens als auch Ausgangspunkt für den späteren Ausbau und die Verfestigung antiaufklärerischer und fortschrittsfeindlicher ästhetischer Konzeptionen.

2. Von Anbeginn entwickeln sich geschlossene Konzepte zu Kultur und Kunst auf volksfeindlich-gegenrevolutionärer Grundlage unter der Dominanz der Macht- und Staatsfrage sowie in intensiver Wechselwirkung mit dem Nationalismus feudal-dynastischen und bürgerlichen Typs (im letzteren Fall speziell unter Ausnutzung der zwiespältigen bzw. eindeutig reaktionären Momente). Hier finden sich traditionsreiche und anpassungs- wie entwicklungsfähige Wesenszüge konservativ-antidemokratischer Versionen von Kultur, von Literatur und Kunst.

3. Die Auseinandersetzung mit allen Bestandteilen und Grundmerkmalen des frühen Konservatismus erfordert, die Dialektik von Kontinuität und Diskontinuität solcher Strömungen auf der Grundlage des historischen Materialismus zu bewältigen. Nur auf diesem Weg werden die widerspruchsvollen Erscheinungen der reaktionären Erbe-Rezeption im zeitgenössischen Konservatismus hinreichend zu erfassen und zu bewerten sein. Die erneute und direkte Zuwendung zu den Ursprüngen des Konservatismus als Strömung der Politik und Ideologie ist eine unabdingbare Voraussetzung für eine zureichende Erfüllung solcher Erfordernisse in unserer Zeit.

Anmerkungen

[1] *T. Metternich*: Metternich in der Familientradition. In: Die Aera Metternich. Historiches Museum der Stadt Wien. 90. Sonderausstellung, 27. September bis 9. Dezember 1984, Wien 1984, S. 180.

[2] Ebenda.

[3] H. Strakosch schreibt: „Die Wahrheit der Metternichschen Feststellung, daß die Revolution den Krieg in Permanenz bedeute, ist bezeugt durch die seit der Französischen Revolution herrschende innerstaatliche und internationale Spannung." In: Ders.: Auf dem Wege zur Staaten-Gesellschaft. In: *G.-K. Kaltenbrunner/Hrsg.*): Absurdes Welttheater, München 1981, S. 91 (= Herderbücherei INITIATIVE, 41).

[4] Vgl. zum engen persönlichen Verhältnis von Gentz und Müller: *G. Mann*: Friedrich von Gentz, Zürich 1947, sowie: Briefe von und an Friedrich von Gentz, hrsg. von F. C. Wittichen, 2. Bd., München und Berlin 1910, S. 346—452.

[5] Vgl. Falsche Propheten. Studien zum konservativ-antidemokratischen Denken im 19. und 20. Jahrhundert. Hrsg. von L. Elm, Berlin 1984, insbes. das von G. Rudolph verfaßte I. Kapitel: Konservatismus als Reaktion auf die Französische Revolution — Friedrich von Gentz, Adam Müller, Karl Ludwig von Haller, Franz von Baader und Friedrich Julius Stahl.

[6] Beispielsweise *P. Berglar*: Adam Müller oder: Die verborgene Aktualität. In: Ders., Geschichte als Tradition — Geschichte als Fortschritt, Graz—Wien—Köln 1984, S. 123—144.

[7] *P. Goldammer*: Heinrich von Kleist, Leipzig 1980, S. 38.

[8] *W. S. Rowland*: Das Wesen des Konservativismus und die Erscheinungsformen konservativen Denkens. In: Der Staat, Berlin (West) Bd. 8/1969, H. 3, S. 356.

[9] *K. Mannheim*: Konservatismus. Ein Beitrag zur Soziologie des Wissens. Hrsg. von D. Kettler, V. Meja und N. Stehr, Frankfurt a. M. 1984, S. 149.

[10] *G. Lukács*: Die Zerstörung der Vernunft, Berlin 1954, S. 294.

[11] *A. Müller*: Vorlesungen über die deutsche Wissenschaft und Literatur. Zweite vermehrte und verbesserte Auflage, Dresden 1807, S. 106. (Die Orthographie wurde hier und in analogen folgenden Fällen dem heutigen Stand angeglichen.)

[12] Ebenda, S. 108.

[13] Ebenda, S. 109.

[14] Ebenda, S. 88.

[15] Ebenda, S. 89.

[16] Ebenda, S. 90.

[17] Ebenda, S. 116. Später liest man vom „deutschen Begriff des Staates, als eines großen organischen Körpers". (Ebenda S. 136).

[18] Vgl. *F. Meinecke*: Weltbürgertum und Nationalstaat. Fünfte durchgesehene Auflage, München und Berlin 1919, S. 128—161.

[19] *A. H. Müller*: Vorlesungen ... Programm (ohne Seitenangabe).

[20] Ebenda.

[21] *A. Müller*: Über König Friedrich II und die Natur, Würde und Bestimmung der Preußischen Monarchie, Berlin 1810, S. 5f.

[22] Ebenda, S. 6.

[23] Ebenda, S. 8.

[24] Ebenda, S. 13f.

[25] *A. Müller*: Vorlesungen ... S. 112.

[26] Ebenda, S. 114.

[27] *A. Müller*: Über König Friedrich II ..., S. 15.

[28] *A. Müller*: Vorlesungen ... S. 134.

György Poszler

Faust oder Zarathustra

Georg Lukács und die deutsche Klassik

Das Patrizierhaus in Frankfurt ist weit vom Pastorenhaus in Röcken entfernt. Doch sind in Weimar der Frauenplan und der Sonnenblick schon näher beieinander gelegen. In jenem ist Goethe geboren, in diesem Nietzsche. Sind beide einander näher gekommen? — Höchstens im Raum. In der Geschichte und in ihren Ideen nicht. Sogar der Gedanke schwingt sich nur schwer von einem Endpunkt zum anderen.

Auch die beiden symbolischen Gestalten sind weit voneinander entfernt: das hochgewölbte Studierzimmer Fausts und die von Bergen umgebene Einsiedlerhöhle Zarathustras. Ersterer durchwandert die Geschichte und verfällt wie ein Mensch der Sünde. Der zweite tritt aus der Geschichte heraus und ist auf übermenschliche Art und Weise vollkommen. Faust wird die Erlösung zuteil, weil er ein Mensch ist, und seine unsterbliche Hälfte gelangt in den Himmel. Zarathustra bleibt die Erlösung versagt, weil er ein Halbgott und zur Gänze unsterblich ist. Der Gelehrte wird von den reichhaltigen Strömungen des Lebens umgeben, den Propheten umgibt die eisige Einsamkeit jenseits des Lebens. Goethes menschlicher Held ist eine sich vorbereitende, unvollendete Person, in ihm ist die Dynamik des sich realisierend wollenden Geistes enthalten. Nietzsches makelloser Held ist angekommen, beendet, in ihm ist die Statik der Offenbarung zu sehen, die er zu sehen wähnt. Lebendige Vernunft und lebendiges Gefühl kennenlernen und leben wollen auf der einen Seite; bis zum Wissen und zum Glaubensbekenntnis gelangter Instinkt und Intuition auf der anderen. Und die Aufzählung der Gegensätze könnte noch fortgesetzt werden. Eine jeder Hölle ins Auge blickende, doch körperwarme Menschlichkeit; eine über jede Hölle erhabene, deshalb starre Unmenschlichkeit.

Ein halb untergehendes Schicksal, das dennoch von dem kennengelernten, doch betrogenem ewig Weiblichen erlöst wird; eine kalte Schicksalslosigkeit, die von dem nie kennengelernten, doch verachteten ewig Weiblichen auch nicht erlöst werden muß. Die Figur des Dichters ist die um den Preis des Leidens errungene Individualität. Der Götze des Denkers ist der prädestinierte Individualismus. Deshalb hat Faust eine Entwicklungsgeschichte. Gerade deshalb ist Zarathustra gleichbleibend und unverändert.

Nietzsche macht diesen Gegensatz auch bewußt, und zwar bereits am Anfang seiner Laufbahn, in der *Geburt der Tragödie.* Faust ist der analysierende, theoretische Mensch, der die Sicherheit der Instinkte, die in der Intuition gegebene kosmische Einheit verloren hat. Dem blind Sicheren gegenüber ist er der intellektuell Unsichere; dem spontan Eindeutigen gegenüber ist er der ethisch Überlegene; dem Rausch gegenüber die Vernunft, dem Offenbarenden gegenüber der Abwägende, Dionysos gegenüber Sokrates. Und noch deutlicher wird dies im *Zarathustra*, in der Paraphrase zum Faust, die mit dem erhebenden Schlußakkord polemisiert und diese zurückzieht:

„Alles Vergängliche
Ist nur ein Gleichnis
Das Unzulängliche,
Hier wird's Ereignis;
Das Unbeschreibliche,
Hier ist's getan;"

— so bei Goethe. „Alles Unvergängliche — das ist nur ein Gleichnis! Und die Dichter lügen zu viel." — So schreibt Nietzsche. Die Diskussion ist paradox. Es kann so scheinen, daß der Dichter das Beendete-Zeitlose, der Denker das sich Verändernde, das an die Zeit Gebundene verkündet. Nur daß eben nicht davon die Rede ist. Der „Chorus Mysticus" singt nicht das starre Beständige, sondern die bleibende Gültigkeit des letzten Kerns der errungenen Persönlichkeit. Der Bergprophet prophezeit nicht die sich gestaltende Geschichte, sondern den einmaligen Sieg des den toten Gott ablösenden Übermenschen. Das Schicksal Fausts im Jenseits ist nicht die Unsterblichkeit des Menschen, sondern die Chance seines eroberten besseren Ichs. Der Triumph Zarathustras in dieser Welt ist nicht die Selbstverwirklichung des Menschen, sondern die Machtablösung des himmlischen Gottes und des irdischen Gottmenschen. Die Antibibel Nietzsches von überwältigender Kraft ist sein mit bewußtem Pathos komponierter Gottersatz. Denn — so schreibt er — „Gott ist eine Mutmaßung . . . wenn es Götter gäbe, wie hielte ich's aus, kein Gott zu sein! Also gibt es keine Götter." Lukács redet mit seinem ganzen Lebenswerk in die dichterisch-philosophische Diskussion von großer Perspektive des von Leiden erfüllten Zustandekommens der menschlichen Individualität des modernen Mythos der menschlichen Vergöttlichung hinein. Er tut dies durch die tiefschürfende Analyse der Ideenwelt der deutschen Klassik, mit der leidenschaftlichen Kritik an der Ideologie des deutschen Irrationalismus. Das erste ist das Maß, mit dem er die geistigen Erscheinungen mißt, das andere das Ausschwingen, das die Entfernung vom Maß zeigt. Dies ist zugleich die Duplizität von Blüte und Auflösung, von Blütezeit und Verfall. Die Analyse der Klassik, des Maßes hat vier Gesichtspunkte: Die Dilemmas der Persönlichkeit in der Dichtung Goethes; der historische Weg des Menschengeschlechtes in der Dichtung Goethes und in der Philosophie Hegels; das Gegenüberstehen von dichterischem und prosaischem Zeitalter in der Dichtung und der Philosophie und das Erbe der ganzen Periode im Kategoriensystem der Ästhetik.

Die Möglichkeit und Unmöglichkeit des Zustandekommens der Persönlichkeit ist der Mittelpunkt der großen Goethestudien von Lukács: Über den Werther, den Wilhelm Meister und den Faust, und daneben die über Schiller, und zwar nicht nur über seine ästhetischen Anschauungen, sondern auch über seine berühmte geschichtsphilosophisch-poetische Dichtertypologie und über den Briefwechsel Schillers mit Goethe. Die Wurzeln sind auch hier nicht einfach nur Literaturtheorie oder Ästhetik, sondern Geschichtsphilosophie und Anthropologie; die in der Literaturtheorie und in der Ästhetik ertappte Geschichtsphilosophie und Anthropologie. Wenn der wirkliche Sinn der Geschichte das Austragen des wirklichen Menschen, seine Empfängnis in der Hoffnung und seine Geburt mit Schmerzen ist: Die Odyssee der Persönlichkeit; ihre Verspätung und Erfüllung, ihre Verstümmelung und Lobpreisung; ihr schmerzensreicher Weg zu sich selbst, zu ihren besten Möglichkeiten. Eine Etappe, ein Teilsieg, halb utopische, halb reale Realisierung von ihr ist die deutsche Klassik, und zwar aufgrund der Harmonie der psychisch-humanen Kräfte; in Vernunft und Instinkt, in Sinn und Sinnlichkeit, in analysierender Erkenntnis und ahnendem Aufleuchten zusammen enthalten und einander verstärkend.

Es ist dies ein einmaliger Augenblick, eine nie vergönnte Aussicht auf die Möglichkeit des Menschen; eine revolutionäre Aufforderung jenseits der Grenzen, deutsche Misere innerhalb der Grenzen; diesseits der Möglichkeiten der wirklichen Tat, jenseits der Möglichkeiten der gedanklichen Tat; die theoretische Zerstörung der Bastille ohne einen 14. Juli, das Verschaffen einer historischen Gerechtigkeit ohne Guillotine, — doch eher nur ein nicht zu Ende gefühlter, kein ausgesprochener Wunsch, mit großen geistigen Kompensationen, mit fein veränderten psychologischen Ersatzmitteln: statt mit politischem Jakobinismus mit ästhetischer Erziehung, statt der zerlumpten Armee der Sansculotten mit den ätherischen Gebäuden von Gedankensystemen, statt mit dem die Alltage umgestaltenden Radikalismus, mit der die Gefühlswelt verändernden Poesie, und vor allem in der Tat und mit der Tat, zumindest mit dem Wunsch der Tat zusammen entstehenden, halb oder ganz verwirklichten Persönlichkeit. Drei Etappen dieser Persönlichkeit werden von Georg Lukács im Lebenswerk Goethes analysiert:

— Im *Werther* der Widerspruch zwischen subjektiver Anforderung und objektiver Möglichkeit. Daß sich schon die emotionelle gedankliche Innerlichkeit des freien oder in seinen Wünschen freien Individuums herausgebildet hat, noch ist nicht die Außenwelt entstanden, in der sich diese entfalten kann, in der sich dies statt in den Illusionen in der Realität wirklich entfaltet realisieren kann.

— Im *Wilhelm Meister* die utopische Erfüllung, die Situation, in der auf einmalige Art und Weise die Harmonie des Ichs und der Welt, der inneren Bewegung und des äußeren Einflusses entstehen kann, daß das subjektive Innere objektiv, das objektive Äußere subjektiv wird in der die Geschichte gestaltenden sinnvollen Handlung.
— Und im *Faust* die Begegnung der für ihre Geburt kämpfenden Persönlichkeit mit der Weltgeschichte, wo das individuelle Sein einen historischen Sinn, der geschichtliche Sinn eine persönliche Glaubwürdigkeit erhalten. Die Vorgeschichte des Dilemmas von persönlicher Geschichte und geschichtlicher Persönlichkeit in der Weltliteratur ist — zum Beispiel — der englische Roman und in der deutschen Literatur *Emilia Galotti.* Ihr kongeniales Pendant ist die Dramaturgie Schillers, besonders seine Theorie vom Wesen des Ästhetischen, vom einmaligen Übereinstimmen von Vernunft und Leidenschaft, die dort zwischen dem Sklaventum des Zwanges und der Freiheit der Moral aufscheint, in der von zerbrechlichen Grenzen umgebenen Republik der Schönheit. Und dies ist auch der Kern der Ästhetik Hegels, die Einheit von Materie und Geist auf der ersten Stufe des den absoluten Geist repräsentierenden Schönen in der Kunst.
Natürlich ist der in die Weltgeschichte hineintretende Magier schon eine tief symbolische Figur. Sein metaphysischer Pakt ist das Dilemma des menschlichen Schicksals, sein Lebensweg ist das historische Geheimnis des ganzen Geschlechts, seine Errettung das Paradigma der Möglichkeiten der Menschheit. Das ist der tiefste Sinn der deutschen Klassik, der Punkt, an dem Individuum und Gemeinschaft sich verschmelzen, das individuelle Schicksal das Schicksal des Geschlechts in sich einbaut. Dies ist die einander aufbauende und einander zerstörende, sich bestätigende, in Frage stellende, miteinander verschmelzende Begegnung der beiden Pole. Und hier tritt in den Analysen neben Goethe auch Hegel, neben den *Faust* die *Phänomenologie*. Das sind die beiden gewichtigsten Antworten, die östlich des Rheins, zumindest in Deutschland, auf die Herausforderung der Französischen Revolution entstanden sind: eine dichterische Vision von dem das Drama der Weltgeschichte erlebenden und sich selbst zustande bringenden und bewahrenden Menschen; eine gedankliche Vision von der Weltgeschichte, wie sie ist, und wie sie im Bewußtsein des Menschen erscheint. Davon handelt die brühmte Analyse der *Phänomenologie*, von dem Dreier-Rhytmus des Werkes. In dem der erste der Weg des subjektiven Geistes hin zu der Möglichkeit der Erkenntnis ist. Und der zweite ist der Weg des objektiven Geistes der Welt, die der subjektive Geist kennenlernen will. Der dritte ist der absolute Geist, die Lehre von den Formen, in denen diese Erkenntnis wirklich vor sich geht. Hiermit verbindet sich noch die Ästhetik Hegels mit der tief historischen Betrachtung der Entwicklung der Kunst mit der Geschichtsphilosophie, die die historische Selbstverwirklichung von Vernunft und Freiheit begleitet, wie sie sich von Osten nach Westen voranschreitend allmählich verwirklichen.

Und darauf reimt die monumentale Architektur des *Faust*. Mit ihrem doppelten Pfeilersystem des ersten und des zweiten Teiles, wie die auf der Kammerbühne der kleinen deutschen Welt eingetretene Tragödie auf der Bühne der großen Oper der Weltgeschichte allmählich gelöst wird. Daraus, aus der Tragödie und ihrer Auflösung ergibt sich die tiefste Vision, die die Zeit über den Sinn der Geschichte und über die Geschichte des Sinnes hervorgebracht hat, daß sich aus einer Reihe von Tragödien — bei Goethe Gretchen, Erdgeist und Euphorion, bei Hegel aus der Tragödie des historischen Individuums und des sich mit substantiellem Ziel vollkommen identifizierenden dramatischen Helden — der zur Gänze nicht tragische Prozeß herausbildet, in dem die Betonung zusammen und gleichzeitig auf die Vernichtung und die Fortsetzung, auf den Untergang und auf die Erhebung gelegt wird. Und der Held — Faust oder das weltgeschichtliche Individuum — läßt mit einer seiner inneren Bereicherung dienenden tief menschlichen Erschütterung die Tragödie oder die Möglichkeit der Tragödie heranreifen. Deshalb wird Faust von einem Opfer der Tragödie, von Gretchen, dem ewig Weiblichen, geholt, — das Zarathustra nie holen kann! —, um seine unsterbliche Hälfte — seine verwirklichte Persönlichkeit! — mit sich in die Ewigkeit zu nehmen.

Mit der Tragödie und der Möglichkeit der zu einer Tragödie fähigen Persönlichkeit hängt der eine philosophisch-dichterische Grundgedanke der Klassik, die Trennung und der Widerspruch zwischen der heroisch-poetischen und der bürgerlich-prosaischen Epoche zusammen. Theoretisch formuliert Hegel die Antinomie, doch fühlen alle den großen Formwechsel der Geschichte, daß die erstere, in der alles sich verändert, alles erreichbar und begeistert ist, eine günstige Situation, die zweite, in der alles eine beendete, erstarrte und seelenlos gewordene, ungünstige Situation für die Kunst ist. Deshalb befürchtete Hegel den Tod der Kunst, deshalb konstatierte Heine das Ende der Kunstperiode, deshalb deklarierte Belinski das Ende der Puschkinschen poetischen Periode. Darauf basierte sogar auch die zu einer Grundkategorie gewordene Typologie Schillers. Der naive Dichter bildet eine Einheit mit der mythisch-poetischen Welt und schafft mit ihr zusammen auf spontane Weise, ihren Qualitäten folgend. Der sentimentale Dichter befindet sich im Widerspruch zur demythisierten, prosaischen Welt, und schafft ihr gegenüber auf bewußte Weise, ihre Qualitäten besiegend. Das heißt, im veränderten Zustand der Welt ist die einzige Chance der Kunst, die Opposition gegen die Kunstlosigkeit der kunstlosen Situation, die Antipoesie, die die Werte aus den ihr von der Natur und Geschichte gebotenen Möglichkeiten zustande bringt.

Für Lukács ist dieses Dilemma besonders spannend. Einerseits, weil er aus ihr seine Theorie der künstlerischen Widerspiegelung erarbeiten kann. Die nicht auf die Oberfläche, sondern auf das hinter ihr und in ihr verborgene Wesentliche gerichtet ist, und die auch in der Zersplitterung das in der Tiefe verborgene Ganze aufzeigen kann. Andererseits, weil er sich schon in seiner

Jugend dazu bekannte, daß die Kunst eine „luzifersche Antischöpfung" ist, die gegenüber der in der Wirklichkeit existierenden bösen Welt ihre illusorische Korrektion zustandebringt. Davon zeugt der *Wilhelm Meister*. Denn, wenn auch mit eingeengten Dimensionen und mit utopistischem Geschmack, schafft er dennoch ein Zusammenhangssystem, in dem sich im Anziehungsbereich der Handlung des Helden eine in den großen Dimensionen bereits verschwundene Harmonie realisieren kann. Auf dieser, auf dem Gegensatz zwischen Ideal und Wirklichkeit, basiert auch die Skizze der Schillerschen Gattungstheorie, die innere Gliederung der sentimentalischen Dichtung, insofern die Elegie die schmerzliche Reflexion des Gegensatzes, die Satire seine Konstatierung mit scharfer Ironie, die Idylle der Versuch der Anpassung der Wirklichkeit an das Ideal ist. Und gerade das rückt die Fragen der Gattung im *Briefwechsel* zwischen Goethe und Schiller in den Mittelpunkt. Denn einerseits, natürlich nach Varianten sich unterscheidend, kann die Gattung ein Versuch zur dichterischen Bewältigung der prosaischen Welt sein. Andererseits jedoch als historisch herauskristallisierte Ordnung kann sie ein Versuch sein, dem Formlosen gegenüber die Form, dem Dekomponierten gegenüber die Komposition zu bewahren. Das heißt, wenn auch nicht ausdrücklich so formuliert, ist die Gattungskategorie eine Wertkategorie, ihre Integrität eine Wertintegrität, ihr Schutz ein Wertschutz. Aus der dichterisch-philosophischen Wertschaffung der Klassik, die die Prosa der Welt opponiert und umpoetisiert, leitet das Werk von Georg Lukács die diese Tradition bewahrende und weiterentwickelnde Tendenz der deutschen Literatur ab. Diese führt von Goethe zu dem die epochale revolutionäre Lyrik begründenden Heine, zu dem die demokratische Öffentlichkeit des Lebens bewahrenden Keller, zu dem die einst populären Illusionen hegenden Raabe, zu dem den Untergang der preußischen Haltung darstellenden alten Fontane und natürlich zu dem die Goethesche Tradition auf Goetheschem Niveau neuschaffenden Thomas Mann, zu ihm, der das dichterische Pendant des Faust geschaffen hat. Gegenüber dem aus dem hochgewölbten gotischen Zimmer heraustretenden, die bessere Hälfte seines Ichs trotz der Teiltragödien bewahrenden Magier und Gelehrten schuf er den im Studierzimmer verbleibenden, sein ganzes Ich in einer einzigen tragischen Explosion verlierenden Künstler-Zauberer. Neben dem Licht dieser Tendenz wird Schatten fallen auf alles, was in der deutschen Literatur außerhalb dieser geschieht. In erster Linie auf die aller Sünden des Irrationalismus angeklagten und gerade deshalb einer Rehabilitation bedürfenden Romantik, doch auch auf den Naturalismus, ja sogar auf so große Dichter um die Jahrhundertwende wie Rilke und George.

Die deutsche Klassik bleibt Quelle und Maß auch in der Theorie der Ästhetik par excellence. Dies bedeutet in der Heidelberger Ästhetik der Jugend auch Kant und Schiller, in der großen Zusammenfassung des Alters vor allem Goethe und Hegel. Schon dieser Anspruch ist eines Hegels würdig: die vollständige philosophische, ästhetische, logische und historische Analyse des Ästhetischen, seiner geschichtlichen Wandlungen, seiner ästhetischen Verhaltensformen und der Gesetze des Kunstwerkes. Doch erinnert an ihn, an Hegel nämlich, auch die Struktur, die Alltäglichkeit und die aus ihm herauswachsende, doch diese bereichernde Opposition der Bewußtseinsform, der Religion, der Wissenschaft und der Kunst, in der zwar nicht die Opposition und die Bewältigung dominieren wie im Verhältnis der Prosa und Dichtung, doch unbedingt die Trennung und Überwindung.

Goethe ist in fast jedem wesentlichen Begriff anwesend. Hier seien nur zwei erwähnt: die Kategorie „Kern und Schale" sowie „Allegorie und Symbol", die einander ergänzen und im Hegelschen Sinne Reflexionsbegriffe sind. Diese erhalten ihren Sinn wirklich voneinander, in Bezug aufeinander. Das Dilemma von „Kern und Schale" abstrahiert die berühmten Zeilen des *Ultimats* zu ästhetischen Kategorien:

„Und so sag' ich zum letzten Male:
Natur hat weder Kern noch Schale;
du prüfe dich nur allermeist,
ob du Kern oder Schale seist!"

Das Gedicht sucht zweifelsohne nach dem Geheimnis der Persönlichkeit, ob sie bedeutend oder unbedeutend ist, ob sie über sich hinausweist oder sich abkapselt, ob sie verschmilzt, zu einer Einheit wird mit der Welt oder sich von ihr losreißt. Um so mehr, weil es folgendermaßen endet:

„Ihr folget falscher Spur;
denkt nicht: wir scherzen!
Ist nicht der Kern der Natur
Menschen im Herzen?"

Deshalb wird die im Mittelpunkt der Natur, des Daseins stehende „Kern-Persönlichkeit" zu einer wirklichen Persönlichkeit, als Schöpfer zum Formulierer der tektonischen Bewegungen der Welt, als Aufnehmender zum Deuter, zum Interpreten der tektonischen Bewegungen der Welt. Und deshalb wird die an der Peripherie der Natur, des Daseins stehende „Schalen-Persönlichkeit" zu einer Pseudo-Persönlichkeit, als Schöpfer zum Formulierer der Oberflächenbewegungen der Welt, als Aufnehmender zum Deuter der Oberflächenbewegungen der Welt. Das bedeutet, daß die beiden Persönlichkeitsformeln zugleich auch zwei ästhetische Verhaltensweisen sind, menschliche Basen von zweierlei Werken und zweierlei Weltinterpretationen. „Allegorie und Symbol" bauen auf das häufig zitierte Aufleuchten der *Maximen und Reflexionen*, demzufolge in der künstlerischen Darstellung die Allegorie zum ab ovo bekannten Allgemeinen — deduktiv — das Besondere und Individuelle sucht. Das Symbol, die wahre Dichtung, jedoch erahnt im erkannten Individuellen — induktiv — das Besondere und Allgemeine. Ersteres ist — so schreibt Lukács! — der mythisch-religiösen Kunst und der Avantgarde eigen, letzteres eignet der demythisierten Kunst dieser Welt und dem Realismus. Die Differenzierung ist klar. Ihre Gültigkeit und ihr Gehalt zwingt einen natürlich zu weiteren Meditationen.

Das war die Klassik, ein das ganze Lebenswerk des Autors beleuchtendes Licht. Der Schatten, der ebenfalls auf das ganze Lebenswerk fällt, ist der Irrationalismus. Das Nachleben der Klassik reicht, wie zu sehen war, von Goethe bis Thomas Mann; das Nachleben des Irrationalismus vom späten Schelling über Schopenhauer, über die Kierkegaard-Rezeption, über Nietzsche, Spengler und Heidegger bis zu Bäumler und Rosenberg. Dort ist eindeutig Goethe die repräsentativste Figur; hier — fast eindeutig — Nietzsche. In der Analyse der Klassik laufen die gedanklichen Kräftelinien im *Faust* zusammen und gehen vom *Faust* aus, bei der Analyse des Irrationalismus im *Zarathustra* bzw. gehen sie vom *Zarathustra* aus. Diese sind einander kontrastierende beleuchtende Gegengestalten. Sie agieren in der deutschen Geschichte aus einer beinahe fünfzigjährigen Entfernung. Im *Faust* von Thomas Mann blicken sie einander sogar in zwei menschlichen Möglichkeiten ins Auge. Viel hängt davon ab, wer die Oberhand behält. Auch im Zusammenhang mit Lukács lohnt es sich, dieses Dilemma noch einmal zu streifen.

Um der Eindeutigkeit willen sei die Logik der Klassikanalyse befolgt: beides sind Persönlichkeiten. Doch ist die eine um den Preis von Kämpfen vor unseren Augen vollständig geworden; die andere ist ab ovo fertig und auf megalomane Art und Weise überdimensioniert. In der ersteren ist es die Begierde des Geistes, die das Wissen haben will; in der anderen die Begierde der Leidenschaft, die die Macht haben will. Faust hat eine Geschichte, manchmal ist er unbarmherzig logisch, doch leidet er selbst. Zarathustra ist zeitlos, bewußt unbarmherzig und urteilt nur. Goethes Held ist der Repräsentant der Menschheit, eingebettet in die Kontinuität des Geschlechts, mit ihm zusammen siegt er oder geht er unter. Der Held Nietzsches ist ein Prinzip jenseits des Menschen, tritt aus jeder Kontinuität heraus, besiegt sie, und alles andere geht unter. Deshalb ist das Faust-Paradigma das Geheimnis der lebendigen Geschichte, in der Entstehen und Vergehen existiert, in der die Tradition untergeht und fortgesetzt wird. Das Zarathustra-Gleichnis ist das Geheimnis der toten Geschichte, in der es nur „ewige Wiederkunft“ gibt und den Gespensterzug des einmal Vergangenen. In der lebenden Geschichte gibt es Chancen, daß der Mensch sich in der veränderten Welt zustande bringen kann. In der toten Geschichte ist der Untergang Gottes vorhanden und die Macht des Übermenschen in der ewigen Zeit. Die philosophische Dichtung Goethes weist die in der Tiefe sich verbergende Poesie auf, um die wirkliche Prosa des Lebens zu besiegen. Die dichterische Philosophie Nietzsches schafft monumentale Allegorien, um die Realität des vertriebenen Lebens durch die Poesie zu ersetzen.

Dort wird der Zerfallenheit der Welt die kristallene Ordnung der Gattungen gegenübergestellt, hier der logischen Ordnung der Gedanken die glänzende Reihe von Aphorismen und Fragmenten.
Nun, dieser Gegensatz kann noch weiter fortgesetzt werden. Im Lebenswerk von Georg Lukács ist all das vorhanden. Stellenweise nicht ausgeführt, stellenweise übetrieben. Die Analyse der Klassik ist von bleibender Gültigkeit, die Kritik des Irrationalismus ist auf ein neues Durchdenken angewiesen. Hier komponiert er eine große ideologisch-politische Streitschrift, keine nüchtern analysierende theoretisch-wissenschaftliche Geschichte der Philosophie. Er faßt die Tatsache des Faschismus als Ausgangspunkt auf und liest die Geschichte des Denkens von da aus rückwärts. Dies ist keine präzise Perspektive. Er macht auch das zu einer retrograden Tradition, was keine ist, und gibt dem Faschismus beinahe alles, was dieser für sich als Vorläufer forderte. Doch hat er aber nie mit dem Anspruch des Endgültigen formuliert. Mit seinem Rang forderte er das weitere Nachdenken.

Michael Wegner

Romantheorie im Disput: Georg Lukács und Michail Bachtin

Theorien, die vor gar nicht so langer Zeit den „Tod des Romans“ festzustellen oder zu prophezeien glaubten, spielen heute in der internationalen Diskussion keine nennenswerte Rolle mehr. Das vermeintliche „Ende des Romans“ erschien manchen Verfechtern dieser Theorien — namentlich aus dem „linken“, „radikalen“ Lager in westeuropäischen Ländern und in den USA — hauptsächlich damit hinreichend begründet, daß man das Schicksal des Romans als Genre mit dem Schicksal der bürgerlichen Ordnung schlechthin verknüpfte, um aus der offensichtlichen Vergänglichkeit der bürgerlichen Gesellschaft auf den Untergang des Romangenres zu schließen. Angesichts eines bemerkenswerten Aufschwungs des Romans in vielen Nationalliteraturen in den 60er und 70er Jahren — man denke allein an den Roman in den sozialistischen Ländern, an den mittelamerikanischen Roman — haben sich solche Auffassungen ebenso gegenstandslos erwiesen wie auch die fehlerhafte Identifizierung des Romans mit seinen historisch tradierten Formen, eine Ansicht, die letztlich ebenfalls zu einer nihilistischen Einstellung gegenüber dem Romangenre führt. Nicht gegenstandslos hingegen sind alle Versuche, die Lebensfähigkeit des Romans unter dem Aspekt der Wandlungsfähigkeit des Genres zu hinterfragen. Der Roman lebt, doch wie ist sein derzeitiger Zustand, wie wird er sich weiterentwickeln? Der Roman ist im unablässigen Wandel begriffen, doch was sind die konstanten Momente seiner Wandlung? — diese und andere Fragen scheinen uns geeignet zu sein, um zum tieferen Verständnis der Wandlungen der Romanform im 20. Jahrhunderts zu gelangen.

Die Metamorphosen und Besonderheiten des Romans, die für seine Entwicklung im 20. Jahrhundert bis in die jüngste Zeit charakteristisch sind, erscheinen verständlicher, wenn wir sie im Lichte von literatur- und romantheoretischen Auffassungen betrachten, die zwar schon wieder einer vergangenen Etappe des literaturtheoretischen Denkens angehören, aber wegen ihrer reichen theoretischen Substanz höchst aktuell geblieben sind.

Wir haben die literaturtheoretischen Konzepte von Georg Lukács und Michail Bachtin im Auge, für die — aus unterschiedlichen Gründen — ein weltweites Interesse besteht. Was auch immer die speziellen Gründe sein mögen, die zum theoretischen Rückgriff auf Lukács und Bachtin führen, generell gilt wohl, daß man ihre theoretischen Auffassungen im untrennbaren Zusammenhang mit aktuellen literarischen Problemen sieht und von da her die Praktibilität und Applizierbarkeit ihrer theoretischen Positionen überprüft. Dieses starke Interesse an Lukács' und Bachtins romantheoretischen Ansichten resultiert unter anderem aus dem Bestreben, die bedeutsamen Umbrüche in den epischen Gattungen in unserem Jahrhundert besser zu verstehen, Umbrüche von einer außerordentlich großen ideologischen Spannweite, die eine ebenso breite und unterschiedliche Interpretation durch die literarische Kritik erfahren haben.

Für das tiefere Verständnis der markanten Wandlungen des Erzählens in unserem Jahrhundert scheinen uns die sowjetischen Romandiskussionen in den 30er Jahren besonders wichtig zu sein, Diskussionen, die von Lukács maßgeblich bestimmt wurden.[1] Bachtin hat zwar an diesen Diskussionen persönlich nicht teilgenommen, doch ist sein romantheoretisches Konzept, das er im Jahre 1941 öffentlich zur Debatte stellte, im Rahmen dieses Disputs über den Roman zu sehen.

In den 30er Jahren wurde in der Sowjetunion eine sehr intensive Diskussion über den Roman geführt. Im Jahre 1934 fand ein ausführlicher Disput über den sozialistischen Realismus und den historischen Roman statt,[2] romantheoretische Probleme wurden intensiv anläßlich der Vorbereitung eines Lehrbuches über westeuropäische Literatur erörtert.[3] Den Höhepunkt der Debatten über den Roman bildeten die Diskussionen im Jahre 1935, die seinerzeit in Form von gekürzten Stenogrammen in der Zeitschrift „Literaturnyj kritik" veröffentlicht wurden. Diese Diskussionen wurden von Georg Lukács' programmatischem Vortrag zur Theorie und Geschichte des Romans eingeleitet.[4] Diese Diskussionen machen deutlich, wie entwickelt das romantheoretische Denken in der Sowjetunion in der ersten Hälfte der 30er Jahre gewesen ist und wie leidenschaftlich und hart um neue, vertiefte wissenschaftliche Positionen gerungen wurde.

Lukács' konzeptionelle Auffassungen über den Roman, die er um die Mitte der 30er Jahre im Moskauer Exil entwickelte, stehen in der geistigen Biographie Lukács' zwischen seiner idealistischen frühen „Theorie des Romans" (1914/15) und der marxistischen Schrift „Der historische Roman" (1937). Lukács' romantheoretisches Konzept der 30er Jahre ist in dem größeren Zusammenhang der Erarbeitung einer Theorie des Realismus zu sehen, der im Mittelpunkt des Lukácsschen Schaffens während der Moskauer Jahre steht. Die philosophische Basis seiner Realismus-Konzeption bildet die Marxsche und Leninsche Widerspiegelungstheorie, die er auf ästhetische Kategorien anzuwenden bemüht ist. Im Resultat dieser Bemühungen kristallisieren sich solche zentrale Begriffe der marxistischen Realismus-Theorie der 30er bis 40er Jahre heraus, die in der Lukácsschen Interpretation lange Zeit das marxistische Verständnis des Realismus-Problems bestimmten: künstlerische Wahrheit, intensive Totalität eines Kunstwerkes, die Typisierung als die spezifische Eigenart künstlerischer Widerspiegelung u. a. m. Lukács' Auffassungen von der künstlerischen Widerspiegelung richteten sich polemisch nach zwei Seiten. Er kritisierte vulgär-mechanische Abbildungstheorien der Kunst, die im eigenen Lager weit verbreitet waren und die — Plechanow folgend und vereinfacht — in Kunstwerken lediglich ideologische Äquivalente des Klassenbewußtseins bestimmter sozialer Klassen und Schichten sahen. In der Praxis der „Tendenzkunst", die ein Kunstwerk als ein bloßes Sprachrohr theoretisch-politischer Thesen und aktueller Fragen betrachtete, erblickte Lukács ein wesentliches Hemmnis künstlerischen Fortschritts. Zum anderen kritisierte er auf der Grundlage des leninschen Parteilichkeitsbegriffes der Kunst und Literatur bürgerliche Thesen von der angeblichen Autonomie, Ideologieunabhängigkeit künstlerischer Werke.[5] Lukács war im Vergleich zu bisherigen marxistischen Ansätzen zur Romantheorie mit größerer Konsequenz und mit tieferer dialektischer Einsicht darum bemüht, seiner Konzeption die marxistische Gesellschaftstheorie und die (bis dahin bekannten) ästhetischen, kultur- und literaturgeschichtlichen Äußerungen von Marx, Engels und Lenin zugrunde zu legen. In diesem Zusammenhang erfolgt der Rückgriff auf Hegel, dessen These aus der „Ästhetik", der Roman sei die „moderne bürgerliche Epopöe", Lukács gemäß seiner geschichtsphilosophischen Perspektive auf das 20. Jahrhundert anwendet. Dies geschah bereits in der idealistischen „Theorie des Romans", in der Lukács den Roman als „die Epopöe der gottverlassenen Welt" definiert und mit Blick auf Hegels Ästhetik zwischen Epos und Roman eine Trennung nach geschichtsphilosophischen Gegebenheiten ansetzt. „Der Roman ist die Epopöe eines Zeitalters, für das die extensive Totalität des Lebens nicht mehr sinnfällig gegeben ist, für das die Lebensimmanenz des Sinnes zum Problem geworden ist und das dennoch die Gesinnung der Totalität hat."[6] In den Jahren des Moskauer Exils wird für Lukács Hegels Auffassung vom Roman wieder höchst bedeutsam. Er bezeichnete im Anschluß an Hegel den Roman als „bürgerliche Epopöe", als eine Kunstform, die im hohen Maße typisch für die bürgerliche Gesellschaft war, und entwickelte von da her seine grundlegenden theoretischen Thesen zum realistischen Roman, die er seit der zweiten Hälfte der 30er Jahre in seinen großen literatur- und romangeschichtlichen Arbeiten immer wieder vortrug. Die Anwendung der Marxschen und Leninschen Kategorien der sozial-ökonomischen Formation auf die Theorie der epischen Gattungen, die Verbindung der Existenz und der Geschichte von künstlerischen Formen mit Knotenpunkten der gesamtgesellschaftlichen Entwicklung machten es Lukács möglich, der Dichtung von Goethe und Tolstoj, von Balzac und Thomas Mann, von Gor'kij und Šolochov sowie die Spezifika des historischen Romans neuartig zu analysieren. Hier liegt fraglos eine bleibende Leistung der Lukácsschen Theorie.

Einen wichtigen Platz in den romantheoretischen Überlegungen Lukács' in den 30er Jahren nimmt die Frage nach den Perspektiven des Romans in der sozialistischen Gesellschaft der Sowjetunion ein. In welcher Form ist bedeutende epische Literatur in der Epoche des Sozialismus möglich, fragt Lukács, und er beantwortet diese Frage so, daß sich der Roman in der sozialistischen Gesellschaftsformation dem Epos nähert. Die geschichtsphilosophische Basis dieser Annahme ist die Feststellung Lukács', daß sich in der sozialistischen Gesellschaft die Einheit von Individuum und Gemeinschaft (Kollektiv) ausbildet und die für die kapitalistische Gesellschaft typische „Degradierung" (d. h. Entfremdung) des Menschen beseitigt ist. Diese Annahme basiert ferner auf den bemerkenswerten Leistungen der sowjetischen epischen Literatur, die sie gerade in diesen Jahren vollbringt (man denke an die Romane eines Gor'kij, Šolochov, Fadeev, Gladkov u. a.). Der sozialistisch-realistische Roman war für Lukács eine epische Übergangsform zum Epos und in diesem Sinne ein bereits radikal neuer Typ des Romans. Diese Annahme Lukács' über die Perspektiven des Romans im Sozialismus — seine Annäherung an das Epos, die Wiedergeburt des Epos in der sozialistischen Erzählliteratur — hat sich nicht bestätigt. Seine Prognose hat sich als ein Irrtum, als eine erwünschte Vorwegnahme der Zukunft, als eine Vision erwiesen. Die Gründe hierfür liegen aber u. E. weniger im romantheoretischen Denkansatz Lukács', etwa in einem romantischen Antikapitalismus, so wie es für seine idealistische „Theorie des Romans" charakteristisch war, obwohl auch hier der Zug zur Synthese, zur harmonischen großen Form nicht zu übersehen ist. Die Gründe hierfür liegen u. E. vor allem in einer falschen Einschätzung der realen Entwicklungsperskektiven der sozialistischen Gesellschaft und des sich umgestaltenden Verhältnisse zwischen Individuum und der Gemeinschaft.[7] Lukács kommt nämlich völlig berechtigt zu dem Schluß, daß der Schlüssel zu einer adäquaten epischen Form des Sozialismus in den Widersprüchen der sozialistischen Gesellschaft, in dem sich umgestaltenden Verhältnis zwischen Einzelnem und Allgemeinem liegt. Diese Schlußfolgerung gezogen zu haben ist methodologisch wie theoretisch eine der bedeutendsten Leistungen in den romantheoretischen Schriften des ungarischen Ästhetikers. Worin er sich irrte, war die konkrete Einschätzung des Reifegrades der Widerspruchsproblematik in der sozialistischen Gesellschaft und der generellen Richtung ihrer weiteren Entwicklung.

Freilich sollten wir es uns bei der retrospektiven Kritik dieser Lukácsschen Irrtümer nicht zu leicht machen. Wer wollte übersehen, daß Lukács seine Ansichten in einem Lande entwickelte, das sich zum gegebenen Zeitpunkt in einer imperialistischen Umkreisung befand und gegen den Faschismus kämpfte, in einem Lande, das eine wahrhaft heroische Epoche des sozialistischen Aufbaus durchmachte, die auch mit problematischen Erscheinungen behaftet war, die jedoch noch nicht ausgereift waren, so daß es Lukács schien, sie könnten in seinen gesellschftspolitischen Konzepten eine untergeordnete Rolle spielen.

An den Diskussionen der 30er Jahre über den Roman in der Sowjetunion nahm Michail Bachtin selbst nicht teil, doch muß seine Arbeit „Epos i roman“, die im März 1941 als Vortrag im Moskauer Institut für Weltliteratur unter dem Titel „Roman kak literaturnyj žanr“ zum ersten Mal an die Öffentlichkeit gelangte, als eine wichtige Reaktion auf den Disput über den Roman angesehen werden.[8] Bereits früher hatte Bachtin in seiner großen Arbeit über Fjodor Dostoevskij (1929) sowie in den Studien zur Poetik des Romans sein romantheoretisches Konzept entwickelt und den Roman als den adäquaten künstlerischen Ausdruck der sozialen Kommunikation, als ein junges, ewig suchendes, unabgeschlossenes, offenes Genre definiert. Als Kronzeugen für diese Auffassungen vom Roman bemühte Bachtin Fjodor Dostoevskij, in dessen Romanen er höchst bedeutsame Neuerungen im Bereich der künstlerischen Form erblickte.[9] In den scharfen Kontroversen um die Möglichkeiten der Restitution des Epos und des Epischen in der sich entwickelnden sozialistischen Erzählliteratur in den 30er Jahren vertritt Bachtin die These vom Epos als einer absolut der Vergangenheit angehörenden Kunstform und vom Roman als dem einzigen „unfertigen“, sich selbst ständig in Frage stellenden literarischen Genre. Ganz ohne Zweifel ist das eine alternative Position, die Bachtin gegenüber dem Lukácsschen Romankonzept bezieht. Für Lukács war der bürgerliche Roman alles in allem eine Verfallserscheinung, eine Degradation des Epos, der Roman als „goldenes Zeitalter“ der Wortkunst war noch herzustellen. Die Romanepopöen eines Gor'kij, Šolochov und Aleksej Tolstoj antizipieren in gewisser Weise dieses „goldene Zeitalter“, das es noch zu verwirklichen gelte. Es gehe um eine Erneuerung des Epos — so stellt sich für Lukács die genetische Beziehung zwischen Epos und Roman dar.
Ganz anders für Bachtin. Dieser faßt Epos und Roman konsequent als historische und damit unterschiedliche Erscheinungen auf, die in verschiedenen historisch-gesellschaftlichen Epochen entstanden sind. Drei Momente konstituieren nach Bachtin das Epos als Gattung. Erstens: Der Gegenstand des Epos ist die Vergangenheit, die „absolute Vergangenheit“. Zweitens: Die Quelle des Epos ist die Überlieferung und nicht die persönliche Erfahrung und der daraus erwachsene freie Einfall des Autors. Drittens: Die epische Welt ist durch eine absolute epische Distanz von der Gegenwart getrennt. Der Gegenstand des Romans ist für Bachtin demgegenüber die Gegenwart, die im unaufhörlichen Fluß befindliche Gegenwart, der gegenwärtige Zustand in seiner unfertigen, unvollendeten Gestalt. Diesem unfertigen Zustand der Wirklichkeit entspricht auch das Romangenre in seinem im ständigen Wandel befindlichen Wesen.
Und in einem weiteren Punkt sieht Bachtin die Beziehungen zwischen Epos und Roman ganz anders als Georg Lukács. War für Lukács die Ganzheit (Totalität) des Menschen im Epos das Erstrebenswerte und Maßabsetzende des Menschenbildes in der Literatur, spiegelt sich für ihn der Verfall der

bürgerlichen Ordnung eben im Verlust dieser Ganzheit des Menschen, in seiner Atomisierung wider, was zu den bekannten Lukácssschen Einseitigkeiten bei der Beurteilung mancher spätbürgerlicher Kunstleistungen führte, so bezieht Bachtin seine Werturteile für die Betrachtung der Totalitäts-Problematik des Menschen in der zeitgenössischen Epoche aus der konkreten historischen Wirklichkeit selbst. „Die epische Ganzheit des Menschen zerfällt im Roman, es entsteht eine tiefe Kluft zwischen dem äußeren und inneren Menschen", konstatiert Bachtin und meint: „Dieser Zerfall der epischen und tragischen Ganzheit des Menschen und im Roman geht gleichzeitig einher mit der Entstehung einer neuen komplizierten Ganzheit des Menschen auf einer höheren Stufe der menschlichen Entwicklung".[10] Hier reflektiert Bachtin die Problematik der Totalität des Menschen im neueren und neuesten Roman, ganz offensichtlich mit dem Blick auf die komplizierten, widerspruchsvollen Prozesse der Romanentwicklung in der spätbürgerlichen Literatur.

Was hier — aber auch schon früher — Bachtin an romantheoretischen Überlegungen einbringt, erscheint aufs Ganze gesehen als eine alternative Position zu Lukács' Theorie des „großen" Realismus in der sowjetischen Romandiskussion der 30er Jahre. Wenn daraus allerdings ein Konzept konstruiert wird, das Bachtins Positionen als den Gegenentwurf zur Theorie des sozialistischen Realismus ausgibt — und dies geschieht neuerdings in Publikationen einiger Autoren in westeuropäischen Ländern —, so steht dies sowohl gegen die Realgeschichte als auch gegen die Intentionën Bachtins.

Die romantheoretischen Konzepte beider Ästhetiker und Literaturtheoretiker haben — so sehr sie sich in wichtigen Fragen auch unterscheiden — angesichts der realgeschichtlichen Entwicklung des Romans in der internationalen Literatur der neuesten Zeit ihre Produktivität bewahrt. Auf diese Weise sind sowohl Georg Lukács als auch Michail Bachtin in der internationalen Debatte über den gegenwärtigen Roman, über seine Möglichkeiten und Perspektiven weiterhin präsent.

Anmerkungen

[1] Siehe dazu: Problemy teorii literatury i poetiki, in: Sovetskoe literaturovedenie za 50 let, Leningrad 1968, S. 360—386. *G. N. Pospelov*, Metodologičeskoe razvitie sovetskogo literaturovedenija, in: Sovetskoe literaturovedenie za 50 let, Moskva 1967., S. 7—125. *G. Belaja*, Problemy istorizma v sovetskoj literaturnoj kritike 30-ch godov, in: Kontekst. 1983. Literaturno- teoritičeskie issledovanija, Moskva 1984, S. 168—194. *Arpád Kovács*, On the methodology of the Theory of novel. Bakhtin, Lukács, Pospelov, in: Studia Slavica Hungaricae, t. 26, Budapest 1980, S. 377—393. *Vittorio Strada*, Problemi di teoria del romanso, Methodologia letteraria e dialettica storica, Torino 1976. *Eva Corredor*, Lukács and Bakhtin: A Dialogue on Fiction, in: Mikhail Bakhtin in Contemporary Literary Theory. A special issue of the University of Ottawa, Quarterly. Vol. 53, Nr. 1/1983, S. 97—107.

[2] Vgl. Zeitschrift Oktjabr', Moskva 7/1934.

[3] Vgl. *F. Šiller*, Voprosy postroenija kursa zapadnoj literatury, in: Vestnik Kommunističeskoj Akademii, Moskva 4/1935.

[4] Problemy teorii romana, in: Literaturnyj kritik, Moskva, 2/1935, S. 214—249 und 3/1935, S. 231—254.

[5] Vgl. Leitgedanken zum 100. Geburtstag von György Lukács. Stellungnahme der Bildungspolitischen Arbeitsgemeinschaft beim ZK der USAP. Budapress-Information 104/1983, S. 13—14. Laszlo Szikloi. Die Moskauer Schriften von Georg Lukács, in: Zur Geschichte des Marxismus und der Kunst, Budapest 1978, S. 128—136. *Claude Prevost*, Georges Lukács. Ecrits de Moscou, Paris 1974. Werner Mittenzwei. Gesichtspunkte. Zur Entwicklung der literaturtheoretischen Position Georg Lukács, in: Dialog und Kontroverse mit Georg Lukács, Leipzig 1975, S. 9—104.

[6] *Georg Lukács*, Die Theorie des Romans. Ein geschichtsphilosophischer Versuch über die Formen der großen Epik. Neuwied und Berlin 1971, S. 44.

[7] Vgl. *Laszlo Sziklai*, a. a. O., S. 133.

[8] *Michail Bachtin*, Epos i roman (O metodologii issledovanija romana), in: Voprosy literatury i estetiki. Issledovanija raznych let. Moskva 1975, S. 447—483. Zur romantheoretischen Leistung Bachtins: Roman und Gesellschaft. Internationales Michail-Bachtin-Colloquium. Wissenschaftliche Beiträge der Friedrich-Schiller-Universität Jena, 1984 (dort weitere bibliographische Angaben).

[9] *Michail Bachtin*, Problemy tvorčestva Dostoevskogo, Leningrad, 1929 (2., überarbeitete und erweiterte Auflage (Problemy poetiki Dostoevskogo“, Moskva, 1963).

[10] *Michail Bachtin*, Epos i roman, a. a. O., S. 480.

Autorenverzeichnis

Dr. sc. phil. Erwin Bartsch, Sektion Marxistisch-Leninistische Philosophie der Martin-Luther-Universität Halle/Wittenberg
Prof. Dr. phil. Georg Biedermann, Sektion Marxistisch-Leninistische Philosophie der Friedrich-Schiller-Universität Jena
Dipl. Phil. Michael Böhm, Sektion Marxistisch-Leninistische Philosophie der Friedrich-Schiller-Universität Jena
Dr. phil. Jens-Fietje Dwars, Sektion Literatur- und Kunstwissenschaften der Friedrich-Schiller-Universität Jena
Prof. Dr. sc. phil. Ludwig Elm, Sektion Marxismus-Leninismus der Friedrich-Schiller-Universität Jena
Prof. Dr. sc. phil. Alfred Erck, Sektion Marxismus-Leninismus der Technischen Hochschule Ilmenau
Dr. phil. Dietrich-Eckhardt Franz, Sektion Marxistisch-Leninistische Philosophie der Friedrich-Schiller-Universität Jena
Prof. Dr. sc. phil. Heinz Hamm, Sektion Literatur- und Kunstwissenschaften der Friedrich-Schiller-Universität Jena
Prof. Dr. phil. habil. Johannes Irmscher, Zentralinstitut für Alte Geschichte und Archäologie, Akademie der Wissenschaften der DDR, Berlin
Prof. Dr. sc. phil. Erhard John, Sektion Kultur- und Kunstwissenschaften der Karl-Marx-Universität Leipzig
Prof. Dr. sc. phil. Werner Kahle, Sektion Marxistisch-Leninistische Philosophie der Friedrich-Schiller-Universität Jena
Prof. Dr. sc. phil. Zbigniew Kuderowicz, Philosophische Fakultät der Universität Krakow
Dr. phil. Hans-Rainer Lindner, Sektion Marxistisch-Leninistische Philosophie der Friedrich-Schiller-Universität Jena
Prof. Dr. sc. phil. Helmut Metzler, Sektion Psychologie der Friedrich-Schiller-Universität Jena
Prof. Dr. sc. rer. nat. Eberhard Müller, Sektion Biologie der Friedrich-Schiller-Universität Jena
Prof. Dr. sc. phil. György Poszler, Philosophische Fakultät der Universität Budapest
Prof. Dr. phil. habil. Erwin Pracht, Sektion Ästhetik- und Kunstwissenschaften der Humboldt-Universität Berlin
Dr. sc. phil. Ingeborg Schmidt, Sektion Kultur- und Kunstwissenschaften der Karl-Marx-Universität Leipzig
Dr. sc. phil. Milan Sobotka, Philosophische Fakultät der Karls-Universität Prag
Dr. phil. Jürgen Stahl, Sektion Marxistisch-Leninistische Philosophie der Friedrich-Schiller-Universität Jena
Prof. Dr. sc. phil. Guram Tewsadse, Philosophische Fakultät der Universität Tbilissi
Prof. Dr. phil. Friedrich Tomberg, Sektion Marxistisch-Leninistische Philosophie der Friedrich-Schiller-Universität Jena
Dr. phil. Klaus Vieweg, Sektion Marxistisch-Leninistische Philosophie der Friedrich-Schiller-Universität Jena
Inge von Wangenheim, Schriftstellerin, Weimar
Prof. Dr. phil. habil. Michael Wegner, Sektion Literatur- und Kunstwissenschaften der Friedrich-Schiller-Universität Jena

Namenverzeichnis